O PAPEL DA TEORIA POLÍTICA CONTEMPORÂNEA

JUSTIÇA, CONSTITUIÇÃO, DEMOCRACIA E REPRESENTAÇÃO

Conselho Editorial

Ana Paula Torres Megiani
Eunice Ostrensky
Haroldo Ceravolo Sereza
Joana Monteleone
Maria Luiza Ferreira de Oliveira
Ruy Braga

O PAPEL DA TEORIA POLÍTICA CONTEMPORÂNEA

JUSTIÇA, CONSTITUIÇÃO, DEMOCRACIA E REPRESENTAÇÃO

Adrian Gurza Lavalle
Álvaro de Vita
Cícero Araújo
(orgs.)

Copyright © 2015 Adrian Gurza Lavalle, Álvaro de Vita e Cícero Araújo

Grafia atualizada segundo o Acordo Ortográfico da Língua Portuguesa de 1990,
que entrou em vigor no Brasil em 2009.

EDIÇÃO: Haroldo Ceravolo Sereza
EDITOR ASSISTENTE: Gabriel Patez Silva
ASSISTENTE DE PRODUÇÃO: Cristina Terada Tamada
PROJETO GRÁFICO E DIAGRAMAÇÃO: Maiara Heleodoro dos Passos
ASSISTENTE ACADÊMICA: Bruna Marques
REVISÃO: Patrícia Jatobá U. de Oliveira
CAPA: Gabriel Siqueira

Imagem de capa: <freepik.com>

ESTE LIVRO FOI PUBLICADO COM O APOIO DA CAPES

CIP-BRASIL. CATALOGAÇÃO NA PUBLICAÇÃO
SINDICATO NACIONAL DOS EDITORES DE LIVROS, RJ

P232

O PAPEL DA TEORIA POLÍTICA CONTEMPORÂNEA : JUSTIÇA, CONSTITUIÇÃO,
DEMOCRACIA E REPRESENTAÇÃO
Organização: Adrian Gurza Lavalle , Álvaro de Vita , Cícero Araújo. - 1. ed.
São Paulo: Alameda, 2015.
452 p. ; 23 cm.

Inclui bibliografia
ISBN 978-85-7939-345-7

1. Brasil - Política e governo. 2. Democracia - Brasil. I. Lavalle, Adrian Gurza.
II. Vita, Álvaro de. III. Araújo, Cícero.

15-26597   CDD: 320.981
                     CDU: 321.7(81)

ALAMEDA CASA EDITORIAL
Rua Treze de Maio, 353 – Bela Vista
CEP 01327-000 – São Paulo – SP
Tel. (11) 3012-2403
www.alamedaeditorial.com.br

SUMÁRIO

APRESENTAÇÃO   7

DEMOS-CRACIA PARA A UNIÃO EUROPEIA: POR QUE E COMO   19
Philippe Van Parijs

CAPÍTULO I. JUSTIÇA   43

A JUSTIÇA INTERNACIONAL ENTRE O HUMANITARISMO   45
E O IGUALITARISMO GLOBAL
Álvaro de Vita

AS CAPACIDADES COMO MÉTRICA DE JUSTIÇA E RECONHECIMENTO   75
Gustavo Pereira

OS LIMITES DA TOLERÂNCIA: UMA QUESTÃO   101
DA JUSTIÇA E DA DEMOCRACIA
Denílson Luis Werle

"O PESSOAL É POLÍTICO" E A ESTRUTURA BÁSICA   133
COMO OBJETO DA JUSTIÇA: REFLEXÕES SOBRE O HORIZONTE
DE JUSTIFICAÇÃO MORAL E O ESCOPO DA JUSTIÇA
San Romanelli Assumpção

CAPÍTULO II. CONSTITUCIONALISMO E DEMOCRACIA — 161

A TRANSIÇÃO PARA A DEMOCRACIA E A QUESTÃO DO PODER CONSTITUINTE — 163
Cícero Araújo

A DEMOCRACIA NAS ORIGENS DO CONSTITUCIONALISMO LATINO-AMERICANO — 195
Roberto Gargarella

DELIBERAÇÃO POLÍTICA E CORTES CONSTITUCIONAIS — 219
Conrado Hübner Mendes

O NOVO CONSTITUCIONALISMO E A TEORIA DO RECONHECIMENTO: APROXIMAÇÕES POSSÍVEIS — 249
Ricardo Fabrino Mendonça
Marjorie Corrêa Marona

CAPÍTULO III. REPRESENTAÇÃO E CRÍTICA DEMOCRÁTICA — 289

REPRESENTATIVIDADE E REPRESENTAÇÃO DEMOCRÁTICA – FALSO PROBLEMA OU DUALIDADE CONSTITUTIVA — 291
Adrian Gurza Lavalle

REPRESENTAÇÃO POLÍTICA REVISITADA: AUTORIDADE, LEGITIMIDADE E DEMOCRACIA — 321
Débora Rezende de Almeida

INCLUSÃO, *ACCOUNTABILITY* E REPRESENTAÇÃO NAS INSTITUIÇÕES DE CONTROLE SOCIAL: DIMENSÕES DA DELIBERAÇÃO DEMOCRÁTICA — 359
Lígia Helena Hahn Lüchmann

AUTORIZAÇÃO E *ACCOUNTABILITY* NA REPRESENTAÇÃO DEMOCRÁTICA: EXERCÍCIOS DE DISSOCIAÇÃO — 395
Luis Felipe Miguel

REPRESENTAÇÃO E ORDEM PÚBLICA NAS CRISES PRESIDENCIAIS LATINO-AMERICANAS — 419
Marcos Novaro

AGRADECIMENTOS — 449

APRESENTAÇÃO

A teoria política, em suas distintas formas, expressões e práticas, é um esforço intelectual de reflexão que abrange o que é e o que *deve ser* a vida comum em sociedade e as regras que a ordenam politicamente, mesmo que ela articule e entenda estas duas dimensões de modos diversos. Neste sentido, a teoria política é uma área de reflexão sempre presente, vital e coetânea dos problemas políticos e sociais de seu tempo. É uma tarefa intelectual indispensável.

O livro *O Papel da Teoria Política Contemporânea* é uma iniciativa que visa estimular o adensamento da teoria política contemporânea no Brasil, propiciando o debate entre pesquisadores nacionais e estrangeiros em plena produção intelectual em torno de algumas questões centrais da sociedade e política contemporâneas e que, como tais, suscitam reflexões e inovação na produção nacional e internacional, especialmente na América Latina: justiça; constitucionalismo e democracia; representação e crítica democrática. Nascido das apresentações e debates do II Colóquio Internacional de Teoria Política da USP, o livro explora questões presentes e em pleno desenvolvimento a longo desses três eixos, as quais não possuem respostas prontas e acabadas e exigem esforços de crítica e produção teórica própria – autoral. Assim, o livro não oferece o repouso tranquilo sobre fórmulas conceituais prévias – por mais brilhantes e iluminadoras que estas possam ser –, mas o esforço rigoroso, crítico e criativo de autores contemporâneos debruçados sobre as questões urgentes do presente. Eis o desafio intelectual da teoria política contemporânea, ao qual o leitor é convidado.

O livro inicia com artigo de Philippe Van Parijs, "Demos-cracia para a União Europeia: por que e como", que apresenta breves reflexões a respeito do que é a teoria política, quais as especificidades da reflexão teórico-política enquanto reflexão sobre o mundo que nos cerca e que tarefas derivam desta especificidade, e depois põe em jogo sua compreensão do papel da teoria política no mundo contemporâneo se debruçando sobre assunto dos mais ricos quanto a sua capacidade de sucitar revisões sobre os pressupostos da teoria polítca, a saber, a questão democrática para a União Europeia. Conforme as características do livro, a concepção de teoria política de Van Parijs aplica-se mais confortavelmente à teoria política contemporânea de viés analítico normativo, que pensa valores e teorias políticas normativamente e não exegeticamente – ora em registros interpretativos, ora de crítica interna, desconstrutivos ou históricos. Antes, defende Van Parijs, a teoria política é uma forma específica e sistemática de reflexão sobre o que é e que *deve ser* social e politicamente. Assim, seu exame dos desafios enfrentados pela União Europeia não é apenas um esforço de diagnóstico, mas um exercício de reflexão claramente comprometido com incidir na democratização do principal projeto em curso de uma configuração política supranacional. Nesses dois diálogos – substantivo sobre o pensamento e os valores para comprender e agir no mundo–, bem como na interlocução com as mais diversas formas de teoria política e pensamento político, a compreensão de Van Parijs da teoria política e sua importância conversa com todos os capítulos deste livro.

JUSTIÇA

O primeiro eixo, *Justiça*, possui como foco a reflexão de cunho normativo que vem se acumulando, nas décadas recentes, sobre questões de justiça política e social, comumente divididas em duas dimensões: os princípios de justiça política e tolerância, que tem por contexto o pluralismo moral que caracteriza as sociedades contemporâneas, e os princípios de justiça distributiva, que tem por contexto a escassez de recursos materiais e a desigualdade de perspectivas de vida.

Em "A justiça internacional entre o humanitarismo e o igualitarismo global", Álvaro de Vita discute criticamente as posições teórico-normativas do igualitarismo global e do liberalismo social. A primeira defende uma igualdade global similar à exigida no plano doméstico das sociedades liberais, e a segunda advoga normativamente por uma descontinuidade entre justiça social e internacional. O autor constrói uma proposta normativa própria, com obrigações internacionais para além do liberalismo social e aquém do igualitarismo global na defesa e justificação de um padrão não comparativo de bem-estar especificado por certo rol de direitos humanos básicos. Trata-se de uma contribuição aos debates contemporâneos de justiça internacional e cosmopolitismo, um dos principais flancos que exigem novas elaborações teóricas por filósofos políticos do calibre de Thomas Nagel e Norman Daniels e que está em franco desenvolvimento atualmente.

Gustavo Pereira, em "As Capacidades como Métrica de Justiça e Reconhecimento", intervém no debate a respeito dos espaços avaliatórios e métricas da justiça, central, hoje, para a teoria política contemporânea de viés normativo. Pereira analisa criticamente o enfoque dos bens primários proposto por Rawls e o das capacidades proposto por Amartya Sen e, a partir de uma conceituação da justiça informada pelas teorias do reconhecimento, na qual a justiça inclui a autopercepção e o reconhecimento recíproco, defende a superioridade normativa e política da métrica das capacidades. Segundo ele, esta, ao dar conta da autopercepção e reconhecimento recíproco enquanto constitutivos da estrutura motivacional das pessoas, não apenas endereçaria mais corretamente o que é questão de justiça, mas também lidaria mais adequadamente com as pré-condições para que os cidadãos sejam agentes efetivos, livres e iguais. Esta é a sua contribuição teórica própria frente ao debate internacional a respeito dos *equalisanda* da justiça social, numa interlocução original do igualitarismo com as teorias do reconhecimento.

O artigo de Denílson LuisWerle, "Os limites da tolerância: uma questão da justiça e da democracia", dedica-se à primeira destas dimensões, analisando os diferentes entendimentos do ideal de tolerância e seus limites em sociedades caracterizadas por pluralismo e desacordo moral sobre o bem, mas na qual os cidadãos são concebidos como livres e iguais. Nesta discussão, Werle defende e justifica a formulação de Rainer Forst, para quem a tolerância é normativamente dependente dos ideais de justiça e democracia. Enquanto tal, a tolerância tem seus limites fundados num princípio de justificação pública ancorado na reciprocidade e universalidade e fundado na deliberação pública, de modo que sua delimitação diz respeito à vinculação conceitual entre Estado de direito e democracia deliberativa e impõe-se como tarefa teórico-moral e prático-política a ser empreendida pelos próprios cidadãos por meio de procedimentos democráticos de deliberação pública. Assim, temos aqui uma contribuição ao debate Rawls/Habermas acerca da razão pública e da relação entre justiça e democracia à luz do problema da tolerância, questão esta premente e longe de estar resolvida.

Por fim, "'O pessoal é político' e a estrutura básica como objeto da justiça: reflexões sobre o horizonte de justificação moral e o escopo da justiça" de San Romanelli Assumpção discute um quarto ponto candente de tensão na teoria política contemporânea normativa: o modo como o liberalismo igualitário lida com a dicotomia público/privado ou, em outras palavras, com aquilo que Michelman chama de pressuposição da distinção entre poderes públicos e privados. Esta discussão é realizada através da análise de qual a leitura liberal feminista mais adequada da noção rawlsiana de estrutura básica da sociedade como objeto da justiça e de como deve ser compreendido o caráter institucional da justiça liberal-igualitária, a luz do axioma da igualdade moral humana em uma leitura feminista. O foco desta discussão a respeito de como devemos entender o conceito de estrutura básica e de justiça institucional restrita ao "domínio do político" rawlsiano é a busca de qual a melhor maneira teórico-normativa de equacionar a relação entre coerções privadas e públicas em nome da igualdade humana fundamental.

CONSTITUCIONALISMO E DEMOCRACIA

O eixo temático *Constitucionalismo e Democracia* apresenta artigos que debatem, no plano da reflexão política contemporânea, as controversas relações do constitucionalismo com a teoria democrática: como integrar a teoria constitucional às tendências mais recentes da teoria democrática? Qual o futuro da linguagem dos direitos, e em especial dos direitos humanos, na teoria política? O que os ideais da separação de poderes e dos pesos e contrapesos ainda têm a dizer sobre as práticas constitucionais? Como reagir teoricamente ao papel cada vez mais ativo do poder judiciário no cotidiano dos regimes democráticos?

Nesse sentido, "A transição para a democracia e a questão do poder constituinte" de Cícero Araújo realiza a análise crítica dos modos de vincular o conceito de Constituição, e o de soberania popular a ele relacionado, com a ideia de "poder constituinte". O autor, a partir da experiência da transição brasileira, procura rever o conceito de Poder Constituinte, a fim de resgatá-lo de apropriações autoritárias, que já haviam ocorrido durante a revolução francesa (uma das fontes históricas do conceito), e ao longo do século XX, inclusive no início da ditadura militar brasileira.

Roberto Gargarella, em "A democracia nas origens do constitucionalismo latino-americano", disserta sobre a questão da democracia no constitucionalismo latino-americano, descrevendo e discutindo aquilo que categorizou como visão limitada ou restringida da democracia e visão expandida. A partir da disseminação de uma desconfiança frente a democracia, por esta possibilitar problemas para a estabilidade política e ordem pública, diversos autores analisados criticamente por Gargarella pensaram e defenderam um sistema de liberdades civis – entendidas sobretudo na chave da defesa da propriedade – amplas e liberdades políticas restritas em nome da preservação da ordem social. O autor então apresenta e defende o que pode ser considerado um flanco de reflexões por um modelo de liberdades políticas expandidas e direito de propriedade limitado.

Em "Deliberação política e cortes constitucionais", Conrado Hübner Mendes explora questão especialmente oportuna para a vida das instituições da democracia no Brasil, a saber, como entender o papel das cortes constitucionais e, principalmente, como traçar seus limites em face da divisão de poderes com o legislativo. O papel do controle constitucional sempre foi polêmico, mas argumentos favoráveis e contrários ao protagonismo das cortes têm mudado ao longo do tempo e, progressivamente, circunscrito o terreno das discrepâncias à definição dos alcances e limites do que poderia ser definido como intervenção legítima das cortes. O autor é arguto e persuasivo: não há como traçar esse limite, pelo menos não com as distinções teóricas disponíveis. Assim, o capítulo enseja uma rota diferente, de desenvolvimento teórico para examinar os papéis das cortes em relação à deliberação política.

"O novo constitucionalismo e a teoria do reconhecimento: aproximações possíveis", de Ricardo Fabrino Mendonça e Marjorie Corrêa Marona, por sua vez discute o candente Novo Constitucionalismo Latino-americano através dos ganhos analíticos e normativos da teoria do reconhecimento, partindo da necessidade de uma teoria da justiça que embase este Novo Constitucionalismo. Os autores defendem o reconhecimento como um conceito e ideal que ressignifica o conceito de justiça, permitindo "a edificação de uma concepção simultaneamente substantiva e processual, capaz de oferecer alicerces normativos profícuos ao Novo Constitucionalismo Latinoamericano" e superando o "universalismo engessado" do dito Constitucionalismo Clássico a partir da presunção do valor das culturas, da noção de que direitos são apenas uma dimensão da justiça, da pluralização das identidades e da centralidade da democracia.

REPRESENTAÇÃO E CRÍTICA DEMOCRÁTICA

"Representação e crítica democrática", terceiro eixo temático deste livro, ocupa-se da relação entre representação e crítica democrática. Debatem-se os desafios que a teoria democrática impõe à construção de novas teorias da representação de modo que seja possível qualificá-las de democráticas e, em sentido inverso, os desafios que a nova geração de teorias da representação coloca para a própria teoria democrática, pois as primeiras têm mostrado que mudanças no exercício da representação nos regimes democráticos contemporâneos exigem a revisão de certos pressupostos da teoria democrática.

"Representatividade e Representação Democrática – Falso Problema ou Dualidade Constitutiva", de Adrian GurzaLavalle, constrói uma defesa da concepção de "dualidade constitutiva da representação política democrática" como estratégia analítica e normativa correta para se pensar analítica e normativamente o que é a representação política democrática, a relação entre representante e representados e a relação entre representação e democracia. O capítulo analisa as perdas normativas derivadas e os déficits de consistência teórica produto da desconsideração do caráter constitutivamente dual da representação democrática. Esses dois movimentos analíticos servem à crítica das concepções de representação política que, a despeito de aceitarem o caráter relacional da representação política, entendem-na fora do registro analítico da dualidade constitutiva. O autor argumenta que, contrariamente às críticas comuns a representação, o que torna a representação simultaneamente política e democrática é, precisamente, o reconhecimento da sua dualidade constitutiva.

Débora Rezende de Almeida, em "Representação política revisitada: autoridade, legitimidade e democracia", aborda a representação política para além das instituições estatais. A autora visa a suprir duas lacunas existentes na caracterização do que é a representação democrática: o tratamento dos princípios normativos que orientam o conceito de representação democrática e a aplicação destes princípios às suas experiências tangíveis. Isso exige uma revisão das noções de autoridade, legitimidade e democracia que acompanham a ideia de representação política em geral e que precisam ser consideradas dada a natureza diferenciada do exercício da representação nas sociedades contemporâneas.

Lígia Helena HahnLüchmann, em "Inclusão, *accountability* e representação nas instituições de controle social: dimensões da deliberação democrática", pensa o modo como a diversidade político-social de temas, interesses e perspectivas coloca em questionamento a legitimidade dos partidos e procedimentos eleitorais como únicos geradores de representação política democrática. E o faz olhando para como inclusão, *accountability* e representação se dão naquilo que chama de instituições de controle social – que se expressa, por exemplo, na participação em instituições como conselhos, orçamentos participativos e conferências. Segundo a autora, se a pluralização da representação é um possível contraponto à elitização e limites da representação própria dos partidos e procedimentos eleitorais, por outro lado, torna urgente e necessária a reflexão sobre as capacidades inclusivas e os critérios de representatividade dessas novas formas frente àqueles que serão por ela afetados. Estas instituições de controle social colocam de outro modo o problema da relação entre participação, representação e deliberação, conduzindo a um alargamento dos modelos de democracia por meio da incorporação – e da legitimidade – de diversos atores, lugares e espaços de exercício democrático, combinando, outrossim, indivíduos, associações e instituições.

Num diálogo profícuo com os artigos anteriores, "Autorização e *accountability* na representação democrática: exercícios de dissociação", de Luis Felipe Miguel, parte da noção de que autorização e *accountability* são requisitos fundamentais para que a representação seja democrática. Revisa a crítica consolidada a esta vinculação conceitual e normativa como "formalista" e insuficiente para a democracia e a representação democrática, e analisa e problematiza diversas expressões contemporâneas de reivindicações representativas e papéis representativos autoinstituídos para além das manifestações eleitorais, retomando os conceitos de autorização e *accountability*. O autor defende que ambos os conceitos são componentes igualitários próprios da democracia e da exigência democrática de que a assimetria entre representantes e representados seja reduzida. Autorização e *accountability* seriam formas de ampliação da capacidade de interlocução e de supervisão dos representados e representantes. O autor articula entendimentos comumente ditos "formalistas" sobre a representação com uma compreensão dialógica da representação democrática, acentuando as exigências igualitárias postas pela noção de que o aperfeiçoamento dos mecanismos de controle dos representantes sobre os representados é indispensável ao aperfeiçoamento da democracia.

"Representação e ordem pública nas crises presidenciais latino-americanas", de Marcos Novaro, por sua vez, investiga crises presidenciais latino-americanas dos últimos cinco anos, que expressam um fenômeno novo em que crises presidenciais não têm implicado queda do regime. Exploração teórica que visa esclarecer o modo como estas crises e sua resolução articulam representação democrática e ordem pública e entender como variadas respostas institucionais têm se construído politicamente. Analisando criticamente as teses da parlamentarização dos presidencialismos latino-americanos e da "democracia de lo público", o autor recupera a discussão clássica sobre os poderes de emergência e as defesas da Constituição presentes nos desenhos institucionais liberal-democráticos e lança luz sobre os casos em que a preservação ou alteração da ordem pública leva a uma alteração durável na representação democrática.

Como se vê, os três eixos reunidos compõem um panorama de produção brasileira e internacional sobre o que é e o que *deve ser* social e politicamente. Num rol de reflexões que dialoga com aquilo que Van Parijs propõe como a importância e a relevância da teoria política hoje, mas transcende as fronteiras de sua concepção sobre o dever ser da teoria de modo rico e plural e que nasce da tensão entre o olhar latino-americano sobre a teoria política (e a vida social e política) e a teoria política contemporânea como "língua franca" do debate acadêmico atual – já que abrimos com o autor de *Linguistic Justice for Europeand for the World*, proposta teórica em que língua franca, justiça e democracia internacional andam juntas.

Adrian Gurza Lavalle
Álvaro de Vita
Cícero Araújo
(orgs.)

DEMOS-CRACIA PARA A UNIÃO EUROPEIA: POR QUE E COMO[1]

Philippe Van Parijs

Em seu agradável livro *The Passage to Europe*, o filósofo político holandês Luuk van Middelaar, e também autor dos discursos do presidente do Conselho Europeu, propõe uma leitura filosófica da história da União Europeia. No parágrafo de abertura da edição original, van Middelaar escreve:

> A melhor filosofia política é, em minha opinião, aquela que concebe sua tarefa de modo tal que seria evidente para Maquiavel, Montesquieu ou Tocqueville: não um pensamento normativo almejando o universal, mas uma reflexão

---

1 Versões anteriores do presente ensaio foram apresentadas na Universidade de São Paulo, em dezembro de 2012, como um dos textos que fizeram parte de uma série de três conferências sobre "Filosofia política para a Europa do século XXI", proferidas na Universidade Harvard, em janeiro de 2013; na Escola de Altos Estudos em Ciências Sociais, Paris, em fevereiro de 2013; no Colégio Carlo Alberto, Turim, em abril de 2013; na sessão final do seminário "Justice and Democracy Beyond the Nation State", na Universidade de Oxford, em junho de 2013; na Universidade Pompeu Fabra, Barcelona, em outubro de 2013; na residência do embaixador da Bélgica no Reino Unido, em novembro de 2013 e no workshop *Demos-cracy for a FragmentedPolity: Considerations from Europe and Switzerland*, Sankt Gallen, em fevereiro de 2014. Agradecimentos especiais são devidos, pelos comentários proveitosos que fizeram, a Thomas Burri, Luis Cabrera, Micheline Calmy-Rey, Francis Cheneval, Patrick Emmenegger, Christoph Frei, Lisa Herzog, Mathias König-Archibugi, Glyn Morgan, Yascha Mounk, Antoinette Scherz, Andrew Walton e Leif Wenar.

sobre a condição política em estreita vinculação com suas experiências — muitas vezes pessoais — da realidade política contemporânea.[2]

Embora eu tenha gostado muito do livro, discordo frontalmente dessa passagem. Não nego que os três autores mencionados estejam entre os mais perspicazes em sua contribuição para o pensamento político, mas não concebo a tarefa central da filosofia política como consistindo em comentários inteligentes acerca de eventos políticos. Antes, essa tarefa consiste em expressar uma concepção normativa coerente e plausível sobre o que seja uma boa sociedade e um mundo bom.

Em outras palavras, a filosofia política, do modo como a vejo, é aquela parte da ética que lida com as questões de o que deveríamos fazer coletivamente enquanto comunidades políticas, de sob quais instituições deveríamos viver — políticas, econômicas e sociais, formais e informais — e de quais políticas deveríamos adotar. Responder a essas questões em detalhe requer conhecimento de muitas questões factuais, mas fundamentalmente também, alguns princípios que especifiquem o que pode ser aceito como instituições e políticas boas e, em especial, justas. Essa é a principal missão da filosofia política.

Entretanto, há pouco espaço para a filosofia política assim definida em situações nas quais as instituições e as políticas são estabelecidas por costumes e governantes incontroversos, unanimemente considerados como legítimos pelas comunidades interessadas. Nem há muito espaço para a filosofia política nas situações em que as instituições e as políticas são determinadas apenas por interesses próprios e relações de poder, sem perder tempo com discussões sobre visões conflitantes. Porém, quanto menos as tradições compartilhadas ou a dominação em interesse próprio bastarem para garantir obediência, mais espaço e maior necessidade haverá para a filosofia política, para um retrato convincente de uma sociedade e mundo melhores que leve em consideração o que subjaz à frustração, à indignação e aos sentimentos de injustiça provocados pelas instituições e políticas existentes, para uma visão normativa explícita e coerente

---

2 VAN MIDDELAAR (2009, p. 10). Esta passagem foi mantida na edição francesa do livro, mas omitida na edição inglesa.

que possa guiar e fortalecer a crítica e o protesto, a revolução e a reforma. Isso é particularmente verdadeiro em tempos de "crise", quando as referências habituais estão despedaçadas, quando os horizontes se nublam, quando as bússolas enlouquecem, quando os próprios capitães confessam não saber para onde o navio está rumando e menos ainda para onde deveria rumar.

Nós certamente vivemos esses tempos na Europa de hoje. A situação não é muito diferente em muitas outras partes do mundo, mas está tomando uma forma peculiar na Europa por conta de alguns traços específicos do processo de integração europeia que tornam particularmente relevantes e, com efeito, ineludíveis algumas questões fundamentais da filosofia política: como devemos pensar em justiça social e democracia no contexto de uma entidade tal como a União Europeia que se tornou irreversivelmente muito mais do que uma organização internacional ao mesmo tempo em que não oferece qualquer perspectiva de vir a se tornar um Estado-nação? Neste ensaio, concentrar-me-ei no lado democrático dessa questão, da perspectiva daquilo que proponho denominar "o programa Rawls-Maquiavel", isto é, uma abordagem que vê as instituições democráticas como instrumentos a serviço da justiça social.[3]

EDUCATIVA, CIVILIZADORA, DISCIPLINADORA: AS TRÊS VIRTUDES DA DEMOCRACIA

Paremos de fingir. O que alguns ainda querem colocar em questão com respeito à União Europeia como um todo se tornou uma flagrante obviedade para o país europeu: a União Europeia não é mais um conjunto de Estados soberanos que cooperam em benefício mútuo. Nem é mais apenas uma área em que as pessoas podem se mover livremente através de fronteiras e desfrutar dos mesmos direitos. Ela se tornou uma comunidade de cidadãos cujos destinos são enormemente afetados pelas instituições socioeconômicas de que compartilham. Por essa razão,

---

3 VAN PARIJS, Vide (2011b). Concentro-me no aspecto e justiça da questão, ou seja, em como a justiça deveria ser concebida no interior da União Europeia, em meu intercâmbio com John Rawls (RAWLS, VAN PARIJS, 2003). Pretendo integrar as discussões sobre justiça e democracia em um livro em preparação: *Europe's Destiny*.

a União Europeia precisará ser governada não exatamente como um país — que ela jamais será —, mas muito mais como um país do que como mera organização internacional — que ela nem é mais e nem se tornará de novo.

Como então precisará ser governada a União Europeia? Em suma, menos "diplomaticamente" e mais "democraticamente" do que hoje em dia, bem menos por meio de acordos entre estados-membros sobre o compartilhamento do superávit resultante da cooperação e bem mais por meio da discussão entre os cidadãos e seus representantes sobre uma distribuição justa e o bem comum. Sendo mais específico, é melhor que deixemos de lado a noção simplista e de pouca serventia de déficit democrático e a risível ideia, que vem associada à primeira, de que o bom governo é um governo democrático ao máximo.[4] A fim de enveredar por uma trilha mais promissora, antes de concentrarmos nosso foco na União Europeia, levantemos uma questão mais ampla e fundamental: o que justifica a presunção em favor de um modo de tomada de decisões coletivas que seja *democrático*, no sentido mínimo de depender, em última instância, de eleições livres, do sufrágio universal e de alguma forma de regra de maioria? Há três justificativas básicas para essa presunção. As duas primeiras concentram-se na qualidade esperada das decisões coletivas e a terceira, no custo de fazê-las serem cumpridas.

---

4   A abordagem puramente instrumental da democracia que adoto aqui é defendida e ilustrada em Van Parijs (2011b), texto em que a qualifico marginalmente de duas maneiras: primeiro, pode-se dizer que o direito de participar de decisões coletivas seja parte da liberdade real que a justiça exige que distribuamos de acordo com o critério *maximin* e, segundo, o sufrágio universal igual é uma implicação direta de justiça como dignidade igual. Essas são qualificações importantes, embora de importância marginal para a nossa presente discussão: a primeira porque tem implicações fortes somente para a democracia local; e a segunda, porque impõe apenas uma restrição mínima aos procedimentos decisórios permitidos (isso poderia até mesmo ser compreendido como sendo consistente com a super-representação de grupos pequenos de sociedades divididas). [Nota dos organizadores: Van Parijs refere-se, nesta nota, à sua interpretação do critério *maximin* de justiça social, defendida em seu livro *Real Freedom for All* (VAN PARIJS, 1995), segundo a qual a justiça requer a elevação no nível máximo possível, em uma sociedade bem-ordenada, da liberdade real dos membros menos favorecidos.]

Por que a natureza democrática de um processo de tomada de decisões coletivas aumentaria a probabilidade de que as decisões por ele geradas serão boas decisões? Uma primeira razão baseia-se na *força educativa da caça aos votos*. Essa virtude cognitiva e epistêmica da democracia foi destacada com clareza na análise de Josiah Ober (2008) sobre as antigas cidades gregas. Em um regime despótico, os líderes políticos podem permanecer no poder mesmo que saibam pouco mais além daquilo que seus cortesãos ou burocratas se disponham a contar-lhes. Em uma democracia, porém, a necessidade de serem eleitos e reeleitos força os líderes políticos ao contato e a ouvir, a reunir conhecimentos valiosos e muito dispersos sobre todos aqueles de cujos votos dependem: sobre sua situação e problemas, seus temores e esperanças. E decisões mais bem informadas acerca daqueles que são afetados também tendem a ser decisões melhores.[5]

A segunda razão para esperar que decisões democráticas sejam decisões melhores decorre do que Jon Elster (1986) acertadamente chamou de *força civilizadora da hipocrisia*. Essa razão se sustenta porque o processo democrático não é redutível à votação e à agregação de preferências. Se funciona adequadamente, também envolve deliberação, isto é, a formulação e a discussão de argumentos. O processo democrático deve, portanto, atribuir papel chave à discussão que precede as eleições, particularmente durante a campanha eleitoral, e à discussão que as sucede, em especial nas assembleias parlamentares. Nas discussões induzidas pelo processo democrático, aspirantes a líderes políticos de todas as orientações e temperamentos tendem a desenvolver um discurso que apela para alguma noção de interesse geral, ou de tratamento justo dos interesses de todos aqueles presentes no eleitorado ou representados na assembleia, ou ainda de preocupação pela sorte dos menos afortunados dentre aqueles. Sincero ou não, esse discurso acaba tendo algum impacto sobre os atos dos aspirantes a líderes. A necessidade de soar bem no fórum deliberativo civiliza não somente suas palavras, mas também suas políticas.

A terceira base para uma forte presunção em favor da democracia reside na *força disciplinadora da autoimposição*. O que está sendo presumido é que a

---

5   A famosa análise de Drèze e Sen (1991) da diferença entre a capacidade de resposta da China e da Índia a surtos de fome pode ser interpretada nessa linha.

natureza democrática do processo aumenta a probabilidade de que as decisões sejam voluntariamente respeitadas pelos indivíduos e os órgãos que a elas estão sujeitos, quer julguem essas decisões boas ou não. Qualquer entidade política funcionará com mais eficiência se o cumprimento de suas decisões não requerer um aparato repressivo caro e invasivo. Fazer cumprir a lei é fácil e barato se os indivíduos sujeitos às decisões e normas as consideram legítimas. Isso pode decorrer do fato de que eles acreditam que elas sejam boas (trata-se da chamada *legitimidade das decisões tomadas,* ou *output legitimacy*, na expressão em inglês). Mas, para que uma entidade política funcione a contento, o cumprimento voluntário também deve verificar-se na grande maioria dos casos em que muitos daqueles de quem se espera o cumprimento das decisões ou julgam que não são boas ou não têm nenhuma noção sobre se são boas ou ruins. Isso pode ocorrer como decorrência do reconhecimento por parte das pessoas de que os tomadores de decisões têm o direito de tomá-las (trata-se da chamada *legitimidade decisória,* ou *input legitimacy*, na expressão em inglês). De forma muito esquemática, em tempos mais antigos, poder-se-ia conseguir tal reconhecimento graças a um número suficiente de súditos que acreditassem que Deus havia dotado seu monarca de autoridade. Nas sociedades modernas, essa autoridade pode ocasionalmente ser conferida a líderes carismáticos percebidos como encarnando a nação, para o bem ou para o mal (Adolf Hitler, Nelson Mandela, por exemplo), ou a sábios anciãos que se crê que aliem competência infalível e integridade impecável (um "governo de técnicos", uma Comissão Europeia cujos membros estariam comprometidos por um juramento de imparcialidade, por exemplo). Entretanto, a maneira mais usual e segura de tomar decisões aceitáveis às pessoas, independentemente do conteúdo dessas decisões, consiste em deixá-las decidir livremente quem pode decidir em seu nome, isto é, dar-lhes o poder de escolher seus governantes e de livrar-se deles por meio de um processo democrático equitativo. A observância voluntária e, por conseguinte, não custosa de decisões e normas assegurada desse modo fornece um terceiro argumento para uma forte presunção em favor da democracia.

Todas as três justificativas, e não apenas esta última, poder-se-ia dizer que decorrem, em última instância, de uma característica da democracia que Karl

Popper (2000) celebrizou: "A democracia resume-se a botar os patifes para fora".[6] Mas, para que as duas primeiras justificativas funcionem, aqueles *afetados* pelas decisões é que precisam ter a capacidade de botar para fora os "patifes", ao passo que, para que a terceira funcione, quem precisa ter essa capacidade são aqueles que devem *observar o cumprimento* das decisões. Essa diferença mostrar-se-á importante quando nos ativermos à União Europeia— como ora procederemos.

A UE: IMUNIDADE ELEITORAL VIRTUOSA E EXTERNALIDADES TRANSFRONTEIRIÇAS

Na medida em que nossa presunção em favor da democracia assenta-se sobre as duas primeiras justificativas, fica claro que ela perde muito de sua força quando uma grande proporção das pessoas afetadas pelas decisões não vota. Esse é o caso que se verifica, mesmo com sufrágio universal e elevado comparecimento às urnas, quando as decisões tomadas em um país vêm a impactar significativamente o que acontece em outro e/ou quando as decisões tomadas por uma geração vêm a impactar significativamente o destino de gerações posteriores. O que a democracia joga fora são os impopulares. Mas não são apenas os patifes que são impopulares. Impopulares também podem ser aqueles altruístas defensores dos interesses de estrangeiros e de pessoas que ainda não nasceram.

Quando há um grande impacto sobre as gerações mais novas ou futuras — por exemplo, pelo efeito causado por nosso estilo de vida sobre a mudança climática ou pelo efeito dos atuais gastos públicos e regras da aposentadoria sobre futuros passivos tributários—, mesmo a melhor democracia continua a ser uma ditadura do presente. Por essa razão, um "déficit democrático" pode ser uma enorme vantagem com relação à qualidade das decisões tomadas, contanto que, ao se especificar essa qualidade, se dê o devido peso a um tratamento equitativo aos mais jovens e aos ainda não nascidos. Uma maior justiça intergeracional somente será alcançada como resultado da transferência de alguma soberania para uma esfera menos democrática, na qual decisões-chave sejam tomadas por

---

6   No original, "Democracy is all about throwing out the rascals".

instituições e indivíduos mais imunes a pressões eleitorais. Diretivas impopulares acerca de emissões de carbono ou de reformas previdenciárias, emitidas por uma esfera europeia não responsabilizável (ou menos responsabilizável) eleitoralmente, poderiam, assim, levar a melhores decisões do que ocorreria se as políticas nessas áreas fossem deixadas à mercê de líderes políticos nacionais estruturalmente temerosos de serem botados para fora.[7]

Quando há um grande impacto sobre pessoas da geração atual, mas que se faz sentir para além das fronteiras das entidades em cujo nível a democracia opera, o problema não é tão fundamentalmente intratável por meios democráticos como o é quando o impacto é sobre as gerações ainda por nascer. Em parte foi para lidar com externalidades transfronteiriças desse tipo que as instituições europeias foram criadas e desenvolvidas, mas o volume dessas externalidades cresceu de forma exponencial como resultado desse mesmo desenvolvimento e, em especial, como resultado da adoção de uma moeda comum por um subconjunto de estados-membros. Como internalizar essas externalidades? Como desenhar o processo democrático de tal maneira que tanto a força educativa da caça de votos como a força civilizadora da hipocrisia possam cumprir sua tarefa na escala apropriada, isto é, de tal maneira que os formuladores das políticas europeias sejam induzidos a coletar conhecimento junto a todas as pessoas afetadas por suas decisões e a desenvolver um discurso que os comprometa a buscar a equidade entre todas elas?

---

[7] Esse argumento é reforçado pela natureza cada vez mais refinada do conhecimento necessário para tomar boas decisões, em especial em se tratando de efeitos de longo prazo. Isso implica tanto em que a força educativa da pressão eleitoral é menos efetiva em induzir o levantamento de toda a informação relevante e que elevar o poder de decisão a uma entidade mais alta tem a vantagem de gerar economias de escala no alistamento de expertise confiável. Vide Bourg (2013) para um argumento persuasivo sobre as deficiências sistêmicas da democracia no contexto ecológico e tecnológico atual.

DEMOI-CRACIA VERSUS DEMOS-CRACIA

Um caminho poder-se-ia denominar *demoi-crático*.[8] A ideia consiste em cada estado-membro levar em conta os outros estados-membros. Pode-se argumentar que isso esteja ocorrendo em alguma medida na esfera do executivo, por meio do funcionamento do Conselho da União Europeia (ou do Conselho de Ministros) e do Conselho Europeu (ou Conselho de Chefes de Governo). O que se poderá realizar por essa via depende, sobretudo, de dois fatores críticos. Primeiramente, à medida que ministros e especialmente chefes de governo mantenham reuniões mais frequentes e sobre um número maior de questões, poderiam suas discussões ir além da mera negociação para obter o máximo ganho nacional possível e se transformarem em algo como uma busca por acordos honrosos ou até mesmo por soluções que todos aqueles sentados à mesa possam aceitar e defender como equitativas? Em segundo lugar, à medida que as câmeras, microfones e gravadores que os aguardam à saída das salas de reunião tornarem-se menos uni-nacionais, ver-se-ão os chefes de governo e ministros forçados a adotar uma retórica que apele aos cidadãos de todos os estados-membros e não apenas aos seus? Há alguns sinais de que esses dois fatores estão operando, mas não podemos ignorar certos constrangimentos de fundo: o fato fundamental continua a ser que os líderes nacionais prestam contas a eleitorados nacionais e que é, portanto, dentro desses limites que os dois mecanismos que permitem às democracias tomar boas decisões — a caça aos votos educativa e a hipocrisia civilizadora — operam, enquanto deixam a tomada de decisão em nível europeu essencialmente sob a tutela de barganhas para o benefício mútuo.

Uma estratégia *demoi-crática* alternativa mais ambiciosa e democrática tornou-se bastante popular recentemente: um maior envolvimento dos

---

8   "*Demoi*" é o plural de "*demos*". Eu usei este termo no sentido em que ora o emprego em Van Parijs (1997). Kalypso Nicolaidis (2004; 2013a; 2013b) o usa em um sentido significativamente mais amplo para referir-se à sua visão sobre o que a UE é e deveria ser. Argumentarei abaixo que a natureza (nacional e linguisticamente) fragmentada do *demos* da UE implica que a democracia da Europa deveria incluir traços *demoi-cráticos*.

parlamentos nacionais na política europeia.⁹ Como o comparecimento às urnas em eleições nacionais tende a ser significativamente maior do que em eleições europeias, e como os membros dos parlamentos nacionais tendem a estar mais próximos dos cidadãos e a ser mais bem conhecidos por estes do que os membros do Parlamento Europeu, espera-se que essa estratégia venha a aumentar a *legitimidade decisória* das políticas europeias. Se a fórmula redundar em uma consulta cosmética, pouco dano causará exceto retardar um pouco mais a tomada de decisão em nível europeu e absorver tempo escasso que os parlamentos nacionais poderiam ter devotado às suas próprias competências. Se isso envolver algum poder real de veto, é difícil ver como essa estratégia parlamentar mais ambiciosa não iria piorar as coisas em vez de melhorá-las, em comparação à estratégia atual envolvendo os executivos, já que é de se esperar que os dois fatores de internalização mencionados acima afetem muito menos os membros dos parlamentos nacionais do que os membros dos executivos nacionais. Mesmo adotando-se suposições otimistas acerca de quanta interação dar-se-ia entre os membros de cada parlamento nacional, a competição pelos votos de seus eleitorados nacionais, em contraposição às assembleias e opiniões públicas de outros estados-membros, fará com que os interesses nacionais tornem-se mais salientes e fará com que compromissos honrosos no nível europeu tornem-se mais difíceis de serem alcançados do que se a matéria estiver nas mãos de líderes governamentais, que se mantêm em contato pessoal regular uns com os outros atrás de portas fechadas e com uma imagem pública internacional a zelar.

Outro caminho poderia ser chamado de *demos-crático*. Consiste em se apoiar no desenvolvimento da vida democrática no plano europeu. Obviamente, a criação em 1979 de um Parlamento Europeu diretamente eleito foi um passo crucial nessa direção, assim como o foi o aumento gradual de suas competências. Contudo, dos órgãos que podem ser vistos como formando o executivo da UE, dois — o Conselho Europeu e o Conselho da União Europeia — escapam por completo de qualquer prestação de contas ao Parlamento Europeu, e o outro — a Comissão Europeia — está muito longe de depender tão fortemente de

---

9   Vide e.g. NICOLAIDIS (2013a; 2013b), CHALMERS (2013), MENON (2013), e BELLAMY (2013).

maiorias parlamentares como os governos nacionais dependem. Daí a proposta francamente "federalista": que tão somente transponhamos a fórmula nacional padrão para o nível da UE. Isso significaria transformar a Comissão Europeia em governo de fato, que necessitaria contar com o apoio de uma maioria de membros do Parlamento Europeu, dotando-a dos poderes executivos hoje exercidos pelo Conselho e, caso se considerasse necessária a manutenção deste último, a ideia seria torná-lo uma segunda câmara legislativa. Isso nos parece que propiciaria no nível adequado tanto os mecanismos educativo e civilizador imprescindíveis à boa tomada de decisões quanto o mecanismo disciplinador que faz as pessoas cumprirem decisões de que não gostam.

UM ELEITORADO PAN-UE COM CARACTERÍSTICA *DEMOI-CRÁTICAS*

No entanto, essa transposição direta da democracia de âmbito nacional é muito simplista porque subestima os desafios representados pela segmentação nacional e linguística do *demos* europeu. Para começar, não é de se esperar que o Parlamento Europeu seja muito melhor do que o Conselho Europeu em ativar as forças educativas e civilizadoras em escala europeia enquanto os seus membros prestarem contas, diretamente ou via partidos, apenas a seus eleitorados nacionais. Não apenas suas campanhas permanecerão circunscritas aos seus respectivos estados-membros, como também, mesmo quando pareçam estar se dirigindo a seus pares no hemiciclo, estarão pensando em primeiro lugar em como seus chavões altissonantes chegarão aos ouvidos de seus públicos internos. É possível que a força civilizadora da hipocrisia beneficie um pouco mais o interesse comum europeu nesse fórum público do que as portas fechadas do Conselho; mas, uma vez mais, é forçoso observar que o perímetro do impacto civilizador é determinado, em última análise, pelo perímetro do eleitorado. Daí a relevância da proposta, reiterada a todo o momento, de um eleitorado pan-europeu para uma fração – digamos, 5% ou 10% – das cadeiras do Parlamento Europeu.[10]

---

10 Vide, e.g., DEWATRIPONT *et al.* (1996, 17, 165-7), VAN PARIJS (1997, 74), ONESTA (2007, 191), COHN-BENDIT (2010), NOTHOMB (2009, 169) e DESMET (2011). Isso foi incluído nas propostas dos liberais europeus na Convenção (ELDR,

A experiência da Bélgica, de um país que tem uma estrutura federalista sem ter partidos federais, convenceu-me de que esse é, de fato, o caminho que precisamos seguir.[11] Mas os pormenores da proposta são de enorme importância para seus efeitos. Primeiro, é importante que haja mais em jogo nesse eleitorado do que a composição partidária de 5% ou 10% do Parlamento. Trilhando o mesmo caminho do Tratado de Lisboa, o líder da lista que obtiver a maioria dos votos nesse eleitorado de amplitude europeia — ou, como alternativa, a pessoa indicada por uma maioria de Membros do Parlamento Europeu (MPEs) eleitos nesse eleitorado— tornar-se-ia presidente da Comissão Europeia automaticamente. Isso fortaleceria o incentivo para que cada partido tivesse sua lista liderada por uma personalidade proeminente com apelo transnacional. Ao se aumentar, provavelmente, o comparecimento eleitoral e ao se criar uma conexão direta entre o eleitorado e o líder do executivo, isso poderia fortalecer a percepção, entre os cidadãos europeus, de que a liderança da UE foi escolhida por eles e que poderia ser removida por eles na próxima ocasião; daí essa liderança poder legitimamente esperar ser obedecida. E, o que é ainda mais importante, havendo mais em jogo nessas eleições, isso fortaleceria o incentivo à formação de listas transnacionais e, portanto, aumentaria o campo de ação em que a força educativa da caça aos votos e a força civilizadora da hipocrisia operariam no âmbito da UE.

Em segundo lugar, não menos importante é a possibilidade de os candidatos poderem concorrer ao mesmo tempo nesse eleitorado compreendendo toda a União Europeia e em um eleitorado (sub)nacional. Com a possibilidade dessa dupla candidatura, os partidos políticos colocarão para concorrer nesse eleitorado pan-UE a maioria de seus candidatos mais fortes mesmo que eles não tenham chance de ser eleitos. Como resultado, muito mais do que os 5%

2003). Um relatório que incluía uma proposta de eleitorado pan-europeu assinada por 25 membros do parlamento europeu (MPEs) foi apresentado em maio de 2010 por Andrew Duff (MPE/Partido Liberal Democrata) à Comissão de Assuntos Constitucionais do Parlamento Europeu, onde foi aprovado, sem, contudo, ter obtido aprovação no plenário.

11   Vide DESCHOUWER & VAN PARIJS (2009) e os documentos reunidos no site do Pavia Group (www.paviagroup.be).

ou 10% dos MPEs eleitos, de fato, pelo eleitorado pan-europeu, terão ter feito alguma campanha no âmbito da União Europeia. As pouco coesas federações europeias de partidos políticos nacionais que ora formam alguns dos grupos parlamentares serão assim induzidas a negociar um programa comum com base no qual todos os seus componentes nacionais fariam campanha, não somente nesse eleitorado no âmbito da União Europeia, mas também nos eleitorados (sub)nacionais. Desse modo, para todas essas federações, e em particular para aquelas que se propõem a disputar altos cargos políticos europeus, tanto a força educativa como a civilizadora operarão sistematicamente por toda a União Europeia, em um grau muito maior do que hoje se verifica no caso dos membros do Parlamento Europeu, sem falar dos membros do Conselho Europeu.

Em terceiro lugar, nessa tentativa de fortalecer o aspecto *demos-crático* do funcionamento da União Europeia não deveríamos, entretanto, perder de vista o fato de que o demos europeu é altamente fragmentado. A configuração institucional deve ser sensível a esse aspecto, tanto para que cada um dos fragmentos sinta que seus governantes são sua escolha como para que os mecanismos educativo e civilizador funcionem a contento. Essa configuração deve, portanto, incorporar o que poderia ser visto como traços "consociacionais" ou, mais precisamente, *demoi-cráticos*. Assim, esse eleitorado pan-UE tem que ser desenhado de forma a garantir uma representação (mais ou menos proporcional) dos vários componentes nacionais da União, por exemplo, pela adoção de cotas nacionais entre os eleitos (possivelmente agrupando-se os países menores em um bloco). Algum tipo de representação garantida dessa natureza é importante por três razões. Primeiramente, para que o efeito disciplinador funcione melhor em todos os segmentos do *demos* europeu, é preciso assegurar uma presença adequada dos estados-membros menores e, portanto, impedir uma superrepresentação de candidatos dos países maiores, para quem é mais fácil conquistar notoriedade para além de suas fronteiras. Em segundo lugar, na ausência de cotas desse tipo, há o risco de que os eleitores mostrem-se mais relutantes em votar em estrangeiros por medo de que o seu próprio país seja sub-representado. Se já estiverem contando com essa relutância, os candidatos sentir-se-ão menos pressionados a angariar votos por toda a União Europeia e o funcionamento de ambos os mecanismos educativo e civilizador seria, portanto, prejudicado. Finalmente, caso sejam adotadas cotas nacionais para os eleitos, é natural que também sejam adotadas para a composição das listas partidárias. Disso decorre que apenas as federações partidárias com candidatos de toda a União Europeia serão capazes de apresentar listas completas e, ainda, que não haverá perda em termos do número de candidatos que poderão ser apresentados aos eleitores se todos os componentes nacionais de uma federação fizerem parte de uma lista única em vez de uma lista por país. Como resultado, o incentivo para apresentar uma lista transnacional comum será extremamente forte. E somente se a maioria dos candidatos estiver nessas listas é que os mecanismos antes mencionados poderão produzir os efeitos pretendidos.

UMA RECEITA SUÍÇA

É razoável supor que a configuração especificada acima funcione melhor, no que tange às três justificativas da democracia, do que a atual: o que a alternativa aqui esboçada propõe é um governo europeu formado por uma personalidade que tem de vencer uma eleição envolvendo todo o eleitorado da UE e que terá de justificar suas políticas a um Parlamento constituído por partidos e personalidades muito mais responsabilizáveis eleitoralmente do que hoje à população da UE como um todo. No entanto, alguns creem que, em seus fundamentos, esse modelo seguiria sendo defeituoso, e que nada, ou pouco, faria para reduzir o "déficit democrático". Os críticos desse modelo poderão admitir que a atual falta de brilho das personalidades do Parlamento Europeu, a falta de visibilidade de seus debates e o baixo comparecimento às urnas nas eleições europeias possam ter algo a ver com traços contingentes que a reforma institucional esboçada acima ajudaria a remover. Mas insistirão na existência também de razões intrínsecas para que a prestação de contas eleitoral e, por conseguinte, a legitimidade democrática sejam mais fracas no nível europeu do que no nacional. É inevitável que a tendência racional dos eleitores de ignorar as eleições e a de abster pese mais se cada voto é um em 400 milhões do que se cada voto é um em 5, 10 ou mesmo 50 milhões. Ainda que a Comissão fosse transformada em um governo dependente de uma maioria parlamentar, o sentimento dos cidadãos de que poderiam "botar para fora os patifes" inevitavelmente continuaria sendo mais implausível do que no nível nacional. E a distância em relação à política europeia torna-se ainda maior para a maioria dos cidadãos pelo fato de grande parte dessa política ser conduzida em línguas distintas das suas.

Esse limite intrínseco a uma abordagem *demos-crática* em âmbito europeu confere credibilidade ao impulso "*demoi-crático*" de criar legitimidade pela atribuição de um papel maior aos parlamentos nacionais. Contudo, como mencionado anteriormente, é de se esperar que um envolvimento dos parlamentos nacionais seja ainda pior do que o atual envolvimento de executivos nacionais no que se refere aos dois mecanismos — o educativo e o civilizador — que poderiam contribuir para que os formuladores das decisões europeias fossem guiados por um interesse geral europeu. Entretanto, há uma forma distinta de inflexão "*demoi-crática*" ou, ao menos, sensitiva à diversidade nacional, que não teria esse efeito negativo e que, ao mesmo tempo, impediria que uma simples abordagem *demos-crática* majoritária corresse o risco de ser contraproducente com respeito à legitimidade democrática. Isso porque, aos olhos do eleitor, a legitimidade das decisões tomadas por um governo será menos afetada pela possibilidade concreta de retirá-lo do que pelo seu grau de identificação com o governo em questão.

No que diz respeito a isso, pode-se buscar inspiração no sistema singular de governo da Suíça.[12] Não se trata apenas de que há um costume antigo e forte, oficializado durante a última revisão constitucional, que estabelece que os componentes germânicos e latinos do país sejam representados de forma equitativa no executivo de sete pessoas (o Conselho Federal).[13] Além disso, o procedimento da eleição dos membros do Conselho Federal pelo Parlamento (constituído

---

12 Para uma discussão instigante da relevância de alguns outros aspectos do sistema político suíço para a União Europeia, vide LACEY (2012).

13 O artigo 175 da Constituição de 1999 estabelece que "as diferentes regiões e comunidades linguísticas devem ser representadas de forma equitativa no Conselho Federal". Depois de décadas de discussão, essa formulação substituiu a que estava contida no artigo 1 da Constituição de 1848, que estabelecia que nenhum cantão deveria ter menos do que um representante no Conselho Federal.

pelos 200 membros do Conselho Nacional e pelos 46 membros do Conselho de Estados) perpetuou consistentemente a denominada "fórmula mágica", que consiste essencialmente em uma representação proporcional, no Conselho Federal, dos partidos que estão representados no Conselho Nacional. Essa "fórmula mágica" não é de modo algum um resultado automático do sistema eleitoral: como os sete membros do Conselho Federal são eleitos sequencialmente sob um sistema majoritário simples, uma coalizão partidária que inclua mais do que 50% dos membros do parlamento poderia, de forma constitucionalmente impecável, eleger um executivo extraído inteiramente de suas próprias fileiras. Aparentemente, é o temor de iniciativas legislativas populares hostis, que paralisariam o processo político, que dissuade maiorias parlamentares de colocar outros partidos para fora.

Isso soa como uma receita para uma política tediosa e processos árduos de reforma e, ainda pior, pareceria tornar praticamente impossível "botar para fora os patifes". Ao mesmo tempo, contudo, essa característica tão inusitada pode ser o fator chave para garantir a legitimidade democrática do Estado federalista suíço. Pois não há somente a garantia de que vozes (e ouvidos) das duas principais comunidades linguísticas da Suíça estarão presentes em cada reunião de governo. Ademais disso, os partidos que estão no poder em cada um dos cantões (cujos governos são eleitos diretamente pelo povo) muito provavelmente estarão representados no governo federal. Para a percepção de legitimidade democrática e, por conseguinte, para o cumprimento voluntário das decisões por parte de cidadãos e cantões, talvez seja bem menos importante capacitar os cidadãos a remover um governo insatisfatório do que capacitá-los a impedir esse governo de consistir apenas de "estrangeiros" ou de ter uma coloração política destituída de qualquer intersecção com muitos governos cantonais, e que poderia, por isso, levar mais facilmente à tentação de questionar uma autoridade federal controlada por "estrangeiros".[14]

---

14 Isso sugere uma importante interação entre a "estratégia grega" de base eleitoral e a "estratégia alemã" baseada na identidade para assegurar a lealdade do público relevante, para usar a sugestiva terminologia de Luuk van Middelaar (2009). (Ele distingue essas duas estratégias da "estratégia romana" baseada em resultados). Para que os eleitos possam obter nossa lealdade de forma mais efetiva, eles precisam ser percebidos

O que isso sugere para a União Europeia? Em primeiro lugar, que se deve preservar uma representação equilibrada dos diferentes componentes nacionais da União no executivo. Disso não se segue que se deveria preservar a fórmula cada vez mais disfuncional de um representante por país. Assim como o Conselho Federal da Suíça não é constituído por um membro de cada um de seus 26 cantões, por minúsculos que sejam, não é preciso que o governo da União Europeia tenha um membro de cada um de seus 28 estados-membros, pequenos e grandes. Para ser mais efetiva, a Comissão Europeia tem de encolher. Mas deve haver normas fortes, formais e informais, que impeçam que um país tenha mais do que um membro, e que garantam uma presença equilibrada, digamos, do Leste e do Oeste, e do Norte e do Sul. Mas a experiência suíça sugere mais do que isso. Ela também sugere, em segundo lugar, a rejeição de uma fórmula político-partidária majoritária simples em favor de um procedimento para a escolha de ministros que corresponda a alguma forma de representação proporcional. Especialmente se apenas um subconjunto dos estados-membros estiver representado na Comissão, a natureza segmentada do *demos* europeu pode facilmente colocar em risco a legitimidade das decisões tomadas no nível europeu, se prevalecer a percepção de que essas decisões são tomadas por "estrangeiros". E a tentação da parte de um governo nacional de apresentar as decisões da autoridade europeia como dominação estrangeira ilegítima será particularmente grande se o primeiro tiver uma orientação política à esquerda do centro e a segunda, à direita do centro, ou vice-versa.

Essa inflexão *demoi-crática* helvética, do que segue sendo essencialmente um modelo *demos-crático*, parece-me uma fórmula mais promissora do que as tentativas de aprimorar a legitimidade democrática quer pela adoção de um modelo majoritário autêntico copiado diretamente de democracias parlamentares nacionais, quer pela atribuição de um papel mais proeminente aos parlamentos nacionais na tomada de decisões no nível europeu. Inegavelmente, a limitação que essa fórmula impõe à composição do executivo, e consequentemente à orientação de suas políticas, reduz o que está em jogo nas eleições parlamentares

---

como sendo um de "nós" eleitos por "nós", e não como "estrangeiros" eleitos por "estrangeiros".

europeias, inclusive para seu eleitorado pan-europeu, e por isso enfraquece o incentivo que os partidos políticos e seus líderes têm de reunir informações e de levar em conta preocupações em uma escala europeia (nossos dois primeiros mecanismos). Ademais, o sentimento de que as pessoas podem, de fato, decidir quem governa o país (nosso terceiro mecanismo) sofrerá um revés. No entanto, como na Suíça, a incapacidade de livrar-se dos patifes pode ser mitigada pela capacidade de rejeitar o que eles decidirem por meio de um referendo proposto pelos cidadãos. Dado o tamanho da população envolvida, o procedimento precisaria ser significativamente distinto do suíço. As Iniciativas de Cidadãos Europeus fornecem um modesto experimento na direção daquilo que pode solucionar o problema.

O *PRAKTIKABLES ENGLISCH* DO PRESIDENTE GAUCK

Com ou sem essas características *demoi-cráticas*, está claro que qualquer coisa como uma *demos-cracia* pan-UE só pode aspirar a funcionar satisfatoriamente se suas precondições linguísticas forem mais bem atendidas do que estão sendo hoje. Em particular, não será possível fornecer um incentivo eleitoral à obtenção de informações de todas as partes da União e desenvolver uma retórica inclusiva, de forma efetiva, enquanto a comunicação que atravessa as fronteiras dos estados-membros for excessivamente custosa, enquanto os candidatos e os eleitores não se entenderem entre si porque não têm um idioma em comum. Como enfatizado acima, o funcionamento de uma democracia não é apenas uma questão de instituições eleitorais, mas também de discussão pré e pós-eleitorais. Considerando a diversidade linguística da Europa, uma *demos-cracia* no nível da UE será uma mera fantasia na ausência de um multilinguismo generalizado ou, pelo menos, mais específica e realisticamente, se não houver uma convergência generalizada em direção a uma língua franca comum. Como declarou o presidente alemão Joachim Gauck recentemente:

> A Europa não dispõe de um único espaço público que possa ser comparado ao que entendemos por esfera pública no nível nacional. Antes de tudo, carecemos de uma língua

> franca. Há 23 línguas oficiais na Europa, além de inúmeras outras línguas e dialetos. Um alemão que também não fale inglês ou francês sentirá dificuldade para se comunicar com alguém de Portugal, da Lituânia ou da Hungria. É verdadeiro dizer que os jovens estão crescendo tendo o inglês como sua língua franca. Contudo, entendo que não deveríamos simplesmente deixar as coisas seguirem o seu rumo em se tratando de integração linguística, pois mais Europa significa multilinguismo não apenas para as elites, mas para parcelas cada vez maiores da população, para cada vez mais pessoas, para todos! Estou convencido de que sentir-se à vontade com o próprio idioma e sua magia e ser capaz de falar inglês o bastante para nos virarmos em todas as situações e em todas as idades podem coexistir na Europa. Uma língua comum tornaria mais fácil realizar meu desejo para o futuro da Europa – uma ágora europeia, um fórum comum de discussão que nos permita viver juntos em uma ordem democrática.[15]

A democratização propiciada por uma língua franca— *"ein praktikables Englisch für alle Lebenslagen und Lebensalter"*, como disse o presidente Gauck—, consistente com a proteção das línguas nacionais, é uma característica fundamental da configuração democrática de que a União Europeia precisa e que vai além da simples transposição de modelos nacionais, quer sejam interpretados como praticando uma imposição linguística ou a indiferença linguística. Um *demos* que cumpre seu papel não é tão somente aquele em que as pessoas conversam e discutem umas com as outras para decidirem sobre o que lhes é melhor ou mais justo. É também aquele em que as pessoas e associações — mas não só as mais ricas e poderosas — podem articular-se e mobilizar-se. Sem isso, o *demos* europeu jamais conseguirá fazer o que precisa

---

15 GAUCK (2013). Segue a versão original da surpreendente passagem final: "Ich bin überzeugt, dass in Europa beides nebeneinander leben kann: die Beheimatung in der eigenen Muttersprache und in ihrer Poesie und ein praktikables Englisch für alle Lebenslagen und Lebensalter. Mit einer gemeinsamen Sprache ließe sich auch mein Wunschbild für das künftige Europa leichter umsetzen: eine europäische Agora, ein gemeinsamer Diskussionsraum für das demokratische Miteinander".

fazer com urgência, a saber, transformar a União Europeia em uma associação política solidária, que seja capaz de assumir algumas das tarefas de proteção social que estados-membros não mais possam desempenhar a contento e, ao mesmo tempo, assegurar a sobrevivência e a diversidade dos Estados de bem-estar existentes.[16] A coordenação e a mobilização dos principais beneficiários dessa ação requerem um meio de comunicação eficaz e barato que, realisticamente falando, só pode ser o inglês.[17]

Como foi afirmado por Joachim Gauck, e confirmado por dados mais recentes, a competência no inglês está se difundindo cada vez mais rápido de geração para geração por toda a União Europeia.[18] Mas poderia e deveria ser acelerada. Um dos principais obstáculos a uma política em bases mais voluntárias é o sentimento de que privilegiar pela via oficial a língua materna da maioria dos cidadãos de um dos maiores estados-membros seria uma flagrante injustiça. Esse problema precisa ser abordado em todas as suas dimensões.[19] Mas a UE não deve ver como um problema a franca reapropriação de um idioma continental que pode ser visto como uma mistura de suas duas principais línguas continentais, e que não precisa ser visto como um substituto de suas muitas línguas nacionais, mas como um meio efetivo de comunicação e mobilização. Dessa forma, a União Europeia equiparia seu *demos* com uma pré-condição essencial para que todas as três forças que fazem a democracia valer a pena operem com

---

16 Veja-se o argumento por detrás da proposta dos euro-dividendos (VAN PARIJS, 2013).
17 O argumento deste parágrafo é desenvolvido no capítulo 1 de Van Parijs (2011).
18 Vide languageknowledge.eu.
19 Vide VAN PARIJS (*Ibidem*, capítulos 2-5). A propósito, note-se que esse problema de injustiça linguística é menos agudo dentro das atuais (e prováveis futuras) fronteiras da Zona do Euro, que é a área em que mais urgente e necessário se faz um novo modo de nos organizarmos politicamente. Quase 87% dos anglófonos nativos vivem no Reino Unido. No restante da UE, menos de 2% têm o inglês como sua língua materna, a maioria deles na Irlanda. (Dados compilados de languageknowledge.eu. De acordo com o Eurobarômetro 2012, 87,4 % da população do Reino Unido e 12,9% da população dos outros 27 países da União Europeia têm o inglês como língua materna.) Daí que uma União Europeia mais assertiva acerca da escolha do inglês como seu meio de comunicação não privilegiaria uma parcela significativa de seus cidadãos, mas apenas a população de parte de umailha a que se lhe impôs o inglês.

eficiência e no nível adequado: a força educativa da caça aos votos, a força civilizadora da hipocrisia e a força disciplinadora da autoimposição.

REFERÊNCIAS BIBLIOGRÁFICAS

BELLAMY, Richard. "The democraticdeficit, social justice andtheeurozonecrisis". In:BELLAMY, Richard; STAIGER, Uta (Orgs.). *The Eurozone Crisis and the Democratic Deficit*. London: University College London, 2013, p. 3-4.

BOURG, Dominique. "Quelles démocraties face aux défis environnementaux?". *Paper* apresentado na conferência *La Démocratie, enrayée?* Bruxelles: Academia real, 31 maio 2013.

CHALMERS, Damian. *Democratic Self-government in Europe*. London: Policy Network, 2013.

COHN-BENDIT, Daniel. "Cohn-Bendit rêve de conduire une vraie liste verte européenne". *Le Soir*, Bruxelles, 12 nov. 2010.

DESCHOUWER, Kris; VAN PARIJS, Philippe. "ElectoralEngineering for a StalledFederation. A Country-Wide Electoral District for Belgium's Federal Parliament". Com comentários de DE BRIEY, Laurent; HOROWITZ, Donald; MADDENS, Bart; O'LEARY, Brendan. Bruxelles: Re-Bel e-book n°4, 2009. Disponível em: <www.rethinkingbelgium.eu>.

DESMET, Yves. Kieskring. De Morgen, 20 abr. 2011.

DRÈZE, Jean; SEN, Amartya. *Hungerand Public Action*. Oxford: Oxford University Press, 1991.

ELSTER, Jon (1986). "The Market andtheForum: Three Varieties of Political Theory". In: CHRISTIANO, Thomas. (Org.). *Philosophy and Democracy*. Oxford: OUP, 2004, p. 138-160.

ELDR. Liberals and the future of Europe. Bruxelles, 24 jan. 2003.

GAUCK, Joachim. "Europa: Vertrauen erneuern – Verbindlichkeit stärken". Rede von Bundespräsident Joachim Gauckzu Perspektiven der europäischen Idee. 22 fev. 2013 em Schloss Bellevue.

LACEY, Joseph. "Must Europe Be Swiss? On the Idea of a Voting Space and the Possibility of a Multilingual Demos". *British Journal of Political Science*, Cambridge, nº 1, vol. 44, 2013, p. 1-22.

MENON, Anand. "The European Union and the Nation State". *Policy Network*. 10 out. 2013.

NICOLAIDIS, Kalypso. "We the Peoples of Europe". *Foreign Affairs*, nº 6, vol. 83, 2004, p. 97-110.

_____. "European Demoicracy and Its Crisis". *Journal of Common Market Studies*, nº 2, vol. 51, 2013a, p. 351-369.

_____. "Pragmatism, Idealism and European Democracy". *Social Europe Journal*, 15 jul. 2013b.

NOTHOMB, Charles-Ferdinand. *Un Plan de paix pour la Belgique*. Bruxelles: Racine, 2009.

OBER, Josiah. *Democracy and Knowledge: Innovation and Learning in Classical Athens*. Princeton: Princeton University Press, 2008.

ONESTA, Gérard. *Bruxelles en Europe/L'Europe à Bruxelles*. Bordeaux: Le Castor Astral, 2007.

POPPER, Karl. *Lessons of This Century*. London: Routledge, 2000.

RAWLS, John; VAN PARIJS, Philippe. "Three Letters on The Law of Peoples and the European Union". *Revue de philosophie économique*, vol. 8, 2003, p. 7-20.

VAN MIDDELAAR, Luuk. *De Passagenaar Europa. Geschiedenis van eenbegin*. Historische Uitgeverij, 2009. (Edição inglesa: *The Passage to Europe. How a Continent Became a Union*. New Haven: Yale University Press, 2013).

VAN PARIJS, Philippe. *Real Freedom for All. What (If Anything) Can Justify Capitalism?* Oxford: Oxford University Press, 1995.

_____. (1997) "Should the European Union become more democratic?" In: VAN PARIJS, Philippe. Just Democracy: The Rawls-MachiavelliProgramme, Colchester: ECPR Press, 2011b. (Reimpressão).

_____. Linguistic Justice for Europeand for the World. Oxford: Oxford University Press, 2011a. (Edição alemã: Sprachengerechtigkeit für Europa und die Welt, Frankfurt: Suhrkamp, 2013.)

_____. *Just Democracy: The Rawls-Machiavelli Programme.* Colchester: ECPR Press, 2011b.

CAPÍTULO I
JUSTIÇA

A JUSTIÇA INTERNACIONAL ENTRE O HUMANITARISMO E O IGUALITARISMO GLOBAL[1]

Álvaro de Vita

O que vou expor neste capítulo dá continuidade a meus esforços de pesquisa, que estão voltados especialmente para o exame, na área da teoria política normativa contemporânea, de questões de justiça socioeconômica no âmbito interno de uma sociedade democrática e no âmbito internacional. Uma questão central que se apresenta, no debate sobre questões de justiça internacional, diz respeito à perspectiva apropriada para tratar das assimetrias abissais de condições e oportunidades de vida ao redor do mundo. Um dos problemas que mais têm concentrado as atenções nesse debate é o de determinar se essas assimetrias devem ser consideradas da ótica de princípios de justiça igualitária, como sustentam teóricos cosmopolitas como Darrell Moellendorf, Kok-Chor Tan e Simon Caney, ou, de modo alternativo, da ótica de um princípio de humanitarismo, como sustentam teóricos políticos anticosmopolitas como Michael Walzer, John Rawls, Thomas Nagel e David Miller (MOELLENDORF, 2002; TAN, 2004; CANEY, 2005; 2009; WALZER, 1983; 2008, 191-204; RAWLS, 1999; NAGEL, 2005; MILLER, 1998; 1999; 2007).[2] Ademais de contrastar essas duas posições, a motivação central da

---

[1] Este texto é produto de uma pesquisa em andamento, que conta com financiamento do Conselho Nacional de Desenvolvimento Científico e Tecnológico (CNPq).
[2] Miller (2007, cap. 2) entende sua própria posição como um "cosmopolitismo moral fraco", em um sentido que será explicitado adiante.

reflexão desenvolvida neste capítulo é a de sustentar que uma terceira posição sobre essas disparidades, alternativa tanto ao humanitarismo como ao igualitarismo global, é normativamente mais promissora.

Embora haja controvérsias sobre isso, não há dúvida de que os níveis de pobreza e de desigualdade globais são muito elevados. Segundo a estimativa do Banco Mundial, que só leva em conta a renda e o consumo das famílias, em 2008 havia cerca de 1,3 bilhão de pessoas no mundo que vivem abaixo da linha de pobreza de 1,25 dólar por dia, isto é, que não tinham recursos suficientes nem mesmo para se alimentar de forma adequada.³ Abaixo da linha de pobreza de 2 dólares por dia, de acordo com a estimativa do Banco, encontravam-se 43,14% da população mundial ou cerca de 2,5 bilhões de pessoas no ano de 2008.⁴ Pelo critério de "pobreza multidimensional" adotado pelo *Relatório do Desenvolvimento Humano de 2010*, que é mais exigente do que a linha de pobreza de 1,25 dólar por dia mas que ainda é extremamente austero, e que leva em conta indicadores em três dimensões distintas (saúde, educação e padrões de vida), há 1,75 bilhão de pobres no mundo (UNDP 2010, p. 96). Essas são as pessoas que, de acordo com o *Relatório*, sofrem de privações agudas (que podem não ser adequadamente captadas somente por indicadores de renda e consumo) e que correspondem a cerca de um terço da população de 104 países em desenvolvimento. Para mencionar somente um desses indicadores, ao passo

---

3 Esse dado é disponível em: <data.worldbank.org/indicator>. Consultado em: 6/06/2012. O Banco Mundial utiliza linhas de pobreza de 1,25 dólares e de 2 dólares por dia, calculadas pela Paridade do Poder de Compra (PPP, na sigla em inglês) de dólares de 2005. Caem abaixo da linha de pobreza de 2 dólares por dia aquelas pessoas cujo poder de compra por dia é inferior ao poder de compra que 2 dólares tinham nos Estados Unidos no ano de 2005.

4 Para Pogge (2010, p. 12), essas são pessoas que, por não terem acesso seguro à alimentação adequada, água potável, vestuário, moradia e à assistência médica e educação básicas, encontram-se em condições de pobreza severa. Em Pogge 2010, cap. 3 e 4, há uma crítica severa à adoção da linha de pobreza do Banco Mundial (que passou de 1 dólar por dia em 2000 para 1,25 dólar em 2005) para estabelecer o primeiro objetivo da Declaração do Milênio das Nações Unidas (assinada por 191 países em setembro de 2000) de reduzir pela metade, até 2015, o número de pessoas vivendo em condições de pobreza extrema no mundo.

que a expectativa de vida ao nascer é de 54 anos, em média, nos países da África Subsaariana, o mesmo indicador, para os países da OCDE, é de 80 anos. Cerca de um terço das mortes que ocorrem no mundo, ou 18 milhões anualmente, devem-se a causas que são relacionadas à pobreza. Thomas Pogge dá a ênfase dramática necessária a esta última estatística:

> Muito mais pessoas – em torno de 360 milhões – morreram de fome e de doenças curáveis, em época de paz, nos 20 anos que se seguiram ao fim da Guerra Fria do que as que pereceram em guerras convencionais, em guerras civis e em virtude de repressão estatal ao longo de todo o século XX (POGGE, 2010, p. 11).

E quando se passa de indicadores de níveis de bem-estar e desenvolvimento humano em um patamar bastante básico[5] para indicadores de disparidades relativas, os contrastes não são menos gritantes. Com base em pesquisas domiciliares realizadas em 120 países (e empregando as estimativas das taxas de câmbio pela paridade do poder de compra adotadas pelo Banco Mundial em 2005), Branko Milanovic concluiu que a desigualdade de renda entre *pessoas* no mundo passou de um Coeficiente Gini de 68,4 pontos em 1998 para 70,8 pontos em 2002 e que os 10% de cima aumentaram sua participação na renda mundial de 51,4% em 1998 para 57,5% em 2002 (MILANOVIC, 2009).[6] Os 5% de cima ficaram com quase um terço da renda mundial. Em suma, ao passo que a privação absoluta permanece em patamares muito elevados (embora haja controvérsias sobre a tendência à redução da pobreza de *renda*), os níveis de disparidade relativa, medida pela renda, tendem a aumentar no mundo.

Essa breve caracterização empírica do problema parece ser suficiente para demonstrar que há razões fortes para tratar as disparidades socioeconômicas no mundo como um problema de justiça. Mas essa avaliação não é aceita nem

---

5 Quase todos os indicadores empregados para definir a pobreza multidimensional, como esclarece o Relatório do Desenvolvimento Humano de 2010 (UNDP 2010, 95), estão relacionados aos Objetivos de Desenvolvimento do Milênio.

6 O Coeficiente de Gini mede a desigualdade de renda em uma escala que vai de 0 (igualdade perfeita) a 100 (total desigualdade).

mesmo por todos os teóricos políticos que acreditam que uma concepção de justiça igualitária deve se aplicar ao âmbito doméstico de uma sociedade democrática. Charles Beitz denominou "liberalismo social" à visão sobre a sociedade internacional que estabelece uma acentuada descontinuidade entre os princípios que se aplicam ao âmbito doméstico e aqueles que se aplicam ao âmbito internacional (BEITZ, 1999a; 1999b, p. 272-80). Às instituições domésticas cabe a responsabilidade moral primária de garantir o bem-estar dos cidadãos e a justiça social, ao passo que a comunidade internacional tem a responsabilidade moral de preservar as condições de fundo sob as quais sociedades bem-ordenadas possam se desenvolver. Para essa visão, somente um princípio de assistência humanitária se justifica para tratar de disparidades socioeconômicas – as mais agudas, que dizem respeito à pobreza em um sentido absoluto – no nível internacional. Principiemos, para caracterizar os termos desse debate teórico, por um exame dessa posição.

HUMANITARISMO, NÃO JUSTIÇA IGUALITÁRIA

John Rawls e David Miller são os dois teóricos de maior peso associados à posição que Beitz denominou liberalismo social. Até bem recentemente, em meio a uma literatura sobre justiça global dominada por teóricos cosmopolitas, *O direito dos povos*, de Rawls, permanecia como o único esforço mais abrangente de articulação teórica dessa posição. Um ponto importante a ressaltar com respeito a esse esforço, que transcende a teoria específica da justiça internacional proposta em *O direito dos povos*, é o de que nele se expressa um enfoque normativo sobre a justiça que rejeita a posição metodológica que Liam Murphy denominou "monismo" (MURPHY, 1998).[7] A ideia básica do antimonismo é a de que diferentes tipos de princípios aplicam-se a tipos diferentes de objetos que se podem considerar como suscetíveis de avaliações de justiça. "Não há motivo para supor de antemão", afirma Rawls já na seção 2 de *Uma teoria da justiça*,

---

7   G. A. Cohen (1992; 1997) e Liam Murphy rejeitam o antimonismo de Rawls em outra frente de discussão: a de se os princípios que se aplicam à conduta individual e a escolhas individuais que podem ter impacto distributivo deveriam ser os mesmos que se aplicam à estrutura institucional da sociedade.

> (...) que os princípios que são satisfatórios para a estrutura básica sejam válidos para todos os casos. Esses princípios podem não funcionar nas normas e nas práticas de associações privadas ou de grupos sociais menos abrangentes. Podem ser irrelevantes para as diversas convenções e para os diversos costumes informais da vida cotidiana; podem não elucidar a justiça, ou talvez melhor, a equidade de arranjos cooperativos voluntários ou dos procedimentos para realizar acordos contratuais. As condições do direito dos povos podem exigir outros princípios, inferidos de maneira um tanto diferente (RAWLS, 2008, p. 9).

Embora Murphy, no contexto de uma discussão que tem o propósito de criticar a posição segundo a qual os princípios que se aplicam à moldura institucional não são os mesmos que se aplicam à conduta individual, tenha denominado a posição de Rawls "dualista", essa denominação, como Thomas Nagel observou, não é apropriada, já que o que é característico do antimonismo de Rawls é a ideia de que "o princípio regulador para qualquer coisa depende da natureza de tal coisa" (NAGEL, 2005, p. 122; RAWLS, 2008, p. 35).

Há razões fortes para subscrever a rejeição de Rawls ao monismo na teoria da justiça, mas dizer isso não implica endossar a forma como ele interpretou o antimonismo em sua teoria da justiça internacional. Faço uma breve menção a isso. Como é conhecido pelos que acompanham esse tipo de debate teórico, Rawls não derivou implicações cosmopolita-morais da teoria da justiça igualitária que ele propôs para os arranjos institucionais – para o objeto que ele denominou "estrutura básica da sociedade" – de uma sociedade democrática em âmbito doméstico (RAWLS, 1971). Em particular, ele rejeitou uma interpretação cosmopolita de seu "princípio de diferença", segundo o qual as desigualdades socioeconômicas só são moralmente justificáveis se forem estabelecidas para o máximo benefício possível daqueles que se encontram (para simplificar) no quintil inferior da escala de distribuição de oportunidades sociais, renda e riqueza da sociedade. Rawls apresentou mais de um argumento para defender sua perspectiva anticosmopolita com respeito à sociedade internacional, mas o principal, a meu juízo, é aquele que denomino, em meus próprios trabalhos sobre essa temática, "argumento dos fatores internos" (VITA, 2008, p. 240-8).[8] Para resumir, trata-se do ponto de vista segundo o qual as vastas desigualdades de renda e de oportunidades sociais e os níveis de pobreza absoluta existentes no mundo devem-se essencialmente a características institucionais, a decisões de política pública e à cultura pública das sociedades nas quais a pobreza global está mais concentrada, e não a circunstâncias da ordem política e econômica global. Um "dever de assistência" justifica-se em relação àquelas sociedades que Rawls denomina "sobrecarregadas" por condições desfavoráveis, que as impedem de desenvolver instituições capazes de garantir o cumprimento de direitos humanos básicos,[9] mas a interpretação desse dever deixa claro que se trata de um dever positivo de prestar auxílio e não de uma obrigação de justiça internacional. As obrigações dos mais privilegiados para com os pobres, em âmbito global, devem ser entendidas como obrigações de benevolência e de assistência humanitária, e não como obrigações de justiça que têm por implicação a correção da iniquidade distributiva de arranjos institucionais dos quais os povos ricos, e o bilhão mais rico de pessoas da humanidade, são os maiores beneficiários. Para além desse patamar baixo de obrigação moral estabelecido pelo dever de assistência, nenhuma redistribuição ulterior de recursos, riqueza ou renda seria justificada como uma questão de justiça. Como Rawls enfatiza, esse dever é de natureza transitória e tem tanto "um alvo como um ponto-limite" (RAWLS, 1999, p. 119). Considerando-se que a pobreza tem causas que são essencialmente domésticas, um dever de assistência é uma resposta normativamente mais apropriada do que um princípio de justiça distributiva internacional, que negligencia

---

8   Ver Rawls (1999, p. 113-20). O ponto de vista que denomino argumento dos fatores internos corresponde àquilo que Pogge (2008, p. 145-50) batizou de "nacionalismo explanatório".
9   Seguindo Shue (1996), Rawls adota uma lista restrita de direitos humanos "propriamente ditos", que se limita aos direitos à liberdade e à segurança pessoais, que implicam direitos de subsistência. Estes últimos, para Shue, têm por objeto a garantia de "ar não poluído, água não contaminada, alimentação adequada, moradia adequada e um sistema de saúde pública preventiva mínima. (...) a ideia básica é propiciar o consumo daquilo que é necessário para garantir uma oportunidade decente de se ter uma vida razoavelmente saudável e ativa de duração mais ou menos normal, excluindo-se ocorrências trágicas" (SHUE, 1999, p. 23).

a responsabilidade que povos bem-ordenados devem ter pelas consequências de suas próprias instituições e políticas (*Ibidem*, p. 117-8). De resto, Rawls alia esse anticosmopolitismo, em matéria de justiça econômica, a uma visão pluralista tradicional da sociedade internacional, também defendida por autores como Hedley Bull ou Terry Nardin, segundo a qual a justiça é uma questão eminentemente doméstica, devendo a sociedade internacional organizar-se com base em princípios de não interferência e convivência pacífica entre *Estados*. Essa visão é inteiramente compatível com a de autores como Michael Walzer e David Miller, para os quais a comunidade política nacional é o único contexto moral e político apropriado a se levantarem questões de justiça social.

Consideremos agora a posição de David Miller de "humanitarismo, não justiça igualitária".[10] O livro de Miller de 2007, *National Responsibility and Global Justice*, é o esforço teórico mais importante, desde *O direito dos povos*, de articular e defender o que aqui (seguindo Beitz) estou entendendo por liberalismo social. Miller distingue justiça *social*, um ideal moral e político que prescreve uma forma de tratamento igual e de garantia de um status social igual aos concidadãos de uma comunidade política nacional, de justiça *global*, que se aplica à humanidade toda e prescreve princípios não comparativos e a garantia de um nível absoluto de vida humana decente em qualquer sociedade. A essa distinção corresponde aquela que Miller estabelece entre "direitos de cidadania" e "direitos humanos" (MILLER, 2007, p. 167-8). Os direitos de cidadania constituem o componente fundamental de um regime político justo. São direitos que definem condições exigentes de legitimidade política que, em uma sociedade democrática, têm conexão com uma concepção de justiça social.[11] Já os direitos humanos constituem o componente central de uma ideia de legitimidade *internacional*. Além de Miller, essa é uma posição adotada também por Rawls, Allen Buchanan e Charles Beitz (BUCHANAN, 1999; BEITZ, 2009). Os direitos humanos, para Miller e Beitz, são padrões para as instituições domésticas cujo respeito ou

---

10 Wenar (2008) caracteriza a posição de Miller como "suficiência, não igualdade". Como veremos adiante, essa caracterização pode não ser a mais apropriada.
11 Miller não faz menção à distinção que pode ser estabelecida entre legitimidade política e justiça social no âmbito doméstico de uma sociedade democrática, mas não precisamos, para os propósitos da presente discussão, nos deter nesse ponto.

desrespeito são objeto de preocupação internacional (BEITZ, 2009, p. 128). A ideia central dessa noção de legitimidade internacional é a de que se os Estados, que têm a responsabilidade moral primária de garantir o cumprimento desses padrões, fracassam nisso, violações graves de direitos humanos justificam alguma forma de intervenção externa, por parte de instituições internacionais e seus agentes. "Qualquer Estado que cometesse, ou que permitisse violações em larga escala de direitos humanos dentro de suas fronteiras", diz Miller remetendo-se a Buchanan, "deixaria de ser considerado, por outros Estados e pelas instituições internacionais, como um Estado legítimo e, por isso, perderia sua imunidade contra intervenções externas" (MILLER, 2007, 1p. 65-6).

Se Beitz e Miller coincidem em diferenciar os direitos humanos de concepções de justiça social, e em conectá-los a uma ideia de legitimidade internacional, eles não retiram as mesmas implicações dessa distinção. Miller (mas não Beitz) sustenta que disso decorre uma visão "minimalista" de direitos humanos segundo a qual somente se qualificam como tais aqueles direitos relacionados a necessidades básicas de liberdade (as liberdades de movimento, de consciência e de expressão e o direito à participação política), de segurança física e de subsistência. Sob a rubrica do direito à subsistência, Miller coloca as necessidades básicas de nutrição, água potável, vestuário e moradia, assistência básica à saúde, de acesso à educação secundária e de trabalho e lazer (*Ibidem*, p. 52 e cap. 7, especialmente p. 163-8). Uma lista de direitos humanos desse tipo, fundamentada em uma noção de necessidades básicas, e que é bastante semelhante àquela de Rawls, de "direitos humanos propriamente ditos",[12] presta-se a identificar um patamar absoluto ou um mínimo global a que as pessoas têm direito como uma questão de justiça (MILLER, 1998; 1999; 2000, p. 167). O minimalismo de Miller decorre da conexão dos direitos humanos à ideia em questão de legitimidade internacional porque se direitos só se qualificam como direitos humanos internacionais se, no limite, justificam a intervenção de outsiders para fazer com que sejam cumpridos, não são todos os direitos de cidadania reconhecidos em certas sociedades, nem mesmo todos os direitos proclamados em documentos internacionais de direitos humanos, que têm essa propriedade.

---

12 A lista de Rawls aparece em RAWLS (1999, p. 65).

Ao sustentar que as pessoas do mundo todo e em toda parte têm direito a um mínimo global como uma questão de *justiça*, Miller parece estar se distanciando do liberalismo social em matéria de justiça internacional. Recordemos que, na formulação que Rawls deu a essa posição, os povos bem-ordenados têm somente um dever de humanitarismo de prestar auxílio aos povos sobrecarregados por condições desfavoráveis. Já Miller emprega a linguagem da justiça para criticar as disparidades socioeconômicas que fazem com que muitas pessoas no mundo tenham uma expectativa de vida 30 anos inferior à de pessoas que vivem em países desenvolvidos, morram de doenças facilmente curáveis associadas à pobreza e não tenham um rendimento suficiente para cobrir as necessidades mais básicas de subsistência. E nada impede que a linguagem da justiça seja empregada para especificar um patamar de vida humana decente que seja definido em termos absolutos, isto é, que não trate como injustiças as disparidades relativas de renda, riqueza e de oportunidades de vida que se encontram acima desse patamar. A justiça não é, por definição, uma noção comparativa. Mesmo quando se trata do âmbito doméstico de uma sociedade democrática, há os que defendem que preocupações de justiça distributiva se limitam à garantia de um padrão de suficiência para todos, não dizendo respeito a quanto cada um tem em relação a outros na sociedade.[13]

Como Miller defende sua posição de "suficientismo" global como uma questão de justiça, ele parece estar se distanciando do anticosmopolitismo do liberalismo social. Além disso, Miller admite que há razões derivativas (não "intrínsecas") para se preocupar com desigualdades econômicas internacionais que, por sua vez, ao se converterem em desigualdades de poder (entre países) em regimes e instituições internacionais como a Organização Mundial do Comércio, o Banco Mundial e o FMI, podem se tornar fontes de injustiça (MILLER, 2007, p. 75).[14] Vastas desigualdades de riqueza e de poder comprometem a autodeterminação nacional das nações mais pobres e vulneráveis e impedem a adoção de

---

13 Critiquei essa posição de "suficientismo, não igualitarismo", como uma concepção de justiça social alternativa à do liberalismo igualitário para o âmbito doméstico de uma sociedade democrática, em VITA (2011).

14 Charles Beitz examina razões derivativas para se preocupar com a desigualdade global em BEITZ (2001).

termos equitativos de cooperação internacional. Trata-se de razões derivativas porque, se fosse possível impedir a conversão de desigualdades materiais em desigualdade de poder e em dominação política, nada de intrinsecamente errado haveria na desigualdade de riqueza entre os países (MILLER, 2007, p. 79). Essas duas posições – o suficientismo e a preocupação com desigualdades internacionais – permitem a Miller sustentar que sua teoria de justiça global é uma versão de cosmopolitismo moral, embora se trate de um "cosmopolitismo moral fraco", em contraste com um "cosmopolitismo moral forte".[15]

Algum esclarecimento se faz necessário sobre isso. Miller subscreve a premissa cosmopolita-moral tal como formulada por teóricos como Charles Beitz e Thomas Pogge, segundo a qual essa forma de cosmopolitismo

> (...) ocupa-se não com as próprias instituições, mas com as bases a partir das quais instituições, práticas e cursos de ação podem ser justificados. Seu ponto central encontra-se na ideia de que cada pessoa constitui igualmente um objeto de preocupação moral ou, formulando-a de modo distinto, de que a justificação de escolhas deve levar igualmente em conta os interesses de todos aqueles que são afetados (BEITZ, 1994, p. 120).[16]

Dessa premissa de igualdade moral segue-se que devemos a todos os seres humanos alguma forma de consideração igual, mas, como Miller sustenta (corretamente), disso não se segue que essa consideração igual só possa expressar-se mediante princípios de justiça igualitária – posição que corresponde àquilo que ele denomina cosmopolitismo moral forte. A consideração igual que é devida a todos os seres humanos, em virtude do status igual de todos como unidades últimas de preocupação moral, pode se traduzir – e é isso que especifica o cosmopolitismo moral fraco – em uma concepção não comparativa de justiça.

Mas o cosmopolitismo moral de Miller e a implicação que ele retira disso, o compromisso com um mínimo global como uma questão de justiça, ficam

---

15 Miller examina diferentes variantes de cosmopolitismo em Miller (*Ibidem*, cap. 2).
16 Formulações similares a essa encontram-se em Pogge (2008, p. 175) e Tan (2004, p. 94).

consideravelmente enfraquecidos quando se considera, da ótica de sua teoria da justiça global, a imputação de responsabilidade pela garantia desse mínimo a todos e em toda a parte. É nesse ponto crucial que a distinção entre deveres de justiça e deveres de assistência humanitária volta com força na teoria de Miller. A quem deve ser imputada a responsabilidade por reparar a condição dos 1,75 bilhão de pessoas que, de acordo com o *Relatório do Desenvolvimento Humano de 2010*, estão sujeitos à pobreza multidimensional? Para tratar dessa questão, Miller distingue duas ideias de responsabilidade, que se aplicam não somente a agentes individuais, mas também, e especialmente, a coletividades (MILLER 2007, cap. 4). A "responsabilidade de resultado" ("outcome responsibility") é aquela que temos para com os resultados de nossas ações. É a responsabilidade que caracteriza nossa condição de agentes livres: somos responsáveis tanto pelos benefícios como pelos custos que, intencionalmente ou não, produzem-se de nossas ações. A "responsabilidade reparadora" ("remedial responsibility") entra em cena quando há pessoas que se encontram injustificadamente em uma condição de destituição ou de risco e nos perguntamos se há agentes aos quais a responsabilidade de resgatá-las dessa condição pode ser imputada. A pergunta feita acima envolve a imputação de responsabilidade reparadora – a Estados e instituições internacionais – no que se refere à situação das pessoas que se encontram em situação de pobreza severa no mundo. A responsabilidade reparadora só poderia ser exigida de determinados agentes como um dever de *justiça* se fosse possível demonstrar que a esses mesmos agentes cabe também, ao menos em larga medida, a responsabilidade de resultado pela situação de destituição em que os pobres globais encontram-se. Ora, é justamente essa imputação de responsabilidade aos cidadãos e Estados dos países ricos que Miller, contrapondo-se ao enfoque normativo de Thomas Pogge sobre a pobreza global, rejeita (*Ibidem*, p. 238-59).

Miller menciona duas razões que poderiam justificar certa medida de responsabilidades reparadoras por parte dos países ricos (ambas enfatizadas por Pogge). Uma delas é a injustiça histórica. Mas Miller é cético sobre a importância que injustiças históricas passadas, como o colonialismo e a escravidão, têm para explicar as iniquidades distributivas e, em particular, a pobreza severa no mundo atual. "Ao que parece", diz ele, "vincular a injustiça histórica à pobreza de hoje exigiria considerar casos específicos e mostrar os mecanismos causais em operação, ao invés de se apoiar em afirmações categóricas amplas [como as que Pogge faz sobre isso]" (*Ibidem*, p. 251). A segunda razão conecta-se à razão derivativa, mencionada acima, para se preocupar com vastas desigualdades econômicas e de poder no plano internacional. Embora os países pobres tenham direito de exigir termos equitativos de cooperação internacional, que lhes ofereçam oportunidades apropriadas de se desenvolverem exercendo sua própria autodeterminação nacional, isso não é suficiente, na visão de Miller, para justificar responsabilidades reparadoras, por parte dos cidadãos e Estados dos países ricos, pela pobreza global. A razão essencial disso é que Miller não quer isentar as sociedades nas quais a pobreza é endêmica da responsabilidade coletiva nacional pelas instituições, políticas e práticas sociais domésticas que contribuem para manter uma parcela significativa de suas populações em uma condição de destituição. Mesmo sob uma ordem global caracterizada por desigualdades de poder e de capacidade de barganha entre os países, as trajetórias dos países em desenvolvimento, como as de Gana e da Malásia, que eram sociedades igualmente pobres quando se tornaram independentes da Grã-Bretanha em 1957, diferem significativamente (*Ibidem*, p. 241).

Estamos de volta ao que antes foi denominado "argumento dos fatores internos" reforçado, agora, por uma teoria normativa da responsabilidade coletiva nacional. A responsabilidade reparadora de prover os recursos necessários para proteger os direitos humanos básicos dos 1,75 bilhão de pobres multidimensionais do mundo, para Miller, não recai primariamente sobre os cidadãos e países mais ricos, que são aqueles que mais se beneficiam da ordem global vigente. A questão que se apresenta da ótica de sua teoria da justiça global, então, é a seguinte: considerando-se que aqueles que são primariamente responsáveis pela garantia desses direitos humanos básicos (subgrupos das sociedades nas quais a destituição se verifica) estão descumprindo sua responsabilidade coletiva nacional, que espécie de dever recai sobre os cidadãos e Estados de países ricos? A resposta é: somente um dever de assistência humanitária. Enquanto tal, esse dever é trunfado (valendo-se da linguagem do jogo de bridge) por obrigações de justiça social devidas aos concidadãos:

(...) uma visão razoável é a de que todas as obrigações de justiça social para com os compatriotas devem ter precedência sobre obrigações internacionais que surgem de falhas de responsabilidade de terceiros – e isso a despeito do fato de que a condição à qual estamos respondendo possa ser muito pior no caso dos outsiders (*Ibidem*, p. 50).

Miller tem razão em sustentar que não há por que supor que uma concepção de justiça, e especialmente uma concepção de justiça global, tenha de ser de natureza comparativa. Mas o que se espera de uma concepção de justiça global não comparativa é que estabeleça deveres de justiça distributiva internacional que só podem ser imputados aos cidadãos e Estados dos países ricos e que, ao menos potencialmente, sejam passíveis de cumprimento obrigatório. Lembremos que a razão fundamental para restringir o mínimo social exigível como uma questão de justiça a um rol de direitos humanos básicos é a de que somente esses direitos têm força normativa para justificar obrigações internacionais. Quando, no entanto, examinamos o tratamento que Miller dá à responsabilidade de erradicar a forma mais gritante de iniquidade distributiva no mundo, a condição de pobreza severa em que se encontra entre um quarto e 40% da humanidade (conforme a medida adotada), há poucas razões para supor que sua teoria da justiça global justifique mais do que deveres internacionais de assistência humanitária, cujo cumprimento ocupa um lugar secundário em relação às obrigações de justiça social que devemos a nossos concidadãos. Caracterizei a posição de Miller, inicialmente, como a de "suficiência, não justiça igualitária". Sua motivação mais forte, no entanto, é defender uma posição de "humanitarismo, não justiça distributiva internacional". Permanecemos nos limites do liberalismo social.

IGUALITARISMO, NÃO ASSISTÊNCIA HUMANITÁRIA

Uma segunda posição que ganhou proeminência no debate teórico recente sobre justiça global é a que sustenta, em contraste com o liberalismo social, que deveres bastante extensos de justiça distributiva devem ser reconhecidos internacionalmente. De acordo com essa segunda posição, que Miller denomina "cosmopolitismo moral forte" (*Ibidem*, p. 27-31), as razões que justificam princípios de justiça igualitária para o âmbito doméstico de uma sociedade democrática também se aplicam globalmente. Se aceitamos princípios liberal-igualitários de justiça social para tratar, normativamente falando, das disparidades socioeconômicas existentes no âmbito interno de uma sociedade democrática, então, de acordo com essa segunda posição, temos de também reconhecer princípios igualitários análogos para lidar com as disparidades socioeconômicas internacionais. Essa posição de "igualitarismo, não assistência humanitária" rejeita o antimonismo de Rawls no que se refere a distinguir as obrigações de justiça social daquelas de justiça internacional.

Mas há duas versões de monismo em matéria de justiça global. Em uma dessas versões, que alguns denominam "associativa" (JULIUS, 2006, p. 177-8) e outros, "relacional" (SANGIOVANNI, 2007, p. 5-8), princípios de justiça igualitária só se aplicam se certas circunstâncias se verificam, a saber, se as pessoas se encontram situadas em relações que são institucionalmente mediadas. Princípios de justiça são acionados pela existência de um esquema institucional análogo àquilo que Rawls denominou "estrutura básica da sociedade", que, segundo ele,

> (...) é o principal objeto da justiça porque suas consequências são profundas e estão presentes desde o início. Aqui a ideia intuitiva é que essa estrutura básica contém várias posições sociais e que as pessoas nascidas em condições diferentes têm expectativas diferentes de vida, determinadas, em parte, tanto pelo sistema político quanto pelas circunstâncias econômicas e sociais. Assim, as instituições da sociedade favorecem certos pontos de partida mais do que outros. Essas são desigualdades muito profundas. (...). É a essas desigualdades, supostamente inevitáveis na estrutura básica de qualquer sociedade, que se devem aplicar em primeiro lugar os princípios de justiça social (RAWLS, 2008, p. 8-9).

O passo seguinte, para essa primeira versão do monismo, consiste em mostrar que princípios de justiça igualitária, tais como um princípio de diferença de alcance global, aplicam-se porque a sociedade internacional é hoje suficientemente semelhante a suas correspondentes domésticas no que se refere às características que são relevantes para justificar princípios igualitários de justiça distributiva. As características em questão dizem respeito ao grau de integração econômica nos mercados internacionais de bens, capitais e trabalho gerada pelo processo recente de globalização e a crescente densidade institucional que se manifesta em organizações e regimes internacionais, especialmente os que regulam o comércio e o sistema internacional de direitos de propriedade, cujas políticas têm "consequências [que] são profundas e estão presentes desde o início" e que, por isso, dão origem a exigências de justiça.

Essa posição monista foi formulada e defendida nos trabalhos pioneiros de Charles Beitz e Thomas Pogge sobre justiça global (BEITZ, 1979, p. 143-53; POGGE, 1989, cap. 6).[17] Mas esses dois expoentes do cosmopolitismo moral, embora sigam sendo proponentes de concepções associativas (ou relacionais) de justiça global, não mais interpretam suas exigências, em obras mais recentes, com base em princípios de justiça igualitária (POGGE, 2007; 2008; 2011; BEITZ, 2009). Embora isso pudesse ser objeto de um exame mais pormenorizado, no momento, limito-me a fazer menção ao que me parece ser uma mudança de posição de dois autores centrais nesse debate teórico.

Encontraremos uma defesa intransigente de princípios igualitários de justiça global em outra vertente de monismo sobre as relações entre a justiça em âmbito doméstico e a justiça em âmbito internacional. Para uma visão não relacional de justiça global, defendida por filósofos políticos como Kok-Chor Tan e Simon Caney (TAN, 2004; CANEY, 2005; 2009), os princípios igualitários de justiça que se aplicam em âmbito doméstico também se aplicam globalmente porque uns e outros derivam de um princípio mais fundamental, de natureza pré-institucional, de consideração e respeito iguais que são devidos a todos. Para esse tipo de cosmopolitismo moral, obrigações de justiça distributiva (especificadas por princípios igualitários), como algo distinto de obrigações de assistência humanitária, aplicam-se globalmente independentemente

---

17 Moellendorf (2002) também exemplifica essa variante de monismo sobre a justiça distributiva internacional.

da existência de um sistema de interdependência e cooperação que se qualifique como uma "estrutura básica global". Simon Caney denomina esse ponto de vista de "concepção centrada na humanidade" de justiça global (CANEY, 2009, p. 391 e *passim*). É desse ponto de vista que a posição "igualitarismo, não humanitarismo" tem sido defendida de modo mais veemente na literatura teórica recente sobre justiça global.

Poderíamos nos perguntar como se poderia interpretar um critério de igualdade distributiva global, mas, antes disso, o que chama a atenção nessa posição é o argumento com base no qual se extrai uma concepção de justiça igualitária do princípio de que uma consideração e um respeito iguais são devidos a todos globalmente. Trata-se de uma versão globalizada do "argumento (rawlsiano) da arbitrariedade moral", segundo o qual é injusto que as pessoas sofram as consequências distributivas de diferenças pelas quais não são responsáveis, interpretado de forma independente de quaisquer relações ou vínculos de natureza institucional.[18] Como sustentou Thomas Pogge, em uma passagem de seu *Realizing Rawls* que costuma ser mencionada nesse contexto, "a nacionalidade é somente outra contingência profunda (como a dotação genética, raça, gênero e classe social), somente outra base de desigualdades institucionais que são inescapáveis e que se fazem presentes desde o nascimento" (POGGE, 1989, p. 247). Se temos uma obrigação de justiça de mitigar ou de neutralizar as desigualdades de perspectivas socioeconômicas, em âmbito doméstico, que se devem a fatores moralmente arbitrários como a etnia, o sexo ou a classe social de uma pessoa, então temos uma obrigação similar de mitigar ou de neutralizar as desigualdades de perspectivas socioeconômicas, em âmbito global, que se devem a um fator que também é moralmente arbitrário, a saber, o lugar de nascimento. Dessa premissa da arbitrariedade moral do país de nascimento, para o "cosmopolitismo baseado na humanidade", segue-se que é injusto que as pessoas tenham oportunidades desiguais, globalmente, por conta de diferenças moralmente arbitrárias como a nacionalidade ou a condição de cidadão(ã) de um Estado.

---

18 Enfatizei a importância desse argumento como fundamento normativo de uma concepção liberal-igualitária de justiça distributiva para os arranjos institucionais básicos de sociedade democrática em Vita (2008, p. 37-60) e Vita (2011, p. 576-8).

Observe-se que essa linha de argumentação, para Simon Caney, coloca em questão não somente o liberalismo social de Rawls e Miller como também o cosmopolitismo relacional que antes foi mencionado. O institucionalismo de Pogge é rejeitado, quer dele derive uma concepção mais igualitária de justiça distributiva internacional (que se expressa na globalização do princípio de diferença da teoria de Rawls) ou, como será sustentado, um padrão não comparativo de justiça (que se exprime na ideia de abolição da pobreza severa). Para Caney (e Tan), se há, como Pogge sustenta, uma ordem institucional global injusta que gera desigualdades e pobreza severa, não é isso que justifica por que o alcance da justiça igualitária deve ser global; essa é somente uma consideração de reforço, que explica por que nossas obrigações globais de justiça são mais pesadas.

> Embora [o cosmopolitismo centrado na humanidade] sustente que o alcance de princípios de justiça não é determinado pela existência ou não de um esquema global, não necessita negar que o grau de interdependência global realmente tem relevância moral. (...) se a interdependência global de fato existe, então as pessoas estão sujeitas a responsabilidades globais mais pesadas do que estariam se essa interdependência inexistisse (CANEY, 2009, p. 399).

Mas somente a globalização do argumento da arbitrariedade moral não oferece mais do que uma justificação rudimentar para o igualitarismo global. Para essa vertente de cosmopolitismo, caberia aos não monistas em matéria de justiça social explicar por que os princípios que se aplicam ao âmbito internacional diferem daqueles que se aplicam domesticamente à estrutura básica de uma sociedade democrática. A questão é relevante, e está entre aquelas que têm de ser enfrentadas pelos que defendem a rejeição ao monismo. Mas observe-se, antes de tudo, que isso inverte o ônus da prova. Quando nos perguntamos por que um conjunto único de princípios de justiça sempre se aplicaria domestica e globalmente – um critério rawlsiano, globalizado, de justiça; ou, talvez, um *luck egalitarianism* ("igualitarismo de fortuna") global, segundo o qual "o objetivo da justiça distributiva é o de anular os efeitos de desigualdades não escolhidas de circunstâncias sobre as pessoas, e não o de compensá-las por suas escolhas (ruins)"

(TAN, 2004, p. 70) – a única razão oferecida pelo cosmopolitismo centrado na humanidade é a versão globalizada do argumento da arbitrariedade moral. Mas isso torna tautológico o argumento a favor do igualitarismo global. Como Andrea Sangiovanni mostrou, podemos formular esse argumento da seguinte forma: como devemos neutralizar diferenças globais de perspectivas de vida que se devem a circunstâncias não escolhidas, devemos neutralizar as desigualdades de perspectivas que se devem ao país de nascimento (SANGIOVANNI, 2011, p. 574). Segue-se de forma direta da premissa que quaisquer disparidades relativas de renda, riqueza ou de oportunidades sociais que se devem à nacionalidade ou à participação em um esquema institucional doméstico são *ipso facto* consideradas injustas. A conclusão – a igualdade global deve ser promovida – não é mais do que uma paráfrase da premissa do argumento.

O mínimo que se poderia esperar, para que a conclusão não pressuponha aquilo que deve ser demonstrado, é um argumento independente que mostre por que deveríamos considerar a nacionalidade, ou a condição de cidadão de determinado Estado, moralmente arbitrária da mesma maneira que a etnia, o sexo ou a "loteria social" (que determina a posição social de uma pessoa, na sociedade, ao nascer) o são. Há um sentido óbvio em que essa analogia é verdadeira, considerando-se que ninguém escolhe seu país de nascimento e que nascer em um país da África Subsaariana ou, alternativamente, em um país da OCDE, impacta de forma dramática as perspectivas de vida de uma pessoa. Mas não é preciso concordar em toda linha com a análise de David Miller, antes mencionada, para admitir que a nacionalidade difere, em um sentido normativamente relevante, da etnia ou sexo de uma pessoa por envolver uma ideia de agência ou de responsabilidade coletiva. Podemos qualificar essa ideia, especialmente quando privações severas estão em questão, mas parece pouco plausível rejeitá-la inteiramente como justificação de disparidades relativas de renda, riqueza e oportunidades sociais entre os cidadãos de diferentes Estados.

A crítica de Miller ao cosmopolitismo baseado na humanidade apoia-se no valor moral da nacionalidade. Para Miller, é preciso que os Estados tenham uma nacionalidade compartilhada para que fins comuns possam ser perseguidos.[19] Em especial, uma identidade nacional compartilhada – de preferência, "liberalizada", isto é, fundada em valores políticos e culturais acessíveis a todos, e não em valores étnicos ou religiosos excludentes (MILLER, 2007, p. 133)[20] – é necessária para que políticas públicas redistributivas sejam colocadas em prática e para que exista no grau exigido, entre os cidadãos, a disposição de arcar com os custos impostos pela justiça social. A identidade nacional compartilhada é o fundamento normativo da responsabilidade coletiva nacional – o que inclui a responsabilidade por instituições e políticas domésticas que podem resultar em disparidades distributivas em âmbito global. Mas não é preciso recorrer ao nacionalismo para criticar a vertente de cosmopolitismo que estamos considerando. O que aqui quero ressaltar é a crítica que pode ser dirigida a uma perspectiva não institucional ou, como foi denominada antes, não relacional de justiça. Da ótica de uma perspectiva "relacional", "associativa" ou "institucional" sobre a justiça,[21] a dificuldade central de uma concepção não relacional de justiça global está em ser utópica em um sentido que é problemático da perspectiva da teoria política normativa.

Para explicar por que esse é o caso, considere-se uma passagem de Kok-Chor Tan:

> (...) a globalização, a 'conexão mútua' econômica maior, tornou a questão da justiça global ainda mais relevante. Mas é importante não compreender de forma equivocada a relação entre justiça e instituições. O fato de haver arranjos institucionais compartilhados torna necessário levar a justiça em consideração. Em outros termos, embora um esquema social compartilhado seja uma condição suficiente

---

19 Esse argumento é mais desenvolvido em Miller (1995). Em Miller (2000, cap. 9), o argumento é o de que a nacionalidade comum é a única coisa que pode gerar a confiança e a lealdade que uma cidadania republicana requer.

20 Miller (2007, p. 132-3), considera brevemente o caso em que duas ou mais identidades nacionais coexistem de forma conflituosa sob um mesmo Estado, mas não precisamos nos ocupar dessa questão na presente discussão.

21 Esses três adjetivos, no presente contexto, podem ser utilizados de forma intercambiável. A caracterização que se segue do enfoque institucional apoia-se especialmente em Blake (2001) e Sangiovanni (2008).

> para a justiça, não é uma condição necessária. De uma perspectiva distinta, que nossas ações ou omissões tenham implicações morais para outros é uma condição suficiente para que outros tenham exigências de justiça a nos fazer (...). O fato de que compartilhamos 'a superfície da Terra' [como Kant sustentou em "A paz perpétua"] é suficiente para tornar relevantes considerações de justiça. As exigências da justiça são prévias a arranjos institucionais, e a justiça pode nos convocar a estabelecer instituições comuns onde elas inexistem, se fazê-lo for necessário para facilitar a realização de seus (da justiça) fins (TAN, 2004, p. 33-4).

O que Tan está sugerindo é que podemos pensar o que a justiça requer, em âmbito global, sem levar em conta, necessariamente, os arranjos institucionais existentes. De fato, é isso que o cosmopolitismo "centrado na humanidade" faz. Para passar da premissa da consideração igual que é devida a todos para a justificação, com base no argumento da arbitrariedade moral, de uma concepção de justiça igualitária global, nenhuma referência é necessária a características institucionais da ordem econômica e política global. Não é desse modo que o argumento da arbitrariedade moral entra na justificação de uma concepção rawlsiana de justiça para o âmbito doméstico de uma sociedade democrática. Não é o caso de se estender sobre isso no momento.[22] Aqui me limito a observar que a reflexão sobre a justiça social, dessa perspectiva, é condicionada por fatos sobre instituições desde o princípio. As exigências da justiça não são, como Tan afirma na passagem citada acima, "prévias a instituições". É porque a estrutura básica da sociedade, da qual (normalmente) não existe a opção de "saída", é colocada em prática de forma coercitiva e tem efeitos "profundos e desde o início" sobre as perspectivas socioeconômicas de todos aqueles que estão sujeitos a suas normas, que nos perguntamos pelas condições que teriam de ser satisfeitas para que esse sistema institucional pudesse ser justificado. Os nexos institucionais entre os cidadãos de uma sociedade democrática, que resultam do emprego da coerção coletiva e determinam a distribuição de bens – direitos e liberdades

---

22 Tratei dessa questão em Vita (2007a, cap. 6), Vita (2008, cap. 1) e no capítulo 3 deste Relatório.

fundamentais, oportunidades educacionais e ocupacionais, renda e riqueza – que são essenciais para que cada pessoa possa fazer algo de valioso de sua vida, não podem ser justificados a todos se são moldados para beneficiar os que levam a melhor na "loteria genética" e na "loteria social". Os dois princípios da teoria de Rawls são propostos como um ideal de justiça igualitária que objetiva mitigar os efeitos de fatores moralmente arbitrários na distribuição institucional de direitos e deveres fundamentais, dos benefícios e encargos da cooperação social e, desse modo, tornar essa distribuição justificável a cidadãos considerados livres e iguais.[23] Esse é o "papel social" ou o "papel prático" que uma concepção publicamente aceitável de justiça desempenha: o de proporcionar "um ponto de vista publicamente reconhecido, com base no qual todos os cidadãos podem inquirir, uns perante os outros, se suas instituições políticas e sociais são justas" (RAWLS, 2011, 10).[24] Para ser publicamente aceitável, é essencial que uma concepção de justiça seja capaz de desempenhar esse papel prático.

Duas implicações importantes para a teorização sobre a justiça social seguem-se do que acabo de afirmar: por um lado, leva-se em conta que os arranjos institucionais existentes, políticos e sociais, apoiados na coerção coletiva que os cidadãos de uma sociedade democrática exercem uns sobre os outros, têm

---

23 As exigências dos dois princípios da teoria de Rawls consideradas em conjunto consubstanciam um ideal de "igualdade democrática" que não deve ser confundido com o ideal de igualdade distributiva do "igualitarismo de fortuna", segundo o qual a justiça requer a neutralização das desigualdades de perspectivas socioeconômicas que se devem a fatores moralmente arbitrários – o que Ronald Dworkin (DWORKIN, 2000, p. 73-8) denominou "sorte bruta" – mas não a compensação por desigualdades que se devem às escolhas conscienciosas dos próprios agentes – as desvantagens que se devem ao que Dworkin denominou "sorte opcional". Em Vita (2012), critico o *luck egalitarianism* ("igualitarismo de fortuna") como uma interpretação da forma de igualdade de status que deveríamos nos empenhar em realizar no âmbito interno de uma sociedade democrática. O ideal de igualdade democrática não está comprometido, necessariamente, com a tese de que desvantagens que se devem à má sorte opcional não devem ser compensadas nem, de modo mais geral, com a interpretação que o igualitarismo de fortuna propõe para a responsabilidade individual.
24 Ver Rawls (2008, seção 1 e p. 70) para a formulação da mesma ideia em "Uma teoria da justiça".

efeitos decisivos sobre as perspectivas socioeconômicas de cada pessoa; de outro, ao especificar que exigências esses arranjos institucionais devem idealmente satisfazer para que sejam justificáveis a todos, uma concepção de justiça que é capaz de desempenhar esse papel prático não é contaminada, como Tan parece temer, pelas injustiças das instituições existentes. Trata-se de uma concepção formulada no âmbito do que Rawls denomina "teoria ideal" da justiça. Mas, como observa Michael Blake em importante ensaio (2001) sobre essa temática, uma teoria ideal de tipo institucional, "é a que mais provavelmente é capaz de oferecer orientação no mundo real; e faz isso não por aceitar condições não ideais, mas por nos mostrar como nossas instituições poderiam ser justificadas sob circunstâncias ideais" (BLAKE, 2001, p. 264, nota 7). Isso corresponde ao propósito central da filosofia política tal como concebida por Rawls, que é o de formular o que ele denominou uma "utopia realista".[25] E uma das condições para que uma concepção de justiça seja realisticamente utópica é a de que "seus princípios e preceitos fundamentais sejam praticáveis e aplicáveis a arranjos sociais e políticos existentes" (RAWLS, 1999, p. 13).

Voltemos ao cosmopolitismo centrado na humanidade. Uma concepção de justiça global que não necessita levar em conta as instituições políticas existentes e que, por isso, não tem como desempenhar o papel prático que é central à justificação de uma concepção de justiça, é utópica no sentido errado. Uma teoria política normativa é utópica "no sentido errado" quando não é capaz de oferecer orientação à ação no mundo real.[26] O cosmopolitismo baseado na humanidade, como já vimos, deriva uma concepção de justiça igualitária de alcance global, mediante uma versão globalizada do argumento da arbitrariedade moral, de uma norma pré-política e pré-institucional de respeito e consideração iguais devidos a todos globalmente. Podemos nos perguntar como uma estrutura básica global deveria ser para satisfazer as exigências de uma teoria ideal da justiça dessa natureza. Embora pareça difícil saber até por onde se deveria começar para responder

---

25 Para Rawls, "a filosofia política é realisticamente utópica quando estende aquilo que ordinariamente se tomam como os limites da possibilidade política praticável e, ao fazer isso, nos reconcilia com nossa condição social e política" (RAWLS, 1999, p. 11).

26 Veja-se a esclarecedora discussão de Valentini (2009) sobre as teorias ideais da justiça que são capazes de orientar a ação e aquelas que não o são.

a essa questão, a objeção fundamental, do ponto de vista normativo, é outra.[27] Ao invés de perguntar o que uma concepção pré-institucional de justiça requer dos arranjos institucionais globais, temos de perguntar por aquilo que é preciso para que as instituições da ordem social e política global possam ser justificadas. Essa é a pergunta a ser feita se queremos que nossa concepção de justiça global seja capaz de orientar a ação.

NEM HUMANITARISMO, NEM IGUALITARISMO

Que concepção de justiça é a mais justificável – porque capaz de exercer seu papel prático – para as circunstâncias da política global contemporânea, que se caracteriza, de um lado, por uma combinação de condições de globalização econômica, interdependência e aumento da densidade institucional que dão origem a exigências de justiça, e, de outro, pelo fato de que Estados soberanos e separados seguem sendo a unidade básica da organização política mundial? Este é o problema a ser enfrentado, se o que se tem em vista é contribuir para a formulação de uma teoria da justiça socioeconômica global alternativa tanto ao liberalismo social como ao igualitarismo baseado na humanidade. Com o liberalismo social, essa perspectiva alternativa compartilha da rejeição ao monismo na teoria da justiça. Mas a rejeição ao monismo não implica aceitar a tese do liberalismo social segundo a qual, fora das formas de coerção e de cooperação na produção de bens coletivos que são características das relações associativas que Estados soberanos criam entre seus cidadãos, nada se aplica, em matéria de normas de justiça econômica, que ultrapasse os limites da assistência humanitária. Essa tese do liberalismo social, que é de caráter associativo, foi vigorosamente defendida por Thomas Nagel em um ensaio de 2005 (NAGEL, 2005). A argumentação de Nagel merece um exame cuidadoso. Mas, para os propósitos do momento, isto é, para esboçar a linha argumentativa que se tem em mente desenvolver, basta dizer o seguinte: uma coisa é sustentar que os vínculos associativos em que as pessoas se colocam umas em relação às outras como membros de um mesmo Estado, na dupla condição de cidadãos que estão sujeitos a normas

---

27 Qualquer teoria ideal da justiça, e não somente o cosmopolitismo baseado na humanidade, tem um alto grau de indeterminação em suas implicações institucionais.

de cumprimento obrigatório e que, como Nagel argumenta, são corresponsáveis por essas normas,[28] justificam princípios de justiça *igualitária*; outra, muito mais discutível, é sustentar que somente o Estado, e os vínculos associativos que cria entre seus cidadãos, pode dar origem a exigências de justiça. Contra esta segunda proposição, o argumento é o de que, embora as formas de coerção e de cooperação existentes no plano internacional difiram daquelas que caracterizam as relações entre os cidadãos de um Estado soberano, já se configura, na sociedade internacional, algo suficientemente similar a uma "estrutura básica da sociedade" à qual princípios de justiça aplicam-se e que, portanto, restringir as exigências de justiça somente às relações associativas internas ao Estado soberano, é moralmente injustificado. As instituições e regimes da ordem econômica e política global, como as normas do comércio internacional, as normas que regulam (ou que deveriam regular) as condições de trabalho e as normas do sistema financeiro global e do regime internacional de direitos de propriedade, sem falar em um regime global do clima cuja instituição torna-se cada vez mais urgente, são suficientemente coercitivos para que nenhum país possa escapar de suas consequências; e seus efeitos distributivos respondem, pelo menos em parte, pelos níveis de desigualdade e pobreza hoje existentes no mundo. Esse argumento, que é tanto normativo como empírico, objetiva demonstrar que, se efeitos distributivos significativos podem ser imputados a relações associativas geradas por uma "estrutura básica global", então aqueles que hoje são os beneficiários desses arranjos institucionais encontram-se sob uma obrigação de justiça, quer reconheçam isso ou não, de alterá-los no sentido de promover a abolição da pobreza severa no mundo. Não podemos supor – o que é uma implicação do liberalismo social – que organizações e agências internacionais como a OIT, o Banco Mundial, o FMI e a OMC possam tomar decisões altamente consequenciais sobre normas internacionais em um vazio normativo. Entre outras considerações que podem ser relevantes (como as que dizem respeito a normas de governança), exigências de justiça socioeconômica têm de ser levadas em conta.

---

28 Nagel interpreta de modo hobbesiano a condição de que somos "coautores" das normas do sistema coercitivamente imposto pelo soberano, o que, em determinadas circunstâncias, é uma suposição bastante forte. Mas não é preciso se deter nesse ponto no momento.

Mas, em contraste com a posição defendida pelo cosmopolitismo baseado na humanidade, essas exigências são mais bem captadas, normativamente falando, por uma concepção não comparativa de justiça que tem por componente central uma ideia de direitos humanos básicos. Essa é a segunda parte da argumentação que aqui me limito a esboçar e que deverá guiar meus esforços de pesquisa e reflexão sobre a temática da justiça internacional daqui para frente.

Essa argumentação compartilha, com o cosmopolitismo baseado na humanidade, da premissa do cosmopolitismo moral, já mencionada antes, tal como formulada por Thomas Pogge: (1) seres humanos, ou pessoas, são as unidades fundamentais de preocupação moral; (2) o status de unidade fundamental de preocupação moral estende-se igualmente a todos os seres humanos; e (3) esse status especial tem força global (POGGE, 2008, p. 175). Mas o que se segue dessa premissa do cosmopolitismo moral é uma concepção não comparativa de justiça e não, como sustenta o cosmopolitismo baseado na humanidade, uma concepção de justiça global igualitária.[29] Recordemos que, para uma perspectiva relacional ou associativa, uma concepção de justiça só se justifica se for capaz de desempenhar seu papel prático. E, para cumprir com essa condição, é preciso que a concepção em questão especifique que exigências as instituições existentes devem satisfazer para que possam ser justificadas a todos que estão sujeitos aos seus efeitos. Quando se trata da justificação de uma concepção de justiça global, essa justificação é condicionada por uma ideia de legitimidade internacional que já foi introduzida antes, na discussão da posição de Miller. Somente direitos humanos internacionais podem oferecer um padrão de justificação e de legitimidade internacionais em uma organização política mundial – e isso é um fato sobre os arranjos institucionais existentes, que não pode ser ignorado na justificação de uma concepção de justiça global – na qual Estados soberanos e territoriais ainda constituem a unidade básica. Desse ponto de vista, certos interesses humanos fundamentais só se qualificam como direitos humanos internacionais se a violação ou a não garantia desses direitos, no âmbito doméstico, constituírem razões suficientemente fortes

---

29 Esse ponto de vista coincidiria com o de Miller, que foi examinado antes, se a posição de Miller não acabasse por colapsar, como procurei mostrar, em uma defesa de obrigações de assistência humanitária.

para justificar a imputação de deveres a organizações e instituições internacionais. Diversamente do que supõem Miller e, mais ainda, Michael Ignatieff, essa ideia de legitimidade internacional não nos compromete com uma concepção minimalista de direitos humanos.[30] O que deve contar como direitos humanos internacionais, quando disparidades socioeconômicas estão em questão, é parte da discussão. Cohen e Sabel sustentam que os direitos humanos devem ser interpretados com base em uma ideia de inclusão:

> (...) os direitos humanos, enquanto tais, não se confinam a direitos negativos que possam ser especificados à parte de instituições, e sim podem abarcar as reivindicações por bens e oportunidades institucionalmente definidos que são necessários à inclusão ou à participação em uma sociedade política organizada (COHEN, SABEL, 2006, p. 173).

Conceber os direitos humanos básicos como "condições para a inclusão" parece promissor como ideia norteadora. Mas, como quer que sejam concebidos, direitos humanos internacionais não podem ser equiparados aos direitos especificados por uma teoria da justiça tal como, por exemplo, uma teoria liberal-igualitária de justiça distributiva, porque, como observa Charles Beitz, "os direitos humanos são questões de preocupação internacional e não é plausível sustentar que a comunidade internacional deva ser responsabilizada pela justiça de suas sociedades componentes" (BEITZ, 2009, p. 128).

Especificamente, direitos humanos antipobreza, como os direitos à alimentação, vestuário, moradia, assistência médica e à educação básica, somente estabelecem um padrão não comparativo de bem-estar, um patamar básico cujas exigências devem ser compatíveis com uma diversidade de concepções mais exigentes de justiça social que podem ser realizadas em âmbito doméstico.

---

30 Para Ignatieff, os direitos humanos "propriamente ditos" (para utilizar a expressão de Rawls) não incluem direitos econômicos e sociais, reduzindo-se a um núcleo restrito de direitos civis e políticos que são necessários para proteger os seres humanos da crueldade. "Considero isso a prioridade central de todo ativismo de direitos humanos: acabar com a tortura, com os espancamentos, assassinatos e agressões físicas e aprimorar, o melhor que pudermos, a segurança das pessoas comuns." (IGNATIEFF, 2001, p. 89 e 173).

E realizá-las, em âmbito doméstico, desde que o patamar básico seja garantido, só pode ficar por conta, enquanto o mundo for dividido em Estados soberanos, da autodeterminação política nacional.

Em suma, contra o liberalismo social, o argumento é o de que o esquema institucional da ordem global impõe obrigações internacionais que vão além da assistência humanitária; mas, contra o cosmopolitismo baseado na humanidade, argumenta-se que aquilo que é distintivo do critério de justiça aplicável a essa ordem não é o igualitarismo, e sim, se queremos que seja justificável, um padrão não comparativo de bem-estar especificado por certo rol de direitos humanos básicos. Como "utopia realista" para a estrutura básica de uma sociedade democrática, as exigências da justiça expressam-se, ou ao menos é o que venho argumentando em meus trabalhos nessa área, em uma ideia de "consideração igual, status igual e oportunidades iguais". Como "utopia realista" para a sociedade internacional, as exigências da justiça expressam-se em uma posição de "suficiência, não igualitarismo". Como esse padrão de suficiência deve ser entendido é parte do problema.

REFERÊNCIAS BIBLIOGRÁFICAS

ARMSTRONG, Chris. "National Self-Determination, Global Equality and Moral Arbitrariness". *The Journal of Political Philosophy*, nº 3, vol. 18, 2010, p. 313-334.

BARRY, Christian; VALENTINI, Laura. "Egalitarian Challenges to Global Egalitarianism: A Critique". *Review of International Studies*, vol. 35, 2009, p. 485-512.

BEITZ, Charles. *Political Theory and International Relations*. Princeton: Princeton University Press, 1979.

_____. "Cosmopolitan Liberalism and the States System". In: BROWN, Chris. (Org.). *Political Structuring in Europe: Ethical Perspectives*. Londres: Routledge, 1994.

_____. "Social and Cosmopolitan Liberalism". *International Affairs*, nº 3, vol. 75, 1999a, p. 515-529.

_____. "International Liberalism and Distributive Justice". *World Politics*, vol. 51, 1999b, p. 269-96.

_____. "Does Equality Matter?". In: POOGE, Thomas (Org.). *Global Justice*. Oxford: Blackwell Publishers, 2001, p. 106-122.

_____. "Cosmopolitanism and Global Justice". *The Journal of Ethics*, vol. 9, 2004, p. 11-27.

_____. *The Idea of Human Rights*. Oxford: Oxford University Press, 2009.

BLAKE, Michael. "Distributive Justice, State Coercion, and Autonomy". *Philosophy and Public Affairs*, nº 3, vol. 30, 2001, p. 257-296.

BUCHANAN, Allen. "Recognition Legitimacy and the State System". *Philosophy and Public Affairs*, nº 3, vol. 28, 1999, p. 46-78.

CANEY, Simon. *Justice Beyond Borders: A Global Political Theory*. Kindle Editon. Oxford: Oxford University Press, 2005.

_____. "Cosmopolitanism and Justice". In: CHRISTIANO, Thomas; CHRISTMAN, John (Orgs.). *Contemporary Debates in Political Philosophy*. Oxford: Wiley-Blackwell, 2009, p. 387-407.

COHEN, Gerald Allan. "Incentives, Inequality, and Community". In: PETERSON, Grethe B. (Org.). *The Tanner Lectures on Human Values 13*. Salt Lake City: University of Utah Press, 1992.

_____. "Where the Action Is: On the Site of Distributive Justice". *Philosophy and Public Affairs*, nº 1, vol. 26, 1997, p. 3-30.

COHEN, Joshua; SABEL, Charles. "Extra Rempublicam Nulla Justitia?". *Philosophy and Public Affairs*, nº 2, vol. 34, 2006, p. 147-175.

IGNATIEFF, Michael. *Human Rights as Politics and Idolatry*. Princeton: Princeton University Press, 2001.

JULIUS, A. J. "Nagel's Atlas". *Philosophy and Public Affairs*, nº 1, vol. 35, 2006, p. 176-192.

MILLER, David. *On Nationality*. Oxford: Clarendon Press, 1995.

_____. "The Limits of Cosmopolitan Justice". In: MAPEL, David; NARDIN, Terry (Orgs.). *International Society*. Princeton: Princeton University Press, 1998, p. 164-181.

_____. "Justice and Global Inequality". In: HURRELL, Andrew; WOODS, Ngaire (Orgs.). *Inequality, Globalization, and World Politics*. Oxford: Oxford University Press, 1999.

_____. *Citizenship and National Identity*. Cambridge: Polity Press, 2000.

_____. *National Responsibility and Global Justice*. Oxford: Oxford University Press, 2007.

MURPHY, Liam. "Institutions and the Demands of Justice". *Philosophy and Public Affairs*, vol. 27, 1998, p. 251-291.

NAGEL, Thomas. "The Problem of Global Justice". *Philosophy and Public Affairs*, nº 2, vol. 33, 2005, p. 113-147.

POGGE, Thomas. *Realizing Rawls*. Ithaca and London: Cornell University Press, 1989.

_____. "Severe Poverty as a Human Rights Violation". In: _____. (Org.). *Freedom from Poverty as a Human Right Violation: Who Owes What to the Very Poor?* Oxford: Oxford University Press, 2007, p. 11-54.

_____. *World Poverty and Human Rights*. Second Edition. Cambridge: Polity Press, 2008.

_____. *Politics as Usual: What Lies Behind the Pro-Poor Rhetoric*. Cambridge: Polity Press, 2010.

RAWLS, John. *The Law of Peoples*. Cambridge-Mass: Harvard University Press, 1999.

RAWLS, John. *Uma teoria da justiça*. São Paulo: WMF Martins Fontes, 2008.

SANGIOVANNI, Andrea. "Global Justice, Reciprocity, and the State". *Philosophy and Public Affairs*, nº 1, vol. 35, 2007, p. 3-39.

_____. "Justice and the Priority of Politics to Morality". *The Journal of Political Philosophy*, nº 2, vol. 16, 2008, p. 137-164.

_____. "Global Justice and the Moral Arbitrariness of Birth". *The Monist*, nº 4, vol. 94, 2011, p. 571-583.

SHUE, Henry. *Basic Rights. Subsistence, Affluence, and U. S. Foreign Policy. Second Editon*. Princeton: Princeton University Press, 1996.

TAN, Kok-Chor. *Justice without Borders*. Cambridge: Cambridge University Press, 2004.

VALENTINI, Laura. "On the Apparent Paradox of Ideal Theory". *The Journal of Political Philosophy*, nº 3, vol. 17, 2009, p. 332-355.

VITA, Álvaro de. *A justiça igualitária e seus críticos*. São Paulo: WMF Martins Fontes, 2007a.

_____. "Inequality and Poverty in Global Perspective". In: POGGE, Thomas (Org.). *Freedom from Poverty as a Human Right Violation: Who Owes What to the Very Poor?* Oxford: Oxford University Press, 2007, p. 103-132.

_____. *O liberalismo igualitário. Sociedade democrática e justiça internacional*. São Paulo: WMF Martins Fontes, 2008.

_____. "Liberalismo, justiça social e responsabilidade individual". *Dados*, nº 4, vol. 54, 2011, p. 569-608.

WENAR, Leif. "Human Rights and equality in the work of David Miller". *Critical Review of International Social and Political Philosophy*, nº 4, vol. 11, 2008, p. 401-411.

AS CAPACIDADES COMO MÉTRICA DE JUSTIÇA E RECONHECIMENTO

Gustavo Pereira

Uma das discussões mais intensas que fez parte do debate sobre a justiça distributiva é a que pretende responder à seguinte pergunta: Igualdade de quê? A pergunta pretende estabelecer qual é a métrica ou base de informação mais adequada para avaliar se um estado de coisas é mais ou menos justo do que outro. Essa métrica implica uma seleção que estabeleça qual informação é considerada relevante para comparar as diferentes posições sociais, ou seja, quem está mais bem posicionado ou menos bem posicionado. Por sua vez, a seleção implica deixar em segundo plano a informação que não for considerada relevante do ponto de vista normativo (SEN, 1995, p. 73-4). As oportunidades, a renda, os recursos, os bens primários ou as capacidades são possíveis métricas de justiça; entre elas, os bens primários e as capacidades ocuparam um lugar destacado no debate. Os bens primários postulados como métrica pela justiça rawlsiana são meios polivalentes que possibilitam a alguém levar adiante seu plano de vida, enquanto as capacidades defendidas pelo enfoque de Sen e Nussbaum captam as diferentes possibilidades que uma pessoa tem de transformar recursos em bem-estar e, com isso, realizar seus objetivos.

Os bens primários e as capacidades refletem, portanto, dois espaços para realizar as avaliações de justiça, e os defensores de ambas as perspectivas protagonizaram um importante debate acerca de qual é o melhor entre esses espaços avaliativos (BRIGHOUSE, ROBEYNS, 2010). Minha interpretação sobre a discussão levada a cabo principalmente por Rawls e Sen é de que ela conduz a uma espécie de empate, no qual as críticas de Sen são, em grande medida, absorvidas pelas respostas oferecidas por Rawls, ficando a superioridade de um espaço sobre outro vinculada a questões de ordem diferente das que pretendiam as críticas originais.

No entanto, parece-me que a crítica de Sen conservará sua força inicial se o foco for transferido às precondições da agência que permitem que alguém seja um cidadão livre e igual. Isso implica garantir liberdades, oportunidades e recursos, assim como o desenvolvimento suficiente de autoconfiança, autorrespeito e autoestima. Estas são diferentes formas de percebermos a nós mesmos, resultado de relações de reconhecimento recíproco que estabelecemos com outros. Por garantirem a motivação para atuar, elas operam como precondições para que os cidadãos sejam agentes efetivos (HONNETH, 1997; ANDERSON, HONNETH, 2005). Proponho que essas precondições da agência podem ser mais bem conceituadas usando-se a métrica das capacidades do que a dos bens primários, e que nisso reside a superioridade da primeira sobre a segunda.

A exposição se realizará da seguinte forma: na primeira parte, será apresentada a crítica de Sen ao conceito de bens primários, de Rawls, e a resposta oferecida por este, que inibe as intenções daquela crítica. Na segunda parte, será introduzida a necessidade de que a justiça social se concentre na estrutura motivacional das pessoas, já que, como precondição da agência, ela proporciona suficiente confiança aos indivíduos para que participem da vida da sociedade como cidadãos. A estrutura motivacional de uma pessoa é constituída pelas autorrelações práticas de autoconfiança, autorrespeito e autoestima que são adquiridas, expandidas e sustentadas mediante relações de reconhecimento recíproco. Na terceira parte, defenderei que a força da métrica das capacidades reside no fato de poder explicar com precisão a aquisição e a garantia das autorrelações práticas da autoconfiança e da autoestima. Nisso reside sua superioridade sobre a métrica dos bens primários, porque esta última só explica adequadamente a garantia do autorrespeito. Na quarta parte, será apresentada a forma com que a justiça rawlsiana responderia à pergunta sobre como garantir as precondições da agência, e também se introduzirão algumas considerações acerca das possíveis dificuldades de se implementar a garantia das autorrelações práticas em termos de funcionamento.

A CRÍTICA DE SEN AOS BENS PRIMÁRIOS

O enfoque de capacidades de Sen teve como característica distintiva e como maior aporte à discussão sobre justiça distributiva a introdução de uma métrica original para realizar as avaliações de justiça. A intenção do autor foi oferecer um marco normativo que permitisse realizar a avaliação do bem-estar das pessoas. Para isso, pretende superar os riscos subjetivistas da busca de uma concepção adequada desse conceito, pois é possível que, ao categorizar aquilo que é valioso para uma pessoa, incluam-se todas as suas preferências com igual valor. Isto acontece no caso das teorias bem-estaristas que, ao atribuir igual peso às preferências das pessoas, sejam elas quais forem, têm como consequência que a preferência de alguém por jantar em um restaurante caro e a de outra pessoa por apenas matar a fome sejam igualmente relevantes (SEN, 1979, p. 470-1).

Sen se afasta desse risco e pretende construir um critério objetivo de bem-estar. Nesta tarefa, coincide com Rawls, que propõe os bens primários como métrica objetiva, mas difere ao atribuir a estes um peso tão significativo como o que Rawls lhes dá, porque isso pode culminar em uma coisificação da métrica que conduza a uma perda de sensibilidade à variabilidade interpessoal por parte dos bens primários. A crítica de Sen aos bens primários pretende explicitar a insuficiência destes como métrica da justiça. Os bens primários constituem um índice objetivo, dado que todos os membros de uma sociedade considerariam necessário contar com eles para levar adiante um plano de vida, mas esta métrica é inadequada para captar com suficiente precisão a variabilidade que acontece entre as pessoas, e que incide nas possibilidades de converter meios em bem-estar e, em consequência, é relevante do ponto de vista da justiça. O conceito de capacidade pretende captar as diferenças que as pessoas têm na conversão de meios, tais como a renda, em bem-estar (*Idem*, 1995, p. 83-6). Por exemplo, para a perspectiva rawlsiana comprometida com dotar os indivíduos de um conjunto objetivo de meios, duas pessoas serão tratadas de forma igual se tiverem um acesso equitativo ao mesmo conjunto de bens primários. Contudo, se uma dessas pessoas tem uma enfermidade crônica ou educação básica enquanto a outra é saudável e alcançou um nível superior de educação, suas possibilidades de converter bens primários em bem-estar serão significativamente diferentes. Essa crítica representa uma mudança de ênfase, passando dos meios, como a renda, ao que estes representam para as pessoas.

No entanto, a crítica não teve grande impacto na posição de Rawls por ser considerada por ele simplesmente como uma contribuição a ser levada em conta nas etapas posteriores à posição original, ou seja, em um momento em que a aplicabilidade requer que se lide com mais informações para tomar decisões coincidentes com a justiça (o estágio legislativo), e na qual uma noção mais abrangente que a de bens primários pode ser de muita utilidade (RAWLS, 1986, p. 195, nº 8).

Sen questiona a resposta de Rawls dizendo que o reconhecimento das circunstâncias especiais que afetam alguém, tais como uma deficiência, deveria estar integrado aos próprios princípios já que enfrentá-las no estágio legislativo tem um alcance limitado. As variações na conversão de oportunidades, sustenta Sen, não são meramente "necessidades especiais" que possam ser contempladas na etapa legislativa, e sim refletem variações que estão sempre presentes na condição humana e, por isso, deveriam ser consideradas pelos próprios princípios. A isso, Sen acrescenta que, embora a preocupação com as "necessidades especiais" no estágio legislativo fosse capaz de identificar e tentar neutralizar o efeito de deficiências como a cegueira, isso não aconteceria com variações relacionadas, por exemplo, a uma maior tendência a contrair doenças ou a entornos nos quais prevaleçam epidemias. Por isso, Sen afirma que as capacidades e os funcionamentos se apresentam como uma métrica mais adequada do que os bens primários para pensar nas políticas sociais e nos desenhos institucionais necessários para neutralizar esse tipo de circunstâncias (SEN, 2009, p. 261).

Em sua última resposta a Sen, Rawls afirma que a descrição que faz dos bens primários leva em conta as capacidades básicas das quais aquele fala, enquanto capacidades da personalidade moral que determinam a condição dos cidadãos como pessoas livres e iguais. Isso porque o índice de bens primários se constrói ao se perguntar quais coisas são necessárias para que os cidadãos possam exercer suas capacidades da personalidade moral, mantenham sua condição de pessoas livres e iguais e sejam membros plenamente cooperativos da sociedade (RAWLS, 2002, p. 224-5). Pode-se dizer que as capacidades da personalidade moral operariam como critério último para estabelecer o conjunto de bens primários, e que as capacidades, no sentido de Sen, poderiam ser incluídas nas primeiras. A métrica de Sen, Rawls parece dizer, é contemplada por essas capacidades da personalidade moral, já que

> (...) a ideia dos bens primários está estreitamente ligada à concepção dos cidadãos com certas capacidades básicas – que incluem, entre as mais importantes, as das faculdades morais. (...) Isso está em sintonia com a ideia de Sen, segundo a qual as capacidades básicas devem ser levadas em conta não só para fazer comparações interpessoais, mas também para elaborar uma concepção política razoável de justiça (*Ibidem*, p. 231-2).

Rawls acrescenta que os bens primários são suficientemente flexíveis nos casos em que as pessoas manifestam diferenças em suas capacidades como cidadãs, acima do mínimo essencial para ser membros plenamente cooperativos da sociedade. Essas diferenças são adequadamente manejadas pela justiça procedimental pura de fundo e, portanto, não é necessário tomar nenhuma outra medida. Os casos que merecem ser especialmente contemplados são aqueles em que os cidadãos, por doença ou acidente, caem durante certo tempo abaixo do mínimo essencial de suas capacidades, e, nessas situações, é preciso compensar essas capacidades na etapa legislativa, quando se tem maior acesso à informação relevante para intervir (*Ibidem*, p. 233).

Esta posição de Rawls tem como pressuposto que os cidadãos normalmente são membros cooperativos da sociedade, racionais e razoáveis, durante toda sua vida, e que somente de vez em quando suas capacidades podem ser reduzidas abaixo do espectro normal. Por se mover no plano da teoria ideal, ou seja, no de uma teoria de justiça para uma sociedade bem ordenada, Rawls somente considera como circunstâncias arbitrárias, que a justiça deveria neutralizar, os acidentes ou doenças que aconteçam ocasionalmente, e não a pobreza estrutural ou a marginalização social, que também são circunstâncias arbitrárias, mas ficam fora do alcance da teoria. Sob esse pressuposto, a resposta de Rawls à crítica da rigidez dos bens primários supera a objeção, já que, nos casos em exame, os bens primários são suficientemente flexíveis por serem uma métrica para situações nas quais as pessoas têm um desenvolvimento de suas capacidades acima do mínimo essencial. Isso configura a situação praticamente de empate na discussão entre as propostas que mencionei anteriormente. No entanto, a crítica de Sen se fortalece e conserva sua intenção original quando o foco se transfere da teoria ideal a sua aplicação e, assim, às possibilidades de realizar a justiça nas sociedades democráticas. Isto é especialmente destacado por Sen, que dá uma ênfase particular à dificuldade que representa para uma teoria da justiça o fato de que os membros de uma sociedade podem não ser razoáveis (SEN, 2009, p. 79). Para discutir mais profundamente essa dificuldade, ele dedica especial atenção a uma série de circunstâncias, tais como a pobreza ou a marginalização social, que prejudicariam as capacidades básicas que permitem alcançar a condição de membros plenamente cooperantes.

O movimento em direção à aplicação da teoria, que contemple essas circunstâncias, é algo que Rawls não aprofunda, e é sumamente necessário para a tarefa de realizar a justiça nas sociedades reais.[31] É na tradução da justiça às sociedades reais que se manifesta a maior força do enfoque das capacidades e a da utilidade da métrica das capacidades, que é capaz de uma conceituação melhor do que a dos bens primários sobre como as pessoas são afetadas por circunstâncias que a justiça deve neutralizar para garantir sua igual dignidade. Pode-se afirmar que a discussão entre bens primários e capacidades leva a conclusões diferentes, dependendo do alcance que se dê à justiça. A métrica das capacidades só se torna uma candidata melhor do que os bens primários quando o alcance da justiça inclui as sociedades reais. Porém, os bens primários ou as

---

31 A justiça rawlsiana pode ser afetada pelas críticas de Sen não somente no que diz respeito a questões de aplicação, mas também na própria teoria. Isso acontece quando se introduz a pergunta de como se constitui e se respalda ao longo da vida de uma pessoa sua estrutura motivacional. Apresentarei este aspecto na parte sobre a justiça em Rauls e as precondições da agência.

perspectivas de recursos também têm um papel importante na tarefa de cumprir com o necessário para realizar a justiça nas sociedades reais (POGGE, 2002). Não vou aprofundar, como já indiquei, o debate entre bens primários e capacidades, o que implicaria considerar também as críticas formuladas à métrica das capacidades, mas eu gostaria de destacar que a maioria dos participantes desse debate reconhece que a métrica das capacidades é mais sensível à variabilidade interpessoal do que uma métrica de recursos (ARNESON, 2010; POGGE, 2010; COHEN, 1993). No entanto, isso não implica, de forma alguma, que o enfoque das capacidades seja um candidato superior em termos de uma teoria de justiça. A sensibilidade da métrica das capacidades permite a identificação precisa de situações sociais e novos espaços nos quais as instituições sociais devem intervir. Por isso, pode-se afirmar que as capacidades operam como um sensório que serve de guia para identificar as possíveis intervenções por meio de políticas sociais e para redesenhar as instituições sociais; essas intervenções podem perfeitamente se realizar em termos de recursos e, desta forma, as métricas podem operar em conjunto.[32] Especificamente, a métrica das capacidades é muito útil para garantir um desenvolvimento mínimo de capacidades básicas (ANDERSON, 1999; NUSSBAUM, 2000) que possibilitem a uma pessoa ir em busca de seu plano de vida, participar da cooperação social e da vida na sociedade em geral, ou seja, ser um cidadão livre e igual.

O objetivo de garantir a condição de cidadão livre e igual pressupõe assegurar, além de oportunidades, meios e direitos, um desenvolvimento adequado da estrutura motivacional, já que, sem ela, a pessoa não poderia contar com segurança e confiança em si mesma suficientes para intervir e participar da vida da sociedade, ou seja, fazer uso efetivo de oportunidades, meios e direitos que lhe são garantidos. A estrutura motivacional de uma pessoa se encontra constituída pelas autorrelações práticas do eu da autoconfiança, do autorrespeito e da autoestima, que são diferentes formas com que um indivíduo se percebe e operam como precondições para sua capacidade de agir (HONNETH, 1997).

---

32 Aprofundar a discussão sobre como estas métricas podem trabalhar em conjunto exigiria a apresentação de princípios de justiça que regulassem o mecanismo de operação das instituições em diferentes espaços. Isso se encontra claramente fora do alcance deste trabalho, e eu o fiz em outros (PEREIRA, 2004; 2010; 2013).

A garantia dessas autorrelações práticas se situa, na maioria dos casos, além das possibilidades que as pessoas têm de escolha e decisão, por isso, a justiça social deve intervir para garanti-las, o que implica assegurar "funcionamentos" em lugar de "capacidades", ou seja, realizações efetivas em lugar da liberdade para alcançá-las. Considerando-se os conceitos de Sen, pode-se afirmar que garantir as autorrelações práticas de uma pessoa amplia sua "liberdade efetiva", embora não seu "controle", porque as políticas públicas e as instituições são as que podem efetivamente garanti-las e essa seria a escolha da pessoa se tivesse tido a oportunidade (SEN, 1995, p. 64-5). Embora uma pessoa não possa, por conta própria, garantir sua autoconfiança, sua autoestima e seu autorrespeito, a métrica das capacidades oferece uma boa ferramenta para realizar essa tarefa por meio das instituições.

Esta minha interpretação do conceito de capacidade tem a particularidade de contemplar circunstâncias tradicionalmente associadas à justiça, como direitos, oportunidades e meios, ao mesmo tempo em que contempla circunstâncias tradicionalmente associadas ao reconhecimento, como as autorrelações práticas do eu que se atingem na vida íntima e na valorização social de nossa contribuição à sociedade, e permitem a alguém sentir autoconfiança e autoestima suficientes para ser um agente efetivo. Afirmarei que o conceito de capacidade pode ser interpretado em termos de justiça e reconhecimento, e que essa é uma contribuição significativa ao desenvolvimento de uma teoria de justiça social capaz de proporcionar um guia normativo para remover as circunstâncias que funcionam como obstáculos para que alguém possa levar adiante seu plano de vida.

JUSTIÇA E RECONHECIMENTO

A justiça social tem por meta garantir o tratamento igualitário que se deve às pessoas em virtude de sua igual dignidade, e a intervenção dela na sociedade se realiza por meio das instituições sociais mais importantes. Porém, nem todas as circunstâncias relevantes para garantir que alguém leve adiante um plano vital e participe como cidadão na vida da sociedade podem ser garantidas diretamente pela intervenção institucional de agências do Estado; no máximo, pode haver uma incidência indireta dessas instituições com realizações parciais ou não completas na busca de garantir as circunstâncias mencionadas. Essas circunstâncias que estão além do alcance da ação direta das instituições se referem a aspectos de reconhecimento que são imprescindíveis para que alguém possa levar adiante seu plano vital, e podem ser garantidas de forma mais apropriada recorrendo-se à métrica das capacidades, já que esta é capaz de contemplar circunstâncias associadas tanto à justiça quanto ao reconhecimento.

Com "reconhecimento" ou, mais precisamente, "reconhecimento recíproco", refiro-me à relação interpessoal na qual as aspirações normativas de uma pessoa são contempladas por outra que, por sua vez, é relevante e reconhecido pela primeira como capaz de lhe outorgar reconhecimento. Ainda que essa relação, em sua formulação mais básica, seja alcançada entre duas pessoas que atribuem e obtêm mútuo reconhecimento a suas expectativas normativas, na vida social, o reconhecimento também pode ser dado e recebido por agentes coletivos, como as instituições do Estado ou distintos tipos de associações que reconhecem seus membros ou quem participa de certas práticas. Nestes casos, pode-se afirmar que acontece uma mediação do reconhecimento que poderiam dar e receber todos os membros de uma sociedade por meio, por exemplo, das instituições ou associações mencionadas. É o caso de uma pessoa reconhecida pelo Estado quando este lhe outorga sua cidadania ou quando sua situação desvantajosa é compensada por meio de uma política social, ao mesmo tempo em que esta pessoa outorga seu reconhecimento ao Estado nas instâncias que o legitimam em uma sociedade democrática.

A definição acima não esgota a ideia de reconhecimento, e sim a restringe ao contexto que tem impacto direto nas questões de justiça social. A importância para a justiça reside no fato de que os que participam das diferentes relações de reconhecimento recíproco desenvolvem, por sua vez, autorrelações práticas que são precondições para que alguém seja um sujeito capaz de participar da vida da sociedade e levar adiante um plano de vida. Em um sentido hegeliano, as autorrelações práticas do eu são a capacidade de garantir reflexivamente nossas competências como agentes. Essas competências são formas de nos autopercebermos ou de nos autocompreendermos que surgem das relações de reconhecimento recíproco estabelecidas, de tal maneira que, nessas relações, o respeito que outros nos brindam é crucial para garantir nosso autorrespeito, e a estima que nos é outorgada por outros é crucial para nossa autoestima. Como já mencionei, e seguindo o modelo de reconhecimento de Honneth, as autorrelações práticas do eu que vou examinar são a autoconfiança, o autorrespeito e a autoestima, que não são

> (...) puras crenças acerca de si mesmo nem estados emocionais, e sim propriedades que surgem de um processo dinâmico no qual os indivíduos vivenciam a si próprios como tendo um certo status, sendo objetos de preocupação ou sendo contribuintes valiosos a projetos compartilhados, ou o que for (ANDERSON, HONNETH, 2005, p. 131).

Para Honneth, o autorrespeito se adquire nas relações em que a dignidade pessoal é universalmente respeitada e que se encontram institucionalizadas no corpus legal de uma sociedade.[33] Ele pode ser concebido como a autopercepção de um indivíduo como participante livre e igual nos processos de tomada de decisões, deliberação e manifestação de reivindicações. A autoconfiança consiste na forma de confiança mais básica que um sujeito pode ter e é adquirida em relações íntimas, como as que se dão entre mãe e filho, em casais ou entre amigos. São relações mediadas por amor e afeto e permitem aos indivíduos adquirir confiança em seu próprio corpo, como sujeitos necessitados a quem se devem dar as garantias de integridade física. A autorrelação prática da autoestima é o resultado do valor que os outros atribuem a nossas contribuições à sociedade, e depende da rede simbólica de valores compartilhados, em virtude da qual cada membro da comunidade é reconhecido como

---

33 Stephen Darwall (1977) apresenta uma distinção entre respeito de reconhecimento e respeito avaliativo. O respeito de reconhecimento está fundamentado no reconhecimento de capacidades que todas as pessoas têm em virtude de sua dignidade, enquanto o respeito avaliativo está fundamentado em nosso julgamento sobre méritos, virtudes, caráter ou realizações de alguém. Em ambos os casos, é possível ter autorrelações práticas, ou seja, autorrespeito de reconhecimento e autorrespeito avaliativo. Meu uso do conceito de respeito está limitado ao respeito de reconhecimento de Darwall, por ser ele igualmente devido a todas as pessoas, embora eu enfatize a forma intersubjetiva de adquiri-lo.

valioso. Sem o sentimento de que o que fazemos é significativo, é difícil levar adiante nossa própria vida; simplesmente não haveria sentido em perseguir objetivos que não fossem considerados significativos nas relações que estabelecemos com outros (HONNETH, 1997, cap. 5).

Estas três autorrelações práticas do eu constituem a estrutura motivacional do sujeito que funciona como precondição para a ação, já que as ações individuais sempre são desencadeadas por circunstâncias específicas, mas essas circunstâncias somente moverão a ação se a pessoa tiver garantidas essas relações práticas do eu. Sem a suficiente autoconfiança que obtém nas relações íntimas, a pessoa não será capaz de exigir ser tratada como igual, e sem o autorrespeito que surge de se sentir igualmente tratada e considerada, não poderá exigir o reconhecimento de suas capacidades particulares nas quais se fundamenta a autoestima (*Ibidem*, p. 126). Sem estas autorrelações práticas, não se pode alcançar a autonomia, entendida como capacidade para se autodeterminar, de acordar com outras obrigações e benefícios da cooperação social e também como capacidade de participar das discussões públicas sobre as questões que afetam às pessoas. Afirmo que a métrica das capacidades, como consequência de sua alta sensibilidade à variabilidade interpessoal, é capaz de identificar as circunstâncias relevantes e, por sua vez, orientar normativamente as medidas a tomar, por meio das instituições, para garantir as autorrelações práticas mencionadas.

Das três autorrelações práticas, somente o autorrespeito é obtido por meio da intervenção direta das instituições do Estado que, pelo respeito e consideração iguais a todos os seus cidadãos, gera-o por meio dos direitos e políticas públicas que implementa. Este traço centrado no tratamento igualitário que brindam as instituições faz com que o autorrespeito possa ser garantido tanto pela métrica dos bens primários quanto pela métrica das capacidades. A razão para isso é que, como as medidas que garantem o autorrespeito têm como finalidade tratar a todos como iguais, não é necessário que sejam sensíveis a diferenças interpessoais que somente podem ser captadas pela base de informação das capacidades. Por sua vez, o autorrespeito tem a particularidade de ser alcançado como resultado da sobreposição de justiça e reconhecimento, já que o tratamento igualitário objetivado, por exemplo, nos direitos, é resultado de medidas de justiça tomadas pelas instituições, mas também implica que alguém seja reconhecido como igual pelas instituições dessa sociedade.

Por sua vez, a autoconfiança que é obtida nas relações cultivadas na vida íntima e a autoestima resultantes de como se avaliam nossas capacidades na sociedade se situam além do alcance da intervenção direta por meio das instituições. De qualquer forma, as instituições terão uma incidência indireta nos espaços sociais nos quais essas autorrelações práticas se adquiram e se respaldem ao longo da vida de uma pessoa. A ninguém lhe ocorre que as instituições estabeleçam e garantam, por uma intervenção direta, que alguém seja bom pai, marido ou amigo, ou estabeleçam que os professores do ensino médio deem uma contribuição maior e melhor à sociedade do que os contadores, e por isso devam ter maior prestígio social. Mas, como a autoconfiança e a autoestima constituem as precondições da agência, sem as quais não é possível pensar em cidadãos capazes de tomar parte na vida da sociedade, a justiça social deve intervir para garantir sua aquisição e respaldo ao longo da vida das pessoais. A seguir, exporei a forma como a métrica das capacidades consegue captar a autoconfiança e a autoestima, além do autorrespeito, como requisitos para que alguém possa realizar aquilo que tem razões para valorizar. Mais adiante neste texto, no que se refere ao alcance da justiça, apontarei de forma mais pormenorizada as dificuldades de implementação por meio da incidência direta e indireta das instituições na estrutura motivacional dos indivíduos.

AUTORRELAÇÕES PRÁTICAS E CAPACIDADES

Uma pessoa só é capaz de participar da vida da sociedade, ou seja, fazer uso de liberdades e oportunidades, exigir ser tratada igualitariamente, participar da cooperação social, expressar suas posições publicamente e divergir de outras se as autorrelações práticas que constituem sua estrutura motivacional estiverem garantidas. Sem autoconfiança, autorrespeito e autoestima, é impossível para um indivíduo ser agente.

Embora este requisito não seja proposto explicitamente por Sen e Nussbaum, afirmo que é possível reconstruir a necessidade de garantir as mencionadas autorrelações práticas do eu a partir das afirmações dos autores sobre as capacidades necessárias para viver uma vida que a pessoa tenha razões para valorizar. Em particular, a lista de capacidades de Nussbaum é um bom guia para explicitar a necessidade de garantir a autoconfiança (NUSSBAUM, 2000, p. 78-80). De acordo com o que se indicou, esta autorrelação prática se obtém nas relações de reconhecimento recíproco que se dão na vida íntima, tais como a relação entre cônjuges, mãe e filho ou de amizade. Dentro desta relação, duas das capacidades de Nussbaum contribuem significativamente para propiciá-la: em primeiro lugar, a que está relacionada às emoções, e, em segundo lugar, a do jogo. A primeira destas capacidades consiste em ser capaz de se apegar a coisas e pessoas, de amar àqueles que nos amam e cuidam, de ter um desenvolvimento emocional que não seja deteriorado por temor e ansiedade ou por eventos traumáticos de abuso e negligência. Em especial, Nussbaum diz que apoiar o desenvolvimento dessa capacidade significa respaldar formas de associação entre as pessoas que são cruciais para seu desenvolvimento (*Ibidem*, p. 79). Essa capacidade, decisiva no desenvolvimento íntegro de uma pessoa, depende das relações que se estabelecem com outras, já que, nessas formas de associação humana mediadas pelo amor e pelo cuidado, a pessoa adquire suficiente segurança para poder empreender seu projeto de vida. Isso demanda garantir certo tipo de relações interpessoais que permitam a alguém se sentir amado e cuidado por aqueles a quem, por sua vez, ama. Nussbaum apresenta o desenvolvimento inicial das emoções na infância como um possibilitador do desenvolvimento de um eu substantivo, mediante o qual a criança adquire confiança de que pode realizar coisas por conta própria. Esse processo, que Nussbaum, seguindo a Winnicott, denomina "capacidade de estar só", é relacional, já que essa possibilidade de estar só sempre se dará frente à mãe, de quem a criança não demandará conforto, tendo suficiente confiança para se ocupar de seus próprios projetos[34] (*Idem*, 2001, p. 207-8). Esse tipo de relação é de reconhecimento recíproco e deve ser protegido de todas aquelas circunstâncias que possam afetá-lo; o abuso infantil ou a violência de gênero costumam ser os maiores exemplos dessas circunstâncias. No

---

34 Deve-se observar que a relevância das relações íntimas para o desenvolvimento de uma personalidade íntegra é fundamentada tanto por Nussbaum como por Honneth na psicologia de Winnicot, donde a proximidade das posições de ambos nesta questão.

entanto, também se pode pensar em outro tipo menos extremo, que prejudica igualmente a integridade emocional de alguém e que deveria ser neutralizado, como a negligência no cuidado de uma criança manifestada pela indiferença da mãe diante de suas demandas.

A outra capacidade indicada por Nussbaum em sua lista e que permitiria atingir a relação prática da autoconfiança é a do jogo, que consiste em ser capaz de rir, jogar ou brincar, e desfrutar de atividades recreativas (*Idem*, 2000, p. 79). Essa capacidade contribui para o desenvolvimento dos cidadãos, permitindo--lhes desfrutar do tempo livre e da autoexpressão. A capacidade de jogar e brincar, característica distintivamente humana, deve ser preservada e garantida na infância, impedindo-se que circunstâncias como a pobreza ou os preconceitos excluam as crianças do jogo. Porém, além do indicado por Nussbaum, é possível dar ao jogo um papel central no desenvolvimento do sujeito mediante a interiorização das expectativas normativas dos outros. Isso pode ser visto com especial detalhamento na obra de George Herbert Mead, que afirma que o indivíduo atravessa, durante seu desenvolvimento cognitivo e normativo, duas etapas principais, *play* e *game*, nas quais começa a desenvolver sua faculdade de julgar normativamente (MEAD, 1934, p. 152-8). Na etapa que Mead denomina *play*, a criança, por meio da brincadeira, projeta em objetos (brinquedos) um companheiro imaginário de interação no qual deposita as expectativas normativas interiorizadas de seus pais, que regularão seu comportamento futuro. Além disso, a criança assume diferentes papéis que observa na sociedade "adulta" e brinca de desempenhá-los como forma de compreendê-lo, sendo esta a razão pela qual a brincadeira funciona como uma instância de reforço da aprendizagem normativa alcançada pela criança. Também na adolescência, o jogo tem um papel central no desenvolvimento normativo da personalidade do sujeito. Já a etapa que Mead denomina *game* tem um papel central no desenvolvimento normativo da personalidade, e nela o adolescente regula sua conduta de acordo com as expectativas normativas de um número maior de indivíduos. Enquanto na etapa do *play* a criança assume o papel dos outros, na etapa do *game*, o adolescente deve assumir o papel de todos os demais envolvidos no jogo; um exemplo é qualquer esporte de competição que o adolescente pratique (futebol, basquete etc.), já que, diferentemente do estágio anterior, tem um objetivo em comum com indivíduos reais, e atingi-lo implica competir em grupo por meio de sua ação coordenada com os outros. O adolescente sintetiza as expectativas dos eus (*selves*) que compõem cada um de seus companheiros para regular sua conduta de acordo com o que o grupo espera dele; isso é chamado por Mead de *outro generalizado* (*Ibidem*, p. 161). Dessa forma, o sujeito interioriza a vontade comum ou da comunidade encarnada na representação das normas sociais, e isso lhe permite, além de se sentir reconhecido como membro dessa comunidade, ver os conflitos morais também da perspectiva das outras pessoas (*ideal role taking*).

Assim sendo, a capacidade de jogar ou brincar introduzida por Nussbaum ocupa um lugar destacado no desenvolvimento da personalidade moral, e muito especialmente, na possibilidade de que os sujeitos possam assumir as perspectivas de outros. Essa capacidade depende das relações de reconhecimento recíproco atingidas no âmbito familiar e depois projetadas à comunidade do sujeito, possibilitando que ele adquira a autorrelação prática da autoconfiança.

Além da autoconfiança, a métrica das capacidades capta a relevância que tem a autoestima para as pessoas. No caso de Sen, pode-se perceber a importância que o autor dá a esta autorrelação prática quando considera a forma em que o desemprego afeta a autoestima das pessoas. A esse respeito, afirma que a perda de renda acarretada pelo desemprego pode ser compensada em termos de outro ganho, como no caso dos seguros-desemprego, mas estar desempregado implica algo mais que isso e afeta coisas como a perda de motivação, de habilidades e de autoconfiança, assim como as relações familiares e a vida social (SEN, 1999, p. 94). A intenção de Sen é criticar o foco na renda para avaliar o impacto do desemprego de uma perspectiva mais ampla; com essa crítica, deixa expõe os aspectos que são imprescindíveis para que alguém possa levar adiante um plano com êxito; sua intenção é destacar que a motivação, a autoconfiança e relações interpessoais exitosas são imprescindíveis para poder alcançar os objetivos que alguém considera valiosos.

No caso de Nussbaum, a autora estabelece, com relação à autoestima, algumas pautas para orientar a intervenção pública, de maneira a dar à mulher um maior poder de negociação no interior da família, entre as quais destaca "a importância de que a própria contribuição seja percebida" e "a importância de ter um sentido do próprio valor" (NUSSBAUM, 2000, p. 286-9). A primeira delas tem foco no fato de que o trabalho doméstico das mulheres geralmente é subvalorizado e isso reduz as possibilidades de que a mulher tenha um controle de recursos simétrico ao homem no interior da família. A segunda consiste na autopercepção que tem a mulher de seu valor e do quanto seus projetos são valiosos. Ambas as linhas de ação têm como objetivo fortalecer as possibilidades de que as mulheres, pelo desenvolvimento de sua autoestima, sejam capazes de alcançar seus objetivos vitais.

Embora a posição de Nussbaum ilustre a tese de que as capacidades contemplam a autorrelação prática da autoestima, é preciso indicar que a tomada de medidas para garantir a autoestima deveria ter um alcance universal, já que todas as pessoas necessitam dela para poder realizar seus objetivos e participar da vida da sociedade. O exemplo de Sen sobre o desemprego contempla essa exigência de generalidade. Por sua vez, nesta projeção geral da garantia da autoestima, deveria se reconhecer a particularidade dos diferentes casos e os pesos que os traços diferenciais têm neles. Diferentemente de Nussbaum, considero que esses fatores mencionados por ela se encontram fortemente entrelaçados porque somente a percepção, por outros, da contribuição das mulheres como valiosa é que proporcionará uma autopercepção dos projetos de vida como valiosos. Justamente por haver essa inter-relação é que a autoestima é uma autorrelação prática que se atinge por meio de relações de reconhecimento recíproco. Essa característica implica uma dificuldade, porque, sendo resultado de uma relação de reconhecimento, impõe uma restrição às possibilidades de garantir um grau mínimo de autoestima a todos os membros da sociedade, pois a diversidade das habilidades pessoais que contribuem para a cooperação social dificulta o desenho de políticas para garantir essa autorrelação prática. Por isso, a intenção de garantir a autoestima dos cidadãos deve conviver com a incerteza dos resultados das intervenções por meio das instituições. Nesse caso, é preferível estar consciente das limitações das ações que podem ser tomadas a ignorar o quanto a autoestima é necessária para ser um cidadão capaz de participar efetivamente da vida da sociedade.

Como já indiquei, a métrica das capacidades seria capaz de contemplar as circunstâncias que possibilitam ou dificultam a garantia das autorrelações práticas da autoestima e da autoconfiança, e isso é especialmente útil, tanto na avaliação das situações sociais, quanto no desenho de políticas. Por sua vez, minha ênfase nas relações interpessoais e, mais especificamente, nas relações de reconhecimento recíproco, leva a uma interpretação convergente com a de Nussbaum e Sen, mas que é mais radical, já que explicitamente requer que se garanta a estrutura motivacional do sujeito assegurando as autorrelações práticas de autoconfiança, autorrespeito e autoestima.

A JUSTIÇA EM RAWLS E AS PRECONDIÇÕES DA AGÊNCIA

Até aqui, defendi a superioridade da métrica das capacidades sobre a dos bens primários, pela maior sensibilidade da primeira para captar as circunstâncias que possam garantir e sustentar as autorrelações práticas que operam como precondições da agência. Se examinarmos, neste momento, a proposta de Rawls e, em especial, a métrica dos bens primários, observaremos que, entre estas autorrelações práticas, somente a do autorrespeito é considerada explicitamente em sua proposta, mediante o bem primário das bases sociais do autorrespeito. Este bem primário pretende garantir condições materiais que permitam que os cidadãos tenham um sentido de seu valor como pessoas morais capazes de realizar seus interesses de ordem superior e ter suficiente confiança em si mesmos para alcançar seus interesses.[35] Rawls expressa sua preocupação em garantir as bases sociais do autorrespeito, as quais, segundo ele, devem preservar o autorrespeito que alguém adquire ao ser tratado e considerado como um cidadão

---

35 A concepção de Rawls sobre autorrespeito está mais próxima do autorrespeito avaliativo de Darwall do que de seu autorrespeito de reconhecimento. No entanto, é possível afirmar que uma concepção de respeito de reconhecimento deve pressupor uma certa inter-relação com o respeito avaliativo, porque, se uma pessoa é respeitada pelo reconhecimento de suas capacidades morais, nisso deve haver um certo grau de respeito avaliativo (DARWALL, 1977, p. 47-8; DOPPELT, 2009, p. 134-5). Por isso, creio que a posição de Rawls, embora se encontre mais próxima do autorrespeito avaliativo, pressupõe o autorrespeito de reconhecimento no qual se baseia a condição de cidadãos iguais.

igual. Isso pode ser alcançado por meio da ação dos princípios de justiça que regulam a estrutura básica da sociedade (RAWLS, 2002, p. 93). Além disso, Rawls não se refere aos aspectos que apresentei como possibilitadores do desenvolvimento de uma pessoa como agente, em particular a aquisição e o respaldo da autoconfiança e da autoestima. Rawls, ao restringir sua proposta a uma concepção política da pessoa, ou seja, à forma em que se encontram representados os cidadãos como livres e iguais na posição original, não se pergunta, ou ao menos não apresenta como relevante postular, como as pessoas adquirem suficiente autoconfiança para apresentar demandas de justiça. Segundo Rawls, os cidadãos concebem a si mesmos como livres e iguais, já que se consideram possuidores da faculdade moral para ter uma concepção do bem e também entendem a si mesmos como fontes autenticadoras de exigências válidas (*Ibidem*, p. 45). Isso, que implica que eles se autocompreendam com direito a apresentar exigências a suas instituições, deixa claro que o ponto de partida de Rawls já supõe um desenvolvimento da identidade pública ou institucional e, portanto, não se coloca em questão o processo de aquisição dessa identidade. Este traço da proposta torna problemática a aquisição das precondições da agência, como precondições para ser cidadãos livres e iguais, o que, por sua vez, é especialmente relevante quando surge a exigência da realização da justiça em sociedades reais, nas quais a aquisição da identidade está ameaçada por obstáculos de diversos tipos.

Afirmo que a introdução da necessidade de garantir as precondições da agência poderia ser considerada como uma forma de fortalecer a justiça rawlsiana, mas fazer isso requer uma métrica de justiça mais abrangente do que os bens primários. A aquisição e o respaldo, ao longo de uma vida, das autorrelações práticas, entendidas como precondições da agência, exigem uma métrica capaz de identificar as medidas necessárias para se chegar a isso. Por esta razão, a maior sensibilidade às circunstâncias que impedem ou contribuem para que uma pessoa leve adiante seu plano de vida e participe da cooperação social e dos processos de tomada de decisões situa as capacidades como uma métrica da justiça adequada para alcançar esses objetivos. Contudo, a possibilidade de usar esta métrica não é algo alheio à justiça rawlsiana e poderia ser considerada como um complemento aos bens primários, como foi indicado na primeira parte deste trabalho. Em particular, Rawls afirma que as capacidades são contempladas por sua descrição dos bens primários e devem ser entendidas como capacidades dos cidadãos que permitem a alguém ser um cidadão livre e igual (*Ibidem*, p. 223-4). A pergunta construtiva que permite desenvolver o índice de bens primários pode ser transformada quando está em jogo a aquisição das precondições necessárias para o exercício das capacidades da personalidade moral. Em lugar de se questionar o que é necessário para que os cidadãos possam ser livres e iguais, assim como membros cooperantes da sociedade (*Ibidem*, p. 224-5), a pergunta deveria ser o que é necessário para garantir a estrutura motivacional que dá a alguém suficiente confiança em si mesmo para exercer suas capacidades da personalidade moral e ser um cidadão livre e igual ao longo de sua vida. Afirmo que a resposta a esta pergunta leva à identificação das capacidades que poderiam garantir as precondições da agência e, por isso, a métrica das capacidades é exigida pelas capacidades da personalidade moral, mas, neste caso, não para seu exercício, e sim para sua constituição e seu respaldo como precondições para esse exercício (PEREIRA, 2013). Esta é uma forma de voltar à interpretação não radical da diferença entre bens primários e capacidades que já indiquei, e tende a reforçar a tese que considera as métricas como complementares, desde que se aceite que a justiça rawlsiana deve garantir as precondições da agência.

ALCANCE DA JUSTIÇA SOCIAL

Indiquei que a métrica das capacidades tem a virtude de contemplar as autorrelações práticas do eu da autoconfiança, do autorrespeito e da autoestima, que constituem a estrutura motivacional de um agente. A justiça deve garantir essas autorrelações práticas, já que funcionam como condição de possibilidade para que alguém possa levar adiante um plano vital e também, caso deseje, participar ativamente da vida da sociedade. Também apontei que essas autorrelações práticas nem sempre se obtêm em espaços que estão dentro do alcance das intervenções diretas das instituições, e sim em âmbitos nos quais as instituições incidem indiretamente, como o da vida íntima ou o da valorização das capacidades individuais. Desta forma, enquanto o autorrespeito está diretamente sob alcance do mecanismo das instituições, o mesmo não acontece com a autoconfiança e a autoestima. A justiça social deve considerar essas questões de alcance se pretende incidir na transformação das sociedades reais e não apenas na formulação de uma teoria ideal.

Para se referir ao alcance da justiça social, é imprescindível mencionar a influência que teve a justiça rawlsiana, o que gerou um amplo acordo sobre as instituições como meio para realizar a justiça. Por essa razão, o objeto da justiça é a estrutura básica da sociedade (RAWLS, 1979; 1996; 2002), ou seja, as instituições sociais mais importantes que consistem em

> (...) um sistema público de normas que define cargos e posições com seus direitos e deveres, poderes e imunidades, etc. Essas normas especificam certas formas de ação como permissíveis, outras como proibidas, e estabelecem certas sanções e garantias para quando ocorram violações às normas (*Idem*, 1979, p. 76).

Para transformar as sociedades reais, a justiça social toma as instituições como meio, mas, como já indiquei, isso também envolve dois espaços que se encontram fora do alcance direto das instituições. O primeiro deles é o da vida íntima, e exige que a intervenção da justiça garanta que uma pessoa adquira suficiente autoconfiança para poder participar da vida da sociedade em termos igualitários. O segundo espaço está relacionado aos padrões compartilhados de valorização que determinam que um indivíduo se sinta valorizado por suas habilidades específicas com as quais contribui para a vida da sociedade; a intervenção da justiça nesse âmbito contribui para garantir a autoestima das pessoas.[36] Assim, as intervenções da justiça social garantem o tratamento igualitário associado à justiça e o tratamento diferencial característico do reconhecimento por meio da incidência indireta dessas ações nas esferas da vida íntima e da valorização social das habilidades.

As diferenças nos objetivos de justiça e reconhecimento se manifestam pelas possibilidades maiores ou menores de realizar tais objetivos por meio de políticas sociais específicas, porque essas políticas podem garantir completamente aquilo

---

36 Estas são as esferas de reconhecimento que Honneth denomina como a do amor ou vida íntima e a do êxito (FRASER, HONNETH, 2006, p. 147-9).

que é exigido pela justiça, mas isso não acontece no caso do reconhecimento. A razão para esta diferença é que o tratamento igual inerente à justiça coincide em parte, embora não completamente, com o que o reconhecimento exige, e aspectos do reconhecimento relacionados à vida íntima, à autoestima e à autorrealização não podem ser garantidos pela intervenção direta das instituições sociais. Nestes casos, as medidas institucionais inspiradas pela justiça podem assegurar principalmente condições de possibilidade que permitam um indivíduo realizar seu plano de vida e se realizar, mas não podem garantir que se alcancem completamente os funcionamentos necessários para tanto. De acordo com isso, a intervenção das instituições sociais no reconhecimento é direta em alguns casos e indireta em outros, o que gera uma importante diferença no controle que se pode ter sobre as medidas de intervenção social a serem tomadas. No reconhecimento associado à justiça, a incidência das medidas será maior do que no caso do reconhecimento que vai além dela, porque as instituições tendem a só incidir indiretamente nas circunstâncias que determinam o segundo.

Um exemplo de situação em que as instituições conduzem à obtenção completa da justiça social é o estabelecimento de uma renda básica universal. Neste caso, todo membro da sociedade é igualmente afetado pela medida e a mesma não é parcialmente realizada em nenhum caso, ou seja, jamais poderia acontecer que uns fossem afetados pela medida e outros não. Essa medida afetaria também o reconhecimento porque, como já indiquei, a justiça coincide parcialmente com o reconhecimento; quando uma pessoa recebe uma renda básica, não somente é tratada de forma justa, mas também é reconhecida como cidadã e isso garante seu autorrespeito. No entanto, quando o objetivo é intervir nas esferas que excedem o espaço de intervenção direta das instituições, a obtenção completa e direta das medidas é alterada, já que não é possível ter certeza de que se alcançou o objetivo, pois as características dos objetos nos quais se intervém o impedem. Em casos relacionados ao reconhecimento que se alcança na vida íntima e na valorização das habilidades pessoais, uma intervenção a partir das instituições nunca poderá garantir completamente que se obtenham a autoestima e a autoconfiança; as possíveis medidas tenderão a isso, mas sempre haverá uma forte incerteza com respeito a sua obtenção completa. Todavia, como a única forma que a justiça tem de operar é por meio das instituições, e existe uma forte incerteza com relação aos resultados nos espaços mencionados, pode-se apelar a uma incidência indireta, por exemplo, de campanhas públicas educativas ou outras medidas (NUSSBAUM, 2000, p. 281-3) que incidam na discussão pública e assim possam transformar crenças e valores que são os que determinam, em última instância, o comportamento nesses âmbitos.

Por fim, é relevante indicar um comentário breve, mas necessário, com respeito a uma significativa diferença que se dá entre os espaços sociais nos quais se adquirem e garantem as autorrelações práticas da autoconfiança e da autoestima. A diferença consiste em que, no caso da autoconfiança, podemos chegar a acordar em termos gerais o conjunto de funcionamentos mínimos a ser alcançados para que alguém seja um cidadão capaz de participar efetivamente da vida da sociedade e, em consequência, gerar um conjunto de medidas para isso. Políticas que garantam a proteção e o estímulo à capacidade de jogo ou da integridade emotiva seriam exemplos disso. Porém, esse acordo é bastante mais difícil no caso da autoestima, porque, na sociedade, existe uma divergência bastante profunda e sempre sujeita a reconfigurações sobre o que é que permite alguém sentir que sua contribuição à sociedade é valorizada pelos outros com quem compartilha essa sociedade. A valorização das contribuições individuais à sociedade depende dos padrões de valorização socialmente compartilhados, nos quais a justiça deve incidir. O objetivo não pode ser garantir que todas as contribuições sejam igualmente valiosas, e sim estabelecer padrões avaliativos que garantam um peso igual a cada uma delas. Em uma sociedade democrática, esses padrões deveriam ser justificados e reconfigurados pelo uso público da razão, ou seja, aquilo que é acordado por cidadãos livres e iguais em um processo de deliberação pública. Para alcançar este fim, uma contribuição significativa pode ser desmantelar preconceitos ou introduzir diferentes perspectivas valorativas.[37]

---

37 Nas sociedades contemporâneas, a remuneração obtida no mercado ocupa um lugar privilegiado no reconhecimento às contribuições pessoais, o que obscurece os pesos diferenciais das contribuições individuais que obtêm reconhecimento por meio de outros fatores que não o salário. Isso pode ser entendido por alguns como um bloqueio ao reconhecimento adequado das contribuições pessoais, mas também pode ser visto como um meio para intervir, por meio das instituições, nos padrões sociais

CONCLUSÕES

Neste trabalho, afirmei que a métrica das capacidades tem um importante papel a cumprir na tarefa de realizar a justiça social nas sociedades reais, devido à sensibilidade que tem perante as diferentes circunstâncias que podem bloquear ou afetar a realização dos objetivos da justiça. Isso não implica assumir o enfoque das capacidades como uma concepção de justiça, e sim apenas sua métrica como um bom sensório para identificar circunstâncias que devam ser neutralizadas pela ação das instituições e pela intervenção das políticas sociais. Devido à mencionada sensibilidade, introduzi uma interpretação do conceito de capacidades em termos de justiça e reconhecimento que vai além do explicitamente apresentado por aqueles que desenvolveram o enfoque das capacidades.

Afirmei que a melhor forma de intervir na sociedade segundo as exigências da justiça é por meio de medidas que garantam justiça e reconhecimento. O objetivo delas é garantir as autorrelações práticas de autoconfiança, autorrespeito e autoestima, que constituem a estrutura motivacional das pessoas e são precondições para que alguém seja um sujeito autônomo, capaz de levar adiante um plano de vida e de participar dos processos de tomada de decisões. A métrica das capacidades tem condições de contemplar essas autorrelações práticas do eu, como se pode ver na relevância atribuída por Nussbaum e Sen às capacidades que permitem a expansão das autorrelações práticas do eu. Como resultado, as capacidades são apresentam como uma métrica superior aos bens primários quando a justiça se concentra em questões de aplicação.

Por último, a possibilidade de contemplar justiça e reconhecimento por meio da métrica das capacidades tem um efeito no alcance da justiça social. As três autorrelações práticas indicadas podem ser realizadas mediante

---

de valorização. Por exemplo, um aumento no salário dos professores pode levá-los a obter maior reconhecimento, embora este reconhecimento não seja obtido por sua contribuição particular, mas simplesmente por sua renda maior. Disso segue que o papel que cumpre o salário é o de uma ferramenta que deve ser subsumida a novos padrões valorativos. No caso, o aumento de salário deveria ser acompanhado, por exemplo, de campanhas que divulgassem o papel cumprido pelos professores na educação dos cidadãos.

intervenções diretas no caso do autorrespeito, embora não nos casos da autoconfiança e da autoestima. A razão para isso é que estas duas são obtidas em espaços que excedem o alcance das instituições, por isso a intervenção das instituições somente terá um efeito indireto nessas autorrelações práticas do eu. De acordo com essas considerações, é possível projetar um desenho preciso de políticas que levem em conta, por um lado, a intervenção direta das instituições e a realização completa das medidas tomadas no caso do autorrespeito, e, por outro, a intervenção indireta das instituições na autoconfiança e na autoestima. No caso destas, é provável que as medidas tomadas alcancem uma realização incompleta de seus objetivos.

O compromisso da justiça social com a transformação efetiva das sociedades reais requer uma métrica da justiça capaz de contemplar justiça e reconhecimento, bem como de ter um alcance que exceda o da intervenção direta das instituições.

REFERÊNCIAS BIBLIOGRÁFICAS

ANDERSON, Elizabeth. "What Is the Point of Equality". *Ethics*, nº 2, vol. 109, 1999, p. 287-337.

ANDERSON, Joel; HONNETH, Axel. "Autonomy, Vulnerability, Recognition and Justice". In: CHISTMAN, John.; ANDERSON, Joel. (Orgs.). *Autonomy and the Challenges to Liberalism*. Cambridge: Cambridge University Press, 2005, p. 127-149.

ARNASON, Richard. "Two Cheers for the Capabilities". In: BRIGHOUSE, Harry; ROBEYNS, Ingrid. (Orgs.). *Measuring Justice: Primary Goods and Capabilities*. Cambridge: Cambridge University Press, 2010, p. 101-123.

BRIGHOUSE, Harry; ROBEYNS, Ingrid (Orgs.). *Measuring Justice. Primary Goods and Capacities*. Cambridge: Cambridge University Press, 2010.

COHEN, Gerald Allan. "Equality of What? On Welfare, Goods, and Capabilities". In: NUSSBAUM, Martha; SEN, Amartya (Orgs.). *The Quality of Life*. Oxford: Clarendon Press, 1993, p. 9-29.

DARWALL, Stephen. "Two Kinds of Respect". *Ethics*, nº 1, vol. 88, 1977, p. 36-49.

DOPPELT, Gerald. "The Place of Self-Respect in a Theory of Justice". *Inquiry*, nº 2, vol. 52, 2009, p. 127-154.

FRASER, Nancy; HONNETH, Axel. *¿Redistribución o reconocimiento? Un debate político-filosófico*. Madrid: Morata, 2006.

HONNETH, Axel. *La lucha por el reconocimiento*. Barcelona: Crítica-Grijalbo-Mondadori, 1997.

MEAD, George Herbert. *Mind, Self & Society*. Chicago: University of Chicago Press, 1934.

NUSSBAUM, Martha. *Women and Human Development: The Capabilities Approach*. New York: Cambridge University Press, 2000.

_____. *Upheavals of Thought. The Intelligence of Emotions*. Cambridge: Cambridge University Press, 2001.

PEREIRA, Gustavo. *Medios, capacidades y justicia distributiva*. México: UNAM-Instituto de Investigaciones Filosóficas, 2004.

_____. *Las voces de la igualdad*. Montevideo, Barcelona: Proteus, 2010.

_____. *Elements of a Critical Theory of Justice*. New York: Basingstoke, Palgrave-Macmillan, 2013.

POGGE, Thomas. "Can the Capability Approach be justified?". *Philosophical Topics*, nº 3, vol. 30, 2002, p. 167-228.

_____. "A Critique of the Capability Approach". In: BRIGHOUSE, Harry; ROBEYNS, Ingrid (Orgs.). *Measuring Justice: Primary Goods and Capabilities*. Cambridge: Cambridge University Press, 2010, p. 17-60.

RAWLS, John. *Teoría de la justicia*. México: FCE, 1979.

_____. "Unidad social y bienes primarios". In: _____. *Justicia como equidad: Materiales para una teoría de la justicia*, 1986, p. 187-211.

_____. *El liberalismo político.* Barcelona: Crítica, 1996.

_____. *La justicia como equidad. Una reformulación.* Barcelona: Paidós, 2002.

SEN, Amartya. "Utilitarianism and Welfarism". *The Journal of Philosophy*, nº 9, vol. 76, 1979, p. 463-489.

_____. *Nuevo examen de la desigualdad.* Madrid: Alianza, 1995.

_____. *Development as Freedom.* New York: Alfred A. Knopf, 1999.

_____. *The Idea of Justice.* Cambridge-Mass.: The Belknap Press of Harvard University Press, 2009.

WELLMER, Albrecht. *Finales de partida: la modernidad irreconciliable.* Madrid: Cátedra-Universitat de València, 1993.

YOUNG, Iris Marion. *Justice and the Politics of Difference.* Princeton: Princeton University Press, 1990.

OS LIMITES DA TOLERÂNCIA: UMA QUESTÃO DA JUSTIÇA E DA DEMOCRACIA

Denílson Luis Werle

A tolerância como virtude moral individual, como valor político das instituições ou como ideia implícita na própria razão prática, desempenha, sem dúvida, um papel central no contexto das sociedades democráticas modernas, cujos cidadãos se defrontam continuamente com a tarefa de encontrar formas de conciliar seus interesses e as reivindicações morais diversas e conflitantes. A estabilidade de uma sociedade pluralista democrática exige um consenso social mínimo e uma adesão significativa a certas ideias normativas básicas, um compromisso com uma cultura política comum e a participação ativa e voluntária dos cidadãos em uma esfera pública comum. E a tolerância é a primeira condição para a continuidade de uma sociedade desse tipo: os cidadãos têm de reconhecer que diferentes indivíduos e grupos sociais têm o direito de viver suas próprias vidas com seus próprios valores.

Como uma virtude política da democracia, a tolerância implica, portanto, a limitação recíproca dos que praticam a tolerância. Livrar o mundo de infiéis impuros, impor as próprias concepções verdadeiras da vida digna, são objetivos políticos impraticáveis em uma sociedade democrática. Porém, essa limitação recíproca não pode ser confundida com a aceitação passiva e indiferente dos outros. Fórmulas simples do tipo "viva e deixe viver", "a liberdade de um acaba onde começa a liberdade do outro", ou atitudes de *laissez faire* ou de ataraxia são geralmente tomadas, no senso comum, como expressões de mentalidades abertas e tolerantes. Contudo, tais expressões, além de serem insuficientes, são na verdade indesejáveis e ofensivas, pois expressam muito mais atitudes de indiferença moral do que propriamente de tolerância. Numa democracia, a tolerância envolve compromissos com a defesa de uma esfera pública do respeito mútuo e da garantia, geralmente expressa em direitos individuais fundamentais, de que vários projetos de vida são possíveis dentro dela. Assim como os demais ideais normativos que compõem a moralidade da democracia, não basta que o ideal da tolerância esteja institucionalizado: sua efetividade depende também das atitudes e virtudes dos cidadãos comuns no cotidiano de suas relações uns com os outros, seja na vida social e econômica, seja no exercício das funções públicas.

A questão que se coloca é se temos algum motivo para esperar que os cidadãos estejam dispostos a subscrever diretamente o ideal de tolerância Não faltam situações e casos concretos que mostram que em todas as democracias existem indivíduos e grupos que exploram exaustivamente as liberdades que lhes são asseguradas pelo Estado de direito para fazerem valer suas concepções abrangentes da vida boa, recusando-se, ao mesmo tempo, a aceitar os direitos e a legitimidade dos demais que discordam. Sabe-se que a pluralidade da sociedade civil não se ajusta automaticamente em uma harmonia e concórdia, e que nela há muitas fontes de conflitos e antagonismos que não se esgotam nas classes sociais e nas diferenças de renda. Uma sociedade pluralista implica uma pluralidade de projetos de vida e concepções de mundo aos quais os cidadãos não renunciam com muita facilidade e que não apenas são fontes de antagonismo social, mas também de discriminação, humilhação e opressão que dificultam a adoção do ideal de tolerância.

Mas o que pretendo examinar no presente texto não é a tolerância como uma virtude ética dos indivíduos ou grupos, isto é, as razões éticas pelas quais os indivíduos deveriam adotar o ideal da tolerância. Importa-me mais entender como a estrutura básica da sociedade, no sentido rawlsiano, deve estar configurada para fazer com que o ideal da tolerância seja consistente com as liberdades pessoais básicas e com a igualdade do poder político. Para deixar meu argumento mais claro, pretendo (I) examinar melhor o conceito de tolerância e as diferentes concepções de tolerância, procurando tornar mais claro o que significa estar diante de uma questão de tolerância, qual o seu sentido e principalmente como estabelecer os limites da tolerância. A questão dos limites da tolerância implica: (II) considerar a tolerância como uma virtude política das instituições, exigida pela ideia de justiça; (III), em seu vínculo com um princípio de legitimação política baseado na justificação pública, que explicita quais os critérios que os cidadãos, em um Estado democrático de direito, devem seguir para apresentar as razões para delimitar o tolerável e o intolerável. A ideia central é que a delimitação da tolerância é menos uma tarefa teórico-moral, e mais uma tarefa prático-política a ser levada adiante pelos próprios cidadãos por meio de procedimentos democráticos de deliberação pública.

O CONCEITO DE TOLERÂNCIA

Em sua impressionante investigação sobre a tolerância, Forst (2003) vale-se da feliz expressão "tolerância no conflito" para mostrar as múltiplas dimensões da discussão em torno da ideia de tolerância. Esta pode ser entendida de quatro modos. Primeiro, a tolerância é uma atitude e uma prática que é exigida somente no conflito. Ela emerge como uma práxis cuja especificidade não é resolver de uma vez por todas as controvérsias, mas de manter a oposição de valores, crenças e interesses, porém retirando-lhes seu potencial destrutivo das relações de convivência. O que a tolerância permite esperar é que seja possível a *convivência no dissenso* entre indivíduos e grupos diferentes, sem que esse dissenso se torne uma luta de vida ou morte.[38]

Tolerância no conflito significa também, em segundo lugar, que a exigência por tolerância não se encontra para além das controvérsias em uma sociedade concreta, mas surge de seu interior, de modo que a configuração concreta da tolerância sempre aparece vinculada ao contexto de lutas sociais. Isso significa que a própria tolerância apresenta-se como uma posição a ser defendida

---

38 "As partes em conflito alcançam uma atitude de tolerância porque percebem que às razões para a recusa recíproca se contrapõem razões para a aceitação recíproca que não superam as primeiras, mas, não obstante, recomendam a tolerância; mais do que isso, a exigem" (FORST, 2003, p. 12).

nos conflitos: seus defensores têm de tomar partido nas controvérsias sociais no sentido de favorecer uma tolerância recíproca, mesmo quando a estrutura e os fundamentos normativos da tolerância repousem no princípio da imparcialidade. Ainda que aspire a produzir algum equilíbrio, a demanda por tolerância não é neutra: ela se coloca como uma posição nas lutas sociais. Se acompanharmos a "evolução" da ideia e prática da tolerância podemos ver inscrita nela a própria história das diferentes lutas sociais na modernidade (FORST, 2003).

Disso deriva um terceiro significado. A tolerância não apenas é exigida no conflito, como também é objeto dos conflitos. O conceito não apenas não é unívoco, como também controverso, não apenas no sentido de que uma mesma instituição ou prática pode ser vista por alguém como expressão de tolerância e, por outro, como expressão de intolerância, mas também no sentido de que se discute se a própria tolerância é algo bom e louvável. Como pode ser observado na vasta literatura sobre a tolerância, para alguns, trata-se de uma virtude louvável (exigida por Deus, pela Moral, pela razão ou, pelo menos, pelo bom senso e prudência política), enquanto que para outros ela é um gesto condescendente e paternalista, potencialmente repressivo; para alguns, é expressão da autocertificação e firmeza de caráter, para outros, uma atitude da incerteza, permissividade e fraqueza; para alguns, é expressão do respeito pelo outro e inclusive de valorização daquele que é diferente de nós, para outros, é uma atitude de indiferença, ignorância e desprezo.[39]

---

39 Exemplos dessas atitudes são numerosos na literatura sobre a tolerância. A título de ilustração, por um lado, temos os elogios que Voltaire, Bayle, Lessing, Locke e Mill, fazem à virtude da tolerância como sendo a expressão da humanidade autêntica, da civilidade entre pessoas razoáveis e de uma cultura mais elevada; por outro, a sempre mencionada crítica de Goethe, apresentada em suas Máximas e Reflexões: "tolerância deveria ser uma atitude [Gesinnung] apenas passageira: ela precisa levar ao reconhecimento. Tolerar [Dulden] significa ofender" (*apud* FORST, 2003a, p. 14); as afirmações de Benedetto Croce de que os tolerantes "nem sempre foram os espíritos mais nobres e heróicos. Freqüentemente houve entre eles demagogos e indiferentes. Os espíritos vigorosos matavam e iam em direção à morte" (*apud* BOBBIO, 1992, p. 205); as desconfianças dos "frankfurtianos" Marcuse e Fromm, para quem a tolerância é um "virtude repressiva", que impede a eclosão das forças disruptivas: ela mascara as relações de exclusão política e social e, como virtude política da democracia

Dessas diferenças acerca da aplicação e do valor do conceito de tolerância, decorre um quarto sentido para a expressão tolerância no conflito. Embora seja possível falar de um *conceito* geral de tolerância, existem diferentes *concepções de tolerância* e uma gama de fundamentações bem diferentes para a tolerância. O cerne do conceito de tolerância reside em três componentes: *objeção, aceitação* e *rejeição*.

> Primeiro, uma crença ou prática justificada deve ser julgada como falsa ou ruim para poder ser uma candidata à tolerância; segundo, à parte dessas razões para objeção, devem existir razões do por que ainda seria errado não tolerar essas crenças ou práticas falsas ou ruins – isto é, razões de aceitação. Tais razões não eliminam as razões de objeção; antes, são situadas num dado contexto. E, terceiro, deve haver razões para a rejeição que marcam os limites da tolerância (FORST, 2007a, p. 217; cf. também FORST, 2004).

Embora possamos discutir os diferentes paradoxos envolvidos em cada um destes três componentes, a ideia de tolerância recebe uma configuração mais concreta quando se coloca a tarefa prática de explicitar o que deve ser tolerado, por quais razões e como lidar com os limites do tolerável e intolerável.[40] No início da modernidade, esta questão foi situada no contexto de uma práxis política. A tolerância é, primeiramente, uma forma de política estatal orientada para a manutenção da paz, da ordem pública, da estabilidade, do *rule of law* ou da constituição, e, portanto, para a conservação de determinadas *relações de poder*. Está situada no interior do processo moderno de *racionalização do poder político*, isto é, está inserida no processo de autonomização do poder político frente à

---

representativa burguesa, neutraliza em favor do *status quo* toda forma de dissenso e impossibilita a formação autônoma do juízo, impedindo a manifestação das forças sociais emancipatórias.

40 Quatro concepções de tolerância predominam na modernidade: a concepção permissiva ou condescendente (Erlaubnis-Konzeption); a tolerância como coexistência (Koexistenz-Konzeption); a tolerância como respeito (Respekt-Konzeption); e a tolerância como reconhecimento, estima e valorização do outro (Wertschätzung-Konzeption). Cf. FORST (2003); WERLE (2012a).

autoridade religiosa e de estabelecimento de fontes seculares de legitimação. A prática da tolerância é, desde o início, uma *política do poder*, que surge em decorrência de uma necessidade prática de cooperação. E, como tal, pode carregar consigo a marca da arbitrariedade de uma dominação social e política injusta de uma maioria sobre uma minoria.

Porém, a tolerância não se esgota nisso. Intimamente vinculada à racionalização do poder, mas também em oposição a ela, a tolerância está situada no processo moderno de *racionalização da moral*, no movimento teórico (com consequências práticas e institucionais) de refinamento dos argumentos normativos para a tolerância apresentados na esfera pública mais ampla. Ocorre uma racionalização dos argumentos morais a favor da tolerância que se contrapõe não apenas às fundamentações religiosas e metafísicas do que é a vida boa, mas que pretende também oferecer padrões normativos de justiça para a própria racionalização do poder político (cf. KOSELLECK, 1999). O desenvolvimento do discurso da tolerância é também o discurso sobre a formação de uma nova consciência ético-moral, uma nova autocompreensão da identidade ética, jurídica, política e moral das pessoas (FORST, 2003a, p. 18-9), pautada no respeito igual da dignidade humana universal e no reconhecimento da particularidade de cada um. Para além de uma política de poder, a tolerância sempre foi entendida numa *perspectiva intersubjetiva*, como uma atitude e uma virtude exigidas[41] das pessoas nas relações sociais mais amplas.

A relação de tolerância parte do pressuposto de que os indivíduos respeitam um ao outro como pessoas autônomas, como membros com igualdade de direitos de uma comunidade política constituída na forma do Estado de direito. Embora existam diferenças significativas e, muitas vezes, incompatíveis nas convicções éticas sobre a vida boa e nas práticas culturais dos indivíduos e grupos. Estes se reconhecem reciprocamente como autores moralmente autônomos de suas próprias vidas e como iguais do ponto de vista moral e político no sentido de que, aos seus olhos, a estrutura básica comum da vida político-social é

---

41 "Exigidas" não meramente no sentido de apelar a uma boa vontade dos cidadãos, mas sim, exigidas institucionalmente, pelo sistema de direitos fundamentais que formam o Estado de direito democrático (ou as democracias constitucionais).

orientada por normas e princípios que todos os cidadãos poderiam igualmente aceitar. O aspecto fundamental do ideal político da tolerância consiste no respeito à autonomia dos indivíduos e ao seu "direito à justificação" (FORST, 2007b) de normas que pretendem ter uma validade social universal e recíproca. A base do direito à justificação é uma certa concepção de dignidade humana (ele próprio objeto de disputas políticas): o que é respeitado é a dignidade moral e a autonomia da pessoa; e toleradas são as convicções e ações dessa pessoa.

Reconhecer que o ideal da tolerância tem como fundamento uma noção de respeito igual da dignidade de cada um como ser humano que tem um direito (e também o dever) à justificação ainda não diz como a configurar concretamente a situação de tolerância, isto é, como estabelecer os limites da tolerância. Para ganhar uma configuração mais concreta em uma sociedade democrática, temos de pensar a tolerância junto a um *princípio de justificação pública* que torne possível explicitar quais razões (de ordem pragmática, ética, moral, jurídica) para a tolerância são convincentes em quais contextos de justiça (*Idem*, 1999; 2003a).

A questão dos limites da tolerância remete-nos, portanto, à discussão sobre como a *relação política* deve ser entendida numa sociedade democrática. A tolerância tem de ser pensada em conjunto com a ideia de justiça política e o princípio de legitimação política. No contexto de sociedades democráticas sujeitas ao fato do pluralismo isso significa que os limites da tolerância devem ser demarcados não a partir do padrão transcendente de valores morais prévios à política, mas pelos próprios cidadãos livres e iguais que devem poder se autocompreender como autônomos politicamente, isto é, simultaneamente como destinatários e coautores das regras de convivência a que vão ser coagidos a se submeterem. Esse é o princípio moderno de legitimação, fundamentado na autonomia política de cidadãos livres e iguais que, por meio do uso público da razão, procuram convencer-se recíproca e racionalmente sobre quais as melhores regras e princípios que devem regular a vida em comum. Essa ideia está na base da *autocompreensão normativa* do Estado de direito democrático, que, por um lado, diante do pluralismo de concepções abrangentes do bem, procura se fundamentar numa *neutralidade de justificação* do exercício de um poder político que se tornou independente de qualquer cosmovisão religiosa ou metafísica;

por outro, abre espaço à autodeterminação democrática dos cidadãos que, com direitos fundamentais individuais, passam a dispor, em princípio (isto é, pelo menos formalmente) de iguais oportunidades de participação no exercício da soberania popular (cf. HABERMAS, 2001).[42]

A TOLERÂNCIA COMO UMA VIRTUDE DA JUSTIÇA

Para ilustrar a tolerância como uma virtude da justiça política, parece-me um bom ponto de partida examinar a aplicação do primeiro princípio de justiça, formulado por Rawls,[43] ao caso da liberdade de consciência – especificamente o livre exercício da religião, que é o caso paradigmático adotado pelos liberais para pensar outras situações de tolerância. No caso dos limites da liberdade de consciência, Rawls deixa claro que tais limites não são determinados por uma avaliação do mérito ou do valor intrínseco das diferentes associações ou doutrinas.

> O Estado não tem autoridade para tornar legítimas ou ilegítimas as associações, assim como não tem autoridade no que se refere à arte e às ciências (...) O Estado não se ocupa de doutrinas religiosas ou filosóficas, e sim regula a busca de interesses espirituais e morais dos indivíduos, de

---

42 Rawls expressa uma ideia semelhante ao explicitar o princípio liberal de legitimidade: "nosso exercício do poder político é próprio e, por isso, justificável somente quando é exercido de acordo com uma constituição cujos elementos essenciais se podem razoavelmente esperar que todos os cidadãos endossem, à luz de princípios e ideais aceitáveis para eles, enquanto razoáveis e racionais. Esse é o princípio liberal da legitimidade. E, como o exercício do poder político deve ser legítimo, o ideal de cidadania impõe o dever moral (e não legal) – o dever de civilidade – de ser capaz de, no tocante a essas questões fundamentais, explicar aos outros de que maneira os princípios e políticas que se defende e nos quais se vota podem ser sustentados pelos valores políticos da razão pública. Esse dever implica também a disposição de ouvir os outros, e uma equanimidade para decidir quando é razoável que se façam ajustes para conciliar seus próprios pontos de vista com os outros" (RAWLS, 2000, p. 266).

43 Deixo de lado aqui toda a argumentação desenvolvida por Rawls para justificar porque as partes da posição original escolheriam um princípio que assegure integralmente sua liberdade religiosa e moral.

acordo com os princípios com os quais eles próprios concordariam em uma situação inicial de igualdade (RAWLS, 2008, p. 261).

A liberdade de consciência pode ser limitada pelo interesse geral na ordem e na segurança pública. As limitações são determinadas pelas exigências do interesse comum de ter um esquema igual de liberdades básicas para todos. Por um lado, o dever do Estado "limita-se a garantir as condições de igual liberdade moral e religiosa" (*Ibidem*, 262). Por outro, o poder do Estado em limitar as liberdades individuais deve ser visto como "um direito que o Estado deve ter para ser capaz de cumprir com seu dever de apoiar imparcialmente as condições necessárias para que todos possam promover seus interesses e cumprir suas obrigações segundo seu entendimento delas" (*Ibidem*, p. 262). Segue-se disso que a liberdade de consciência só pode ser restringida quando houver uma "expectativa razoável" de que não limitá-la implicaria em algum tipo de conflito social profundo que colocaria em xeque a ordem pública que o Estado deveria manter.

A linguagem que Rawls usa nessa discussão em *Uma Teoria da Justiça* antecipa fortemente o desenvolvimento posterior, em *Liberalismo Político*, das ideias de uma concepção política da justiça e de razão pública. Quando o Estado tem de impor restrições aos indivíduos de modo a manter um esquema igual de liberdades básicas para todos, a "expectativa razoável" para essas restrições

> (...) deve basear-se em evidências e formas de argumentar que são aceitáveis por todos. [As restrições] devem apoiar-se na observação comum e nas formas de pensamento que são, em geral, reconhecidas como corretas (...) A confiança naquilo que pode ser estabelecido e reconhecido por todos se fundamenta, ela mesma, nos princípios da justiça. Isso não envolve nenhuma doutrina metafísica específica ou teoria do conhecimento, pois esse critério apela ao que todos podem aceitar (*Ibidem*, p. 262).

E, um pouco mais adiante: "afastar-se dos modos de argumentar geralmente aceitos envolveria atribuir um lugar privilegiado para visões metafísicas de alguns em detrimento das de outros, e um princípio que permitisse isso não poderia ser aceito na posição original" (*Ibidem*, p. 263).

O que fica claro nessas passagens é que as razões para a tolerância não podem se basear em suposições sobre a verdade ou falsidade de qualquer doutrina abrangente, ou sobre estimativas sutis da capacidade humana para a felicidade ou no valor relativo dos projetos de vida dos indivíduos. Essas razões não podem ser a justificação pública para os princípios que irão orientar a configuração das instituições justas. As razões para a tolerância devem estar baseadas simplesmente na exigência de um esquema igual de liberdades básicas.

Claro, isso não implica formar um juízo sobre o teor de verdade das diferentes doutrinas abrangentes. Como argumenta Rawls,

> (...) a liberdade de consciência e a de pensamento não deveriam fundamentar-se no ceticismo filosófico ou ético, nem na indiferença em relação aos interesses religiosos e morais. Os princípios da justiça definem um caminho apropriado entre o dogmatismo e a intolerância, de um lado, e, de outro lado, o reducionismo que considera a religião e a moralidade como meras preferências (*Ibidem*, p. 302).

É crucial que o argumento para a liberdade de consciência não negue que possa haver verdades religiosas que vão além do que pode ser estabelecido para a satisfação de cada um. O ponto importante é que nenhum apelo é feito a estas pretensões contestáveis quando se determina os limites da tolerância ou questões de justiça social em geral.

Porém, mesmo que tenhamos de apelar a argumentos e razões aceitáveis a todos, devemos considerar a possibilidade de que alguns indivíduos, baseados em suas próprias doutrinas abrangentes ou em seus impulsos animalescos mais profundos e secretos, sejam intolerantes e se recusem a apoiar a liberdade de consciência. Eles insistirão que a verdade de suas crenças justifica o uso coercitivo do poder estatal para excluir os dissidentes. É certo que, pelo argumento da posição original, não poderiam assumir esse ponto de vista, mas esses indivíduos estariam recusando a própria diversidade legítima construída no interior da estrutura da posição original e todas as ideias intuitivas fundamentais da razão prática e da cultura política pública de uma sociedade democrática. Que atitude uma sociedade justa deveria assumir diante daqueles que sustentam doutrinas intolerantes?

Se assumimos a razoabilidade do ponto de vista moral construído na posição original, poderíamos dizer simplesmente que aqueles que rejeitam o princípio da tolerância são não-democráticos ou não-razoáveis. E podemos restringir a liberdade daqueles que são intolerantes

> (...) quando os tolerantes, com sinceridade e razão, acreditarem que sua própria segurança, e a segurança das instituições da liberdade, estiverem em perigo. Só nesses casos devem os tolerantes coibir os intolerantes. O princípio básico é estabelecer uma constituição justa que garanta as liberdades de cidadania igual (*Ibidem*, p. 271).

Claro, é muito mais fácil afirmar isso como um princípio teórico do que definir na prática quando essa linha foi ultrapassada. Mas a questão importante é que podemos tolerar algumas doutrinas que são intolerantes e rejeitam o esquema igual de liberdades básicas porque ainda não constituem uma ameaça à liberdade dos outros, um argumento muito parecido ao princípio do dano de Stuart Mill. Para saber quando a linha do tolerável é ultrapassada é necessário pensar a tolerância em seu vínculo com a legitimação política por meio do uso público da razão. As razões para redefinir os limites do tolerável e do intolerável devem ser apresentadas em deliberações políticas no espaço público e passar pelo crivo de uma prática de justificação recíproca e universal. Mais do que uma questão teórica moral, a delimitação da tolerância é uma tarefa prática-moral dos cidadãos, isto é, não pode ser resolvida por alguma teoria moral que prescreva princípios morais abstratos prévios à política, mas tem de ser resolvida pelos próprios cidadãos nas situações de conflito. O que podemos reconstruir, do ponto de vista da teoria, são precisamente os procedimentos e valores desse uso público da razão que possibilita aos cidadãos levarem adiante essa tarefa.

LEGITIMAÇÃO POLÍTICA E JUSTIFICAÇÃO PÚBLICA

Nesse item pretendo apresentar duas formas de pensar a legitimação política e a justificação pública na democracia: a ideia de razão pública e o princípio liberal de legitimidade de Rawls e a reconstrução do uso público da razão no conceito de política deliberativa de Habermas. Ambos fornecem maneiras diferentes, mas, ao meu ver, complementares, para pensar a delimitação da tolerância por meio da justificação pública.[44]

Na teoria de Rawls, pode-se dizer que uma das funções da ideia de razão pública é orientar os cidadãos na mediação dos princípios de justiça com a realidade concreta da política. Ela fornece os critérios que indicam quais tipos de valores e informações podem guiar nossos juízos políticos quando estão em jogo questões políticas fundamentais.

A apresentação que Rawls oferece da ideia de razão pública tem sido citada como uma das principais exposições da ideia de democracia deliberativa. Segundo James Bohman e William Regh (1997, xv) Rawls formulou "os detalhes filosóficos da justificação fundada na deliberação e razão pública". Além disso, o vínculo entre a ideia de razão pública e a de democracia deliberativa é ressaltado pelo próprio Rawls (2007, p. 152) ao afirmar que a razão pública deve ser entendida como ingrediente vital de uma democracia constitucional bem ordenada, entendida também como "democracia deliberativa". Nesse sentido, torna-se importante observar como se sustenta esse vínculo entre razão pública e deliberação política, destacando as características principais da razão pública, principalmente uma tensão que lhe parece ser imanente: ela aparece, ao mesmo tempo, como um conjunto *substantivo de razões* e como um *procedimento de deliberação*.

Rawls define a razão pública como sendo a característica de um povo democrático: é a razão dos cidadãos, daqueles que compartilham o *status* de cidadania igual. "A ideia de razão pública surge de uma concepção de cidadania democrática numa democracia constitucional" (*Ibidem*, p. 150). Ela é expressão de uma relação política fundamental: a da cidadania democrática, tanto do ponto de vista da relação entre cidadãos no interior da estrutura básica, quanto do ponto de vista do exercício do poder político. Nesse último ponto de vista, "razão

---

44 Sobre o debate Rawls e Habermas, cf. WERLE (2012b).

pública é a razão dos cidadãos iguais que, enquanto corpo coletivo, exercem um poder político final e coercitivo uns sobre os outros ao promulgar leis e emendar sua constituição" (*Idem*, 2000, p. 263). A razão pública pode ser entendida como um "universo do discurso" (FERRARA, 1999) constituído pelo uso do conhecimento teórico e prático por parte dos cidadãos ao formarem seus juízos políticos e tomarem as decisões comuns. Nesse sentido, delimita o campo onde deve mover-se a deliberação pública sobre as questões políticas fundamentais.

A forma e o conteúdo da razão pública são "parte da própria ideia de democracia" (RAWLS, 2007, p. 145): funcionam como um princípio de legitimação do poder, que define, no nível mais profundo, as normas morais e os valores políticos básicos que devem determinar a relação de um governo democrático com seus cidadãos e a forma de reconhecimento político que os cidadãos devem estabelecer entre si como livres e iguais.

> Enquanto razoáveis e racionais, e sabendo-se que endossam uma grande diversidade de doutrinas religiosas e filosóficas razoáveis, os cidadãos devem estar dispostos a explicar a base de suas ações uns para os outros em termos que cada qual razoavelmente espere que outros possam aceitar, por serem coerentes com a liberdade e igualdade dos cidadãos. Procurar satisfazer essas condições é uma das tarefas que esse ideal de política democrática exige de nós. Entender como se comportar enquanto cidadãos democráticos inclui entender um ideal de razão pública (*Idem*, 2000, p. 267).

Em suma, diz respeito a como a relação política deve ser entendida em um regime democrático constitucional.

Em uma rápida passagem, Rawls afirma que o princípio da reciprocidade expresso na razão pública traduz a relação política em um regime democrático constitucional como sendo semelhante àquela da "amizade cívica" (*Idem*, 2007, p. 151). A ideia básica é que as questões políticas fundamentais devem ser decididas não por razões que expressam alguma verdade última (religiosa ou secular), mas por razões que poderiam ser compartilhadas reciprocamente por todos os cidadãos enquanto livres e iguais. Para Rawls (*Ibidem*, p. 152), a moralidade política liberal considera a crença numa verdade última como sendo incompatível com a cidadania democrática e a ideia de direito legítimo. A razão pública tem, portanto, um caráter mais destacadamente normativo do que epistêmico.

Essa é a base, para Rawls, do conceito de democracia deliberativa. O cerne normativo dessa concepção de democracia reside na própria ideia de deliberação. Quando os cidadãos deliberam, eles trocam pontos de vista, debatem e defendem as razões apresentadas para fundamentar determinados juízos e decisões sobre questões políticas fundamentais. Eles supõem que suas opiniões e juízos políticos podem ser revisados pela discussão com outros cidadãos; e, portanto, opiniões e juízos não são simplesmente o resultado fixo de interesses privados ou não políticos existentes antes da deliberação. É neste ponto que a razão pública é crucial, pois ela caracteriza essa argumentação dos cidadãos no que diz respeito aos elementos essenciais da constituição e às questões de justiça básica (*Ibidem*, p. 152).

O lugar da razão pública é *fórum político público*, composto: a) pelo discurso dos juízes em suas decisões, especialmente juízes da Suprema Corte; b) no discurso dos que ocupam cargos públicos, especialmente o chefe do Executivo e os membros das assembleias legislativas; c) no discurso dos candidatos a cargos públicos e administradores de campanhas, especialmente sua oratória pública, plataformas de partidos e posições políticas. O importante é que a deliberação pública tem de se tornar possível, ser

> (...) reconhecida como uma característica básica da democracia e libertar-se do curso do mercado. De outra forma, a política permanecerá dominada por interesses corporativos, e outros interesses organizados, que por meio de largas contribuições para campanhas distorcem ou mesmo excluem a discussão pública e a deliberação (*Ibidem*, p. 153).[45]

Com essas características, a democracia deliberativa delimita as razões que podem ser apresentadas nos fóruns de discussão de questões políticas fundamentais àquelas razões que não violem a reciprocidade entre cidadãos livres e

---

45 Como implicações imediatas da ideia de democracia deliberativa, Rawls cita o financiamento público de campanhas e a realização de reuniões e encontros públicos de debate e deliberação sobre questões políticas fundamentais.

iguais. Isso não fixa, de uma vez por todas, as características da razão pública em favor de uma determinada concepção de justiça. A razão pública fica aberta a um conjunto de concepções diferentes de justiça e democracia. A única exigência é que a razão pública seja exercida segundo concepções políticas da justiça que tenham as seguintes características: seus princípios se aplicam à estrutura básica da sociedade; podem ser apresentadas independentemente de doutrinas abrangentes; e somente podem ser testadas a partir das ideias fundamentais implícitas na cultura política pública de uma democracia constitucional (*Ibidem*, p. 157). Essa exigência permite que os cidadãos possam introduzir, a qualquer momento, na discussão política, pontos de vista de suas doutrinas abrangentes (religiosas ou não-religiosas), contanto que possam traduzi-los na linguagem dos valores políticos compartilhados, oferecendo devidamente razões públicas para apoiar os princípios e políticas que as doutrinas dizem apoiar (*Ibidem*, p. 157).

O cerne da ideia de razão pública manifesta-se na noção de razoabilidade, que aparece nela como "dever moral (não legal)", "dever de civilidade", uma virtude segundo a qual os cidadãos cultivam a disposição de se justificarem uns aos outros de modo que os princípios, direitos e políticas que defendem ou reivindicam possam ser razoavelmente sustentados na razão pública. Rawls (2000, p. 266) acrescenta que o dever de civilidade também envolve a disposição de ouvir os outros e uma equanimidade (*fairmindedness*) ao decidir quando seria razoável fazer ajustes em suas próprias concepções.

Mas não basta o dever de civilidade. Este tem de ser exercido junto com os valores políticos expressos na justiça como equidade. Estes são de dois tipos: a) os próprios valores da justiça política – expressos nos princípios da igualdade e liberdade política e civil, da igualdade de oportunidades e da igualdade social e reciprocidade – e os valores expressos na lista de bens primários; b) os valores da razão pública formados pelas diretrizes de indagação: as regras de evidência, os princípios de argumentação e de inferência válidos, a razoabilidade, o dever de civilidade. Assim, diz Rawls,

> (...) a união do dever de civilidade com os grandes valores do político produz o ideal de cidadãos governando a si mesmos, de um modo que cada qual acredita que seria

razoável esperar que os outros aceitem; e esse ideal, por sua vez, é sustentado pelas doutrinas abrangentes que pessoas razoáveis defendem. Os cidadãos defendem o ideal da razão pública não em conseqüência de uma barganha política, como num modus vivendi, mas em virtude de suas próprias doutrinas razoáveis (*Ibidem*, p. 266).

A questão que surge aqui é por que os cidadãos deveriam respeitar os limites da razão pública. O que tem de ser demonstrado é se o respeito à razão pública se deve em decorrência da exigência de direitos e liberdades individuais fundamentais, ou se decorre do fato de promover certos valores importantes presentes na autocompreensão político-cultural da sociedade, ou de ambas as coisas. Para Rawls, não temos como garantir isso de modo absoluto: o

(...) liberalismo político apóia-se na conjectura de que os direitos e os deveres assim como os valores em questão têm peso suficiente para que os limites da razão pública sejam justificados pelas avaliações globais das doutrinas abrangentes (...) As diretrizes da razão pública e os princípios da justiça têm essencialmente os mesmos alicerces. São partes complementares do mesmo acordo (*Ibidem*, p. 268 e 275).

Enfim, fazem parte do trabalho de reconciliação mediante a razão pública, que, primeiro, identifica o papel fundamental dos valores políticos e descobre uma área de concordância suficientemente ampla entre os valores do político e os outros valores que fazem parte de um consenso sobreposto razoável. Esses valores fixam o conteúdo de certas liberdades e direitos políticos fundamentais, e lhes atribuem uma prioridade especial, retirando-os da agenda política e colocando-os, portanto, para além dos cálculos de interesses sociais. Com isso, são estabelecidas as normas igualitárias da competição política. O argumento de Rawls é o de que deixar em aberto essas questões intensificaria muito os conflitos políticos, aumentando perigosamente a insegurança e a hostilidade na vida política e, com isso, ameaçando a estabilidade da sociedade justa.

Assim, parece que Rawls não nos deixa muito seguros sobre como entender as bases públicas desse acordo e a complementaridade entre princípios de justiça e razão pública. Mas aqui nos defrontamos como os próprios limites da filosofia política: trata-se de aplicar o "princípio da tolerância à própria filosofia" (*Ibidem*, p. 52). A razão pública deve estar orientada por uma concepção política cujos princípios e valores todos os cidadãos possam endossar. Segundo Rawls,

> (...) cada um de nós deve ter e deve estar preparado para explicar um critério acerca de que princípios e diretrizes pensamos que se pode razoavelmente esperar que os outros cidadãos subscrevam conosco. Precisamos dispor de algum teste, que estejamos dispostos a explicitar, para dizer quando essa condição é satisfeita. Sugeri como critério os valores expressos pelos princípios e diretrizes que seriam aceitos na posição original. Muitos vão preferir outro critério (*Ibidem*, p. 276).[46]

Assim, a delimitação da tolerância por meio da razão pública se apresenta como uma tarefa prática política, que tem como pressuposto básico o reconhecimento de um direito igual à justificação recíproca e universal.

Deste ponto de vista (mas com diferenças significativas no que se refere da fundamentação de sua teoria), pode-se dizer que a ideia de uso público da razão na concepção de política deliberativa de Habermas caminha na mesma direção de Rawls. Habermas compreende sua teoria como uma forma de *republicanismo kantiano* que se auto-interpreta como uma justificação pós-metafísica e não religiosa dos fundamentos normativos do Estado de direito democrático. Para

---

46 Fazer mais do que isso é entrar no terreno da ideologia: "na filosofia política, o trabalho da abstração é acionado por conflitos políticos profundos. Só os ideólogos e os visionários não sentem profundos conflitos entre valores morais e entre estes e os valores não-políticos. Controvérsias profundas e de longa data preparam o terreno para a ideia de justificação razoável enquanto problema prático, e não epistemológico ou metafísico. Voltamo-nos para a filosofia política quando nossas percepções políticas compartilhadas, como diria Walzer, desmoronam, e também quando estamos dilacerados interiormente (...). A filosofia política não se afasta, como pensam alguns, da sociedade e do mundo. E também não pretende descobrir o que é a verdade com seus próprios métodos distintivos de raciocínio, apartada de toda e qualquer tradição de prática e pensamentos políticos. (...) A filosofia política, assim como os princípios da lógica, não pode impor-nos nossas convicções refletidas" (RAWLS, 2000, p. 88-9).

Habermas (2007, p. 163), "o Estado constitucional democrático, que depende de uma forma deliberativa de política, representa, em geral, uma forma de governo pretensiosa do ponto de vista epistêmico e, de certa forma, sensível à verdade". Sua legitimidade depende de pretensões de validade contestáveis em público, portanto de um "uso público da razão" no qual devem ser levados em conta todos os temas, posicionamentos, informações e argumentos que encontrarem ressonância na esfera pública (informal e formal) e contribuírem de alguma forma para a mobilização de certas decisões implementadas pelo poder político.

Esse uso público da razão pode ser reconstruído em duas linhas de argumentação na teoria de Habermas. Primeiro, na reconstrução da sua concepção intersubjetiva do conceito kantiano de autonomia a partir dos pressupostos pragmáticos da ação e de liberdade comunicativas. Habermas condensa essas qualidades no *princípio do discurso*, segundo o qual somente são válidas as normas de ação às quais todos os possíveis atingidos poderiam dar o seu assentimento, na qualidade de participantes de discursos racionais (RAWLS, 1997, vol.1, p. 142). Numa segunda linha de argumentação, numa abordagem apoiada nas teorias sociológicas da democracia e do direito, o princípio do discurso é "traduzido" para as condições do procedimento deliberativo de legitimação próprio do Estado de direito democrático, segundo o qual os próprios cidadãos membros de uma comunidade jurídica concreta podem chegar, no uso de sua razão na esfera pública (informal das redes anônimas e formal do sistema político-institucional) e na sociedade civil, a uma autocompreensão de si mesmos a propósito das bases normativas de sua vida em comum.[47]

O princípio do discurso satisfaz uma necessidade pós-metafísica de justificação explicitando "o sentido da imparcialidade de juízos práticos", servindo como um procedimento de teste para a fundamentação de normas de ação em geral (éticas, morais e jurídicas). Segundo Habermas, "este princípio possui certamente um caráter normativo", mas ainda não é um princípio moral, pois "conta apenas com uma intersubjetividade de ordem superior" situada num "nível

---

[47] No que se segue, analiso os aspectos normativos da noção de uso público da razão, deixando para outra ocasião a análise do conceito de política deliberativa e os diversos aspectos de sua tradução político-institucional.

de abstração que, apesar de seu conteúdo normativo, ainda é neutro em relação ao direito e à moral". Pelo fato de não poder mais recorrer a conceitos fortes de natureza, que extraem os elementos normativos de uma constituição do ente ou da subjetividade, a teoria discursiva de Habermas

> (...) procura obter um conteúdo normativo da própria prática de argumentação, da qual nos sentimos dependentes sempre que nos encontramos numa situação insegura – não apenas como filósofos ou cientistas, mas também quando, em nossa prática comunicativa cotidiana, a quebra de rotinas nos obriga a parar um momento e refletir, a fim de nos certificarmos reflexivamente acerca de expectativas justificadas (HABERMAS, 2007, p. 96).

O ponto de partida de um princípio de justificação pós-metafísico encontra-se naqueles pressupostos pragmáticos inevitáveis nos quais os participantes da argumentação tem de se apoiar implicitamente quando decidem participar de "uma busca cooperativa" da verdade, a qual assume a forma de uma disputa por melhores argumentos. Impera nessa busca a "coerção não-coercitiva" do melhor argumento, que tem de ser alcançado em discursos racionais nos quais os participantes assumem o ônus de idealizações contrafáticas. Os pressupostos pragmáticos inevitáveis mais importantes são: inclusividade, distribuição simétrica das liberdades comunicativas; condição de franqueza, ausência de constrangimentos externos ou internos da estrutura da argumentação (*Ibidem*, p. 97).

O importante para Habermas[48] é que não se pode extrair deste conteúdo normativo dos pressupostos da argumentação regras morais deontológicas do tipo: "dever de tratar a todos como iguais" ou "o dever da franqueza". Os pressupostos da argumentação possuem um sentido performático, "são normativos num sentido transcendental" (*Ibidem*, p. 92), e não podem ser confundidos com obrigações morais pelo fato de que não podem ser transgredidos sistematicamente sem que o próprio jogo da argumentação seja destruído: são condições de possibilidade para a justificação das normas morais, valores e regras. O conteúdo normativo do jogo da argumentação representa um potencial de racionalidade

---

48 É o que vai diferenciá-lo da tentativa de fundamentação última de Apel.

que pode ser atualizado no uso público da razão, no exame crítico-reflexivo de diferentes pretensões de validade, sem estabelecer diretamente normas de ação, "mas critérios para um processo de aprendizagem que se corrige a si mesmo" (*Ibidem*, p. 99). A única coerção é a obrigação de assumir o "ônus de julgar" (*burdens of judgment*, na linguagem de Rawls). Esse potencial de racionalidade desenvolve-se em diferentes direções, dependendo do tipo de pretensão de validade que é tematizada e do correspondente tipo de discurso. O princípio do discurso, enquanto procedimento de teste intersubjetivo de justificação de normas de ação em geral, ainda não especifica quais tipos de razões são relevantes, convincentes e capazes de gerar acordos ou consensos. Expressa apenas um procedimento de justificação imparcial de normas e valores, que possibilita aos próprios indivíduos resolver suas controvérsias fazendo uso da razão prática em toda sua extensão:[49] razões pragmáticas para fundamentar regras do agir instrumental que tem a ver com a escolha racional de meios e fins; razões éticas para orientações valorativas que se referem à vida boa, sobre o que quero ser ou o que queremos ser; razões morais para normas e princípios que se referem ao que é bom para todos os seres humanos sob a perspectiva da justiça. Esse procedimento não exclui de antemão o possível "potencial de verdade" de diferentes fundamentações (por exemplo, religiosas ou seculares). A única exigência é que

---

[49] Talvez tenhamos aqui uma importante diferença entre a formalização do ponto de vista imparcial sugerida por Rawls no artifício hipotético da posição original e a reconstrução feita por Habermas. Ao contrário de Rawls, para Habermas a imparcialidade de juízos práticos pode ser alcançada em deliberações reais por indivíduos concretos, imersos nos processos de reprodução cultural, integração social e socialização do mundo da vida, sem recorrer ao dispositivo do "véu de ignorância". O princípio do discurso remete à reformulação intersubjetiva e procedimental do conceito kantiano de autonomia, e como tal não dá nenhuma orientação de conteúdo, mas apenas de procedimento, que deve assegurar a imparcialidade da formação do juízo. "É só com esse proceduralismo que a ética do discurso se distingue de outras éticas cognitivistas, universalistas e formalistas, tais como a teoria da justiça de Rawls (...) O princípio da ética do discurso proíbe que, em nome de uma autoridade filosófica, se privilegiem e se fixem de uma vez por todas numa teoria moral determinados conteúdos normativos (por exemplo, determinados princípios de justiça distributiva)" (HABERMAS, 1998, p. 149).

as diferentes contribuições ou posições tem de ser traduzidas numa *linguagem comum* acessível a todos, o que pode envolver custos de tradução para todos os envolvidos. Em princípio, num Estado democrático de direito a exigência de traduzibilidade é a mesma para todos os cidadãos, quaisquer que sejam seus interesses, valores ou convicções últimas. Mas, evidentemente, se observarmos a dinâmica concreta de uma esfera pública mais ampla e a impregnação ética, sempre inevitável, das instituições do Estado democrático de direito, a exigência de traduzibilidade pode estar *de fato* distribuída assimetricamente entre os cidadãos – por exemplo, entre crentes e não crentes.

Diante disso, parece-me que o que uma filosofia social crítica pode oferecer para as democracias constitucionais marcadas pelo pluralismo legítimo é a reconstrução de um procedimento segundo o qual os próprios indivíduos podem chegar a uma avaliação imparcial das questões práticas fundamentais. É esse procedimento que é "formalizado" por Habermas no princípio do discurso. Do *ponto de vista cognitivo*, o princípio do discurso coloca em evidência o sentido das exigências de uma fundamentação pós-convencional e das condições de aceitabilidade racional, e do *ponto de vista normativo*, explicita o sentido da imparcialidade dos juízos práticos. Nada vem antes da prática de autodeterminação dos cidadãos, a não ser o princípio do discurso, que está inscrito nas condições de socialização comunicativa em geral e no próprio sistema de direitos fundamentais, constitutivo do Estado democrático de direito. O ponto de vista imparcial operacionalizado no princípio do discurso constitui um procedimento de teste, o "procedimento aberto de uma práxis argumentativa que se encontra sob os pressupostos exigentes do 'uso público da razão' e que não exclui de saída o pluralismo das convicções e visões de mundo" (HABERMAS, 1998, p. 54).

Voltando ao nosso problema dos limites da tolerância, sabemos agora *quem* deve estabelecê-los: são as próprias partes (indivíduos ou grupos) envolvidas nos conflitos. E devem fazê-lo recorrendo ao uso público da razão. Mas, não ficamos apenas com a virtude dos cidadãos e a normatividade fraca do princípio do discurso para resolver a questão.[50] Aqui, precisamos acompanhar o desdobramento do princípio do discurso na forma de um princípio da democracia,

---

50 Isso não significa, é claro, que a tolerância como virtude pessoal seja dispensável.

institucionalizado no próprio sistema de direitos das democracias constitucionais. Trata-se de ver como Habermas reconstrói a institucionalização jurídica (no vínculo interno entre sistema de direitos fundamentais e a soberania popular) do uso público da razão, encarregado de introduzir o ponto de vista da imparcialidade nos processos de formação da opinião pública e da vontade política. A exigência de uma justificação pós-metafísica decorre das próprias instituições do Estado democrático de direito. Sem essa exigência de imparcialidade não é possível pensar a legitimação do exercício do poder político, no qual os limites da tolerância são definidos.

> O exercício de um poder que não consegue justificar-se de modo imparcial é ilegítimo porque, nesse caso, uma parte estaria impondo sua vontade a outra. Cidadãos de uma comunidade democrática devem apresentar, uns aos outros, argumentos porque somente assim o poder político perde seu caráter eminentemente repressivo (*Idem*, 2007, p. 138).

Num Estado de direito democrático que precisa permanecer neutro do ponto de vista das diferentes doutrinas abrangentes, só valem como legítimas "as decisões políticas que puderem ser justificadas à luz de argumentos acessíveis em geral" (*Ibidem*, p. 138). Habermas pensa essas condições segundo o princípio da democracia cuja finalidade é

> (...) amarrar um procedimento de normatização legítima do direito. Ele significa que somente podem pretender validade legítima as leis jurídicas capazes de encontrar o assentimento de todos os parceiros do direito num processo jurídico de normatização discursiva. O princípio da democracia explica, noutros termos, o sentido performativo da prática de autodeterminação de membros do direito que se reconhecem mutuamente como membros iguais e livres de uma associação estabelecida livremente (*Idem*, 1997, I, p. 145).

O princípio da democracia pressupõe a possibilidade da decisão racional de questões práticas em geral, mais precisamente, refere-se à legitimação daquelas normas de ação que surgem sob a forma do direito. Como tal não é uma regra da argumentação: refere-se às condições abstratas de institucionalização da formação racional da opinião e da vontade, através de um sistema de direitos que garante a cada um igual participação no processo de normatização jurídica.

Segundo a reconstrução de Habermas, o princípio da democracia e o sistema de direitos não estão numa relação de subordinação, mas se pressupõem mutuamente. Existe uma cooriginariedade e uma interdependência recíproca entre eles. O sistema de direitos aparece como o outro lado do princípio da democracia e este somente pode aparecer como o cerne de um sistema de direitos. O vínculo interno entre Estado de direito e democracia deliberativa (direitos humanos e soberania popular; autonomia privada e autonomia pública) aparece na reconstrução da *gênese lógica do sistema de direitos*.

> O princípio da democracia só pode aparecer como núcleo de um sistema de direitos. A gênese lógica desses direitos forma um processo circular, no qual o código do direito e o mecanismo para a produção do direito legítimo, portanto, o princípio da democracia, se constituem de modo co-originário (*Ibidem*, I, p. 158).

Esta gênese pode ser separada em dois estágios: o das condições de formalização jurídica da socialização horizontal em geral (sem o poder organizado do Estado) e o da formalização jurídica da relação vertical entre a prática de autodeterminação dos cidadãos e o poder político exercido na forma do Estado democrático de direito. O que Habermas demonstra nessa reconstrução é que o vínculo interno, do ponto de vista normativo, entre Estado de direito e a democracia deliberativa está pressuposto na própria estrutura reflexiva e características formais do direito moderno (direitos subjetivos, direito coativo e direito positivo).

O primeiro estágio da reconstrução do sistema de direitos fundamentais consiste em demonstrar a interligação entre o princípio do discurso e a forma jurídica moderna. Habermas (*Ibidem*, p. 157) parte da formulação kantiana do princípio do direito: "a liberdade de cada um deve poder conviver com a igual liberdade de todos, segundo uma lei universal". Segundo esta formulação, o direito obrigatório estende-se somente às relações externas entre pessoas e se dirige à liberdade de escolha de sujeitos que se orientam pelos seus próprios interesses e concepções do bem. A forma do direito moderno assegura o *status* de pessoa do direito mediante liberdades subjetivas de ação reclamáveis juridicamente e que podem ser usadas segundo o arbítrio de cada um. Mas, a ordem jurídica também tem de poder ser acatada por razões morais. Nesse sentido, o espaço legítimo de liberdade das pessoas de direito é determinado por meio de um esquema de iguais liberdades subjetivas de ação, assegurado por uma lei universal.

Não obstante, embora a forma do direito já esteja vinculada conceitualmente às liberdades subjetivas segundo uma lei universal da liberdade, ela mesma não consegue determinar nenhum direito. A expressão "lei universal" carrega todo o peso da legitimação. E diferente de Kant, a forma do direito exige, como direito positivo,

> (...) o papel de um legislador político pelo qual a legitimidade da legislação se explique mediante um procedimento democrático que assegure a autonomia política dos cidadãos. Os cidadãos são politicamente autônomos somente quando podem entender-se a si mesmos conjuntamente como autores daquelas leis a que se submetem como destinatários (*Idem*, 1998, p. 69).

O que Habermas acredita que deve ser demonstrado é o argumento de que um sistema de direitos pode ser desenvolvido somente quando a forma jurídica adquirir expressão no procedimento da soberania popular, em cujo exercício os cidadãos especificam o que pode ser considerado como uma lei universal.

A forma do direito, portanto, não pode subsistir num estado de pureza transcendental: as liberdades subjetivas têm de ser configuradas e interpretadas pelos próprios cidadãos. Isso implica considerar o vínculo interno entre autonomia privada e pública, direito e democracia.

> O princípio do discurso pode assumir através do medium do direito a forma de um princípio da democracia somente à medida que o princípio do discurso e o medium do direito se interliguem e desenvolvam num sistema de direitos que coloca a autonomia privada e pública numa relação de

pressuposição mútua. E vice-versa, qualquer exercício da autonomia política significa ao mesmo tempo uma configuração concreta e interpretação destes direitos através de um legislador histórico (*Idem*, 1997 I, p. 165).

Por um lado, não existe nenhum direito sem liberdades subjetivas de ação que assegurem a autonomia privada das pessoas de direito individuais. Por outro, não existe nenhum direito legítimo sem a legislação democrática comum dos cidadãos livres e iguais. Um é condição para o outro: o conteúdo normativo dos direitos de liberdade é condição para a institucionalização jurídica do uso público da razão dos cidadãos. Mas, ao mesmo tempo, só existem quando configurados e interpretados na própria razão pública.[51]

Desta ligação interna entre autonomia privada e pública segue-se que as questões de justificação da normatividade em geral, e a dos limites da tolerância em particular, não podem ser respondidas apenas pelo princípio da soberania popular ou apenas recorrendo ao império das leis asseguradas pelos direitos individuais básicos. Habermas parte do fato de que a filosofia política não logrou dirimir de forma satisfatória a tensão entre soberania popular e direitos humanos, ou liberdade dos antigos e liberdade dos modernos. Para Habermas, essa tensão pode ser apaziguada quando se considera o procedimento democrático de legitimação política a partir do princípio do discurso. Sob as condições do pluralismo cultural, é o processo democrático que confere força legitimadora ao processo de criação do direito.

---

51 "Nada vem antes da prática de autodeterminação dos cidadãos, a não ser, de um lado, o princípio do discurso, que está inserido nas condições de socialização comunicativa em geral, e, de outro, o medium do direito. Temos de lançar mão do medium do direito caso queiramos implementar no processo de legislação - com o auxílio de iguais direitos de comunicação e de participação - o princípio do discurso como princípio da democracia. Entretanto, o estabelecimento do código jurídico enquanto tal já implica direitos de liberdade, que criam o status de pessoas do direito, garantindo sua integridade. No entanto, esses direitos são condições necessárias que apenas possibilitam o exercício da autonomia política: como condições possibilitadoras, eles não podem circunscrever a soberania do legislador, mesmo que estejam à sua disposição. Condições possibilitadoras não impõem limitações àquilo que constituem" (HABERMAS, 1997, I, p. 165).

A almejada coesão interna entre direitos humanos e soberania popular consiste assim em que a exigência de institucionalização de uma prática cidadã do uso público das liberdades comunicativas seja cumprida justamente por meio dos direitos humanos. Direitos humanos que possibilitam o exercício da soberania popular não se podem impingir de fora, como uma restrição (HABERMAS, 2002, p. 292).

Isso implica interpretar de outra maneira o sistema de direitos fundamentais.[52] Por um lado, o sistema de direitos não pode ser reduzido a uma interpretação moral, como querem os liberais.[53] Por outro, não pode ser simplesmente a expressão da autocompreensão ética da soberania popular, como reivindicam republicanos e comunitaristas. A autonomia privada dos cidadãos não pode ser sobreposta e nem subordinada à sua autonomia política.

Na reconstrução do vínculo interno entre Estado de direito e democracia deliberativa, apresentada no nível de socialização horizontal da autodeterminação dos cidadãos, o argumento de Habermas consiste em ressaltar o sentido intersubjetivo dos direitos da cidadania democrática: são relações que têm sua base nas estruturas de reconhecimento recíproco, têm os mesmos pressupostos da racionalidade comunicativa. Os pressupostos *quasi-transcendentais* das

---

52 Habermas (1997, I, p. 159-60) apresenta cinco categorias de direitos: "direitos fundamentais que resultam da configuração politicamente autônoma do direito a maior medida possível de iguais liberdade subjetivas de ação; direitos que resultam da configuração politicamente autônoma do status de um membro numa associação voluntária de parceiros do direito; direitos fundamentais que resultam da possibilidade de acionar os direitos e da configuração politicamente autônoma da proteção judicial individual; direitos fundamentais à participação, em igualdade de oportunidades, em processos de formação da opinião e da vontade, nos quais os cidadãos exercitam sua autonomia política e através dos quais criam direito legítimo; direitos fundamentais a condições de vida garantidas social, técnica e ecologicamente, na medida em que isso for necessário para um aproveitamento, em igualdade de oportunidades, das quatro categorias de direitos anteriores".
53 "A reivindicação de legitimidade das normas jurídicas apóia-se sobre vários tipos de razões. A práxis legislativa justificadora depende de uma rede ramificada de discursos e negociações – e não apenas de discursos morais" (HABERMAS, 2002, p. 289).

experiências de reconhecimento recíproco, vivenciadas no face a face da vida quotidiana e na forma reflexiva do discurso, estão incorporados no próprio sistema moderno de direitos, que possibilita diferentes experiências de respeito e reconhecimento recíprocos entre indivíduos estranhos entre si, e que querem permanecer estranhos.

Retomando a questão dos limites da tolerância, os cidadãos terão de estabelecê-los respeitando a estrutura do sistema de direitos, a forma jurídica e seu vínculo interno com a democracia, o uso público da razão. Qualquer solução para o problema dos limites do tolerável/intolerável não pode suspender a lógica deliberativa e pública dos discursos práticos que legitimam as normas legais. Deve ser respeitado o universalismo procedimental da concepção liberal igualitária que caracteriza a cidadania democrática das comunidades políticas modernas.

Contudo, vale destacar que esta reconstrução se dá no nível conceitual, mas não há garantia de que isso vá necessariamente acontecer nas deliberações públicas efetivas. Trata-se de um pressuposto que confere sentido ao ideal de autodeterminação política dos cidadãos. Mas,

> (...) compete aos destinatários decidir se eles, enquanto autores, vão empregar sua vontade livre, se vão passar por uma mudança de perspectivas que os faça sair do círculo dos próprios interesses e passar ao entendimento sobre normas capazes de receber o assentimento geral, se vão ou não fazer um uso público de sua liberdade comunicativa, [ou seja], as instituições jurídicas da liberdade decompõem-se quando inexistem iniciativas de uma população acostumada à liberdade. Sua espontaneidade não pode ser forçada através do direito; ele se regenera através das tradições libertárias e se mantém nas condições associacionais de uma cultura política liberal (HABERMAS, 1997, I, p. 167-8).

A cultura política liberal de um mundo da vida racionalizado é uma das condições essenciais à realidade efetiva da prática de justificação e do ideal normativo da democracia. Assim como o conceito de mundo da vida é complementar ao de ação comunicativa, pode-se dizer que a noção de *cultura política comum* é complementar ao conceito de discurso prático, como forma de apaziguar o risco do dissenso e assegurar alguma estabilidade da tensão entre facticidade e validade. Claro, os discursos práticos contam também com sua institucionalização no sistema de direitos. Todavia, Habermas não desconsidera o enraizamento do universalismo liberal-igualitário do sistema de direitos na cultura política comum, que tem um apelo mais forte aos corações e mentes das pessoas. O uso público da razão (e sua tradução numa política deliberativa) passa tanto pela institucionalização dos procedimentos discursivos e a garantia do universalismo do sistema de direitos fundamentais quanto pelo enraizamento na autocompreensão ético-política cultural dos cidadãos membros de uma comunidade política, o que torna inevitável a *impregnação ética* de qualquer comunidade jurídica e de qualquer processo democrático de concretização dos direitos fundamentais. Isso implica, por sua vez, que nas democracias constitucionais modernas existe uma tensão insuperável na definição dos limites da tolerância: entre o universalismo (abstrato) dos direitos fundamentais (institucionalizados) de uma comunidade político-jurídica de cidadãos livres e iguais, e o particularismo dos cidadãos que se sentem membros de uma comunidade política concreta que compartilha valores, linguagem, tradições e narrativas comuns. É sempre uma coletividade política aqui e agora que toma as decisões. A reconstrução habermasiana dos pressupostos pragmáticos universais do discurso e do sistema de direitos mostra como as deliberações políticas nas democracias modernas operam sob o forte constrangimento procedimental de um uso público da razão que tem

> (...) o sentido inclusivo de uma prática de autolegislação que engloba igualmente todos os cidadãos. Inclusão quer dizer que a coletividade política permanece aberta para aceitar como membros os cidadãos de qualquer origem sem incorporar o outro na uniformidade de uma comunidade do povo homogênea (*Idem*, 2002, p. 134-5).

"Permanecer aberta para aceitar" não significa que todas as crenças e formas de vida devem ser aceitas. Trata-se, antes, de reconhecer que embora funcione sob um critério forte de igualdade política de inclusão plena do outro, o uso público da razão nas sociedades democráticas contemporâneas também opera como um mecanismo de exclusão: nem todas as particularidades e diferenças podem ser reconhecidas, principalmente aquelas que se recusam a assumir as regras constitutivas do jogo político democrático – que são, em última instância, a institucionalização das próprias regras da razão comunicativa. O que é importante para a questão dos limites da tolerância é que a ideia de uso público da razão não nos autoriza a dizer de antemão, antes do jogo político, dizer quais posições são ou não são aceitáveis publicamente.[54] É sempre uma comunidade concreta de cidadãos aqui e agora que tem de definir os limites do tolerável/intolerável (e apaziguar a tensão entre universalismo e particularismo) por meio do uso público da razão em toda sua extensão, incluindo uma multiplicidade de razões. E são toleráveis todas as razões que não anularem as dimensões crítico-reflexivas, procedimentais, da democracia, vale dizer, a estrutura reflexiva do Estado de direito democrático. A democracia, para além de um mero regime político, só faz algum sentido como forma de vida se for entendida como um processo de aprendizagem contínuo que acolhe o conflito e as diferenças, configurando suas práticas e instituições num jogo (mediado juridicamente) de abertura e fechamento de seus limites à luz de razões aceitáveis por todos. É tolerável, em princípio, tudo o que não anular as condições procedimentais do jogo democrático: a primazia da "justiça" sobre o bem. É nesse sentido que a delimitação da justiça não é uma tarefa teórico-conceitual, mas sim prático-moral. Uma questão adicional é saber como essa ideia de uso público da razão é plausível historicamente, o que implica na elaboração mais precisa de um diagnóstico das patologias das sociedades modernas que exponha os obstáculos que impedem a realização do uso público da razão.

REFERÊNCIAS BIBLIOGRÁFICAS

BOBBIO, Norberto. *A era dos direitos*. Tradução: Carlos Nelson Coutinho. Rio de Janeiro: Campus, 1992.

---

54 Claro, ficam excluídos os que negam o direito à justificação e os procedimentos do uso público da razão.

BOHMAN, James; REGH, William. "Introduction". In: _____. (Orgs.). *Deliberative democracy*. Cambridge-Mass./London: The MIT Press, 1997.

FERRARA, Alessandro. *Justice and judgment: the rise and the prospect of the judgment model in contemporary political philosophy*. London: Thousand Oaks / New Delhi: SAGE, 1999.

FORST, Rainer. *Kontexte der Gerechtigkeit: Politische Philosophie jenseits von Liberalismus und Kommunitarismus*. Frankfurt am Main: Suhrkamp, 1996.

_____. "The Basic Right to Justification: Towards a Constructivist Conception of Human Rights". *Constellations*, nº 1, vol.6, p.35-60, mar. 1999.

_____. Toleranz im Konflikt. *Geschichte, Gehalt und Gegenwart eines umstrittenen Begriffs*. Frankfurt/M: Suhrkamp, 2003a.

_____. "Toleration, Justice and Reason". In: MCKINNON, Catriona; CASTIGLIONE, Dario (Orgs.). *The Culture of Toleration in Diverse Societies*. Manchester: Manchester University Press, 2003b.

_____. "The Limits of Toleration". *Constellations*, nº 3, vol.11, set. 2004, p. 312-325.

_____. "To Tolerate means to insult: toleration, recognition and emancipation". In: VAN DER BRINKT, Bert van der; OWEN, David (Orgs.). *Recognition and Power: Axel Honneth and the tradition of critical social theory*. New York: Cambridge University Press, 2007a.

_____. *Das Recht auf Rechtfertigung. Elemente einer konstruktivistischen Theorie der Gerechtigkeit*. Frankfurt am Main: Suhrkamp, 2007b.

HABERMAS, Jürgen. *Consciência Moral e Agir Comunicativo*. Tradução: Guido de Almeida. Rio de Janeiro: Tempo Brasileiro, 1989.

_____. "Vom pragmatischen, ethischen und moralischen Gebrauch der praktischen Vernunft". In: _____. *Erläuterungen zur Diskursethik*. Frankfurt: Suhrkamp, 1991.

_____. *Faktizität und Geltung. Beiträge zur Diskurstheorie des Rechts und des demokratischen Rechtsstaats*. Darmstadt: Wissenchaftliche Buchgesellschaft, 1994.

_____. "Reconciliation through the public use of reason: remarks on John Rawls political liberalism". *The Journal of Philosophy*, nº 3, vol. XCII, 1995.

_____. *Direito e Democracia. Entre Facticidade e Validade* (vol. I e II). Tradução: Flávio Sibeneichler. Rio de Janeiro: Tempo Brasileiro, 1997.

_____. *A Inclusão do Outro. Estudos de teoria política*. Tradução: George Sperber e Paulo Astor Soethe. São Paulo: Loyola, 2002.

_____. *Entre Naturalismo e Religião. Estudos filosóficos*. Tradução: Flávio Siebeneichler. Rio de Janeiro: Tempo Brasileiro, 2007.

HABERMAS, Jürgen; RAWLS, John. *Debate Sobre el Liberalismo Político*. Barcelona: Paidós, 1998.

KOSELLECK, Reinhart. *Crítica e Crise: uma contribuição à patogênese do mundo burguês*. Tradução: Luciana Villas-boas Castelo-Branco. Rio de Janeiro: EDUERJ/Contraponto, 1999.

MARCUSE, Herbert. "Repressive Toleration". In: WOLFF, Robert Paul; MOORE, Barrington; MARCUSE, Herbert (Orgs.). *A Critique of Pure Toleration*. Boston: Beacon Press, 1965.

RAWLS, John. *O Liberalismo Político*. São Paulo: Ática, 2000.

_____. "A ideia de razão pública revisitada". In: MELO, Rúrion; WERLE, Denílson Luís. *Democracia Deliberativa*. São Paulo: Editora Singular/Esfera Pública, 2007.

_____. *Uma Teoria da Justiça*. Trad. Jussara Simões. Revisão técnica e da tradução: Álvaro de Vita. São Paulo: Martins Fontes, 2008.

WERLE, Denílson Luís. *Justiça e Democracia: Ensaios sobre John Rawls e Jürgen Habermas*. São Paulo: Esfera Pública/Singular, 2008, p. 198.

_____. "Tolerância, legitimação política e razão pública". *Dissertatio*, vol. 35, inverno, 2012a, p. 141-161.

_____. "Construtivismo 'não metafísico' e reconstrução 'pós-metafísica': o debate Rawls-Habermas". In: NOBRE, Marcos; REPA, Luiz (Orgs.). *Habermas e a reconstrução*. Campinas: Papirus, 2012b, p. 169-195.

"O PESSOAL É POLÍTICO" E A ESTRUTURA BÁSICA COMO OBJETO DA JUSTIÇA: REFLEXÕES SOBRE O HORIZONTE DE JUSTIFICAÇÃO MORAL E O ESCOPO DA JUSTIÇA[55]

San Romanelli Assumpção

> "If the so-called private sphere is alleged to be a space exempt from justice, then there is no such thing."
> The Idea of Public Reason Revisited.
> John Rawls.

INTRODUÇÃO

Em John Rawls, a justiça preserva um "espaço de inviolabilidade individual igual" para todos e é a "virtude primeira das instituições sociais". Seu "objeto" é a "estrutura básica da sociedade", um arranjo coercitivo e inescapável – no que se distingue de associações e comunidades, cujo pertencimento é voluntário, no sentido de ser possível optar sair delas – formado pelas principais instituições políticas, econômicas e sociais que determinam as possibilidades de vida disponíveis a cada posição social, através da distribuição dos encargos e benefícios da cooperação social.

---

[55] Agradeço aos participantes do II Colóquio Internacional de Teoria Política do Departamento de Ciência Política da USP por seus comentários e críticas valiosos, ao meu "sempre orientador" Álvaro de Vita, aos membros de minha banca de doutorado que discutiram uma tese bastante afinada com este artigo – Marlise Matos, Alessandro Pinzani, Adrian Gurza Lavalle e Cícero Araújo – e ao CNPq, de quem fui bolsista durante o doutorado, no qual desenvolvi a pesquisa da qual nasceu este texto.

Este "objeto da justiça", conforme aponta Thomas Nagel (NAGEL, 2002), é um desenvolvimento do liberalismo que introduz teoricamente o reconhecimento da importância das estruturas sociais e econômicas, juntamente com as instituições políticas e legais, na determinação da vida das pessoas e da responsabilidade social por estas determinações. Ainda segundo Nagel, a defesa da justiça como virtude de sociedades e sistemas econômicos e sociais – e não como própria apenas às ações individuais e leis – atinge sua realização máxima na justiça rawlsiana, cujo liberalismo estabelece que todas as instituições da estrutura básica da sociedade devem ser acessadas pelo padrão comum estabelecido pelos princípios de sua "justiça como equidade".

No entanto, apesar do liberalismo igualitário ampliar consideravelmente o escopo da justiça, estabelece aquilo que Samuel Scheffler (SCHEFFLER, 2006) entende como uma concepção pluralista da moralidade, para a qual cada tipo de relação possui exigências normativas específicas. A coerção e inescapabilidade da estrutura básica estabelece um tipo de relação entre as pessoas morais que a torna escopo de demandas de justiça que não se aplicam a associações voluntárias e comunidades, que podem, em nome da tolerância liberal ao pluralismo moral razoável, ser regidas por princípios não liberal-igualitários. Isso se opõe ao "monismo moral" de teorias para as quais princípios morais aplicáveis às instituições e à estrutura básica também se aplicam à conduta individual, à vida das associações e comunidades e, cosmopolitamente, ao mundo.[56]

É inegável que há uma inescapabilidade e coerção especial dentro de comunidades políticas como são os Estados e o Direito e própria do âmbito das instituições formais coercitivas estatais e legais. Mas não é claro e acima de necessidades de justificação que as coerções privadas estejam acima do axioma da igualdade humana fundamental que rege a justiça "política" rawlsiana. É este um dos questionamentos propostos pelo slogan feminista "o pessoal é político" e pela "radicalização" deste slogan empreendida por Gerald Cohen

---

56 Utilizo esta definição formulada por Liam Murphy (MURPHY, 1998), esta mesma definição do monismo moral é utilizada por Samuel Scheffler (SCHEFFLER, 2006) e por Thomas Nagel (NAGEL, 2005).

(COHEN, 1997), que defende que instituições informais, convenções e costumes sociais, assim como a conduta individual, devem ser "objeto da justiça" tanto quanto as instituições formais coercitivas estatais, caso a intenção seja sermos igualitários.

Este trabalho discutirá a questão do objeto adequado da justiça a partir deste questionamento sobre as instituições formais e informais como *loci* de poder inescapável, defendendo uma interpretação liberal igualitária do "pessoal é político" concomitante com um espaço para o "pessoal não político", em uma proposta de "justiça institucional" cujo objeto é uma estrutura básica da sociedade "expandida", mas rawlsiana – por ser compatível com sua concepção de razoabilidade e "domínio do político" – como a melhor maneira de equacionar a relação entre coerções privadas e públicas em nome da igualdade moral humana.

FORMULAÇÃO DA QUESTÃO

Tendo como pressupostos iniciais

1. o axioma da igualdade moral humana, entendido como a afirmação de que todos possuem igual direito e liberdade de seguir sua concepção de bem; e

2. o individualismo ético, segundo o qual todas as pessoas são a unidade última de preocupação moral e fins em si mesmos,

afirmamos seguindo John Rawls que "cada pessoa possui uma inviolabilidade fundada na justiça" e que não pode ser desconsiderada em função de nenhum bem ou objetivo (RAWLS, 2008, p. 4). A justiça, enquanto "virtude primeira das instituições sociais" (*Ibidem*, p. 4), deve ser normativamente pensada em função desta inviolabilidade da dignidade humana fundamental igual, que é uma igual liberdade.

Dado este ponto de partida normativo, o que deve ser regulado pelos princípios de justiça é aquilo que pode ameaçar o espaço de inviolabilidade individual igual socialmente devido e que, preliminarmente, podemos considerar ser o espaço das "liberdades básicas", em termos rawlsianos.

Immanuel Kant, em nome do ideal de todas as pessoas como fins em si mesmas, defendeu que o direito racional deveria regular todas as esferas de trocas de influência recíproca entre as pessoas morais,[57] concebendo assim três esferas de direito, (1) direito político, que regularia as relações das pessoas entre si sob um mesmo soberano; (2) direito das gentes, que regularia as relações entre repúblicas soberanas; e (3) direito cosmopolita, que regularia as relações entre as pessoas e os Estados dos países de que não são cidadãs (KANT, 1995, p. 127-40).

Onora O'Neill, elevando à sua universalidade e individualismo ético máximos a noção de que todas as possíveis trocas de influência entre pessoas morais potencialmente violadoras de liberdades básicas devem ser regidas pela justiça, defende que os princípios de justiça devem ser universais e endereçados a todas as pessoas morais concebíveis e a todos os membros de quaisquer pluralidades de seres entre os quais haja interação efetiva e potencial (O'NEILL, 2000, p. 158).

Conceber que as trocas de influências entre pessoas morais podem violar espaços de inviolabilidade individual igual demarcados pelas "liberdades básicas" faz parte do que Joshua Cohen chama de "background facts" que consideramos ao pensar normativamente os valores, a igualdade, a liberdade, a justiça etc. (COHEN, 1993). Parte daquilo que Rawls considera ao seguir Rousseau na afirmação de que devemos considerar os homens como são e as leis como devem ser e que, conforme aponta novamente Joshua Cohen, está contido na defesa rawlsiana da "estrutura básica da sociedade" como "objeto da justiça" (*Idem*, 2001).

Em John Rawls, o "objeto principal da justiça" é a "estrutura básica da sociedade", que compõe um arranjo de instituições políticas, econômicas e sociais coercitivas e inescapáveis que dão as possibilidades de vida disponíveis às diversas posições sociais, pois distribuem os encargos e benefícios da cooperação social da qual todos fazemos parte inescapavelmente, entrando nela ao nascer e nela permanecendo durante toda a vida (a não ser que, concebendo a estrutura básica como delimitada pelas fronteiras de um país, emigremos). Assim, não são todas as relações possíveis de trocas de influências entre pessoas morais que são

---

57 Utilizo aqui o termo "pessoas morais" do modo como Georg Cavallar o utiliza a partir de Kant, como equivalente a "pessoas jurídicas" e "sujeitos de direitos", podendo ser indivíduos, associações, comunidades, empresas, igrejas, Estados etc. (CAVALLAR, 1997).

objeto da justiça, mas apenas aquelas das quais não podemos voluntariamente escolher sair. Em suas palavras,

> A estrutura básica é o principal objeto da justiça porque suas consequências são profundas e estão presentes desde o início. Aqui a ideia intuitiva é que essa estrutura contém várias posições sociais e que as pessoas nascidas em condições diferentes têm expectativas diferentes de vida, determinadas, em parte, tanto pelo sistema político quanto pelas circunstâncias econômicas e sociais. Assim, as instituições da sociedade favorecem certos pontos de partida mais que outros. Essas desigualdades são profundas. Além de universais, atingem as oportunidades iniciais de vida, não podem ser justificadas recorrendo-se à ideia de mérito. É a essas desigualdades, supostamente inevitáveis na estrutura básica de qualquer sociedade, que se devem aplicar em primeiro lugar os princípios da justiça social. Esses princípios, então, regem a escolha de uma constituição política e os elementos principais do sistema econômico e social. A justiça de um arranjo social depende, em essência, de como se atribuem os direitos e os deveres fundamentais e também as oportunidades econômicas e das condições sociais dos diversos setores da sociedade (RAWLS, 2008, p. 8-9).

Esta compreensão do "objeto da justiça" entende que são escopo da justiça relações coercitivas inescapáveis, isto é, relações em que nossa participação não é voluntária, como aquelas devidas ao nosso nascimento e vida dentro de determinado país, com seus arranjos econômicos, políticos e sociais. Estes arranjos influenciam nossa possibilidade de exercício e fruição de liberdades básicas e a efetividade de nosso espaço de inviolabilidade individual igual fundado na justiça e que é devido a todos como obrigação de justiça e não qualquer outro tipo, como, por exemplo, obrigações devidas a relações especiais que não são devidas por todas as pessoas morais a todas as demais, como relações contratuais, profissionais, familiares, de amizade etc.

Este entendimento do objeto da justiça restringe e amplia o escopo da justiça. Restringe porque coloca fora de seu âmbito às relações das quais participamos voluntariamente. Preliminarmente, podemos considerar que são voluntárias as relações nas quais há direito de saída, como são, por exemplo, nossas relações religiosas (dado que a apostasia não é crime), nossas relações matrimoniais (havendo direito de livre casamento e divórcio), nossas relações profissionais (posto que podemos deixar nossos empregos e empresas, mudar de profissão e nos recusar a assinar contratos de prestação de serviços), nosso pertencimento a uma universidade, a um partido político, a um clube etc. Estas relações estão dentro daquilo que Rawls considera serem associações e comunidades, que são unidas por objetivos comuns, crenças comuns e concepções de bem. Amplia porque faz da justiça uma virtude das principais instituições sociais[58] e não apenas um atributo das ações individuais e das leis, ou uma questão de liberdade pessoal frente ao Estado. Nas palavras de Thomas Nagel,

> Rawls's theory is the latest stage in a long evolution in the content of liberalism that starts from a narrower notion, exemplified by Locke, which focused on personal freedom and political equality. The evolution has been due above all to recognition of the importance of social and economic structures, equally with political and legal institutions, in shaping people's lives and a gradual acceptance of social responsibility for their effects. When the same moral attention was turned on these as had earlier focused on strictly political institutions and uses of political power, the result was an expansion of the liberal social ideal and a broadened conception of justice. Indeed, the use of the terms "just" and "unjust" to characterize not only individual actions and laws but entire societies and social or economic systems is a relatively recent manifestation of this change of outlook. Rawls's liberalism is the fullest realization we have so far of this conception of the justice of a society taken as a whole whereby all institutions that form part of the basic structure of society have to be assessed by a common standard (2002, p. 63).

As instituições e relações econômicas não se reduzem ao que é estatal e legalmente determinado e são incluídas por Rawls dentre os arranjos que são

---

58 "Major social institutions", com todas as indefinições de escopo que a expressão abriga.

objeto da justiça. Elas foram e são consideradas parte do privado por muitos teóricos políticos, que consideram que estas não devem ser reguladas por instituições públicas, devendo existir em liberdade de mercado, considerando o mercado livre como um âmbito de expressão de escolhas livres das pessoas morais e não como um *locus* de arranjos coercitivos inescapáveis, como faz o liberalismo igualitário rawlsiano e como, poderíamos dizer, fazem diversos marxismos em suas próprias linguagens conceituais e teóricas.

Ao afirmarem que "o pessoal é político", feministas e teóricas feministas estão afirmando mais uma ampliação do entendimento do âmbito daquilo que deve ser objeto de preocupação pública: uma extensão que inclui relações tradicionalmente consideradas como privadas, que indubitavelmente transcendem o meramente estatal e que são de ordem sociocultural, como são a família, a religião e os padrões de comportamento orientados por gênero, sexualidade, etnia, religião, cultura etc. Gerald Cohen, ao criticar o argumento dos incentivos e as instituições coercitivas formais como o único "objeto da justiça" e ao afirmar que as preferências e condutas individuais criam desigualdades objetáveis do ponto de vista da justiça, apontando demandas normativas igualitárias por um *ethos* social igualitário, alega estar propondo justamente uma "radicalização" do *slogan* feminista segundo o qual "o pessoal é político".

As duas expansões do escopo da justiça – a que inclui o que é econômico e a que inclui o que é sociocultural – vão em direção ao comumente entendido como privado, alargando o âmbito daquilo que é preocupação pública. Lembrando que, conforme mostra Susan Okin,

> Distinções entre público e privado têm tido um papel central, especialmente na teoria liberal – o 'privado' sendo usado para referir-se a uma esfera ou esferas da vida social nas quais a intrusão ou interferência em relação à liberdade requer justificativa especial, e o 'público' para referir-se a uma esfera ou esferas vistas como geralmente ou justificadamente mais acessíveis (2008, p. 306).

Isso porque, como mostra Frank Michelman (MICHELMAN, 1988-89), os liberalismos frequentemente têm assumido o pressuposto de que os poderes públicos legais e estatais são os mais perigosos para as liberdades individuais e são o foco principal das preocupações de moralidade política, deixando-se fora do escopo da justiça as subversões da liberdade cometidas por interesses privados, naquilo que este autor chama de pressuposto da "distinção entre poderes públicos e poderes privados" (*Ibidem*, 309). No entanto, a coercividade legal e estatal não é a única que afeta a vida e as escolhas dos indivíduos e resulta em injustiças e não podemos simplesmente pressupor sem justificações que poderes e interesses privados não são relevantes para a moralidade política (*Ibidem*, 309). Esta talvez seja uma das principais lições das críticas ao capitalismo e das críticas feministas para o liberalismo e, como veremos, podemos considerar que são ambas inclusas no liberalismo igualitário rawlsiano, tanto em suas formulações sobre a justiça distributiva, quanto em suas formulações a respeito do liberalismo político e pluralismo moral razoável – ainda que se possa concordar e discordar de ambas as áreas de formulação.[59] Além disso, Rawls afirma explicitamente que

> The spheres of the political and the public, of the nonpublic and the private, fall out from the content and application of the conception of justice and its principles. If the so-called private sphere is alleged to be a space exempt from justice, then there is no such thing (2001, p. 161).

E, conforme complementa Joshua Cohen a partir desta ideia rawlsiana,

> The thesis that a decision is private, and should not therefore be regulated except for especially compelling reasons, is not best understood as a premise in normative political argument

---

[59] Este é um longo debate. Liam Murphy e Gerald Cohen, por exemplo, discordam que Rawls tenha formulado uma resposta adequada em sua reflexão sobre a relação entre justiça distributiva e estrutura básica, ao passo que Samuel Scheffler e Joshua Cohen defendem a posição rawlsiana. Quanto à solução rawlsiana do liberalismo político e do pluralismo moral razoável, Susan Okin discorda das formulações rawlsianas do que é "político" e "razoável" em nome do feminismo, ao passo que Martha Nussbaum defende a posição rawlsiana em nome da liberdade de consciência e expressão.

– because the decision is private, we should not regulate it –
but as a conclusion of such an argument (2001, p. 385).

Assim, o que devemos procurar em nome de uma interpretação do objeto da justiça que seja coerente com o respeito máximo ao axioma da igualdade moral humana é uma interpretação em que as instituições que não são legais e não são estatais e que são normalmente entendidas como parte do "domínio privado" sejam – junto com as instituições políticas – acessadas por princípios de justiça restritos ao "domínio político"[60] mas reguladores de todas as relações entre pessoas morais concebíveis que sejam potencialmente violadoras de "liberdades básicas".

Desta perspectiva, que se pretende liberal-igualitária, (1) "o pessoal é político" quando envolve relações de poder que invadem o espaço de inviolabilidade individual devido a todos como obrigação de justiça – por exemplo, quando a violência doméstica impede a integridade física das mulheres, quando há um crime de ódio por intolerância étnica, religiosa ou contra homossexuais, quando uma empresa exerce práticas trabalhistas abusivas etc. – e (2) o pessoal é não--político quando respeita as liberdades básicas e direito de saída das pessoas que dele fazem parte. Assim, podemos dizer que o axioma da igualdade moral humana atravessa todos os tipos de relações possíveis entre pessoas morais concebíveis, é um padrão comum endereçado normativamente à avaliação ética de todos os tipos de relação e, neste sentido, constitui um monismo moral. E não podemos considerar que seja um monismo anti-liberal, pois, mesmo reduzindo o escopo do pluralismo moral e cultural normativamente aceitável, o ideal liberal de liberdade como limitação recíproca sempre restringiu as condutas pessoais admissíveis, e não apenas as condutas estatais defendidas como ilegítimas – por exemplo, todo o liberalismo considera que temos direito à vida e à integridade física frente aos outros indivíduos e não apenas frente ao poder estatal arbitrariamente exercido.

Dito isto, a questão deste trabalho é: em nome do axioma da igualdade humana fundamental e do individualismo e universalismo éticos, como deve ser interpretado o conceito rawlsiano de "estrutura básica da sociedade" como

---

60 Aludo aqui ao termo rawlsiano "political realm".

"objeto da justiça"? e como esta interpretação incide sobre nosso entendimento do "horizonte de justificação moral"[61] e do escopo da justiça?

Para tratarmos desta questão,

3. Iniciaremos por uma breve exposição do "objeto da justiça" em Rawls como restrito à estrutura básica e de seus princípios de justiça como não aplicáveis ao que ele considera serem associações e comunidades de pertencimento voluntário;

4. Passaremos então à crítica "monista" de Gerald Cohen ao foco na estrutura básica entendida como composta apenas por instituições coercitivas estatais e que, em suas palavras "radicaliza" o slogan feminista segundo o qual "o pessoal é político";

5. E à afirmação monista feminista de que "o pessoal é político" através da crítica de Susan Okin à ambiguidade rawlsiana sobre a inclusão da família entre as instituições componentes da estrutura básica da sociedade e ao conceito de "razoabilidade" e de "liberalismo político" elaborado por Rawls em O Liberalismo Político como anti-feministas;

6. Utilizaremos (2) e (3) para defender que o liberalismo igualitário de viés rawlsiano deve incorporar uma interpretação expandida de estrutura básica que inclua os aspectos coercitivos familiares, religiosos e culturais potencialmente violadores das liberdades básicas das mulheres e constitutivo de desigualdades de gênero que possam ser liberalmente qualificadas como injustas;

7. E defenderemos que, do ponto de vista liberal igualitário e de uma compreensão adequada do axioma de igualdade moral humana, esta estrutura básica expandida deve ser acessada por uma concepção de justiça institucional compatível com o ideal de tolerância liberal.

Passemos a isso.

---

61 Termo de Onora O'Neill que designa os âmbitos (doméstico e internacional) para os quais olhamos quando pensamos a justiça e a moralidade política (O'NEILL, 1988).

ESTRUTURA BÁSICA COMO OBJETO DA JUSTIÇA E MONISMO EM RAWLS

Como vimos acima, em John Rawls, o objeto primário da justiça é a estrutura básica da sociedade, que é composta pelo arranjo das principais instituições políticas, econômicas e sociais que dão as alternativas de vida disponíveis à diversas posições sociais, distribuindo os encargos e benefícios da cooperação social inescapável.

O caráter involuntário de nossa participação na estrutura básica faz com que ela não seja uma associação, como "são" ou seriam diversas instituições que fazem parte da estrutura básica, como universidades, igrejas, empresas, famílias e clubes, aos quais podemos nos vincular ou desvincular voluntariamente. Assim, conforme exposto em *Justiça como Equidade*

> Não se deve presumir de antemão que princípios que são razoáveis e justos para a estrutura básica também o sejam para instituições, associações e práticas em geral. Embora os princípios de justiça como equidade imponham limites a esses arranjos sociais da estrutura básica, a estrutura básica e as associações e formas sociais que nela existem são governadas, cada qual, por princípios distintos devido a seus objetivos e propósitos diferentes e sua peculiar natureza e exigências singulares. A justiça como equidade é uma concepção política, não geral, de justiça: aplica-se primeiro à estrutura básica e considera que essas outras questões de justiça local, assim como questões de justiça global (que denomino direito dos povos), exigem considerações de mérito independentes (RAWLS, 2003, p. 15).[62]

Assim como a estrutura básica não se confunde com associações, não se trata de uma "comunidade", posto que a teoria rawlsiana da justiça lida com "sociedade liberais" ou "sociedades democráticas" e não com sociedades que estejam unidas na busca de valores e objetivos comuns próprios às comunidades.[63]

---

62 Lembrando que Rawls remete o seu uso do termo "justiça local" a Elster.
63 Noto aqui que, na concepção de "sociedade" de Nussbaum, sociedades são sistemas de cooperação que buscam o bem.

A "justiça como equidade" é própria de uma "sociedade política democrática", na qual convivem diversas comunidades e cujos valores e objetivos comuns a todas as pessoas e comunidades são apenas a própria "concepção política de justiça", este valor político comum é o único que é implementado estatalmente e se imprime sobre todo o dever ser da estrutura básica (RAWLS, 2003, p. 28-9) e é um valor de "prioridade do justo" sobre as diversas concepções de bem. Assim, nascemos em uma sociedade na qual uma estrutura básica determina parte substancial de nossas possibilidades de vida, nascemos também em comunidades que existem sob esta estrutura básica e que são famílias, religiões e suas culturas próprias, mas "apenas a sociedade com sua forma política de governo e suas leis exerce um poder coercitivo" (*Ibidem*, p. 28). Podemos abandonar voluntariamente nossas comunidades familiares e religiosas, uma vez que a apostasia não é crime, mas "há um sentido segundo o qual não podemos abandonar nossa sociedade política voluntariamente" (*Ibidem*, p. 29).

A sociedade política é aquela perante a qual somos iguais em liberdade, é a sociedade que encarna a igualdade humana fundamental através dos princípios de justiça igualitária que devem reger a estrutura básica da qual não podemos voluntariamente sair. Diversamente, nas comunidades que não são políticas e nas associações que também não o são, pode ser legítimo sermos tratados desigualmente, dependendo dos valores e objetivos comuns não políticos que unem estas comunidades e associações. Junto com esta legitimidade da desigualdade intra-associações e intra-comunidades sob a estrutura básica da sociedade, há uma sociedade política justa que nos permite sair dessas associações e comunidades e imprime um tipo de caráter voluntário a estes pertencimentos que podem ser desiguais (*Ibidem*, p. 28-9). Nas palavras de Rawls,

> Uma comunidade pode recompensar ou destacar seus membros de acordo com sua contribuição para os valores e objetivos comuns; mas numa sociedade democrática não existem valores e objetivos comuns (que se enquadrem na categoria do bem) por meio dos quais seus cidadãos possam ser distinguidos. Todos aqueles capazes de ser membros plenamente cooperativos da sociedade política são vistos como iguais e só podem ser tratados de forma

diferenciada tal como a concepção política pública o admite (*Ibidem*, p. 28-9).

Uma sociedade democrática não pode ser uma comunidade devido à junção do pluralismo moral com a igualdade humana fundamental. Em uma sociedade democrática na qual ocorre o livre uso da razão, sempre florescerão diferentes concepções de bem e formar-se-ão diversas comunidades, o pluralismo moral é inevitável e mesmo valioso para a igualdade moral humana. Para que esta seja realmente uma igualdade de liberdade, é preciso que os princípios de justiça aplicados à estrutura básica façam com que as comunidades funcionem como associações, isto é, como grupos nos quais o pertencimento é voluntário, o que só ocorre caso o direito de saída seja realmente efetivo em respeito à inviolabilidade individual que é exigência normativa imposta pelo valor último da igualdade humana fundamental.

Pois bem, tudo isso coloca a justiça rawlsiana como uma virtude institucional restringida ao que é "político", permitindo o pluralismo das concepções de bem. Como virtude institucional cujo objeto se restringe à estrutura básica, é pensada por Rawls como distinta da "justiça local" e da "justiça global". Assim, conforme expõe Thomas Nagel,

> Rawls argued that the liberal requirements of justice include a strong component of equality among citizens, but that this is a specifically political demand, which applies to the basic structure of a unified nation-state. It does not apply to the personal (nonpolitical) choices of individuals living in such a society, nor does it apply to the relations between one society and another, or between the members of different societies. Egalitarian justice is a requirement on the internal political, economic, and social structure of nation-states and cannot be extrapolated to different contexts, which require different standards (2005, p. 114-5).

Dentro deste modo de pensar normativamente, devemos pensar diferentemente objetos normativos distintos, ou seja, não devemos aplicar os mesmos critérios e padrões de dever ser a diferentes objetos (local, doméstico e global). É esta postura que Nagel chama de anti-monismo.[64] O "monismo", em uma noção que se desenvolve a partir de Liam Murphy, é a postura teórico-normativa para a qual as reflexões político-morais, fundamentalmente, devem avaliar a justiça das instituições a partir de princípios normativos que também se aplicam às escolhas das pessoas (MURPHY, 1998, p. 253-4).[65] Ao restringir o objeto de sua teoria da justiça à estrutura básica da sociedade e afirmar que a justiça local, a doméstica e a global devem ser pensadas distintamente, Rawls adota um anti-monismo moral segundo o qual âmbitos e relações diferentes devem ser acessados diferentemente pelas reflexões de moralidade política ou, nos termos de Samuel Scheffler (SCHEFFLER, 2006), constrói uma "concepção pluralista da moralidade", para a qual cada tipo de relação possui exigências normativas específicas.

LINHAS GERAIS DO ARGUMENTO DE GERALD COHEN SOBRE A ESTRUTURA BÁSICA E SOBRE A NECESSIDADE DE UM ETHOS SOCIAL IGUALITÁRIO

Passemos ao argumento de Gerald Cohen a respeito da estrutura básica e a justiça distributiva.

O princípio da diferença incluso no segundo princípio da justiça de Rawls afirma que "as desigualdades socioeconômicas devem se estabelecer para o maior benefício possível dos membros menos privilegiados da sociedade" (RAWLS, 2011, p. 6). A suposição implícita neste estabelecimento de desigualdades distributivas justas é a de que são necessários incentivos para que as pessoas com determinados talentos, profissões e posições sociais se dediquem intensamente a atividades produtivas para que os benefícios socialmente construídos sejam aumentados de modo a beneficiar ao máximo

---

64 Os conceitos de monismo e anti-monismo de Nagel são desenvolvidos a partir das noções de Liam Murphy em "Institutions and the Demands of Justice" (MURPHY, 1998).

65 Esta é uma discussão que insere no debate a respeito da estrutura básica e das escolhas e atitudes pessoais e de qual deve ser o "objeto primário da justiça". Thomas Nagel relê este debate para pensar a diferença entre "justiça política" (doméstica) e "justiça cosmopolita" (NAGEL, 2005, p. 122-6).

as piores posições sociais, redundando em mais qualidade de vida e liberdades efetivas para estas piores posições do que as possíveis em um sistema de igualdade distributiva estrita.

Há diversas controvérsias sobre a interpretação de quanta desigualdade o princípio da diferença permite. Em uma interpretação estrita, as desigualdades que beneficiam os mais "talentosos" – aqueles cujos talentos recebem as maiores recompensas – seriam justificadas apenas quando a desigualdade é necessária para que os mais talentosos produzam de modo a melhorar a situação das piores posições, sendo esta necessidade independente das intenções dos mais talentosos. Em uma interpretação frouxa, estas desigualdades que privilegiam os mais talentosos são necessárias porque exigidas pelos mais talentosos, que, de outra maneira, optariam por não ser tão produtivos e não colaborariam socialmente para elevar o quinhão distributivo das piores posições, assim, a "necessidade" da desigualdade advém de preferências dos agentes e não da especificidade dos trabalhos que exercem (COHEN, 1992).

Segundo Gerald Cohen, em sua Tanner Lecture de 1992, intitulada *Incentives, Inequality, and Community*, o argumento dos incentivos em sua interpretação frouxa não é aceitável frente à "comunidade de justificação" quando formulado na primeira pessoa pelos mais talentosos. A igualdade exigiria de todos um *ethos*[66] igualitário a partir do qual pessoas cujos talentos são mais valorizados socialmente não exigiriam recompensas extras e anti-igualitárias para serem produtivas e melhorarem o quinhão distributivo dos pior posicionados (*Ibidem*). O incentivo à produtividade dos mais talentosos contido no princípio da diferença seria incoerente com a própria intenção igualitária do segundo princípio da justiça rawlsiana.

Esta crítica à possibilidade da admissão da interpretação frouxa do princípio da diferença e aos incentivos anti-igualitários nele contidos levará, posteriormente, a uma crítica ao entendimento do objeto da justiça como restrito a instituições coercitivas legais.

---

66 Definição de ethos de G. A. Cohen: "The ethos of a society is the set of sentiments and atitutes in virtue of which its normal practice, and informal pressures, are what they are" (COHEN, 1997, p. 28).

Dado que, para G. A. Cohen, (1) as desigualdades relevantes do ponto de vista da justiça – desigualdades distributivas dos benefícios e encargos oriundos da vida social – não são construídas apenas pelas escolhas que as pessoas fazem dentro dos parâmetros regulados pelas estruturas coercitivas legais, mas também por escolhas que fogem ao âmbito do que é legalmente regido, isto é, por escolhas que não são prescritas e nem proibidas pelas regras legais e que (2) este autor tende a interpretar que, para Rawls, a estrutura básica da sociedade inclui apenas instituições coercitivas estatais e legais, temos um problema de interpretação adequada do "objeto da justiça" (*Idem*, 1997, p. 3-4). Assim, em seu *Where the Action Is: on the site of distributive justice*, G. A. Cohen propõe o seguinte questionamento:

> Why should we care so disproportionately about the coercive basic structure, when the major reason for caring about it, its impact on people's lives, is also a reason for caring about informal structure and patterns of choice? To the extent that we care about coercive structure because it is fateful with regard to benefits and burdens, we must care equally about the ethi that sustain gender inequality, and inegalitarian incentives. And the similarity of our reasons for caring about these matters will make it lame to say: ah, but only the caring about coercive structure is a caring about justice, in a certain distinguishable sense. That thought is, I submit, incapable of coherent elaboration (*Ibidem*, p. 23).

O próprio Gerald Cohen reconhece – da mesma maneira que Susan Okin ao tratar da ambiguidade da inclusão da família na estrutura básica – que Rawls não exclui clara e indubitavelmente as instituições e estruturas coercitivas não estatais da estrutura básica e que há uma ambiguidade sobre se a estrutura básica inclui convenções, usos, expectativas sociais e padrões de escolhas pessoais não legalmente coercitivos, que podem estar implícitos na expressão "principais instituições sociais" que é parte do conceito de estrutura básica e entre os quais estão a família e o mercado (*Ibidem*, p. 11). Os efeitos destas "principais instituições sociais" são tão profundos quanto o das instituições coercitivas estatais, mesmo constituindo padrões de desigualdade que emergem das próprias escolhas, ações e comportamentos pessoais. É "justo" colocar estas escolhas sob o âmbito da justiça? Se sim, volta a afirmação de que um *ethos* igualitário é uma exigência de justiça, assim como a condenação normativa do comportamento maximizador próprio do mercado e do comportamento sexista dentro das famílias e, acrescento, dentro das comunidades religiosas e culturais.

Gerald Cohen supõe que Rawls colocaria as escolhas pessoais fora do escopo da justiça através de uma "basic structure objection" que afirmaria que apenas instituições e escolhas institucionais são objeto da justiça (*Ibidem*, p. 12). E refuta esta objeção imaginada afirmando que ela não é coerente com a ideia rawlsiana de justiça e propõe que "the principles of justice apply not only to coercive rules but also to the pattern in people's (legally) unconstrained choices" (*Ibidem*, p. 25) e que "it is essential to apply principles of justice to dominant patterns in social behavior" (*Ibidem*, p. 26).

O argumento geral deste artigo concorda com a afirmação de G. A. Cohen segundo a qual padrões dominantes de comportamento social devem ser "objeto da justiça". No entanto, faz-se necessário abrir um parênteses de "justiça a Rawls", pois, apesar da ideia desta "basic structure objection" ser compatível com o sistema rawlsiano de justiça, não é claro que o próprio Rawls endossaria esta resposta, conforme fica patente (1) pela própria ambiguidade da inclusão ou não da família dentro das instituições da estrutura básica, (2) pelo fato de que regras jurídicas coercitivas no sentido de Cohen e que se dirigem diretamente aos comportamentos pessoais fazem parte da estrutura básica, como por exemplo leis que proíbem que um cidadão viole as liberdades civis de outros e (3) pela afirmação de Rawls de que se a esfera privada for considerada uma esfera isenta de justiça, ela não existe.[67]

Além disso, conforme lembra Samuel Scheffler a respeito da "basic structure objection" formulada por G. Cohen, a divisão do trabalho proposta por Rawls (1) nunca incluiu a afirmação de que é legítimo que as pessoas ajam apenas conforme seu auto-interesse econômico; (2) nem a afirmação de que as pessoas não carregam nenhuma obrigação de levar em conta os princípios de justiça; (3) e esta divisão do trabalho se dirigia a teorias como o utilitarismo, que considera

---

67 Ideia apresentada explicitamente em "A ideia de razão pública revista".

que um único princípio de maximização das utilidades é suficiente para regular as instituições sociais e a conduta individual (SCHEFFLER, 2006, p. 18-9).

Independentemente das respostas hipotéticas de Rawls à crítica de Gerald Cohen ao foco na estrutura básica, consideramos como ele, como Michelman anteriormente citado e como muitas teóricas femininas, que a coercividade legal não é a única que afeta a vida e as escolhas dos indivíduos e resulta em injustiças.

Ao mesmo tempo, lembramos que os "poderes estatais", por seu caráter soberano e pela impossibilidade de direito de saída em relação a um Estado (a não ser pela imigração), requerem justificação especial frente a indivíduos concebidos como livres e iguais. Nas palavras de Samuel Scheffler,

> the use of the coercive power of the state to impose unjust social arrangements is a great evil, greatly to be feared. However unjust or otherwise unacceptable a social arrangement may be, the coercive enforcement of such arrangement is even worse (*Ibidem*, p. 37).

Isso é reconhecido pelo próprio Gerald Cohen quando este pondera que "estruturas não-coercitivas" e "práticas não-coercitivas"[68] são áreas em que as pessoas possuem escolhas que possibilitam mudanças incrementais; ao passo que "estruturas coercitivas"[69] são mais insuladas e independentes das escolhas cotidianas das pessoas (*Ibidem*, p. 37-8).

LINHAS GERAIS DO ARGUMENTO DE SUSAN OKIN SOBRE A ESTRUTURA BÁSICA E SOBRE A RAZOABILIDADE

A família é tradicionalmente concebida pela teoria política como parte da esfera privada e como instituição social que está para além da justiça, seja por ser inevitavelmente injusta,[70] seja por ser vista como *locus* de amor e altruísmo mútuos que a tornariam uma instituição em que a justiça não é necessária.[71]

---

68 Em que "não coercitivo" significa "não estatal" e "não-legalmente determinado".
69 Em que "coercitivas" significa "estatais" e "legais".
70 Como Allan Bloom (BLOOM, 1987).
71 Como Michael Sandel (SANDEL, 2008).

No entanto, como podemos ver em diversos relatórios da Organização Mundial de Saúde (WHO, 2005; 2002) e da Anistia Internacional Amnesty International (2005), a maior causa de mortes femininas não naturais é a violência doméstica, ou seja, violações intra-familiares das liberdades básicas das mulheres. Inúmeros teóricos – dentre as quais Carole Pateman (PATEMAN, 1993), Susan Okin (OKIN, 1989), Martha Nussbaum (NUSSBAUM, 2001) e Amartya Sen (SEN, 1995) – a partir de "background facts" como estes, apontam o que podemos considerar óbvio, ainda que tenha sido negligenciado pela maior parte da teoria política: que os interesses de todos os membros da família não são idênticos e que as liberdades de mulheres e crianças podem ser consideravelmente ameaçadas e suprimidas intra-familiarmente.

Este é um dos motivos centrais pelos quais o feminismo liberal de Susan Okin reivindica que seja superada a ambiguidade rawlsiana a respeito da inclusão ou não da família entre as instituições que fazem parte da estrutura básica como objeto da justiça. Segundo ela, o gênero – conceituado como "institucionalização social da diferença sexual" (OKIN, 1989, p. 6) – deve ser contemplado pelo conceito de estrutura básica, porque a "equidade de oportunidades" é impedida pelas desigualdades de gênero e a família é uma engrenagem central na construção do gênero, devendo ser justa para que a sociedade também o seja (*Ibidem*, p. 14). A família impede a equidade de oportunidades através da divisão intrafamiliar sexista de benefícios e encargos e porque suas práticas e crenças anti-igualitárias do ponto de vista do gênero são o primeiro *locus* de aprendizado moral de toda criança, impedindo o entendimento de homens e mulheres de si mesmos como livres e iguais, minando ao mesmo tempo (1) a compreensão de si que permitiria maior igualdade nas interações privadas e públicas cotidianas entre homens e mulheres e (2) o próprio senso de justiça necessário à estabilidade da justiça (*Idem*, 1989; 2004).

No entanto, incluir gênero como preocupação de justiça é mais do que incluir a família como objeto da justiça, dado o fato que muitas feministas chamam de ubiquidade do gênero: gênero é uma construção sociocultural que perpassa todas as relações e instituições sociais, gênero está na política, no Estado, no mercado de trabalho, na religião, na escola, na arte, na filosofia, na ciência etc. e se expressa em infinitos comportamentos e crenças orientados por gênero.⁷² Ou seja, gênero é uma construção social coercitiva ubíqua e que transcende a dicotomia público/privado.

A própria Susan Okin considera que pensar gênero como questão de justiça inclui mais do que pensar a família como parte da estrutura básica, como fica evidente em sua crítica à noção rawlsiana de razoabilidade.

Para Rawls, "doutrinas abrangentes" são concepções sobre o bem e a boa vida que incluem valores para além daqueles próprios a uma "concepção política de justiça", que contém apenas valores que poderiam ser endossados por todas as pessoas a partir de todas as doutrinas abrangentes de bem razoáveis, isto é, doutrinas abrangentes que não requerem que o poder coercitivo estatal seja utilizado para impor suas crenças sobre aqueles que não as compartilham (RAWLS, 2011). Susan Okin critica esta concepção de razoabilidade por ser inadequada da perspectiva feminista, que combate concepções culturais sexistas e, em especial, a afirmação pelas principais religiões monoteístas – o judaísmo, o cristianismo e o islamismo – da inferioridade feminina. Para ela, o critério de razoabilidade deveria admitir como razoáveis apenas doutrinas abrangentes, culturas e pessoas que afirmassem a igualdade entre homens e mulheres, sendo igualitárias em relação ao gênero (OKIN, 2004). Em suas palavras,

> The distinction between comprehensive and political liberalism that he introduces in Political Liberalism severely diminishes the capacity of his theory of justice to answer feminist criticism. Only by allowing that his principles of justice apply directly to the internal life of families – which Rawls clearly resists – and by restricting 'reasonable conceptions of the good' to those that are non-sexist, could one revise the theory so that it both includes women and has an effective and consistent account of moral development (*Ibidem*, p. 1538-9).

---

72 A própria Okin afirma que gênero é presente em toda a sociedade e cultura (OKIN, 1999). Esta ideia está presente no feminismo radical de Catherine MacKinnon (MACKINNON, 1987), no feminismo de Sandra Bartky (BARTKY, 1990) e nos trabalhos de Pierre Bourdieu sobre gênero (BOURDIEU, 2011), por exemplo. Mas a ideia da onipresença social do gênero está presente em quase toda a teoria feminista e teorias antropológicas e sociológicas sobre gênero e sexualidade.

REFORMULAÇÕES FEMINISTAS RAWLSIANAS A PARTIR DO ARGUMENTO DE SUSAN OKIN

As concepções de bem em geral e as concepções religiosas e tradicionais comunitárias[73] em específico fazem parte da constituição dos comportamentos orientados por gênero intrafamiliarmente exercidos. Tradição, religião e família são profundamente intrincadas na construção da ubiquidade do gênero e de sua desigualdade. E comunidades tradicionais, comunidades religiosas e famílias não podem ser simplesmente pressupostas como coletividades nas quais o pertencimento é voluntário, pois são constitutivas das próprias identidades pessoais, afetam profundamente as oportunidades de vida disponíveis a cada um, são parte do que constrói os interesses, preferências e talentos das pessoas e são *loci* de grande parte das relações pessoais que são caras aos indivíduos. Tudo isso faz parte daquilo que leva Okin a afirmar que o critério de razoabilidade rawlsiano é insuficiente para lidar com as desigualdades de gênero e construção das coerções orientadas por gênero. Afinal, os aspectos religiosos, familiares e culturais que constroem o gênero fazem parte do que constitui fenômenos graves de intolerância e injustiça social contra a mulher, como a anteriormente apontada violência doméstica contra a mulher, que faz do ambiente familiar aquele em ocorre o maior número de mortes femininas não naturais.

A respeito disso, podemos afirmar que, em nome da tolerância e direito de saída exigidos pelo axioma de igualdade humana fundamental, é importante que as liberdades básicas – dentre as quais as liberdades civis em geral e, em especial, o direito à apostasia e divórcio – sejam explicitamente afirmadas como parte da razoabilidade das doutrinas abrangentes e das comunidades e associações. Mas isso não é o mesmo que, como afirma Okin, reivindicarmos que só sejam consideradas razoáveis doutrinas abrangentes que afirmem a igualdade entre homens e

---

[73] Faço esta distinção entre concepções religiosas e concepções tradicionais comunitárias em alusão aos trabalhos de Unni Wikan, para quem as visões sexistas a respeito do comportamento feminino adequado em nome da honra familiar são mais ligados aos entendimentos tradicionais comunitários do que à interpretação da religião em si, com isso, a autora quer ressaltar que assassinatos de honra (cometidos por homens contra as mulheres de sua família) não são uma exigência do Islã, mas da comunidade (WIKAN, 2010).

mulheres. Esta distinção é fundamental porque a tolerância liberal ao pluralismo moral razoável afirma que as instituições legais e estatais devem respeitar que as pessoas morais endossem crenças não-igualitárias, desde que estas pessoas morais aceitem a saída daqueles que o desejarem. Assim, a autonomia e a liberdade igual para as mulheres é estabelecida normativamente como uma possibilidade permitida pela afirmação de iguais liberdades básicas para homens e mulheres; mas não se estabelece normativamente a necessidade de que todas as pessoas e suas doutrinas abrangentes afirmem a igualdade de gênero, ou seja, não se estabelece normativamente a necessidade de que todas as pessoas e doutrinas expressem e pratiquem um *ethos* feminista e igualitário quanto ao gênero, ainda que os *ethos* anti-igualitários quanto ao gênero sejam controlados pela efetividade das liberdades básicas iguais para todos, cujo respeito é condição de razoabilidade – lembrando que o respeito às liberdades básicas, aliado ao valor equitativo das liberdades e à equidade de oportunidades dá efetividade às liberdades básicas e seu direito de saída no sistema rawlsiano de justiça como equidade.

Para além desta exigência de razoabilidade rawlsiana,[74] instituições legais e estatais devem estabelecer condições para que este direito de saída não seja apenas formal – como abrigos e auxílios para vítimas de violência doméstica, por exemplo. De certa forma, podemos considerar que isso está contemplado na "justiça como equidade" formulada por Rawls, afinal, (1) a prioridade da justiça sobre as concepções de bem estabelece que coerções de nenhuma espécie podem ser exercidas de modo a subverter as liberdades básicas; (2) o primeiro princípio de justiça rawlsiano é explícito ao prescrever liberdades civis e políticas iguais para todos; (3) e o segundo princípio permite o exercício efetivo e valor equitativo das liberdades básicas através da exigência de igualdade equitativa de oportunidades para todos. Assim, há sempre direito de saída efetivo em relação às coletividades e famílias, igrejas, comunidades culturais e quaisquer tipos de associações. Em uma estrutura básica justa, todas estas funcionam como associações às quais o pertencimento é voluntário. Isso corrobora a afirmação de Rawls de que "if the so-called private sphere is alleged to be a space exempt from justice, then there is no such thing" (RAWLS, 2005, p. 471).

---

74 Diferente do que poderíamos chamar de "razoabilidade feminista okiniana".

Assim, podemos afirmar que o pluralismo moral razoável, com sua exigência de respeito ao direito de saída – que não é criminalizado – e às liberdades básicas, respeita o ideal de espaço de inviolabilidade individual igual proporcionado pelas liberdades básicas, mesmo que o critério de razoabilidade não inclua a obrigação de crenças feministas e igualitárias sobre gênero. Isso faz com que os espaços não-estatais não sejam isentos de justiça, pois estão normativamente proibidos de violar a igualdade moral universal que é resguardada pela exigência de respeito ao direito de saída e às liberdades básicas das pessoas independentemente de seu gênero. Assim, constitui-se o "âmbito do pessoal que não é político" e que difere do "pessoal é político" feminista, que diz respeito ao pessoal das relações de poder inescapáveis e potencialmente violadoras de liberdade. A esfera de liberdade deste "pessoal que não é político" é aquela que persistiria em um mundo de pluralismo moral, em que há livre uso da razão humana e no qual este poderia levar não apenas a igualdades, mas também a desigualdades, mas no qual haveria possibilidades efetivas de direito de saída para aqueles que não aceitassem estas desigualdades. Assim, este "pessoal que não é político" é conforme o espaço de inviolabilidade individual fundado na justiça e é o espaço do pluralismo moral razoável moldado pela tolerância liberal e pelo individualismo ético.

Enfatizo que isso não corrobora a pressuposição injustificada da "public power/private power distinction" de que fala Michelman, pois não há nisso nenhuma neutralidade frente a violações privadas das liberdades básicas, que são publicamente proibidas e protegidas pelas instituições estatais soberanas.

E proponho a construção de uma radicalização da proposta liberal rawlsiana de Okin sobre como gênero deve ser acessado por uma interpretação da estrutura básica que inclua a família e na qual a religião também seja uma preocupação de justiça, mas sem incluir a igualdade de gênero como crença sem a qual não há razoabilidade, posto que isso retiraria toda cultura e tudo o que constitui as identidades humanas do âmbito da razoabilidade. Neste sentido, proponho que a cultura e as valorações culturais, por serem sempre criadoras de desigualdades potencialmente injustas – isto é, desigualdades violadoras de liberdades básicas e que impeçam o direito de saída em relação a elas – tenham suas coerções inclusas em uma interpretação expandida da estrutura básica. A ideia é que toda coerção potencialmente violadora das liberdades básicas iguais seja acessada pelos princípios de justiça dentro do ideal de prioridade da justiça sobre as concepções de bem, seja esta coerção familiar, religiosa, cultural, tradicional, empresarial ou de qualquer outra instância permeada pela ubiquidade do gênero. Sendo que ser acessada pelos princípios de justiça significa apenas que as violações das liberdades básicas são terminante e efetivamente proibidas pelas instituições estatais da estrutura básica da sociedade que são "meio para a justiça", agindo sobre as principais instituições sociais de um modo geral, sendo todas estas, estatais ou não "objeto de aplicação da justiça". Tudo isso concomitante com o ideal de que, em nome da tolerância liberal ao pluralismo moral, preserve-se (1) o caráter institucional e político da justiça e (2) a noção rawlsiana própria dos "background facts" segundo a qual, mesmo que todas as pessoas sejam justas e tolerantes em suas ações, são necessárias condições de fundo estruturais que mantenham a possibilidade da justiça.

Assim, coloca-se uma distinção interna ao conceito de estrutura básica como "objeto da justiça", na qual todas as principais instituições desta estrutura são objeto da justiça, mas algumas delas são "meio para a justiça" entendida como "justiça institucional". O ideal de uma "justiça institucional" – aplicada por instituições legais e estatais – seria próprio do respeito normativo ao pluralismo moral e um modo liberalmente tolerante de se lidar com uma pluralidade de doutrinas abrangentes de bem na qual nem sempre as concepções de boa-vida são feministamente igualitárias, ainda que razoáveis o suficiente para aceitar o ideal de liberdades básicas iguais para todos.

INTERPRETAÇÃO DA ESTRUTURA BÁSICA E JUSTIÇA INSTITUCIONAL COMO EXIGÊNCIA LIBERAL DE TOLERÂNCIA

Pois bem, das críticas de Geral Cohen e de Susan Okin à justiça como equidade de Rawls e seu foco na estrutura básica, retiramos a ideia de que é necessário, dentro da perspectiva liberal igualitária rawlsiana, explicitar os modos como o próprio Rawls não considerava que apenas coerções estatais são objeto da justiça e que a "public power/private power distinction" não é pressuposta em sua obra, ao contrário. Propõe-se aqui que isso deva ser feito através de dois movimentos:

8. A construção de uma interpretação expandida da estrutura básica que inclua todas as relações e trocas de influência potencialmente violadoras de liberdades básicas e, portanto, que dê conta do desafio apontado pelo slogan feminista segundo o qual "o pessoal é político";

9. A diferenciação entre uma categoria mais ampla que é o "objeto da justiça" de uma categoria que lhe é interior de "meio para a justiça", que permita que afirmemos que a justiça é endereçada a todas as coerções que ameacem o espaço de inviolabilidade igual devido socialmente a todos, sem abdicarmos do ideal de justiça institucional que permite o respeito ao pluralismo moral razoável exigido pela tolerância e caro às pessoas, dado que as pessoas são constituídas pelo próprio pluralismo moral.

REFERÊNCIAS BIBLIOGRÁFICAS

AMNESTY INTERNATIONAL. *Women, Violence and Health.* Londres: Amnesty International, 2005.

BARTKY, Sandra. *Femininity and Domination: Studies in the phenomenology of oppression.* Nova York/Londres: Routledge, 1990.

BLOOM, Allan. *The Closing of the American Mind.* Nova York: Simon and Schuster, 1987.

BOURDIEU, Pierre. *A Dominação Masculina.* Trad. Maria Helena Kühner. 10ª ed. Rio de Janeiro: Bertrand Brasil, 2011.

CAVALLAR, Georg. "A sistemática da parte jusfilosófica do projeto kantiano À Paz Perpétua". In: ROHDEN, Valério (Org.). *Kant e a instituição da Paz.* Tradução: Peter Naumann. Porto Alegre: Ed. Universidade/UFRGS, Goethe-Intitut/ICBA, 1997, p. 78-95.

COHEN, Gerald Allan. "Incentives, Inequality, and Community". *Tanner Lectures on Human Values*, 1992. Disponível em <http://tannerlectures.utah.edu/lectures/documents/cohen92.pdf>.

_____. "Where the Action Is: on the site of distributive justice". *Philosophy and Public Affairs*, nº 1, vol. 26, winter, 1997, p. 3-30.

_____. *If You're an Egalitarian, How Come You're So Rich?* Cambridge-Mass.: Harvard University Press, 2001.

COHEN, Joshua. "Taking People As They Are?". *Philosophy and Public Affairs*, nº 4, vol. 30, fall 2001, p. 363-386.

_____. "Freedom of Expression". *Philosophy & Public Affairs*, nº 3, vol. 22, 1993, p. 207-263.

KANT, Immanuel. *À Paz Perpétua e outros Opúsculos*. Trad. Artur Mourão. Lisboa: Edições 70, 1995.

MacKINNON, Catharine A. *Feminism Unmodified. Discourses on Life and Law*. Cambridge-Mass.: Harvard University Press, 1987.

MICHELMAN, Frank. "Conceptions of Democracy in American Constitutional Argument: The Case of Pornography Regulation". *Tennessee Law Review*, vol. 56, 1989, p. 291-320.

MURPHY, Liam. "Institutions and the Demands of Justice". *Philosophy & Public Affairs*, nº 4, vol. 27, 1998, p. 251-291.

NAGEL, Thomas. "The Problem of Global Justice". *Philosophy & Public Affairs*, nº 2, vol. 33, 2005, p. 113-147.

_____. "Rawls and Liberalism". In FREEMAN, Samuel. (Org.). *The Cambridge Companion to Rawls*. Cambridge: Cambridge University Press, 2002, p. 62-85.

NUSSBAUM, Martha. *Women and Human Development: The capabilities approach*. Cambridge: Cambridge University Press, 2001.

OKIN, Susan Moller. "Gênero, o público e o privado". *Estudos Feministas*, nº 2, vol. 16, mai./ago. 2008, p. 305-332.

_____. "Justice and Gender: An unfinished debate". *Fordham Law Review. Symposium Rawls and the Law*, nº 5, vol. LXXII, abr. 2004, p. 1537-1567.

_____. "Is Multiculturalism Bad for Women?". In: COHEN, Joshua; HOWARD, Matthew; NUSSBAUM, Martha C. (Orgs.). *Is Multiculturalism Bad for Women? Susan Moller Okin with respondents*. Princeton: Princeton University Press, 1999, p. 7-24.

_____. "Sexual Orientation and gender: Dichotomizing Differences". In: ESTLUND, D.; NUSSBAUM, Martha C. (Orgs.). *Sex, Preference, and Family: Essays on law and nature*. Oxford: Oxford University Press, 1997.

_____. *Justice, Gender, and the Family*. Nova York: Basic Books, 1989.

O'NEILL, Onora. *Bounds of Justice*. Cambridge: Cambridge University Press, 2000.

_____. "Ethical Reasoning and Ideological Pluralism". *Ethics*, nº 4, vol. 98, 1988, p. 705-722.

PATEMAN, Carole. *O Contrato Sexual*. São Paulo: Paz & Terra, 1993.

RAWLS, John. *O Liberalismo Político*. São Paulo: Martins Fontes, 2001.

_____. *Uma Teoria da Justiça*. São Paulo: Martins Fontes, 2008.

_____. *Justiça como Equidade. Uma Reformulação*. São Paulo: Martins Fontes, 2003.

_____. *The Law of Peoples: with "The idea of public reason revisited"*. Cambridge-Mass.: Harvard University Press, 2002

_____. *O Direito dos Povos*. São Paulo: Martins Fontes, 2001.

_____. *O Liberalismo Político*. São Paulo: Ática, 2000.

_____. "The Idea of Public Reason Revisited". *University of Chicago Law Review*, nº 3, vol. 64, verão 1997, p. 765-807.

_____. "The Basic Structure as Subject". *American Philosophical Quarterly*, nº 2, vol. 14, 1977, p. 159-165.

_____. *Uma Teoria da Justiça*. Lisboa: Presença, 1993.

SANDEL, Michael. *Liberalism and the Limits of Justice*. 11ª ed. (equivalente à 2ª ed.). Cambridge: Cambridge University Press, 2008.

SCHEFFLER, Samuel. *Is the Basic Structure Basic?*. 2006. Disponível em <http://www.princeton.edu/csdp/events/Scheffler111105/Scheffler111105.pdf>

SEN, Amartya. "Gender Inequality and Theories of Justice". In: NUSSBAUM, Martha C.; GLOVER, Jonathan (Orgs.). *Women, Culture and Development: A study of human capabilities*. Oxford: Clarendon Press, 1995, p. 259-273.

SUNSTEIN, Cass. *Free Markets and Social Justice*. Oxford: Oxford University Press, 1997.

WHO. *Multi-country Study on Women's Health and Domestic Violence against Women*. Geneve: WHO, 2005.

_____. *World Report on Violence and Health*. Geneve, WHO, 2002.

WIKAN, Unni. *Em Honra de Fadime: Assassinato e humilhação*. Trad. Beth Honorato. São Paulo: Editora UNIFESP, 2010.

CAPÍTULO II
CONSTITUCIONALISMO E DEMOCRACIA

A TRANSIÇÃO PARA A DEMOCRACIA E A QUESTÃO DO PODER CONSTITUINTE[1]

Cícero Araújo

A experiência constitucional brasileira suscita complicados exercícios às teorias jurídicas que se valem do conceito de "Poder Constituinte". Para começar: que circunstâncias concretas justificam a aplicação do conceito? Por que, como e sob quais critérios práticos se pode afirmar que há um poder constituinte? Como as cartas modernas costumam receber revisões de maior ou menor envergadura, os juristas distinguem, dentro do próprio conceito, entre um "poder originário" e um "poder derivado". O que desemboca na discussão de critérios para reconhecer um ou outro, apontando para questões de fato. Assim, para reivindicar um poder originário, há que se constatar "ruptura institucional" ou "decadência" de certo regime político, credenciando os representantes desse poder – dada sua natureza "ilimitada" e "incondicionada"[2] –, a fazer virtualmen-

---

1 Este texto teve como ponto de partida a exposição feita pelo autor no II Colóquio Internacional de Teoria Política: Teoria Política Contemporânea, promovido pelo Departamento de Ciência Política da FFLCH-USP, em São Paulo, entre 6 e 7 de dezembro de 2012. O presente capítulo é uma versão revista (e com uma seção a menos) do que foi publicado na revista Lua Nova nº 88 (2013).

2 Ilimitada: "o Poder Constituinte não tem de respeitar limites postos pelo direito positivo anterior"; incondicionada: "o que quer dizer que a nação não está sujeita a qualquer forma prefixada para manifestar a sua vontade; não tem ela que seguir qualquer procedimento determinado para realizar a sua obra de constitucionalização" (GONÇALVES FILHO, 2007, p.14-5).

te qualquer coisa. Fora essas situações muito especiais, só haveria espaço para um poder derivado, isto é, de emendamento da constituição em vigor e, por isso, obriga a observar as normas que definiriam seus limites. Tais normas estariam, ainda, condicionadas à interpretação de um tribunal constitucional (caso existisse) – o que significaria a possibilidade de interferência desse órgão, nos termos, normalmente muito vagos, previstos pela lei constitucional antecedente, considerada "superior".

Como se vê, além do ponto problemático de derivar de uma simples questão de fato um ato de grande densidade normativa, um mesmo critério poderia justificar, e igualar, escolhas muito diversas: desde um movimento de desobediência civil generalizada até um golpe de Estado promovido por uma casta militar. O rígido formalismo dessas teorias tende a fazê-las desprezar essas diferenças, por vezes cruciais na história de um país. Insensíveis ao conteúdo de valor que possa existir em tipos contraditórios de "ruptura" ou "continuidade", "decadência" ou "estabilidade", acabam providenciando idêntica escora jurídica a contestações políticas de sentidos diametralmente opostos, fossem elas de teor autoritário ou democrático. Mas também a continuidades institucionais das mais diversas tonalidades que, porém, dependendo de suas peculiaridades sutis, podem significar enormes diferenças entre si. É o que se vai explorar neste capítulo, através da análise de um caso histórico.

Mas não se trata de criticar essas teorias jurídicas em suas minúcias. O que se pretende fazer neste capítulo é explorar caminho alternativo e propor uma interpretação da experiência política brasileira que levou ao nosso último "processo constituinte"[3] e à promulgação da Constituição Federal em 1988. Assim se fará, tentando abarcar um espectro mais amplo de questões conceituais, porém mais sensíveis às singularidades dessa experiência e aos valores que orientaram as iniciativas dos atores. Também não se trata de pôr em questão o próprio conceito de Poder Constituinte que, ao ver deste autor, ainda poderia servir como bom candidato a ancorar, em momentos de transformação ou inflexão de regimes políticos, o ideal de soberania popular que está na base das teorias democráticas. Mesmo nesse campo teórico, a reflexão que segue pede

---

3   O uso desta expressão ficará mais claro ao longo do texto.

algumas adaptações para que dê conta de contextos muito fluidos, como os que caracterizam uma transição de regimes políticos.

O desafio é interpretar o conceito de Poder Constituinte de modo suficientemente moldável à contingência dos eventos históricos e com um caráter mais difuso do que se costuma fazer em termos de protagonismo, evitando sua fixação num agente privilegiado que venha a pretender sua encarnação. Tal fixação é uma tendência das teorias que recorrem ao conceito, dando margem a apropriações autoritárias, como aconteceu logo no advento do regime que se instalou no Brasil em 1964. Por isso mesmo, a análise da experiência como um todo, mas especialmente da transição à democracia até a abertura do processo constituinte, se revelará importante para estabelecer esse ponto. Antes, porém, de tomar essa questão, cabe recapitular a discussão jurídica que se deu no início daquele processo.

CONSTITUINTE, CONSTITUIÇÃO E O DEBATE JURÍDICO BRASILEIRO

Aceitemos, convencionalmente, que o último processo constituinte no Brasil tenha se iniciado com o debate sobre a convocação da Assembleia Nacional Constituinte, proposta pelo presidente da República e submetida ao Congresso, em junho de 1985. Também convencionalmente tomemos como seu encerramento a proclamação da Constituição Federal, em outubro de 1988. Diz-se "convencionalmente", pois essa demarcação temporal é algo arbitrária, uma vez que o debate sobre o assunto é anterior ao projeto de emenda constitucional à Carta de 1967/1969, apresentado pelo presidente José Sarney,[4] e com o qual se fez aquela convocação. Além disso, a questão da forma definitiva da Constituição permaneceu aberta ainda durante a década de 1990, por conta do processo de revisão, previsto nas disposições transitórias do texto aprovado em 1988. Mas fixemo-nos nessa demarcação apenas para ficarmos com um quadro de referência temporal.

---

4   O projeto resultou na Emenda Constitucional nº 26, de 27 de novembro de 1985. Que o debate é anterior, se constata no ensaio polêmico publicado por Raymundo Faoro, em 1981. Para um retrospecto do debate, ver também a coletânea de artigos de autoria de Miguel Reale (1985).

Vários juristas foram chamados, ou se sentiram chamados, a intervir no debate. A história é bem conhecida: o que se convoca, por que se convoca e como se convoca uma assembleia constituinte? Qual a sua correta formulação? A rigor, o debate antecede esse período, ecoando algumas vezes no Congresso Nacional,[5] mas só atingindo a opinião pública mais ampla depois que Tancredo Neves, eleito presidente da república, assume a proposta de convocar a assembleia para elaborar uma nova Constituição para o país. Com a morte de Tancredo, seu sucessor José Sarney herda a questão.

Nas mãos dos juristas, o debate voltará a acionar as teorias constitucionais em voga, notadamente nos termos mencionados no início deste capítulo. Os que defendiam que a assembleia a ser convocada deveria ser a expressão de um "poder derivado", e não de um "poder originário", levavam a óbvia vantagem de apontar, como questão de fato, a continuidade institucional: a estrutura de governo que a convocava – o presidente da República e o próprio Congresso, tendo na retaguarda o Supremo Tribunal Federal – provinha da ordem constitucional posta até então. Embora sua origem fosse autoritária, as coisas seguiam mais ou menos conforme suas normas, porém reinterpretadas. Longe de uma iniciativa "revolucionária" e "rupturista", portanto, o que se haveria de fazer era uma reforma, mesmo que ampla, da Constituição existente. Exatamente por isso, seus poderes e atribuições não deveriam ser ilimitados. Nas palavras de um jurista que apresentou uma defesa detalhada, e muito citada, dessa posição:

> a *Nova República* não nasceu de uma revolução, surgiu do exato cumprimento da Constituição em vigor. Não lhe é dado, em consequência, invocar o Poder Constituinte revolucionário. Não detém Poder Constituinte originário.

---

5 Como foi o caso da exposição feita por Afonso Arinos de Melo Franco (que na época não era parlamentar), a convite da Comissão de Constituição e Justiça do Senado Federal, em agosto de 1981 (FRANCO, 1982). Sua proposta de que o Congresso aprovasse uma "resolução legislativa", à revelia do Poder Executivo, para convocar uma "Constituinte instituída" – isto é, autoatribuindo-se funções constituintes – gerou controvérsia no seio dos próprios juristas simpáticos à ditadura, culminando numa controvérsia pública entre Arinos e Reale, nas páginas do Jornal do Brasil, em dezembro de 1982.

E o terreno em que pisa é movediço demais para que ouse quebrar a Constituição, visto que esta é seu título ao Poder (FERREIRA FILHO, 2007, p.159).[6]

Mas houve juristas que, a partir de um campo que poderia ser denominado "radical-democrático", procuraram evidenciar outras questões de fato, que não a dicotomia continuidade/ruptura institucional. Essa a linha seguida por José Afonso da Silva – que terá um papel importantíssimo na elaboração da futura Carta –, ao enfatizar a não menos óbvia "decadência" do regime de 1964 para justificar a presença de um poder constituinte "originário" no processo e não simplesmente um "poder derivado".[7] Mais ou menos no mesmo sentido também se dá a fina argumentação de Raymundo Faoro, cujo ensaio de 1981 (citado em nota anterior) foi várias vezes reeditado no período, e que sustenta a tese da assembleia constituinte de plenos poderes com base não na ruptura revolucionária, mas no fato da "decomposição de legitimidade" do regime. No fundo, dizia ele, era para evitar tal ruptura, e não por ser uma consequência dela, que se deveria convocar uma assembleia constituinte.[8]

Para além das diferentes questões de fato disputadas na controvérsia, a linha de argumento dos advogados do campo conservador soava como um insulto a toda a luta que a oposição ao regime autoritário havia travado no longo período antecedente. Luta que culminou numa adesão de quase todas as forças políticas à campanha das "Diretas-Já" e, em seguida, na eleição de um candidato de seu campo no colégio eleitoral da ditadura. Uma Assembleia Nacional Constituinte, "livre, soberana e exclusiva", como dizia a militância democrática da época – isto é, sem a tutela da ordem constitucional imposta pelo regime

---

6   Essa citação integra a parte IV do livro, capítulo único, onde está a discussão relevante.
7   Ver o artigo "Constituinte", publicado por Silva (2000, p. 66-81), escrito originalmente no início de 1986, como roteiro para os debates de que o autor participou naquele ano.
8   "Não é a ruptura do poder que reclama a constituinte, para legitimá-lo, qualquer que seja seu conteúdo. É a legitimidade em decomposição, agravada pela ineficiência, que desperta o Poder Constituinte de um povo." (FAORO, 2007, p. 219). Ver também Bonavides (1985), capítulos XII e XIII.

autoritário – parecia o desdobramento natural desse embate que, mesmo aos trancos e barrancos, havia sido vencido pela oposição.

Enquanto discurso estritamente político, se consideradas as disposições da opinião pública predominantes no período, nada favoráveis às persistências do antigo regime, essa resposta era muito persuasiva. Contudo, no âmbito jurídico, tornava-se objeto de um argumento mais frágil, especialmente diante da rigidez formal das teorias de poder constituinte aceitas, cujo critério decisivo tinha por base as questões de fato antes mencionadas. Argumentar nesse terreno, como o faziam também os juristas de oposição mais combativos – e o faziam por enxergar a força emancipatória da ideia de poder constituinte "originário", noção curiosamente compartilhada por ambos os lados da contenda, mas que o lado adversário não aceitava aplicar nas circunstâncias brasileiras – colocava esses atores/autores numa posição um tanto embaraçosa e desorientadora. Embaraçosa porque, de partida não rejeitavam que o Congresso Nacional vigente pudesse ser a instância, senão inteiramente legítima, pelo menos aceitável, para convocar a assembleia. Todavia, aquele Congresso – cujo Senado ainda se compunha, no momento do debate, pelos famosos "senadores biônicos" (indicados pelo *establishment* civil-militar e não eleitos pelo povo) – já não era, ele mesmo, uma persistência do antigo regime? E desorientadora, porque a possibilidade do não endosso de sua tese jurídica os levava a um tudo ou nada político: ou a assembleia haveria de ser "livre, soberana e exclusiva" para elaborar uma autêntica Constituição ou, ao contrário, renunciando à representação de um poder constituinte pleno, nada mais poderia ser do que um arranjo para amordaçar "o povo" (seu "titular"), com isso esvaziando de sentido democrático tudo que dele resultasse. Em suma: aceitando-se sua rigidez formal, teorias constitucionais com essa feição pareciam desarmar aqueles que, a partir de um campo inequivocamente democrático, pretendessem influenciar os trabalhos de uma assembleia que, de um jeito ou de outro, estava fadada a acontecer.

Mas tão logo se percebeu que esse evento, fosse como fosse, se tornaria fato político de primeira grandeza, os atores mais engajados, também entre os juristas, deixaram de insistir nesse formalismo, para enveredar em considerações táticas ou estratégicas sobre a melhor maneira de participar daquele embate.[9] À primeira vista, a emenda constitucional que aprovou a convocação da assembleia parecia beneficiar mais um lado da disputa do que o outro: nas deliberações parlamentares prevaleceu a tese de que o futuro Congresso, cuja maioria dos representantes – exceto o terço de senadores eleito em 1982 – seria escolhida no pleito do ano seguinte, deveria funcionar ao mesmo tempo como órgão legislativo ordinário e como instância constituinte. Contudo, essas mesmas deliberações reconheceram que a assembleia haveria de ser "livre e soberana" para elaborar uma nova constituição, o que pelo menos desmanchava a ideia de que sua tarefa seria apenas "emendar" a ordem até então vigente.[10] Essas ambiguidades revelavam o quanto aquelas teorias constitucionais, a despeito de suas divergências recíprocas nos pontos aqui assinalados, não conseguiam abarcar satisfatoriamente os interesses e os valores em jogo.

A RELEVÂNCIA E PECULIARIDADES DA TRANSIÇÃO BRASILEIRA

Até aqui não se discutiu como as peculiaridades da transição à democracia no Brasil, e as diferentes avaliações sobre ela, influenciaram os resultados dessa disputa. Certamente influenciaram e muito. Mas é preciso insistir neste ponto: seu impacto explícito no debate jurídico se deu apenas como elemento subsidiário para fixar aquelas mesmas questões de fato: ruptura ou continuidade, decadência ou vigor, legitimidade ou ilegitimidade? Justamente em relação a esses pontos, o enquadramento teórico dificultava uma resposta nuançada, induzindo a opções esquemáticas do tipo "ou uma coisa ou outra". Contudo, a transição brasileira, longa como foi, revelou-se tão cheia de zigue-zagues que dificilmente poderia ser reduzida a tais esquemas. Mesmo quem, no final das contas, fizesse uma avaliação essencialmente negativa do processo – negativa do ponto de vista democrático –, teria de resgatar certos aspectos positivos que,

---

9 Para um relato, ver Michiles *et al* (1989, p. 37-59). Uma expressão muito rica desse debate pode ser encontrada na coletânea editada por Fortes e Nascimento (1987), em particular na segunda parte. A coletânea é resultado de um colóquio ocorrido na Faculdade de Filosofia, Letras e Ciências Humanas (FFLCH) da USP, em maio de 1986.

10 Cf. Emenda Constitucional no. 26, Art.1º. Disponível em: <http://www.senado.gov.br/publicacoes/anais/constituinte/emenda26-85.pdf>.

para os embates futuros, não poderiam ser desprezados. E isso tinha consequências diretas na decisão de participar e intervir com ânimo na questão constituinte, a despeito do fato de que sua fórmula, aprovada pelo Congresso, pudesse reforçar a avaliação negativa.

Para os que faziam uma avaliação positiva, mesmo entre os que discordaram daquela decisão do Congresso, a relevância e o entusiasmo para participar eram, obviamente, imediatos, ainda que tivessem de pesar com muito cuidado os possíveis "retrocessos" da jornada. As avaliações mais nuançadas tinham de inserir, entre o negativo e o positivo, zonas cinzentas que permitiam maior ou menor flexibilidade na intervenção política. Na verdade, esse último padrão de comportamento era induzido pelas ambiguidades da própria transição, em seus "avanços" e "retrocessos" – ambiguidades que sugeriam a todos os atores um horizonte de indeterminação do processo. E quanto mais indeterminado fosse, maior o empuxo para participar dele.

Ainda não é possível precisar o quanto a comparação com as transições à democracia, ocorridas em outros países mais ou menos na mesma época, influenciou essas diferentes avaliações. Se esse dado estivesse claramente à disposição dos atores, seria no mínimo curioso indagar como ele poderia ter nuançado ainda mais as avaliações da experiência brasileira e até suscitado questionamentos a respeito dos critérios factuais adotados no debate dos juristas. Para ficar apenas num exemplo: poucos anos antes, a ditadura militar argentina havia virtualmente desmoronado, propiciando passagem muito rápida para um regime democrático. O ponto é que as negociações da transição e o programa do novo governo – sufragado, ao contrário do brasileiro, diretamente nas urnas –, não previam a convocação de uma assembleia constituinte. Ao invés de elaborar uma constituição a partir do zero, os argentinos preferiram voltar à velha Constituição de 1853, naturalmente recheada com atualizações. E isso acontecia apesar do caráter tão mais "rupturista" do processo argentino – em virtude da completa desmoralização das Forças Armadas, que se segue à derrota argentina na Guerra das Malvinas –, o que, segundo as teorias constitucionais antes aludidas, justificaria, melhor do que no caso brasileiro, a invocação de um poder constituinte pleno, isto é, "originário", livre da tutela de qualquer legalidade antecedente.[11] De fato, uma reforma constitucional mais ampla, na Argentina, só entrou na pauta anos depois, envolvendo, aí sim, uma espécie de assembleia constituinte, mas já em outra conjuntura, não mais de transição propriamente e servindo a outros propósitos.

Mas por que, afinal, a transição dos brasileiros teve uma constituinte e a dos argentinos, não? Teria sido por causa da propensão "legisferante" dos brasileiros, com suas frequentes "diarreias constitucionais", como afirmava o senador Roberto Campos - embora quisesse generalizar a crítica a todos os latino--americanos (1994, p. 1183-1190)? Ou por causa da reverência argentina às suas tradições fundadoras, que têm na Constituição de 1853 uma simbologia toda especial, associada à ultrapassagem da dicotomia federalismo-unitarismo que dilacerara o país até então (COELHO, 1999, p. 107-8)? Pistas como essas, interessantes que sejam para nos lembrar dos fatores de longa duração, podem, todavia, nos distrair das circunstâncias específicas de cada processo, notadamente de suas contingências. O presente trabalho arrisca uma hipótese que as leve em conta. Por sua relevância para a discussão prometida no início do capítulo, há que se deter nela um pouco mais.

A hipótese parte do seguinte dado: o regime autoritário brasileiro preocupou-se, muito mais do que o argentino, com sua própria institucionalização, através de normas e procedimentos que, para além da mera aparência de legalidade, servia a propósitos derivados da necessidade mesma de regular seus conflitos internos, como se verá adiante. É claro que nada disso retira o caráter essencialmente repressivo da ditadura que, através de instrumentos como o AI-5 e de uma máquina semiclandestina de perseguição aos opositores, podia suspender, da noite para o dia, todas as normas ou procedimentos e deixar qualquer cidadão à mercê de uma violência extrema, cuja simples ameaça já poderia dissuadi-lo de uma militância oposicionista. Porém, e a despeito disso, tais propósitos institucionalizantes, quando fazia sentido buscá-los com algum rigor, emprestavam à ditadura brasileira peculiaridades que a contrastavam com suas "primas" do Cone Sul. E se essa busca fez, de fato, algum sentido na primeira fase do regime (antes da promulgação do AI-5), fez mais sentido

---

11 Para uma exposição do colapso da ditadura argentina e os eventos subsequentes, ver Novaro e Palermo (2007), capítulo 7.

ainda na longa fase derradeira, quando seus líderes passaram a se comprometer com um projeto de "distensão" ou "abertura" que, intencionalmente ou não, marca o início da transição para a democracia.

Além da volta à democracia plena, entre as possíveis consequências não intencionadas pela liderança autoritária, há que se registrar a seguinte: ao manter o Congresso e seu calendário eleitoral e, ao mesmo tempo, criar um novo sistema partidário – primeiro em fins de 1965, como resultado do Ato Institucional nº2 (AI-2), que levou ao bipartidarismo da Arena/MDB, e depois com a reforma de 1979, que sancionou um multipartidarismo limitado – o regime permitiu o desenvolvimento de novas referências político-eleitorais. Estas encobriam, ou mesmo apagavam, as antigas referências nascidas do regime democrático-constitucional de 1946, ajudando a desmanchar, de modo talvez muito mais eficaz do que o puro e simples emprego do banimento e da força, as resiliências da memória popular no que diz respeito a seus velhos líderes e suas respectivas simbologias. A própria criação induzida de uma nova liderança de oposição (o MDB, e depois o PMDB e os demais partidos, particularmente o PT) gerava um incentivo autopropelido para diminuir o valor daquele passado. Ao contrário, os países em que ditaduras simplesmente aboliram o regime eleitoral e parlamentar, sem colocar nada no lugar, assistiram ao retorno das velhas agremiações partidárias, com seus símbolos e seus líderes ou herdeiros diretos.

Não por acaso, já em 1967, de acordo com o precioso estudo de Maria D'Alva Kinzo sobre o MDB (1988, p.111-12), a maioria desse partido se mostrava no mínimo relutante em cerrar fileiras com a recém-formada Frente Ampla, que então unia contra a ditadura três das principais personalidades do regime de 1946 (Carlos Lacerda, Juscelino Kubitschek e Jango). Esse comportamento não se explica apenas pela disposição muito moderada do partido nessa época, mas também pela necessidade de autoafirmação de uma nova safra de políticos profissionais que encontravam, no sistema partidário recém-criado, uma brecha para florescer, a despeito de todos os limites do autoritarismo.[12]

---

12 Para uma análise alternativa do papel das instituições eleitorais no regime autoritário, não necessariamente divergente desta mas olhando para outros aspectos da questão, ver Lamounier (1988).

PROCESSO DE DEMOCRATIZAÇÃO E PROCESSO CONSTITUINTE

Não é fácil definir em abstrato o que significavam a democracia e as aspirações democráticas que foram, aos poucos, se firmando no período. Em geral, as teorias democráticas costumam estabelecer o conceito que lhes é central (o regime democrático) a partir de tipos ideais e sem considerar contextos específicos. O mesmo ocorre com os conceitos contrastantes (o negativo da democracia), tais como "ditadura" e "autoritarismo". Em princípio, não há nada de errado ou criticável em fazer isso, em vista do caráter generalizante das abordagens que, ao modo típico-ideal, conferem abrangência e rigor a seus conceitos. Contudo, essas virtudes cognitivas, quando aplicadas sem maiores mediações a processos concretos, não raro são pagas ao preço da rigidez. Como a vida real dos regimes políticos, com suas historicidades específicas, frequentemente nos apresentam situações intermediárias, zonas cinzentas, o resultado é que elas acabam flagrando pontos cegos dessas teorias.

Essa é uma das dificuldades mais sérias a se enfrentar quando estudamos a política brasileira na conjuntura histórica tratada aqui, a qual nos obriga a dar conta de um processo de transição de regimes políticos. Como a palavra mesma sugere, ela aponta exatamente para uma zona cinzenta.

A questão de fundo da qualidade "lenta, gradual e segura" que se pretendia imprimir à distensão almejada pelo regime autoritário – uma abertura rigorosamente controlada – é que ela exigia que as regras, procedimentos e práticas apropriados à meta da institucionalização do regime produzissem os resultados esperados por seus condutores e no timing que lhes fosse conveniente. Em termos de conteúdo, institucionalizar o autoritarismo significava "legalizar a revolução", constitucionalizar o "Poder Constituinte" cujos propósitos haviam sido a razão de ser do golpe de 1964, transformando em cláusulas pétreas sua legalidade: segurança nacional; rédeas curtas e firmes sobre todos os grupos sociais, associações, movimentos e demandas específicas ou universais; veto a cidadãos e correntes políticas consideradas subversivas e assim por diante. Além disso, a própria fúria repressiva do regime, com sua "guerra suja" aos dissidentes, gerou o problema da imunidade a seus executores e mandantes, o que a abertura almejada também teria de dar uma resposta.

Operacionalmente, a distensão "lenta, gradual e segura" implicava calibrar as regras, procedimentos e práticas de mediação da luta pelo poder político, de modo a: 1) favorecer, ou tornar mais prováveis, os resultados eleitorais desejados, obviamente para beneficiar o partido situacionista no Congresso e nas demais casas legislativas, os candidatos a prefeito ou governador e, mais decisivamente, o candidato a presidente apoiado pela cúpula do regime e 2) ir alargando o conteúdo e o campo de validade das próprias regras e procedimentos, num ritmo compatível com seu controle a partir dessa cúpula.[13] Envolvia, portanto, a manutenção de um poder político suficientemente concentrado, capaz de resguardar a iniciativa governamental a cada novo lance do processo.

Mas em que sentido esse modo de institucionalizar poderia se chocar com a questão democrática? Por certo, a democracia também implica uma institucionalidade – certas regras, procedimentos e práticas compartilhadas, consistentes com seus valores básicos. Porém, da perspectiva desta análise, o problema central não é contrapor dois modelos "estáticos", digamos assim, de institucionalidade – o do regime democrático e o do regime autoritário. Mais esclarecedor no que diz respeito ao que estava em jogo, seria contrapor dois processos, dois modos divergentes de realizar a institucionalização de regras, procedimentos e práticas, com a seguinte peculiaridade: é possível que certo processo de institucionalização comece de um modo e acabe sutilmente se transformando num outro modo, não só distinto, mas até oposto ao anterior. A inflexão ou mutação do processo, por sua vez, tem efeito decisivo sobre o conteúdo da institucionalização, afetando seu caráter autoritário ou democrático. Assim, modo de institucionalizar e conteúdo da institucionalização definem-se reciprocamente.

Ao ver do presente autor, foi aproximadamente isso que se deu na passagem do autoritarismo para a democracia no Brasil, ao longo da quadra histórica aqui enfocada. É preciso, portanto, falar antes de democratização do que de democracia, e de articular conceitos que explorem não tanto os pontos extremos

---

13 Essa evolução não precisava ser linear, mas, se necessário, podia seguir à maneira de uma sanfona, tal como indicado pela famosa metáfora das "sístoles" e "diástoles", do então Chefe da Casa Civil do presidente Ernesto Geisel (1974-1979), o general Golbery do Couto e Silva.

e mais nítidos do processo, mas a passagem ela mesma, a qual envolveu, em seu momento derradeiro, o "processo constituinte" ele mesmo.

Contudo, o que assinalaria a inflexão de um processo anterior, a distensão – aquele pretendido pela cúpula do regime autoritário – para algo como uma democratização? Justamente aquilo que poderia subverter os intentos da distensão: que os resultados desejados se tornassem indesejados ou que o esperado se tornasse inesperado e que o ritmo de alargamento do conteúdo e campo de validade das regras fosse diferente daquele que a cúpula do regime queria manter estritamente sob seu controle. Em síntese, a mudança da determinação para a indeterminação do processo é o que faz o país marchar rumo à sua democratização, de tal maneira que, a partir de certo momento, difícil de indicar com precisão, nenhum ator ou agência relevante e nenhum dos lados em confronto ou competição se mostraria capaz de definir unilateralmente tanto os resultados quanto o ritmo do processo.

Escrutinando os principais fatos relativos a essa inflexão no caso brasileiro, pode-se observar que a discreta passagem da distensão para a democratização ocorre exatamente com a perda gradativa de iniciativa política do regime – vale dizer, a perda de sua capacidade de concentrar poder político suficiente, a partir da cúpula, para operar sua própria institucionalização. Essa perda, ademais, corresponde a um deslocamento das características de indeterminação do processo, da periferia para o centro nervoso do Estado, movimento que se dá em zigue-zague, intercalado por avanços e recuos. Para apontar sumária e esquematicamente a sucessão dos fatos: ela começa com a derrota da Arena para o MDB na eleição do Senado, em 1974; passa pela crescente incapacidade dos governos autoritários – de Geisel ao general João Batista Figueiredo (1979-1985) – de enfrentar a seu modo a crise econômica e os conflitos sociais dela resultantes; pela derrota dos candidatos do regime nas eleições para os principais governos estaduais e a perda de sua maioria na Câmara Federal, em 1982; até culminar com a campanha oposicionista das eleições diretas e a consequente perda da capacidade do regime de fazer unilateralmente seu sucessor presidencial, em 1984-1985. É nesse contexto que, então, se abre oficialmente o processo constituinte, cujo desfecho, isto é, a Carta de 1988, marca também o final da transição, ou, pelo menos, a realização de sua principal tarefa: a superação irreversível do regime autoritário.

Para a compreensão do processo constituinte, em particular, segundo o quadro analítico e conceitual exposto, cabe voltar a considerar os processos de distensão e democratização a partir da perspectiva dos atores relevantes, para além, é claro, da cúpula do regime autoritário. Em primeiro lugar, o partido situacionista (a Arena, depois PDS): é óbvio que o horizonte da distensão lhe interessava eminentemente, uma vez que reunia as maiores chances de ser o principal beneficiário das regras vigentes de exercício do poder político, em particular (mas não só) o modo indireto de eleger o presidente da República. Em princípio, era possível fazer isso sem precisar negociar com o partido de oposição, bastando garantir sua unidade interna. Com o desencadeamento da democratização, porém – e na medida em que fica mais claro que as coisas seguem esse rumo – o partido vai improvisar mudanças de comportamento, a fim de se adaptar à crescente instabilização de seu futuro e manter acesa sua aspiração ao poder político. Para começar, um discreto distanciamento em relação ao governo que devia sustentar no Congresso; distanciamento que cresce na mesma proporção em que aquele se vê obrigado a adotar medidas impopulares para enfrentar a crise econômica e social.[14] Tratava-se, pois, de realizar a dificílima manobra de guardar essa prudente distância do governo, que lhe era conveniente, sem que isso ferisse, no essencial, a sustentação ao regime, afinal sua melhor esperança de exercício do poder político.

Ao fim e ao cabo, a manobra se revelou impossível, desde que as sucessivas dificuldades do governo no Congresso reforçavam a perda de iniciativa política do regime para operar sua própria institucionalização e, por conseguinte, para garantir os benefícios mais estratégicos e de longo prazo que o partido poderia esperar de sua sustentação. Como vimos, se a manutenção da iniciativa política implicava o poder político concentrado, sua perda gerava, evidentemente, a fragmentação. Essa última, por sua vez, prenunciava a implosão da sólida unidade do partido situacionista, seu principal trunfo para garantir exclusivamente para si a eleição

---

14 Sobre o impacto da crise econômica e social, especialmente a partir do governo Figueiredo, ver Couto (2010, p. 255-73).

do próximo presidente. Prova dessa comunidade de destino de governo e partido se dá antes mesmo da campanha pelas eleições diretas, quando o presidente da República, general Figueiredo, também presidente de honra do PDS, abandona a tarefa de conduzir sua própria sucessão, entregando-a inteiramente ao partido (RODRIGUES, 2003, p. 37). Tão logo se confirmou a falta de coluna vertebral do PDS para exercer a autonomia outorgada, esse "lavar as mãos" do presidente deu a senha para que suas divergentes correntes e lideranças se sentissem liberadas para seguir seus próprios caminhos. E o sucesso popular da campanha das diretas ofereceu a uma parcela delas a justificativa de escape e uma alternativa de sobrevivência, ainda que ao preço de exercer um papel mais subalterno na condução dos rumos futuros do país. Antes de considerar essa espécie de sobrevivência do antigo regime – que se chamou inicialmente de Frente Liberal, transformada depois em Partido da Frente Liberal (PFL) – é preciso recuperar brevemente a análise do partido ao qual se associou: o MDB/PMDB.

Ao longo da vigência do autoritarismo, o MDB teve de conviver com a ambiguidade de ser um partido de oposição do regime e de oposição ao regime. Nos anos mais ferozes da ditadura, essa ambiguidade lhe foi muito cobrada, desde que havia pouco o que fazer entre simplesmente colaborar e simplesmente rejeitar o regime como um todo – ainda mais enquanto a oposição armada se oferecia como uma competidora mais heroica, mesmo que condenada ao fracasso. Com o deslanche da distensão, no entanto, essa dupla face do partido se lhe tornou conveniente por oferecer espaços para denunciar o autoritarismo a partir de dentro do próprio "sistema", conferindo-lhe dividendos eleitorais e as correspondentes brechas institucionais (cadeiras parlamentares e prefeituras), sem que essa mesma dualidade interna se transformasse, inicialmente, em dilemas práticos. Mesmo que o caráter estritamente controlado da distensão acarretasse reveses – pois as vitórias parciais oposicionistas levavam o regime a mudar subitamente as regras do jogo através de uma sobrelegislação imposta e casuística – os recuos de curto prazo acabavam produzindo avanços no médio e longo prazo, na medida em que o casuísmo só fazia expor à opinião pública os limites autoritários da abertura, causando mais e mais desgaste ao estoque de legitimidade do regime, com os subsequentes e deletérios efeitos eleitorais.

Precisamente essa estratégia bem-sucedida do partido – sua capacidade de pôr em xeque os limites da institucionalização autoritária –, no entanto, vai colocá-lo em seguida perante dilemas práticos graves, expondo o ser ou não ser de sua identidade dual. Note-se que as derrotas eleitorais do regime, mesmo quando amenizadas pelos casuísmos, eram um dos fatores de sua perda de iniciativa política. Em tese, essa capacidade de iniciativa poderia deslocar-se para o partido oposicionista. Mas se essa possibilidade, por um lado, aguçava sua aspiração ao pleno exercício do poder político, ainda que num prazo incerto; por outro, impunha-lhe fardos imediatos quanto à divisão de parte da responsabilidade – primeiro no Congresso, depois nos governos dos mais importantes estados brasileiros – para enfrentar os graves problemas do país, em particular a crise econômica e social. Porém, em que direção exercer esse deslocamento de iniciativa? Para acuar o regime até que não houvesse alternativa, senão sua derrocada ou substituição? Ou para continuar explorando os espaços oferecidos pelas regras do jogo, instáveis que fossem, alargando seus limites até que pudesse alcançar o centro nervoso do "sistema"? (Neste último caso, não tanto para pura e simplesmente "derrubar" o regime, mas para exercer o poder político que lhe era de direito segundo as próprias regras vigentes, na condição de um partido político do regime, isto é, aceito por ele, e como tal aspirante a um governo de partido.)

Mas adotar qualquer um desses dois caminhos distintos, firme e inequivocamente, era por demais arriscado. Radicalizar o combate ao regime, como pedia a esquerda do partido, poderia expô-lo a tensões internas insuportáveis – exatamente por ter um pé bem fincado no terreno institucional disponível –, a ponto de sua implosão, o que já devastaria as chances de vitória dessa estratégia. Mas agir exclusivamente dentro das regras oferecidas também era um salto no escuro: quanto mais penetrasse nas entranhas do Estado autoritário, mais apertado ficaria o funil que levava à cúpula do poder – atingindo máximo estreitamento no colégio eleitoral previamente esculpido para a escolha do candidato presidencial situacionista – e, portanto, mais incerta ou improvável sua vitória.

Dado que nenhuma dessas alternativas poderia responder a contento seus respectivos e previsíveis impasses, a saída natural para o dilema seria encontrar um meio termo, quando algo assim estivesse disponível. De fato, a oportunidade apareceu, tão logo ficou claro que a vitória obtida nas eleições de 1982, por si só, não daria ao partido força suficiente para galgar a próxima e decisiva escala da hierarquia do regime: a própria sucessão presidencial. Daí a forte adesão interna que vai ganhar a ideia de uma campanha popular em prol de uma emenda constitucional restabelecendo as eleições diretas para presidente da república.[15] Provisoriamente pelo menos, ela satisfazia as expectativas das alas divergentes do partido: ao mesmo tempo em que continuava a explorar os espaços institucionais disponibilizados – e no sentido de alargar seus limites –, a proposta significava, em si mesma, um golpe mortal no regime, desde que curto-circuitava sua estratégia gradualista e abria a agenda da democratização a partir de um cargo crucial. Além disso, a campanha propiciava interação positiva e intensa com um conjunto de atores que ajudava a emprestar alta legitimidade à atuação oposicionista, especialmente entre uma eleição e outra: a sociedade civil. Aliar-se a ela numa campanha popular aumentava o poder de pressão sobre o Congresso Nacional, instância oficial de resolução da contenda. Porém, mesmo que a emenda constitucional não fosse aprovada – o que todos sabiam ser o mais provável, dado o quórum elevado que exigia – o efeito colateral da campanha seria imenso, tanto no sentido de alterar a correlação de forças do futuro colégio eleitoral, quanto no de tornar aceitável a participação de um candidato oposicionista nesse espaço, se ela servisse para impor uma derrota irreparável ao regime.

Desnecessário narrar aqui o desfecho bem conhecido desse capítulo da transição. Cabe apenas salientar dois pontos que muito interessam à presente investigação: primeiro, que a essa altura o país já estava inteiramente mergulhado no processo de democratização: o momento de simples abertura do regime tinha ficado definitivamente para trás.[16] Segundo, que a vitória do candidato presidencial do PMDB no colégio eleitoral, Tancredo Neves, não resolvia de vez o dilema anterior do partido – antes, o empurrava para frente e de certa forma o aprofundava.

---

15 Para uma exposição do xadrez político que leva o conjunto das oposições à campanha das "Diretas-Já", ver Rodrigues (2003), p. 15-38.
16 Embora seja muito difícil, como foi dito, indicar quando exatamente a etapa democratizante começou a acontecer.

A questão é que o partido, mais uma vez, vencia por dentro do "sistema", mesmo contra a vontade da cúpula do regime. Mais do que isso: em aliança com parte de seu componente situacionista, atraindo para seu campo largas hostes da antiga Arena/PDS. Não era pouca coisa, mas também algo que revelava seu compromisso com o passado – não propriamente com o passado autoritário, mas de qualquer modo com sua origem institucional, enquanto partido de oposição sancionado pelo regime autoritário. Parágrafos acima, falou-se da dissidência do PDS que se unira ao PMDB – sob uma nova legenda, o PFL – como uma "sobrevivência do antigo regime". Mas não seria exagerado dizer que o PMDB também o era, embora carregasse dentro de si o "vírus" democrático que contraditoriamente o propelia para fora do regime. Por certo, o partido assim o era não como um endossador do autoritarismo, mas de qualquer forma como um ente que brotara de seu interior e conseguira crescer em tensa coexistência com ele, alargando os limites impostos até o ponto de seu trincamento: nesse preciso sentido, o PMDB era um herdeiro do "sistema". Por isso mesmo, essa herança não poderia ser pura e simplesmente renunciada, sob pena de estiolar uma personalidade, dúplice que fosse, conservada por tantos anos a duras penas.

A aliança com os dissidentes do antigo partido situacionista não era, pois, apenas plausível e realista estrategicamente, mas reforçava os laços do presente com sua origem – laços que forneciam sua identidade coletiva – por maior que fosse o constrangimento, perante a opinião pública e perante seus adversários, de se apresentar de mãos dadas com um antigo adversário eleitoral e de princípios programáticos. Por certo, os momentos de confronto recíproco eram os mais conhecidos de público. Menos conhecidos, porém não menos importantes e talvez bem mais numerosos durante os intervalos eleitorais, foram os momentos em que se dispuseram a colaborar e a negociar, especialmente no Congresso, para evitar uma crise institucional, deslanchar uma lei de interesse comum etc. – em suma, fomentando algo como uma amizade corporativa. Olhada desse ângulo, a convergência naquele contexto decisivo de passagem de regime parecerá menos estranha e surpreendente.

O PMDB, portanto, tendo assim assentado sua dupla personalidade, tenderia a continuar com ela, mesmo após a vitória definitiva sobre o regime: o "sistema" já não existia mais enquanto constrangimento externo a seu agir, mas algo dele estava internalizado, mesmo que lado a lado com seus tradicionais princípios em prol de um regime democrático, porém de feições ainda muito incertas. A consequência inevitável disso era a persistência de seus dilemas fundamentais, para os quais só restava administrar da melhor maneira possível.

Poder-se-ia afirmar então que a abertura do processo constituinte teria sido simplesmente o próximo encontro do partido – após a eleição presidencial de Tancredo Neves – com seus próprios dilemas, agora avolumados com seu novo aliado? Assim seria, se aceitássemos, sem mais, que uma agenda de reforma constitucional, e apenas uma, estava posta irrecorrivelmente. É claro que uma ampla reforma constitucional teria de ser feita. Mas por que não fazê-la aos poucos, conforme as necessidades, desmantelando em cada nova etapa os andares e alicerces do edifício autoritário e colocando novos, e democráticos, em seu lugar? Não fora assim – relembre-se – que havia feito a Argentina, bastando para tanto tomar como plano de apoio uma velha constituição (a de 1853)? Por que o esforço concentrado, politicamente dispendioso e, ademais, tendente à volatilidade, de uma grande e demorada reunião, enfim, uma assembleia constituinte?

A assembleia constituinte, no entanto – e a maneira muito peculiar como foi convocada – apresentou-se como uma saída de meio termo para evitar que o partido agora governante, e a coalização que formara para sustentar o governo, se estiolasse entre alternativas muito divergentes entre si. Era um modo de contorná-las, evitando sua confrontação direta. Uma dessas alternativas seria tomar a pauta constitucional como que a partir do zero, desprezando o substrato institucional anterior, inclusive o Congresso Nacional. Em termos simbólicos, mas nada desprezíveis, significava renunciar sem ambiguidades à herança institucional do passado; em termos práticos, era a proposta de uma assembleia constituinte "livre, soberana e exclusiva", calçada no conceito de um Poder Constituinte ilimitado e incondicionado – o Poder Constituinte "originário", como foi explicado no início deste capítulo. A alternativa exatamente oposta era a de fazer uma grande emenda à constituição vigente (a Carta de 1967, modificada em 1969), usando as regras de emendamento por ela previstas. Isso levava, na prática, a nada além do que colocar o Congresso então em funcionamento em regime de reforma constitucional, estritamente limitada, no entanto, por uma constituição viciada pelo autoritarismo. Como se recorda, era o resgate de uma proposta que teve sua origem nos tempos da abertura do regime, oferecida, com algumas variações – como aquelas disputadas entre Afonso Arinos de Melo Franco e Miguel Reale, já citadas – por juristas mais ou menos simpáticos ao *status quo* institucional. Simbolicamente, significava um balde de água fria sobre as altíssimas expectativas democratizantes – inclusive de participação – da sociedade brasileira naquela conjuntura.

Tendo as duas alternativas opostas encontrado forte ressonância no interior do PMDB e da coalizão governista, a saída de seus líderes foi buscar uma solução que, em muitos aspectos, se assemelhava à encontrada para lidar com a sucessão presidencial do general João Figueiredo. Ou seja, incentivando, outra vez em aliança com a sociedade civil, uma ampla campanha popular em favor de uma nova constituição. A campanha, porém, para que tivesse alguma chance de sucesso, teria de construir para si um foco e uma arena apropriados. Um foco, isto é, um embate não disperso, mas concentrado no tempo, com começo, meio e fim; e uma arena, vale dizer, um espaço bem definido para a encenação dos embates, não fragmentado espacialmente. Em suma: uma assembleia nacional constituinte. Porém, uma assembleia institucionalmente enquadrada, que não rejeitasse de partida a herança institucional ambígua do passado. Originalmente construída pelo regime autoritário, é verdade, mas que a oposição havia logrado alterar e alargar, intervindo de dentro do "sistema", o que lhe dava latitude para reivindicar como uma obra parcialmente sua e não apenas do autoritarismo. Era isso que o Congresso e o regime de partidos – em mutação desde a reforma de 1979, que instaurou um multipartidarismo controlado – representavam e que a agenda constituinte poderia preservar, em nome dessa história.

Assim, para aplacar seus dilemas internos (e tal como na campanha das "Diretas-Já"), a liderança do ex-partido de oposição propunha mais uma vez, para a tarefa constitucional à frente, uma intervenção por dentro do quadro institucional vigente, com vistas a ultrapassar seus limites. Eis a fórmula final: uma nova constituição, feita pelo Congresso nacional parcialmente renovado e transformado em uma assembleia constituinte, por seu turno pressionada por uma campanha popular, via sociedade civil.

Mas se não é de modo algum acidental que a sociedade civil tenha se preparado para intervir no processo constituinte – acabando por fazê-lo com grande eficácia, em parte por ter aproveitado a brecha aberta por uma estratégia partidária –, não se pode desconsiderar que esse conjunto de atores, ao longo do enfrentamento à ditadura, foi acumulando grande prestígio e autoridade moral em todo país, atingindo seu clímax na campanha pelas eleições presidenciais diretas. Essa autoridade moral se devia, entre outras razões, ao desprendimento com que grande parte de sua massa diversa de associados e de seus líderes pelejava pelas causas democráticas mais amplas, sem a expectativa de retorno em termos de um exercício futuro do poder político – como era de se esperar, ao contrário, das lideranças partidárias. E no passado autoritário o faziam, ademais, expondo-se a riscos de retaliação de um aparato repressivo, infinitamente maiores do que um eleitor que votasse na oposição correria, protegido que estava pelo voto secreto. Ademais, se dispondo a pagar por conta própria os chamados "custos de participação", também maiores do que o gesto de selecionar um partido ou candidato e dirigir-se a uma urna para escrutiná-lo. É certo que, em plena vigência de um regime democrático, a militância de sociedade civil tende a rotinizar-se e mesmo banalizar-se. Contudo, durante um processo de luta por democratização – como o ocorrido na transição brasileira –, seu valor ético-político torna-se um dos mais elevados e reconhecidos.[17]

Dado esse prestígio, também não é casual que os atores da sociedade civil pudessem se apresentar como uma expressão direta da vontade do próprio povo. Sabemos que essa sinédoque se presta a profundos equívocos e manipulações, mas que na passagem do autoritarismo para a democracia produzia efeitos práticos consideráveis. E de fato continuou a produzir ao longo do processo constituinte, contribuindo fortemente para alterar a correlação de forças da assembleia que elaborou a constituição, à primeira vista desfavorável às pautas apresentadas pelos militantes da sociedade civil, se fôssemos levar em conta apenas a distribuição de cadeiras entre os partidos. Há, pois, boas razões

---

17 Para uma análise um pouco mais demorada desse ponto, ver Araújo (2009).

para afirmar que, sem sua participação intensa, a Carta de 1988 não teria sido a mesma que afinal foi promulgada.[18]

A experiência constituinte como um todo, enfim, ajudou a prolongar a indeterminação do processo democratizante, indeterminação que naquele momento já poderia estar chegando ao fim – não fossem as peculiaridades aqui examinadas –, em benefício da nova aglutinação de forças que passara a governar o país.

À GUISA DE CONCLUSÃO: O QUE É E POR QUE PODER CONSTITUINTE?

Resta, para finalizar, tecer algumas considerações sobre a questão do Poder Constituinte, indicada na primeira parte deste capítulo, agora com o benefício da análise da transição brasileira e seu impacto na pauta constitucional que a desfechou.

Como frisado no início, não se pretende colocar em xeque a validade normativa do termo, tampouco sua importância para uma concepção democrática de construção de uma nova ordem política. Mas procurou-se pontuar, através de um quadro sintético da experiência brasileira que vai da transição ao início do mais recente processo constituinte de nossa história, em 1985, certos modos como "Poder Constituinte" foi empregado e interpretado por divergentes correntes políticas e

---

18 A distribuição dessas cadeiras resultou das eleições parlamentares de 1986, realizadas num clima bastante favorável à coligação governista (PMDB-PFL), graças, em particular, à ampla acolhida popular (até então) do Plano Cruzado. Convertidos os votos em cadeiras, o PMDB, com a primeira bancada, obteve sozinho um pouco mais do que a maioria absoluta do Congresso (logo, da constituinte). O PFL obteve a segunda bancada. Mas se o PMDB tinha a bancada mais numerosa, tinha também a mais dividida quanto às questões substantivas da futura constituição. Já os partidos nitidamente de esquerda não chegaram a somar 10% das cadeiras. Algumas pesquisas da época, que buscavam calcular a distribuição de forças segundo a clivagem ideológica prevalecente entre os representantes da assembleia, davam conta de que cerca de 70% deles pendiam para posições que iam do centro para a direita, o que fazia prever uma constituição de conteúdo bastante conservador. Essa previsão, como é sabido, não se confirmou. Cf. Pilatti (2008), especialmente capítulos 1 e 2 e Martinez-Lara (1996), capítulo 4. Não obstante, ver Coelho (1999), capítulos 3 e 4, para uma visão distinta sobre o peso e a coesão interna dos partidos para explicar os resultados do processo.

ideológicas. De especial interesse, é o fato de tê-lo sido, com muita insistência e até sistematicidade, pelos que contribuíram para instaurar um regime de orientação autoritária e conservadora. Surpreende, portanto, que depois de vinte anos em que nunca estivera ausente do léxico político, nem mesmo do oficial (pelo contrário), o conceito de "Poder Constituinte" continuasse a ser amplamente empregado – as raras exceções apenas confirmando a regra – sem revisões críticas mais profundas sobre seu significado, abrangência, especificidades etc.

Encarcerado pelas teorias constitucionais excessivamente preocupadas com o formalismo jurídico do processo constituinte – algo que contaminava não apenas as correntes de inclinação autoritária, mas também as de inclinação democrática e, como se chamou aqui, radical-democrática –, o conceito pouco ajudou a distinguir, em termos substantivos, os campos em disputa e, principalmente, o que estava concretamente em jogo na batalha pela nova constituição. Se é verdade que do debate emergiu uma divergência, entre esses polos, sobre a oportunidade de seu emprego naquela específica conjuntura nacional – em princípio importante, por seus efeitos práticos –, essa divergência foi se diluindo rapidamente nas disputas subsequentes. Instaurada a assembleia, como seria de esperar, as questões de conteúdo da futura Carta é que passaram a ganhar mais e mais relevância.

O exame detalhado dessas etapas mais avançadas do processo constituinte não é objeto do presente trabalho. O ponto a salientar nesta conclusão é outro e não depende de nenhuma análise adicional de fatos, além da que já se fez anteriormente.

Para além da pouca sensibilidade do formalismo acima mencionado para com as sutilezas e sinuosidades da política concreta, haveria algo de errado no campo propriamente doutrinário que estivesse ligado a esse problema? Vejamos. As teorias do Poder Constituinte são geralmente pensadas como expressão jurídica da teoria (política) da soberania popular.[19] Em consonância com esse vínculo, os manuais de direito constitucional costumam dizer que o

---

19 Alguns autores assinalam uma sutil diferença entre "soberania nacional" e "soberania popular". A nação referir-se-ia ao conceito de uma comunidade "em sua permanência no tempo", enquanto o povo seria essa comunidade no tempo presente, aqui e agora. A primeira parece remeter a algo mais abstrato, intangível, ao contrário do segundo. Ver Ferreira Filho (2007, p. 23) e Bonavides (2006, p. 153-7). Para uma exposição do contexto francês dessa questão, ver Bercovici (2008, p. 134 e seguintes.).

povo é o "titular" do Poder Constituinte. O que isso significa? Primeiro, que "o povo" é a fonte última de legitimidade de uma constituição. Segundo que, ao se visar à construção de uma ordem política, pensa-se em uma prioridade ou escala de poderes, na qual o povo ocuparia uma posição "superior" ou "suprema" a que as demais deveriam se subordinar. Essa hierarquia equivale à oposição entre "poder constituinte" e "poder constituído", atribuída ao padre Sieyès (como esses manuais também nunca deixam de mencionar), que a lançou na aurora da grande revolução para defender a capacidade de o Terceiro Estado – identificado com "a nação" – dar uma constituição à França.

É curioso que, a despeito de sua origem profundamente democrática, desde muito cedo na história do constitucionalismo moderno surgiram interpretações autoritárias acerca do Poder Constituinte. Note-se, porém, que a oposição entre visões jurídicas democráticas e autoritárias não corresponde necessariamente à oposição esquerda e direita: vale lembrar que, ainda durante a revolução francesa, as correntes jacobinas fizeram um uso autoritário do conceito (Baker, 1989, p. 882-95).[20] Naturalmente com mais atraso, algumas interpretações autoritárias, mas de inclinação conservadora, se mostraram, ao longo do século XX, capazes de se ajustar aos tempos, assimilando o Poder Constituinte junto com o princípio da soberania popular. Essa conversão também aconteceu no Brasil, pelo menos desde os anos de 1920 (mas principalmente desde os anos de 1930) e deixou uma escola bastante influente.[21]

Contudo, é típico das práticas inspiradas nas vertentes autoritárias (conservadoras ou não) se apropriar dessas ideias a fim de legitimar apenas seus primeiros passos, para em seguida realizar uma operação de substituição, na

---

20 Neste texto, Baker expõe o desenvolvimento do conceito de soberania durante a revolução, mas chama atenção sobre como o pensamento de Sieyès é absorvido e reelaborado pelas correntes jacobinas. Para uma breve, mas precisa, análise das concepções de poder constituinte nesse período, ver Rosanvallon (2011), p. 123-129.

21 Entre as concepções autoritário-conservadoras que surgiram na Europa nas primeiras décadas do século XX, cabe mencionar a teoria constitucional de Carl Schmitt. Essa concepção fez discípulos no Brasil, entre os quais o jurista Francisco Campos – autor da constituição outorgada por Getúlio Vargas em 1937 e conselheiro do primeiro ato institucional do regime de 1964. Para um perfil, ver Bonavides (1985), cap. XXVII.

qual transferem os poderes originais do "Povo" a uma agência compacta e ágil, em geral uma organização fechada e estritamente hierarquizada, fazendo-a seu porta-voz exclusivo. Na Europa, assim o fizeram a esquerda comunista e a direita fascista, sempre que as oportunidades apareceram, através de seus partidos altamente disciplinados. No Brasil, essa primazia coube a uma direita autoritária não propriamente fascista, mas conservadora, através ou de uma elite civil em aliança com a hierarquia militar, na qual esta aparecia numa posição mais ou menos subordinada; ou o inverso, como ocorreu em 1964, quando os líderes militares da "revolução" tentaram transformar as próprias forças armadas – logo, a hierarquia de seus oficiais – numa espécie de encarnação da vontade do povo, porém com as tensões internas que acabaram gerando a necessidade da distensão pautada pelo general Geisel.[22]

Mais tarde, já durante a transição e antes do desmantelamento do regime, grupos civis, dentro e fora do partido situacionista, percebendo o fiasco da continuidade da tutela militar, tentaram mobilizar visões jurídicas autoritárias, porém mais amenas, para orientar uma reforma constitucional limitada. Por diversas razões, ainda não muito claras para esta pesquisa, o esforço não prosperou.[23] De qualquer forma, algo semelhante retornou, no início do processo constituinte. A semelhança estava em que, em vez de invocar o poder constituinte para justificar uma legislação extraordinária, como fizeram os militares através dos atos institucionais, a invocação se fazia com fins defensivos, isto é, para propor uma reforma dentro da estrutura constitucional, positivada por esse mesmo poder nos anos autoritários. A ênfase recaía agora sobre a legalidade, e não sobre a legitimidade, e se valia do fato de a oposição, que passara a governar o país e se comprometera com a ideia de uma nova constituição, ter derrotado o regime através dessa legalidade.

E o que dizer das visões jurídicas adversárias, que se pretendiam democráticas, nesse mesmo período? Delas é preciso destacar, em primeiro lugar, a clara recusa daquela operação de substituição que transformava "o povo" numa

---

22 A esse respeito, cf. a narrativa de Gaspari (2004).
23 Um dos propósitos do pequeno ensaio de 1981, de Faoro, em defesa de uma assembleia constituinte, citado em nota anterior deste capítulo, foi justamente denunciar essa tentativa.

agência fechada e hierarquizada, que então se tornava seu porta-voz exclusivo. Se, por razões práticas, admitiam a representação do povo numa assembleia constituinte, faziam-no insistindo na necessidade de que houvesse espaço para que o povo pudesse contestá-la, se assim achasse conveniente, de modo a preservar, no essencial, sua soberania.[24]

Embora essas questões apontassem para importantes divergências teóricas e práticas com as concepções autoritárias, havia duas proposições de sentidos equívocos no conceito clássico de Poder Constituinte que permaneciam intocadas mesmo nas visões mais democráticas – enfim, intocadas por ambos os campos em disputa. Cabe discriminá-las a seguir, visando também fazer-lhes algumas observações críticas que, porém, não têm nenhuma pretensão de novidade: algo mais ou menos na mesma direção já circulava nos meios acadêmicos, em particular a partir de uma literatura internacional proveniente de centros e autores europeus e norte-americanos.[25] Entretanto, em vista de sua pouca ressonância no debate jurídico aqui enfocado, é preciso resgatá-las, mesmo que sumariamente.

A primeira proposição é que o povo, "titular" do Poder Constituinte, reúne um "poder superior ou supremo", ponto que, no debate, embasava a tese de que a autoridade para elaborar uma constituição, derivada desse poder, era "ilimitada e incondicional". Em termos práticos, isso presumia que o Poder Constituinte – ou, sendo impossível dispensá-los, seus representantes – teria legitimidade para propor ou realizar qualquer coisa, podendo desconsiderar qualquer limite normativo e fazer tábula rasa da institucionalidade antecedente. A segunda é a suposição mesma da existência de "um povo", como se a identidade dele estivesse desde sempre resolvida, a despeito de sua natureza coletiva. O mesmo valeria para sua vontade, entendida como expressão dessa

---

24 Algumas vertentes mais rigoristas desse campo chegavam até a defender a tese do referendo popular para concluir corretamente um processo constituinte, mesmo depois que uma assembleia de representantes do povo tivesse aprovado o texto constitucional (SILVA, 2000, p. 75-8; BONAVIDES, 1985, p. 260-2).

25 Para citar um exemplo eminente, já bem conhecido no campo democrático de esquerda: a obra de C. Lefort. Parte importante dela começa a ser traduzida no Brasil durante os anos 1980. Cf., entre outros, Lefort (1983).

identidade. Nesse sentido, a autêntica vontade do povo só poderia ser una, assim como o próprio povo é "um" e a tarefa fundamental de seus representantes, em sua pluralidade, seria, quando não fosse autoevidente, encontrar essa vontade e mantê-la inviolada. Representar "verdadeiramente", portanto, seria representar essa vontade, dada de antemão.

Vamos às observações críticas. Não é difícil perceber que essas ideias, a despeito de suas intenções democráticas, deixam ampla margem para apropriação ou usurpação autoritária. Pois a menos que como um corpo coletivo, sem exceção de nenhum de seus membros, ele pudesse "presentificar-se" e, ainda assim, de modo uníssono, como saber com certeza qual é a vontade do povo? Essa operação vai requerer um intérprete, que terá de assumir que existe uma vontade do povo a ser descoberta e pronunciada – como se vê, porém, esse mesmo intérprete candidata-se a ser seu potencial usurpador. Um democrata rigoroso, nesse caso, teria de recusar preventivamente o papel de intérprete e permanecer indecidido sobre o que fazer, até que o povo, ele mesmo, lhe indicasse sua vontade. Porém, ainda que houvesse algo como um povo que pudesse se tornar assim presente, por que supor que fosse redutível à unidade, em vez de, ao contrário, assumir sua pluralidade incontornável?

Por outro lado, maior ainda é a possibilidade de usurpação autoritária, se se admite sem mais o caráter supremo do Poder Constituinte e sua capacidade de derivar autoridade ilimitada e incondicional para elaborar a lei máxima de um país. É como se as propriedades formais do soberano, nas teorias absolutistas de soberania, pudessem ser transferidas *ipsis literis* para o princípio da soberania popular. Mas, se o que orienta o conceito de Poder Constituinte é seu propósito de instaurar um regime democrático, há que interrogar de que modo se evita que tal formalismo se sobreponha à substância do conceito. Exatamente por conta disso, a aceitação ou invocação de um Poder Constituinte tem de estar condicionada a um exame dos valores ético-políticos inscritos na experiência política coletiva prévia que possibilitou aquele poder. O que importa considerar, antes de tudo, na sua emergência, não são suas propriedades formais (ilimitação, incondicionalidade ou o que for), mas se de fato a experiência política de que emerge está saturada de valores democráticos. A necessária incorporação desses valores para que se reconheça um Poder Constituinte, no entanto, já produz a demanda de submeter esse poder a um quadro normativo que, ao fim e ao cabo, redunda em limites para sua agência. Em outras palavras: o Poder Constituinte, ou seus representantes, não está autorizado a fazer qualquer coisa; em particular, não está autorizado a propor ou produzir leis que contradigam os valores em nome dos quais foi reconhecido e invocado como tal.

Por fim, os problemas relacionados ao conceito mesmo de "um povo". Este não poderia apresentar-se como se fosse o conceito relativo a um ente natural, um ser que existe ou não existe, independente da ação humana. O povo é um artefato, construído em sucessivas e contraditórias deliberações e ações coletivas, porém sem uma identidade prévia. Mas assim como nenhuma deliberação e ação coletiva prescinde de princípios, regras e práticas aprendidas ao longo de gerações, inclusive as da representação política, o processo de construção de um povo requer um mínimo de institucionalidade. Falar de um povo não é falar de um ser originalmente "desvestido", que depois é "vestido" com princípios, regras etc., como se pudesse permanecer o mesmo a cada nova roupagem. Ao contrário, o povo é construído no mesmo compasso em que é "vestido", e se transforma nessa trajetória. Sua identidade mutável se faz por conflito e cooperação entre seus membros, seus cidadãos em potencial, numa peleja constante de indivíduos e grupos – e é por conta disso, em primeiro lugar, que o jogo da representação se faz. Antes de representar "um povo", representa-se na verdade esse movimento divergente e plural de conflito e cooperação entre suas partes. A representação, portanto, não vem "depois" da identidade de um povo, mas é elemento integrante de sua busca, mesmo que nunca concluída. Porém, se não se trata de afirmar uma unidade prévia e dada do povo, não se trata também de negar de antemão a possibilidade de um processo de unificação, a ser entendido, contudo, dinamicamente: um processo que se faz e se desfaz, para depois se refazer e assim por diante, como uma história de continuidades e rupturas.

Entretanto, como assinalado, todas essas observações críticas a respeito de "um povo", que deveriam rebater no conceito de Poder Constituinte, assim como as observações anteriores sobre o caráter ilimitado e incondicional que dele emanaria, parecem não ter ressoado no debate jurídico descrito aqui. Ao contrário, cada campo permaneceu encravado em seus pontos de partida: ou a preservação do *status quo* institucional, por um lado, ou a rejeição total desse *status quo*, por outro. Ambos, porém, reivindicando um "Poder Constituinte" – e ambos acentuando qualidades formais semelhantes, como se indicou – para justificar essas alternativas opostas. Uma polarização que poderia ter travado seriamente o desenvolvimento da luta política, na época enredada não apenas nos desafios da reconstrução institucional, mas também numa gravíssima crise econômica e social, ainda indiferente às transformações de regime em andamento. Todavia, resta o fato de que predominou a disposição majoritária do país para que o processo constituinte seguisse seu curso. E assim se fez.

Mas, subjacente ao processo mesmo, era o impulso democratizante, então animando a sociedade brasileira, que empurrava para frente o embate por uma nova constituição. Em vista da experiência política aprendida nos anos anteriores, a maioria das forças políticas que combatiam as tentativas de preservar o *status quo* institucional se sentia muito confiante para ultrapassar esses obstáculos, empregando a mesma estratégia e caminhando no mesmo terreno pelos quais o próprio regime autoritário havia sido ultrapassado. Movimentando-se, em suma, em compasso com o lusco-fusco da transição. Pelo mesmo motivo, dificilmente estancariam perante o "tudo ou nada" da rejeição completa do quadro institucional posto, em vista do alargamento já alcançado e das amplas chances de sua ulterior mutação, se nele se conseguisse concentrar o impulso democratizante antes mencionado.

A razão para essa aposta, outra vez, era a mesma que havia levado o país da distensão "lenta, gradual e segura" para a democratização: que nenhum ator político relevante controlava unilateralmente o desdobramento do jogo. A corporação militar continuava influente, mas há tempos não mais exercia tal controle; o ex-partido de oposição, embora forte e numeroso, também não o exercia, por sua própria dualidade interna; enfim, tampouco a sociedade civil, pelo fato mesmo de não consistir de "um" ator, mas de uma pluralidade contraditória de atores. Em suma: ainda vivia-se a indeterminação do processo. Se havia naquele momento um Poder Constituinte em operação, essa era sua fonte.

REFERÊNCIAS BIBLIOGRÁFICAS

ARAÚJO, Cícero. "O processo constituinte: sociedade civil e povo na transição". In: GOULART, Jefferson (Org.). *As múltiplas faces da Constituição Cidadã*. São Paulo: Cultura Acadêmica, 2009.

_____. "O processo constituinte brasileiro, a transição e o Poder Constituinte". *Lua Nova*, n° 88, 2013, p. 327-380.

BAKER, Keith Michael. "Soberania". In: FURET, François; OZOUF, Mona (Orgs.). *Dicionário crítico da revolução francesa*. Rio de Janeiro: Nova Fronteira, 1989.

BERCOVICI, Gilberto. *Soberania e Constituição*. São Paulo: Quartier Latin, 2008.

BONAVIDES, Paulo. *Política e Constituição: os caminhos da democracia*. Rio de Janeiro: Forense, 1985.

_____. *Curso de Direito Constitucional*. São Paulo: Malheiros, 2006.

CAMPOS, Roberto. *A lanterna na popa: memórias*. Rio de Janeiro: Topbooks, 1994.

COELHO, Ricardo Corrêa. *Partidos políticos, maiorias parlamentares e tomada de decisão na constituinte*. Tese (Doutorado em Ciência Política) – FFLCH-USP, São Paulo, 1999.

COUTO, R. C. *História indiscreta da ditadura e da abertura*. Rio de Janeiro: Record, 2010.

FAORO, Raymundo. "Assembleia Constituinte: a legitimidade resgatada". In: COMPARATO, Fábio Konder (Org.). *A República Inacabada*. São Paulo: Globo, 2007, p.167-265. [Publicado originalmente em 1981, com o título "Assembleia Constituinte: a legitimidade recuperada".]

FERREIRA FILHO, Manoel Gonçalves. *O poder constituinte*. São Paulo: Saraiva, 2007.

FORTES, Luiz Roberto; NASCIMENTO, Milton Meira do (Org.). *A Constituinte em debate*. São Paulo: Sofia Editora, 1987.

FRANCO, Afonso Arinos de Melo. "A Constituinte Instituída". *Revista de Ciência Política*, nº 1, vol. 25, 1982, p. 3-17.

GASPARI, Elio. *A ditadura encurralada*. São Paulo: Cia das Letras, 2004.

KINZO, Maria D'Alva G. *Oposição e autoritarismo: gênese e trajetória do MDB (1966/1979)*. São Paulo: Vértice/Idesp, 1988.

LAMOUNIER, Bolívar. "O 'Brasil autoritário' revisitado: o impacto das eleições sobre a abertura". In: STEPAN, Alfred (Org.). *Democratizando o Brasil*. Rio de Janeiro: Paz e Terra, 1988.

LEFORT, Claude. *A invenção democrática: os limites da dominação totalitária*. São Paulo: Brasiliense, 1983.

MARTINEZ-LARA, Javier. *Building democracy in Brazil: the politics of constitutional change, 1985-95*. Nova York/Londres: St. Martin's Press/MacMillan, 1996.

MICHILES, Carlos et al. (Orgs.). *Cidadão Constituinte: a saga das emendas populares*. Rio de Janeiro: Paz e Terra, 1989.

NOVARO, Marcos; PALERMO, Vicente. *A ditadura militar argentina, 1976-1983: do golpe de Estado à restauração democrática*. São Paulo: Edusp, 2007.

PILATTI, Adriano. *A Constituinte de 1987-1988: progressistas, conservadores, ordem econômica e regras do jogo*. Rio de Janeiro: Lumen Juris, 2008.

REALE, Miguel. *Por uma Constituição brasileira*. São Paulo: Revista dos Tribunais, 1985.

RODRIGUES, Alberto Tosi. *Diretas Já: o grito preso na garganta*. São Paulo: Fundação Perseu Abramo, 2003.

ROSANVALLON, P. (2011). *Democratic Legitimacy: Impartiality, Reflexivity, Proximity*. Trad. A. Goldhammer. Princeton (N. J.): Princeton University Press.

SILVA, José Afonso da. *Poder Constituinte e poder popular: Estudos sobre a Constituição*. São Paulo: Malheiros, 2000.

A DEMOCRACIA NAS ORIGENS DO CONSTITUCIONALISMO LATINO-AMERICANO

Roberto Gargarella

INTRODUÇÃO: O DISCURSO DA DESCONFIANÇA

Neste breve texto, examinarei a concepção da democracia que "triunfou" nas origens do constitucionalismo latino-americano. Trata-se, segundo veremos, de uma visão *limitada* ou *restrita* da democracia, que foi defendida por liberais e conservadores em meados ou final do século XIX, ou seja, nos momentos fundacionais do constitucionalismo regional. Foi nesses momentos, com efeito, que se desenhou o que poderíamos chamar de a *matriz institucional* que ainda hoje distingue o constitucionalismo da América Latina, na maioria dos casos. Por esta razão, pode ser interessante examinar os conteúdos e as implicações dessa visão da democracia. Apresentarei esta concepção *limitada* de democracia conforme foi defendida por alguns dos mais importantes constitucionalistas latino-americanos do século XIX. Próximo ao final deste texto, compararei essa abordagem à democracia com a que propuseram muitos de seus críticos. Chamarei a esta segunda visão de democracia *expandida*: trata-se, neste caso, da concepção que foi "derrotada" nas discussões originais do constitucionalismo, e conhecê-la pode nos ajudar a entender melhor os alcances e os limites da concepção triunfante.

Para começar o estudo, vou explorar o que chamarei de *discurso da desconfiança* – um discurso público que se consolidou no momento fundacional do constitucionalismo latino-americano. Trata-se de um tipo de discurso público que unificou – apesar de suas enormes diferenças ideológicas – liberais e conservadores, desde meados do século XIX, e que se caracterizou por observações como: a necessidade de garantir a ordem e a estabilidade políticas, o temor frente à anarquia, as prevenções frente à participação das maiorias na política, a crítica às abstrações e às teorias vindas de fora, alheias a própria realidade. Esse discurso político, decisivo na época e dominante próximo ao final do século, encontrou sua expressão mais acabada em uma fórmula que demonstra o modo como então se pensou a vida em comum: *direitos políticos limitados--direitos civis amplíssimos*. Em outras palavras, restrições à participação política das maiorias, acompanhadas de fortes proteções à propriedade privada. Como veremos, o modelo se contrapunha a – e crescia em confronto com – outro, que poderíamos resumir com as ideias de *liberdades políticas expandidas-direitos de propriedade limitados*. Frente a este, a fórmula liberal-conservadora foi a que se impôs e permitiu afirmar e dotar de estabilidade e força as diferentes desigualdades então existentes. Três discursos presidenciais diversos, pronunciados em tempos muito distintos e relacionados a três Convenções Constituintes diferentes, podem nos ajudar a ilustrar e reafirmar o que foi dito.

No início do século, e no momento de promulgar a decisiva Constituição chilena de 1833, o presidente José Joaquín Prieto criticou o pensamento constitucional dominante em seu país e defendeu o texto aprovado, com as seguintes palavras:

> Desprezando teorias tão alucinantes quanto impraticáveis, só dirigiram sua atenção aos meios de garantir para sempre a ordem e a tranquilidade públicas contra os riscos dos vaivens de partidos a que estiveram expostas. A reforma não é mais do que a maneira de dar fim às revoluções e aos distúrbios gerados pela desordem do sistema político em que nos colocou o triunfo da independência. Este é o meio de tornar efetiva a liberdade nacional, que jamais poderíamos obter em seu estado verdadeiro enquanto não estivessem esclarecidas com exatidão as faculdades do governo e não se tivessem oposto diques à permissividade (*apud* LASTARRIA, 1906, p. 211).

Sendo assim, as alternativas conhecidas lhe pareciam ilusórias e utópicas; o drama era um – a desordem – e a nova Constituição, o melhor meio de garantir a estabilidade desejada.

Em meados do século, Justo José de Urquiza, na Argentina, também fez um chamado à ordem, no momento em que abria as sessões do Congresso Constituinte que ditaria a Constituição de 1853. Urquiza encerrou seu discurso afirmando:

> (…) aproveitem, augustos representantes, as lições de nossa história e ditem uma Constituição que torne impossível, de agora em diante, a 'anarquia' e o 'despotismo'. Ambos os monstros nos devoraram. Um nos encheu de sangue, o outro, de sangue e vergonha (PRIVITELLIO, ROMERO, 2000, p. 79).

Mais uma vez, a nova Constituição aparecia como meio privilegiado para alcançar o grande objetivo nacional, relacionado com a ordem e a paz duradouras, ideais que haviam sido desonrados durante as décadas anteriores.

No final do século, o presidente colombiano Rafael Núñez, frente ao Conselho de Delegados, reunido em 11 de novembro de 1885 para formular a nova Constituição, manifestou seu desencanto com o idealismo de anos anteriores, que levara o país ao fracasso: "A realidade de (os) direitos é coisa muito distinta de sua enunciação teórica com mais ou menos ênfase" – destaca ele (ANTECEDENTES, 1983, p. 36-7).[26] Por isso, afirmou: "As Repúblicas devem ser autoritárias, sob pena de incidirem em permanente desordem e se aniquilarem em vez de progredirem" (*Ibidem*, p. 37).[27] E concluiu:

---

26 E acrescenta: "Toda ação do Governo que pretenda contradizer esse fato elementar encalhará necessariamente, como encalhou, com efeito, entre nós, e em todos os países de condições semelhantes...Nada tem, pois, de surpreendente o fato de não termos podido estabelecer o império da ordem, dado que desconhecemos sistematicamente realidades inescapáveis. O piloto que se obstina em ignorar os acidentes de seu caminho também se expõe, com frequência, a ver destroçada sua nave antes de chegar ao resguardado porto" (ANTECEDENTES, 1983, p. 36-7).

27 Em uma análise notável da história do constitucionalismo de seu país, Núñez disse: "A história de nossas Constituições e dos resultados produzidos por elas do ponto de vista do supremo interesse da paz é eloquente e decisiva. A Constituição de 1832 era centralista e sóbria em declarações de supostas garantias individuais, e a ordem pública

> A nova Constituição vem sendo elaborada silenciosamente na alma do Povo Colombiano, à medida que seus infortúnios públicos assumiam caráter de crônicos, com agravamento progressivo...A reforma política, comumente chamada de Regeneração fundamental, não será, pois, cópia de instituições estranhas, nem produto de especulações isoladas de febris cérebros; ela será um trabalho de codificação natural e fácil do pensamento e do anseio da nação... Substituir a anarquia pela ordem é, em síntese estrita, o que de nós se promete à República...Aos tempos de perigosas quimeras, devem suceder os de austero culto à verdade inexorável (*Ibidem*, p. 40).

Núñez apresentou, então, uma série de propostas e reações muito duras frente ao estado de coisas dominante, coerente com a visão autoritária do direito que tinha então, depois de um longo período dedicado a sustentar ideais liberais.[28]

---

foi conservada, sob sua influência, durante oito anos consecutivos. A de 1843 foi ainda mais centralista e, durante seus dez anos de vigência, houve paz muito mais efetiva do que no período constitucional precedente, porque a insurreição que ocorreu em 1851 foi quase que imediatamente reprimida, com escassos sacrifícios de dinheiro e sangue. A de 1853 – chamada centro-federal – abriu caminho à rebelião no ano seguinte. A de 1858 – claramente federal – preparou e facilitou evidentemente a desastrosa rebelião de 1860, que nos conduziu ao desgraçado regime estabelecido em 1863, sobre a base inconsistente da soberania seccional. No funesto anseio por desorganização que se apoderou de nossos espíritos, avançamos até dividir o que é necessariamente indivisível; e, além da fronteira exterior, criamos nove fronteiras internas, com nove Códigos especiais, nove custosas hierarquias burocráticas, nove exércitos, nove agitações de todo tipo, quase intermitentes...Depois da Constituição de 1863...Os transtornos da ordem se tornaram normais, como é notório" (*Ibidem*, p. 36-8).

28 "Esta nova Constituição, para que satisfaça a expectativa geral, deve prescindir absolutamente da índole e de tendências características daquela que desapareceu deixando atrás de si um longo rastro de desgraças. O particularismo enervante deve ser substituído pela generalidade vigorosa...Em lugar de um sufrágio vertiginoso e fraudulento, deverá se estabelecer a eleição reflexiva e autêntica; e chamando-se, por fim, os sentimentos religiosos em auxílio da cultura social, o sistema de educação deverá ter como princípio primeiro o divino ensinamento cristão, por ser ele a alma mater da civilização do mundo. Se aspiramos a ser livres, é preciso que comecemos por ser

O fato é, pode-se concluir, que ao longo do século, protagonistas absolutamente decisivos na história constitucional da região, com origens ideológicas diferentes, podiam coincidir em questões centrais relativas a sua análise institucional e suas perspectivas sobre o que fazer com essas instituições. Essas coincidências – como sabemos, como veremos – se tornaram mais significativas na segunda metade do fundacional século XIX.

O que encontramos aqui é uma convergência entre políticos que reconheciam – apesar de suas origens diversas – problemas semelhantes e apresentavam, frente a eles, soluções constitucionais também comuns, ao menos em muitos aspectos decisivos. Em todo caso, nossa ênfase não está na identidade de suas visões, e sim no perfil desses diagnósticos e das soluções encontradas. Trata-se do material que tornou possível e explicável a convergência liberal-conservadora e, por fim, da conformação daquilo que já foi definido como um sistema de *liberdade imperfeita*.

A DEMOCRACIA LIMITADA, EM ALBERDI, BELLO E SAMPER: O MODELO DAS LIBERDADES CIVIS "ABUNDANTÍSSIMAS" E DAS LIBERDADES POLÍTICAS RESTRINGIDAS

A coincidência entre os principais políticos liberais e conservadores em torno de temas constitucionais básicos não é casual. Essa união expressava, entre outras coisas, a paulatina consolidação de uma filosofia compartilhada, que aqui chamaremos de *filosofia da liberdade imperfeita e da democracia limitada*.

Uma maneira possível de começar a explorar os conteúdos dessa filosofia consiste em voltar a centrar nossa atenção na polêmica suscitada entre Juan Bautista Alberdi – o jurista responsável pela Constituição Argentina de 1853 – e Domingo Faustino Sarmiento – o educador e futuro presidente da República. Segundo disse, o confronto teórico que se deu entre Alberdi e Sarmiento, apesar

---

justos. O campo de ação de cada indivíduo tem, portanto, limite obrigatório no campo de ação dos outros e no interesse pró-comunal. A imprensa deve, por isso, iluminar em vez de ser incendiária, deve ser cordial em vez de envenenar, deve ser mensageira da verdade, e não de erro ou calúnia; porque a ferida que se causa à honra e à tranquilidade é, com frequência, a mais grave de todas" (*Ibidem*, p. 36).

de estar carregado de agressões e desqualificações mútuas, evidenciava também a convergência que existia entre o pensamento de ambos. Em todo caso, Alberdi insistia em apresentar sua própria posição como uma postura mais realista e apegada à realidade local, enquanto Sarmiento acentuava um perfil mais decididamente pró-norte-americano (ou, para dizer de um modo mais geral, preocupava-se de modo muito especial em mostrar o valor de seguir os exemplos internacionais mais bem sucedidos do momento).

A visão subjacente sobre a liberdade imperfeita e a democracia limitada pode ser encontrada, por exemplo, na primeira das cartas escritas por Alberdi, de Quillota (a primeira das "cartas quillotanas"), no começo de seu duelo com Sarmiento. Nessa carta, Alberdi deixou claras algumas das chaves da política da convergência liberal-conservadora, apontando que era necessário esquecer o ideal de contar com liberdades mais ou menos plenas (como as que Sarmiento talvez ambicionasse depois de suas viagens pelos Estados Unidos), para terminar aceitando a necessidade de conviver com liberdades diversas, muito mais limitadas: era necessário que se optasse por um sistema de liberdades mais imperfeito. Em suas palavras:

> Toda postergação da Constituição é um crime de lesa-pátria; uma traição à República. Com caudilhos, com unitários, com federais, e com tudo o que contém e forma a desgraçada República, deve-se proceder a sua organização, sem excluir nem mesmo aos maus, porque também eles fazem parte da família. Se os senhores estabelecerem a exclusão deles, estarão estabelecendo-a para todos, inclusive para os senhores mesmos. Toda exclusão é divisão e anarquia. Dirão que com os maus é impossível ter liberdade perfeita? Pois saibam que não há outro remédio que tê-la imperfeita e na medida em que é possível ao país tal qual ele é, e não tal qual ele não é (...) Esse será o único meio que terão de iniciar pela liberdade perfeita; mas se quiserem constituir sua ex-colônia hispano-argentina, ou seja, essa pátria que têm e não outra, terão que iniciar pela liberdade imperfeita, como o homem, como o povo que deve exercê-la, e não aspirar à liberdade que têm os republicanos da América do Norte, mas para quando nossos povos valham

em riqueza, em cultura, em progresso, o que valem os povos e os homens de Nova York, de Boston, de Filadélfia, etc. (ALBERDI, 1886, p. 16-7).

Entre as ideias mais interessantes que aparecem nesse ir e vir de cartas, ataques e respostas, destacam-se alguns parágrafos nos quais Alberdi responde a Sarmiento usando os próprios argumentos empregados por este, em suas reflexões anteriores sobre as bases fundamentais da política argentina (o que deixava claro que Sarmiento, agora, estava exagerando suas diferenças reais com o jurista tucumano). Essas ideias tinham a ver, recorrentemente, com duas questões relacionadas: a *autoridade* e a *estabilidade* política da nova Nação.

Alberdi recordava a Sarmiento as coisas que o sanjuanino havia escrito – e ele, admirado, em sua condição de leitor – no *Facundo*, principalmente aquelas que deixavam claro que a questão do caudilhismo tinha componentes estruturais que exigiam centrar-se nas questões materiais, como a organização do território ou o nível de desenvolvimento industrial. Em outros termos, tratava-se de uma questão que *não podia ser reparada com a importação de algumas novidades jurídicas, nem com o uso desenfreado da violência*. Alberdi dizia, na terceira carta quillotana:

> Se o caudilho é uma expressão necessária e útil da vida campestre como ela existe hoje, não há outra forma de acabar com isso (segundo o sistema de Facundo) que não seja terminar com o deserto, com as distâncias, com o isolamento material, com a nulidade industrial, que fazem existir o caudilho como seu resultado lógico e normal. Aí está a política da razão, a política sensata que parte de onde deve partir, do estudo imparcial da terra, do homem, da sociedade que são típicas de sua aplicação. ... (Isso contra) a política do partido liberal exaltado que, desconhecendo o que havia de normal no caudilhismo, quis suprimi-lo de um golpe, já sancionando bruscamente as instituições mais adiantadas da Europa do século XIX, já fuzilando ou suprimindo os caudilhos. Diante do poder irresponsável, elevou-se a liberdade onímoda e se quis remediar o despotismo do atraso com o despotismo do progresso: a violência com a violência (*Ibidem*, p. 60-1).

A questão da conformação de uma autoridade e um regime estáveis pairava sobre esse comentário e também estava por trás de boa parte da reflexão pública mais importante de ambos os autores. Aí transparecia, também, o modo com que a elite governante pensava, então, sobre a democracia. Alberdi afirmava, em sua terceira carta, que o *Facundo* de Sarmiento havia tido a grande virtude de tocar na raiz "da questão argentina" que, acrescentava, se reduz a indagar como se deve formar a autoridade. Sobre esta questão específica relativa à construção da autoridade, Alberdi dava uma definição que havia conhecido através do próprio Sarmiento de 1845, e da qual convém que tratemos. Dizia Alberdi que "a *autoridade* não se baseia na discussão, não na *resistência*. Ela pressupõe e envolve essencialmente a *obediência*...A autoridade se baseia no lugar indeliberado que uma nação dá a um fato permanente. Onde há deliberação e vontade, não há autoridade" (*Ibidem*, p. 64-5).

A definição é notável porque, entre outras coisas, expressa uma concepção muito peculiar sobre a democracia, que é fortemente contrastante com (o que poderíamos pressupor como) entendimentos compartilhados de ontem e hoje. Na visão daquele Sarmiento e deste Alberdi, a autoridade exigia o silêncio e a submissão ao soberano, o qual contrastava abertamente com a noção rousseauniana da democracia – noção que havia sido crucial no período revolucionário – e que se baseava na ideia da soberania do povo.[29] Do mesmo modo, essa abordagem contrasta hoje – poderíamos dizer – com a filosofia pública dominante, que, em todo caso, rechaça a ideia de uma sociedade civil simplesmente limitada a assentir e obedecer os desígnios de quem governa, e pode, ainda, ressaltar o valor da deliberação e da decisão coletivas.

---

29 É interessante comprovar a continuidade existente entre o testemunho dos pensadores políticos argentinos e o ponto de vista que predominara na classe dirigente do Brasil em um período similar – refiro-me ao momento de transição entre a velha ordem e o novo momento constitucional. Naqueles anos, no Brasil, Manuel Ferraz de Campos Sales, que sucedeu na presidência do Brasil a Prudente de Morais, afirmava que "a política e a ação devem ser o privilégio de uma minoria: as grandes deliberações nascidas das liberdades democráticas levam necessariamente às agitações e ao aproveitamento da situação pelo grupo que muitas vezes é o menos capaz. A minoria deliberativa no plano federal deve corresponder a outra minoria política, a dos Estados" – uma representação que ele mesmo definira como "aristocrática" (DA SILVA, 2010, p. 80).

O modelo de organização constitucional promovido pela elite portenha foi resumido de modo explícito por Alberdi: chegava um tempo de liberdades civis amplas (liberdades que giravam, fundamentalmente, em torno do direito de propriedade) e liberdades políticas restritas. Esse era o núcleo duro do pensamento que as novas autoridades deviam promover. Essa era a base da "aprovação indeliberada" que deveria ser obtida. Nos termos usados pelo publicista argentino, a fórmula ficou exposta da seguinte forma:

> Não participo do fanatismo inexperimentado, quando não hipócrita, que pede liberdades políticas a mancheias para povos que só sabem empregá-las para criar seus próprios tiranos. Mas desejo ilimitadas e abundantíssimas para nossos povos as liberdades civis, a cujo grupo pertencem as liberdades econômicas de adquirir, transferir, trabalhar, navegar, comerciar, transitar e exercer toda indústria (ALBERDI, 1920, tomo XIV, p. 64-5).[30]

A base desse mesmo acordo liberal-conservador, que examinamos no caso da Argentina, é essencialmente a mesma que podemos encontrar quando examinei o pensamento constitucional das principais cabeças do constitucionalismo americano. Já conhecemos, por exemplo, o testemunho desse influente jurista que foi Andrés Bello, de enorme influência na região. Bello dizia:

> Os povos são menos zelosos em relação à conservação de sua liberdade política do que de seus direitos civis. Os fóruns que os habilitam a tomar parte nos negócios públicos lhes são infinitamente menos importantes do que os que garantem sua pessoa e suas propriedades. Nem pode ser

---

30 E continuava: "Estas liberdades, comuns a cidadãos e estrangeiros (pelos arts. 14 e 20 da Constituição), são as chamadas a povoar, enriquecer e civilizar estes países; não as liberdades políticas, instrumento de inquietude e de ambição em nossas mãos, nunca apetecidas nem úteis ao estrangeiro, que vem entre nós buscando bem-estar, família, dignidade e paz. É uma felicidade que as liberdades mais fecundas sejam as mais praticáveis, sobretudo por serem as acessíveis ao estrangeiro que já vem educado em seu exercício". Juan Bautista Alberdi, "Sistema Econômico e Rentístico," em Alberdi (1920, tomo XIV, p. 64-5).

> de outra maneira: os primeiros são condições secundárias, de que nos beneficiamos muito pouco quando os negócios que decidem nosso bem-estar, a sorte de nossas famílias, de nossa honra e de nossa vida ocupam nossa atenção. Raro é o homem tão desprovido de egoísmo que prefira o exercício de qualquer dos direitos políticos que lhe concede o código fundamental do Estado ao cuidado e à conservação de seus interesses e de sua existência, e que se sinta mais prejudicado quando arbitrariamente é privado, por exemplo, do direito ao sufrágio, do que quando é despojado violentamente de seus bens (JAKSIC, 2001, p. 212).

De maneira semelhante, na Colômbia, o intelectual liberal José Maria Samper, uma das duas figuras principais – junto com Miguel Antonio Caro – por trás da Constituição de 1886, defendia a nova Constituição de seu país, apesar das limitações de direitos que ela impunha:

> O povo colombiano – dizia Samper – queria, sem dúvida, uma organização e um governo que lhe assegurassem a paz e a unidade nacional, que lhe garantissem a justa liberdade, a dignidade e a independência de sua religião e sua Igreja, sem prejuízo à dignidade e à independência da república, que reconhecesse e tornasse efetivo um conjunto de liberdades públicas necessárias, de direitos civis e políticos limitados, mas certos e eficazes; que suprimisse a anarquia e todos os elementos de perturbação constante da ordem, arraigados desde 1858 em quase todas as instituições... que suprimisse o despotismo constitucional e irresponsável dos corpos legislativos...que devolvesse ao sufrágio a liberdade, a regularidade científica, a dignidade e a verdade, como uma justa e sã expressão da consciência nacional (VALENCIA VILLA, 1992, p. 154-5).

Não é por acaso que esses três pensadores – Alberdi, Bello, Samper, ou seja, três dos mais notáveis e influentes constitucionalistas latino-americanos em toda a história – coincidiram em um diagnóstico comum na hora de pensar o futuro institucional de seus respectivos países. Para os três, o novo tempo que estava por vir devia se basear em uma etapa, provisória, de direitos políticos limitados e liberdades civis, sobretudo econômicas, muito amplas. Como costuma ocorrer, esta última referência às amplas liberdades econômicas se apresentava de um modo mais do que ambíguo, de pouca credibilidade: um dos aspectos fundamentais, determinantes e definitivos do modelo consistia na fixação de fortes proteções ao direito de propriedade – o que implicava uma blindagem crucial à desigual ordem econômica então vigente. Era este último direito o que se devia erigir como fundamento das novas sociedades. É importante notar, nesse sentido, que esse direito era o que estava mais bem preparado para afirmar as desigualdades existentes: em sociedades profundamente marcadas pelas desigualdades distributivas, o estabelecimento de fortes proteções à propriedade significava a solidificação da ordem existente – a aceitação e a consagração estatal da desigualdade. Tal consequência explica, além disso, a urgência demonstrada pela elite da época em estabelecer limites à participação política das maiorias, estas restrições políticas se apresentavam como garantias fundamentais para a preservação da ordem social.[31] Essa maneira de conceber a vida pública – a organização da política, a organização da economia – é basicamente idêntica à que Jennifer Nedelsky descreve em seu livro sobre a propriedade e o primeiro constitucionalismo nos Estados Unidos. Segundo Nedelsky, na visão de James Madison,

> (...) uma vez que reconhecemos que [os direitos de propriedade se encontram] potencialmente ameaçados pela democracia, a solução deve ser a de conter a democracia, ter menos desta ou limitar a eficácia da dimensão democrática do governo... A desigualdade de propriedade deveria se refletir, então, na desigualdade política: a proteção da propriedade requeria um poder desproporcionado aos "poucos" com propriedade, já que eles necessitavam poder se defender contra os "muitos" sem propriedade (NEDELSKY, 1994, p. 209).[32]

---

31 Adam Przeworski (2010) analisa os modos em que a igualdade política ameaça a desigualdade econômica, mas também o fato notável de que essa ameaça não se concretizasse.

32 Ela cita, então, Hannah Arendt, afirmando, classicamente, que a Revolução Norte-Americana havia sido "incapaz de prover um espaço onde a liberdade pudesse ser

Os modos em que se limitaram os direitos políticos das maiorias foram diversos, e também distintos para o caso do voto ativo (o direito a eleger) e passivo (o direito a ser eleito). Essas restrições incluíram, além das limitações informais – como a supressão das práticas assembleístas (expressas, por exemplo, no fechamento dos Cabildos existentes em Buenos Aires – TERNAVASIO, 2002), a fraude e o uso direto da força (práticas demasiado comuns naqueles anos) – a exclusão daqueles que não sabiam ler e escrever ou que não contavam com certo respaldo econômico ou posição social. Também foi comum proibir o voto a mulheres, escravos e ainda a filhos solteiros, criados e empregados domésticos. O lugar de residência (i.e., o voto limitado aos "residentes" – a gente "decente", na prática), a nacionalidade e até a proveniência étnica também se transformaram em razões para justificar a exclusão política. As restrições relativas ao direito a ser eleito resultaram, via de regra, ainda maiores do que as existentes no caso dos eleitores. Aqui apareceram limitações relacionadas a idade, renda, propriedade e capacidade, destinadas a garantir a eleição dos "notáveis" (ver, por exemplo, Sábato, 2010; Sábato, Lettieri, 2003). O estabelecimento de eleições indiretas também foi uma maneira pela qual se limitaram os direitos políticos das maiorias em toda a América. Segundo Elías Palti, através das eleições indiretas, pretendia-se transformar o voto meramente em "um mecanismo de seleção dos *melhores*", que dava ao governo representativo o caráter de uma "*aristocracia eletiva*" (PALTI 2007, p. 206, itálicos no original). Finalmente, tanto o caráter não obrigatório do voto quanto, sobretudo, seu caráter público ou não secreto, conspiraram contra a possibilidade de contar com uma participação popular ampla nas eleições: eram muitos os que temiam expor em público suas preferências políticas, e assim despertar, por exemplo, a ira de seus empregadores ou a de seus adversários políticos (em momentos em que, como disse, a prática da violência

---

exercida pelo povo. Só os representantes do povo, e não o próprio povo, tinham a oportunidade de se comprometer nessas atividades de 'expressar, discutir e decidir' quais eram...as atividades da liberdade" (NEDELSKY, 2008, p. 212). Assim, conclui Nedelsky, o papel do povo acaba sendo o de "reter ou garantir o consenso", enquanto promove a "virtual exclusão do cidadão ordinário da prática ordinária da política" (*Ibidem*). Isso acontece graças às "instituições da Constituição junto com a da revisão judicial, afirmadas pela visão Federalista da política" (*Ibidem*).

política estava muito disseminada). Limitações como as citadas determinaram que os direitos políticos básicos acabassem, na prática e durante longas décadas, concentrados em uma porcentagem muito minoritária da população.[33]

A DEMOCRACIA AMPLIADA: O MODELO DE LIBERDADES POLÍTICAS EXPANDIDAS E DIREITOS DE PROPRIEDADE LIMITADOS

Nas páginas anteriores, exploramos um modelo de desafio ao ideal igualitário, que culminava em uma proposta de distribuição assimétrica de direitos e liberdades: ao menos temporariamente – propunha-se –, só uma pequena parte da população gozaria de maneira efetiva de seus direitos políticos. Além disso, esta solução aparecia a serviço da consolidação de outro tipo de desigualdades, neste caso, de caráter econômico-social. Isso porque as maiorias afetadas por um estado de coisas desigual (proveniente dos tempos da colônia, mas ratificado, a sua maneira, pelos governos da independência), contariam com possibilidades políticas muito mais limitadas para alterar pacificamente esse estado de coisas.

Contrastando com o modelo anterior, nas páginas seguintes, vamos explorar o que chamaremos de modelo de liberdades políticas expandidas e direitos de propriedade limitados. Na primeira parte de nossa apresentação, estudaremos algumas das críticas feitas pelos defensores deste olhar, contra o modelo então dominante. A seguir, trataremos de três versões – diferentes, mas relacionadas entre si – do modelo da democracia expandida.

Para começar, então, podemos assinalar que o modelo de desafio à igualdade, que passou a ser dominante na época, não se converteu, contudo, em modelo hegemônico. Pelo contrário, desde sua própria concepção, foi oposto em cada uma de suas afirmações e propostas. Já desde os primórdios do constitucionalismo regional, foram muitos os que negaram o modelo liberal-conservador dominante em suas afirmações mais elementares, ligadas à necessidade de

---

33 Para o caso da Argentina, Hilda Sábato calcula 25% dos habilitados para exercê-los, que representavam, por sua vez, menos de 5% do total da população (SÁBATO, 2010, p. 40).

restabelecer a ordem e a autoridade. Opuseram-se, por exemplo, à prioridade desses problemas, assim como negaram que eles devessem ser enfrentados com as ferramentas propostas pelos protagonistas intelectuais do pacto e questionaram, também, o rendimento prático das soluções oferecidas por aqueles. Não se tratava meramente de que alguns juristas ilustrados questionassem o sentido de seguir concentrando o poder territorial como fórmula para acabar com as situações de anarquia e desordem. Muito mais do que isso, o fato foi que, para muitos, a solução do autoritarismo regulamentado constitucionalmente – a solução da *república possível* – não só não tinha valor, mas, pelo contrário, deveria ser considerada como *causa* fundamental da instabilidade e da violência políticas características da época. Nesse sentido, pode-se apontar que a *própria consolidação do modelo da ordem excludente começou a gestar as bases de seu desafio*: do próprio seio dessa concepção política que ganhava força, originar-se-iam as vozes que viriam a questioná-la.

Já mencionamos, por exemplo, o caso do Chile, e fizemos referência a vozes críticas da ordem conservadora, como as do jurista Victorino Lastarria. Lastarria, talvez o intelectual chileno mais notável de seu tempo, perguntava-se, então, se essa Constituição havia alcançado o que se propusera em seu momento, ou seja, "garantir para sempre a ordem e a tranquilidade, pondo fim a revoluções e distúrbios, e tornando efetiva a liberdade nacional" (LASTARRIA, 1906, vol. 1, 215). Para ele, a resposta só poderia ser negativa:

> Apoiando nosso julgamento nos fatos, [citava em seu respaldo] as sangrentas conspirações, revoluções e batalhas de 1837, de 1850 e de 1851; e, por fim, os dez anos, um mês e quatro dias que duraram os diversos períodos em que a república esteve sob o peso de estados de sítio e das faculdades extraordinárias contra as pessoas, para nos demonstrar que as revoluções e os distúrbios não cessaram, nem se assegurou a ordem dos tão decantados longos anos de paz que se atribuem à Constituição; antes disso, foi necessário governar sem ela e sacrificar a liberdade nacional para perpetuar tão errônea política (*Ibidem*).

Ou seja, a Constituição não era avaliada como fonte de paz e conciliação, e sim de conflito.

Junto ao caso citado, também se poderia mencionar as notáveis iniciativas promovidas pelo primeiro constitucionalismo peruano, com uma orientação decididamente contrária aos poderes centralizados e concentrados no Presidente da República.[34] De maneira semelhante, seria o caso de destacar os esforços do primeiro constitucionalismo venezuelano, a Constituição de 1811, e as desesperadas tentativas de evitar o domínio autoritário de Simão Bolívar sobre a nova política independente na Venezuela (Bolívar, como sabemos, reagiria de modo extremo àquela Constituição, à qual identificaria como uma das causas principais dos males que afligiam o país e que estavam tornando impossível a consolidação da independência). Também se poderia mencionar o viés antiautoritário (antissantanista)[35] e federalista do constitucionalismo mexicano de meados do século XIX, impulsionado pelo notável grupo dos liberais-radicais ou liberais puros. Ou também se poderia citar o impulso

---

34 Nesse sentido, a Constituição liberal de 1823, inspirada na norte-americana, escolheu um sistema de "estrita separação" de poderes, no qual nenhum podia exercer os poderes dos outros, e no qual se consagrava a absoluta subordinação do Poder Executivo ao Legislativo (PAZ SOLDÁN, 1973, p. 49-51). A Constituição criava uma Câmara única, definia a eleição do Presidente pelo Congresso, impedia a reeleição do Presidente e determinava a proibição de "decretar leis que atentem contra os direitos individuais" – ação que qualificava como violadora do "pacto social" (*Ibidem*, p. 48-51). O Executivo carecia de toda iniciativa legislativa e também da capacidade de veto. A ideologia da Constituição era fundamentalmente a da restrição dos poderes presidenciais. O Governo era delegado a uma junta tripartite com poderes frágeis. A Constituição de 1828 volta a seguir uma orientação anticonservadora, neste caso, como forma de reagir ao Constitucionalismo bolivariano de 1826. Impulsionada pelo – então – sólido liberal Francisco Javier de Luna Pizarro, a Constituição voltou a se inspirar no constitucionalismo norte-americano e a se dedicar a garantir a restrição dos poderes presidenciais. A Constituição de 1834, claramente próxima à de 28, também acabaria sendo uma Constituição de reação, neste caso, contra a recente experiência autoritária encabeçada pelo General Gamarra. No marco desta Constituição, apareceria o famoso discurso legislativo, de caráter antiautoritário, do religioso González Vigil contra o General Gamarra.

35 Refere-se ao Antonio López de Santa Anna (1794-1876), caudilho mexicano.

radical dos liberais colombianos, que dominaram o constitucionalismo de seu país durante décadas. O extremo liberalismo colombiano soube reivindicar – contra Bolívar, e desde muito cedo – o direito de desobediência à autoridade, o de resistência à opressão, bem como tiranicídio, como fórmulas de legítima defesa contra os excessos da autoridade central.

Esta poderosa tendência antipresidencialista e federalista percorreu toda a América, expandiu-se em direção a todos os pontos cardeais da região, ao longo de todo o século, às vezes, através de experiências mais fugazes, outras vezes – como na Colômbia – durante décadas. Chamar a atenção sobre a mesma, em todo caso, pode ajudar a questionar a ideia de que a solução presidencialista ou hiper-presidencialista, centralista ou centro-federal, era – em termos descritivos – a única solução institucional imaginada ou imaginável na proclamada época da desordem e da anarquia. Não foi assim, nem para os teóricos do constitucionalismo, nem para seus praticantes. Os males do deserto, da distância, do vazio populacional, do caudilhismo e das massas descontroladas reconheciam soluções diferentes daquelas propostas inicialmente pelo conservadorismo, e depois, pelo acordo liberal-conservador.

O que se disse acima sugere a ideia de grupos simplesmente reativos frente ao autoritarismo vigente na região. No entanto, o certo é que o movimento antiautoritário e antipresidencialista explicitado nas páginas anteriores nos remete à existência de importantes núcleos de pensamento que, já desde o próprio momento da independência, afirmaram uma posição consistente em defesa de ideais igualitários. Detrás de propostas como as que sustentaram o artiguismo rio-platense, nos primórdios da independência, ou depois, os chilenos da Sociedade da Igualdade – com Francisco Bilbao à frente –, ou os radicais mexicanos, vislumbrava-se um modelo de democracia diferente do que seria próprio do liberal-conservadorismo. Assim sendo, esses radicais pareciam articular um modelo democrático diretamente oposto ao anterior. Portanto, se o modelo dos liberal-conservadores foi o das liberdades políticas restringidas e das liberdades civis amplíssimas, o de seus críticos – que iam desde o liberalismo mais igualitário até o radicalismo político – foi o contrário, ou seja, o modelo *das liberdades políticas expandidas e dos direitos de propriedade limitados*.

TRÊS EXEMPLOS:
MARIANO OTERO, MURILO TORO, FRANCISCO BILBAO

A seguir, examinaremos três versões possíveis do modelo da democracia ampliada. A primeira, que vincularemos a Mariano Otero, representa uma versão um tanto radicalizada do liberalismo e especialmente preocupada com a expansão de direitos; a segunda, que vincularemos a Murilo Toro, implica uma visão igualitária que enfatiza de modo especial o valor da igualdade econômica para garantir a democracia política; e a terceira, que vincularemos a Francisco Bilbao, oferece uma visão daquilo que foi o mais interessante radicalismo político da época, e que incorporou, ainda, uma crítica extrema ao sistema representativo.

Uma primeira versão deste modelo alternativo pode ser encontrada nos lúcidos escritos e discursos do advogado e constitucionalista mexicano Mariano Otero. Constituinte em 1842 e 1846, Otero deixou consolidado seu pensamento constitucional em diversas apresentações, que o mostram como liberal reformista, politicamente moderado, mas radical na defesa sistemática de princípios liberais.

Com efeito, em sua curta, mas intensa, vida legislativa (ele morreu de cólera aos 33 anos), Otero soube defender um sistema eleitoral mais limpo, representativo, includente e inclinado a garantir a presença de vozes minoritárias, como também apresentou uma organização laica, um novo modelo federalista, independência judicial, o jurado, um amplo esquema de petição popular; um sistema penitenciário liberal, inspirado no pensamento de Bentham, a abolição da pena de morte e direitos e garantias individuais – de um modo mais específico e concreto que a maioria de seus pares.[36]

De qualquer forma, a agenda política de Otero não terminava em uma defesa coerente e consequente do liberalismo, estendendo-se também a outra série de temas, bem mais afastados do discurso liberal tradicional. Entre eles, uma preocupação especial com a questão "material" e, mais particularmente, com a propriedade: "Necessitamos, pois, de uma mudança geral, e esta mudança

---

36 Em seu "voto particular", incluiu também um artigo que estabelecia que "em nenhum caso se poderão alterar os princípios que estabelecem a independência da nação, sua forma de Governo republicano, representativo, popular, federal e a divisão, tanto dos poderes gerais como dos Estados" (OTERO, 1967, p. 841).

deve começar pelas relações materiais da sociedade", dizia ele (OTERO, 1967, p. 59). Otero propunha, para isso, uma república de pequenos proprietários, consciente de que a grande propriedade havia "constituído o despotismo nos povos da Ásia", "o feudalismo" europeu e as "aristocracias da antiguidade" (*Ibidem*, p. 52-3). Favorecia, nesse sentido, a redistribuição da propriedade da Igreja e da aristocracia mexicanas, mas também, em geral, toda a propriedade improdutiva.

Possivelmente, a expressão mais lúcida deste segundo modelo de liberdades políticas expandidas e direitos de propriedade limitados foi a formulada pelo colombiano Murilo Toro. Segundo ele, a redistribuição da propriedade da terra era um requisito necessário para dotar de autêntica liberdade ao sufragante, livrando-o da dependência a que poderia ser submetido por seu empregador. Também era uma maneira apropriada de limitar o domínio econômico, e portanto, político, da classe latifundiária de país. Murilo se perguntava, então,

> (...) o que significa o sufrágio universal e o direto em uma sociedade na qual [a enorme maioria dos votantes] não tem garantida a subsistência e depende de um soldo? O que significa a federação quando cada distrito federado precisa depender, em suas mais estritas condições de existência, de um, de dois, de três indivíduos que detêm o monopólio da indústria e, portanto, do saber? (MURILO TORO, 1979, p. 70).

A resposta, para ele, era clara: seria imprescindível levar a cabo uma reforma política que tivesse como centro a expansão do direito ao sufrágio. Contudo, e ao mesmo tempo, Murilo Toro estava convencido de que essa reforma política não teria sentido algum se não viesse acompanhada de uma profunda reforma econômica, destinada a mudar, antes de tudo, a organização da propriedade da terra.[37] "É a propriedade territorial" – repetia – "a causa permanente e incontrastável desta desigualdade social, ou seja, desta exploração sistemática da grande maioria em favor da minoria, contra cujos efeitos os egoístas inutilmente oporão

---

37 Murillo dizia: "A França de 48 prova sem deixar dúvidas que nada pode conduzir mais direta e seguramente ao absolutismo do que o sufrágio universal quando ele se estabelece isoladamente, sem as consequentes reformas econômicas" (MURILO TORO, 1979, p. 72).

todas as formas políticas imagináveis" (*Ibidem*, p. 72).³⁸ Expandir a democracia demandava uma ampliação nas bases legais da participação, mas, mais do que isso, mudanças econômicas drásticas, em uma direção igualitária, destinada a dotar de apoio e mais sentido àquela participação ampliada.

O modelo das liberdades políticas amplas, explicitado por figuras públicas do calibre de Otero ou Murilo Toro, mostrava-se bem capacitado para oferecer um leque muito completo de propostas em matéria de desenho institucional. Neste terreno, talvez não haja trabalhos mais relevantes do que os do igualitário chileno Francisco Bilbao. A obra de Bilbao oferece uma versão possível – e, certamente, das mais radicais – sobre as implicações institucionais possíveis de um igualitarismo de princípios.

Em seu importante escrito *El gobierno de la libertad*, publicado em 1855 quando estava no exílio em Lima, Bilbao formulou uma fundada proposta de mudança constitucional que tomava como modelo a Constituição jacobina de 1793, à qual considerava "a única que merece ser recordada" (BILBAO, 1866, p. 278). Ele partia de uma ideia claramente republicana de liberdade como não dependência. Queixava-se, desde os primeiros parágrafos de sua obra, de que "todas as Constituições reconhecem a soberania do povo, mas imediatamente

---

38 Um exemplo importante, de certa forma paralelo ao que oferece Murilo Toro, é o que nos apresentam vários dos membros do radicalismo mexicano de meados do século. Entre esses casos, destaca-se o do líder mexicano Melchor Ocampo, que sempre defendeu uma visão democrática forte, o que não era muito comum em seu país, principalmente frente a rivais de tanto peso. Ocampo defendia uma particular ideia sobre a propriedade, que colocava a todos em pé de igualdade: todos eram proprietários do país em que viviam (todos eram donos da "casa" comum). A esse argumento, acrescentava outro que lhe era habitual, relativo à confiança que merecia o povo como tal: dever-se-ia confiar em que cada um quisesse cuidar da melhor maneira possível da chamada "casa" compartilhada. Em seus termos, "todos sabem algo, todos são moralmente bons." Em seguida, afirmava: "Se o povo erra alguma vez, bom, não é motivo para lhe arrancar seus direitos, ele é o dono da casa e colocará para administrá-la a quem julgar mais adequado" (OCAMPO, 1901, p. 388). Finalmente, Ocampo também fez alusão às duvidosas qualidades morais e políticas dos setores mais abastados da sociedade, que eram os que aproveitavam a distribuição desigual da terra e abusavam dos setores mais pobres. A grande propriedade, para ele, encontrava-se depositada "nas piores mãos" (ARREOLA, CORTÉS, 1975, p. 12-3).

acrescentam que, dada a impossibilidade prática de exercê-la (através da democracia direta) ou a incapacidade do povo para isso, ele está obrigado a delegá--la" (*Ibidem*, p. 246). Opondo-se a essa visão, ele se perguntava: "Necessitamos delegar a soberania? Necessitamos delegar nossa liberdade? Se fosse assim, eu preferiria abandonar a ideia de soberania e afirmar a legitimidade do despotismo, em lugar de enganar o verdadeiro soberano, transformando-o em escravo." E concluía sua crítica à delegação de autoridade dizendo:

> Delegar implica transmitir, renunciar, abdicar da soberania...Aquele que delega...se converte em uma máquina ou em um escravo...Não temos o direito de delegar nossa soberania. Temos o dever de ser imediata, permanente e diretamente soberanos. A delegação [– completava –] é escravidão disfarçada de soberania (*Ibidem*, p. 247).

Em suas propostas específicas, e a partir desses princípios, a Constituição de Bilbao organizava uma peculiar forma de representação política. Desafiava o sistema político no qual os representantes "fazem o que querem: legislam, decidem conflitos, executam, convertendo-se nos verdadeiros soberanos" (*Ibidem*, p. 247). Para ele, se os cidadãos não tivessem uma oportunidade efetiva de "discutir, deliberar e votar o que deveria ser a lei", então, toda a ideia do cidadão como legislador se transformava em uma ideia falsa. Por isso, e tratando de dar sentido à ideia da soberania do povo, propunha um sistema representativo no qual os representantes recebiam instruções de cumprimento obrigatório de parte de seus eleitores, e passavam a atuar como agentes ou delegados daqueles (*Ibidem*, p. 247).

As propostas de Bilbao, derivadas, em todos os casos, de um igualitarismo associado a um entendimento peculiar sobre as pessoas e a sociedade, encontravam continuidade em diversos cantos do continente americano, embora sejam poucos os casos em que identificamos uma articulação teórica tão ampla e profunda como no exemplo do pensador chileno. Na Bolívia, o deputado Lucas Mendoza defendia as instruções obrigatórias sustentando que "se um deputado quer representar o povo, então eu não entendo por que deveria se tornar independente da opinião do povo" (JORDÁN DE ALBARRACÍN, 1978, p. 125). No

México, o deputado Gamboa considerava que as eleições indiretas deviam ser abolidas porque se mantinham exclusivamente a partir do temor ao povo. Os liberais peruanos e mexicanos defenderam o unicameralismo legislativo como forma de evitar a construção de instituições (como o Senado) capazes de afogar ou tirar o brilho da voz das maiorias.[39]

BREVES CONCLUSÕES

Examinei aqui alguns pressupostos do desafio à igualdade, presentes no modelo liberal-conservador, e que favoreceram a conformação de um modelo constitucional peculiar. Caracterizei esse modelo a partir de sua especial preocupação com o restabelecimento da ordem e uma autoridade estável. Defini o mesmo a partir de uma fórmula básica que resumimos com as ideias de "liberdades políticas restringidas, liberdades civis abundantíssimas" ou, em termos mais diretos, restrições à participação política das maiorias e fortes proteções à distribuição vigente da propriedade. Por sua vez, contrastei esta abordagem ao constitucionalismo com outra que a enfrentou desde o começo, mostrando um enfoque muito diferente sobre o problema da autoridade e, antes de tudo, sobre como solucioná-lo. Associei este modelo, por outro lado, a uma fórmula alternativa à primeira, e que nos falava resumidamente de direitos políticos expandidos e do estabelecimento de limitações ao direito de propriedade (especificamente, à grande propriedade). Examinei, também, algumas consequências institucionais possíveis, imagináveis e imaginadas, a partir deste esquema alternativo de princípios.

Com essa análise, não pretendo afirmar que há uma única versão constitucional possível do modelo liberal-conservador ou do modelo mais igualitário, alternativo (muito menos quis dizer, é claro, que só há dois modos de pensar o constitucionalismo). Nego, também, a ideia de que existam apenas duas formas opostas de pensar a democracia. Tampouco é o caso de concluir, a partir da

---

39 Como afirmara o radical norte-americano Samuel Williams, eles consideravam que a segurança do povo não derivava da mera aplicação de um sistema de "freios e contrapesos, e poderes mecânicos entre as diferentes partes do governo", e sim da "responsabilidade e da dependência de cada parte do governo em relação (à vontade do) ao povo" (VILE, 1991, p. 678).

análise anterior, que liberal-conservadores ou radicais, atuando coerentemente, devam chegar necessariamente à afirmação de ferramentas e soluções constitucionais como as que mencionamos, através de exemplos, no texto anterior. Essas alternativas, historicamente importantes, foram expressões possíveis – mas não as únicas possíveis – de ideários diferentes.

Em todo caso, interessou-me afirmar que a visão liberal-conservadora teve um enorme peso no continente americano, especialmente depois da primeira metade do século XIX, que ela não foi hegemônica, nem suas propostas foram inevitáveis ou inescapáveis, como seus próprios propagandistas pretendiam apresentá-la, e que, pelo contrário, recebeu importantes críticas desde o começo. Mais do que isso, interessou-me dizer que as severas restrições políticas promovidas pelo modelo dominante estavam estreitamente vinculadas a seus pressupostos de desafio à igualdade. Esse modelo político excludente, deve-se enfatizar, foi diretamente útil à preservação e à consolidação das fortes desigualdades econômico-sociais então existentes (O'DONNELL, 2010, cap. 2). Nesse sentido, sustentei também que os que historicamente confrontaram a postura dominante a partir de uma perspectiva mais igualitária propiciaram um modelo constitucional muito diferente daquele, destinado a reparar os déficits igualitários do modelo vigente.

Por fim, as respostas frente ao legado liberal-conservador podem ser diferentes das conhecidas e podem ser melhores. O mais importante, em todo caso, é reconhecer que o modelo constitucional do liberalismo-conservador se baseava em um rompimento do compromisso igualitário (segundo o qual só uma seleta porção da sociedade gozaria de direitos políticos plenos) e que, naturalmente, a reparação desse rompimento crucial ao ideal da igualdade requer uma reflexão nova sobre o tipo de desenho institucional que se quer e sobre os fundamentos últimos do mesmo. Essa reflexão – sustentei aqui – deve partir do reconhecimento de que as instituições vigentes mostram as marcas de seu nascimento, que são marcas de desafio à igualdade. Neste sentido, interessou--me destacar o valor específico – a importância específica – de voltar a situar, no centro das discussões constitucionais, uma relacionada ao tipo de democracia sobre a qual se pretende organizar o sistema institucional.

REFERÊNCIAS BIBLIOGRÁFICAS

ALBERDI, Juan Bautista. *Obras completas de Juan Bautista Alberdi*. Buenos Aires: Imprenta La Tribuna Nacional, 1886.

_____. *Obras Selectas*. Seleção e organização de González, J. G. Buenos Aires: La Facultad, 1920.

ANTECEDENTES de la Constitución de Colombia de 1886 (Complemento a la Historia Extensa de Colombia), vol. VIII. Bogotá: Plaza y Janés, 1983.

ARREOLA CORTÉS, Raúl. *Melchor Ocampo. Textos Políticos*. México: Secretaría de Educación Pública, 1975.

BATEMAN, Alfredo. *Manuel Murillo Toro*. Bogotá: Academia Colombiana de Historia, 1978.

BILBAO, Francisco; BILBAO, Manuel. *Obras completas*. vol. I. Buenos Aires: Imprenta de Buenos Aires, 1886.

BILBAO, Francisco. "El gobierno de la libertad". In: J. A. Bravo de Goyeneche (org.) Francisco Bilbao, 1823-1865. El autor y la obra. Santiago de Chile: Editorial Cuarto Propio, 2007.

DA SILVA, José Afonso. *Curso de Direito Constitucional Positivo*. São Paulo: Malheiros Editores, 2010.

JAKSIC, Ivan Andrade. *Andrés Bello: La pasión por el orden*. Santiago de Chile: Editorial Universitaria, 2001.

JORDÁN DE ALBARRACÍN, Betty. *Documentos para la historia del derecho constitucional boliviano*. La Paz: Talleres Gráficos San Antonio, 1978.

LASTARRIA, José Victorino. *Estudios políticos y constitucionales*. vol. 1 e vol. 2. Santiago de Chile: Imprenta, Litografía y Encuadernación Barcelona, 1906.

MURILLO TORO, Manuel. *Obras Selectas*. Bogotá: Imprenta Nacional, 1979.

NEDELSKY, Jennifer. *Private Property and the Limits of American Constitutionalism*. Chicago: The University of Chicago Press, 1994.

OCAMPO, Melchor. *Obras completas*. vol. 1 e vol. 2. México: F. Vázquez Editor, 1901.

O'DONNELL, Guillermo. *Democracia, agencia estado: Teoría con intención comparativa*. Buenos Aires: Prometeo, 2010.

OTERO, Mariano. *Obras*. REYES HEROLES, Jesús. (Org.). México: Editorial Porrúa, 1967.

PALTI, Elías. *El tiempo de la política: El siglo xix reconsiderado*. Buenos Aires: Siglo XXI, 2007.

PAZ SOLDÁN, José. *Derecho constitucional peruano*. Lima: Ediciones Librería Studium, 1973.

PRIVITELLIO, Luciano de; ROMERO, Luís Alberto. *Grandes discursos de la historia argentina*. Buenos Aires: Aguilar, 2000.

SÁBATO, Hilda. *Pueblo y política: La construcción de la Argentina moderna*. Buenos Aires: Capital Intelectual, 2010.

SÁBATO, Hilda; LETTIERI, Alberto (Orgs.). *La vida política en la Argentina del siglo XIX: Armas, votos y voces*. Buenos Aires: Fondo de Cultura Económica, 2003.

TERNAVASIO, Marcela. *La revolución del voto: Política y elecciones en Buenos Aires, 1810-1852*. Buenos Aires: Siglo XXI, 2002.

VALENCIA VILLA, A. *El pensamiento constitucional de Miguel Antonio Caro*. Bogotá: Instituto Caro y Cuervo, 1992.

VILE, Maurice. *Constitutionalism and the Separation of Powers*. Oxford: Clarendon Press, 1967.

DELIBERAÇÃO POLÍTICA E CORTES CONSTITUCIONAIS

Conrado Hübner Mendes

INTRODUÇÃO

O controle judicial de constitucionalidade de leis nunca teve assento inconteste na estrutura de poderes das democracias constitucionais. Subordinar as escolhas de representantes eleitos às interpretações jurídicas de um pequeno colégio de juízes sempre pareceu, à sensibilidade democrática, uma opção institucional de legitimidade duvidosa. Tal arranjo, por razões de conjuntura histórica, enraizou-se, mas aquela suspeita, enquanto isso, não esmoreceu.[40] Pelo contrário, renovou-se e continuou a fazer sombra a cortes constitucionais à medida que estas acentuaram o grau de intrusão nas decisões parlamentares: conforme o incômodo político que despertaram, cortes ficaram mais ou menos expostas aos velhos ataques.[41]

A disputa continua acesa. Deslocou-se, porém, do desafio à existência mesma do controle de constitucionalidade para a discussão sobre seus limites, particularidades ou capacidades funcionais. Ou seja, aquela velha suspeita, ao dar conta da presença histórica incontornável dessa instituição, passou a discutir menos se uma democracia deveria adotá-la e mais a conformação desejável e

---

40 Sobre a proliferação de cortes constitucionais no pós-Segunda Guerra, cf., por exemplo, Stone-Sweet (2002).
41 Para um levantamento histórico-comparativo, cf. Goldsworthy (2006).

apropriada de uma corte dentro da separação de poderes. Economizou energia crítica de um lado e a concentrou no terreno onde ainda vislumbra alguma possibilidade de sucesso político e teórico. Poucos ainda se interessam, portanto, na pergunta 'ter ou não ter' o controle. O debate tem se concentrado na pergunta 'que controle ter'. Este oscila, grosso modo, entre as categorias de ativismo judicial, deferência e auto-contenção (*self-restraint*).

O controle de constitucionalidade, bem verdade, nunca foi órfão de justificativas teóricas que se contraponham àquela suspeita. Conquistaram respeitabilidade política e teórica na medida em que conseguiram desvelar a vulnerabilidade, ou mesmo ingenuidade, de uma democracia construída na base da supremacia parlamentar *tout court*. Em resposta à suspeita anti-judicial, em outras palavras, forjou-se uma 'contra-suspeita' anti-majoritária. Essa contra-suspeita, além de diagnosticar patologias intrínsecas ao processo majoritário, exibe um amplo acervo de exemplos históricos nos quais direitos fundamentais foram suprimidos por maiorias impulsivas e destemperadas.

Justiça seja feita, a defesa do controle de constitucionalidade não se limita a invocar, reativamente, uma 'contra-suspeita'. Mais do que isso, esforça-se também em apontar virtudes particulares que cortes constitucionais, dadas as suas circunstâncias decisórias, possuem em relação a parlamentos enredados na competição eleitoral. Indicam como tais virtudes poderiam contribuir para a construção mais qualificada de uma cultura constitucional. Uma modalidade influente dessa resposta afirma que cortes constitucionais seriam espaços propensos à deliberação. Esta percepção tornou-se, hoje, uma zona de conforto teórica.

Este artigo argumenta que tal defesa permanece sub-teorizada. Ainda não sabemos o que exigir nem o que esperar de uma corte constitucional 'deliberativa'. Ou melhor, a teoria constitucional ainda não nos apresentou parâmetros normativos mais tangíveis para além de uma demanda genérica de justificação pública, fundada em princípios constitucionais. Procuro, aqui, reconstruir os ângulos pelos quais a ideia de deliberação ligou-se a cortes constitucionais, diagnosticar as lacunas dessa empreitada até aqui e apontar para as perguntas teóricas que ainda precisariam ser levantadas e testadas.

No tópico seguinte, contextualizo o argumento de que cortes constitucionais seriam 'instituições deliberativas' dentro do debate histórico sobre legitimidade democrática do controle de constitucionalidade. Nos tópicos seguintes, explico as quatro formas em que a faceta deliberativa pode aparecer na adjudicação constitucional: cortes poderiam ser 'garantidoras da deliberação pública', 'produtoras de razão pública', 'interlocutoras' e 'deliberadoras'. Finalmente, o texto termina com um diagnóstico das insuficiências ainda presentes nessa última concepção, promissora mas carente de aprofundamento teórico.

CORTES CONSTITUCIONAIS COMO 'INSTITUIÇÕES DELIBERATIVAS'

Fricções políticas entre parlamentos e cortes não nasceram com o advento do controle judicial de constitucionalidade em solo norte-americano, no início do séc. XIX. A história do Estado de direito mostra que as origens dessa tensão podem ser rastreadas bem antes disso.[42] Tampouco foram essas disputas sempre formuladas em termos da legitimidade democrática de um órgão não eleito para revogar os atos praticados por uma instituição eleita pelo voto popular.

Entretanto, a emergência do controle de constitucionalidade, e seu gradual desenvolvimento, dramatizou essa tensão histórica e suscitou questões que, aí sim, inpiraram-se no ideal democrático. O que foi, originalmente, um problema norte-americano, tornou-se, ao longo do século XX, com a disseminação de cortes constitucionais pelas democracias ocidentais, um problema político multinacional.

A genealogia canônica do controle de constitucionalidade tem três importantes arquitetos: Hamilton, que anunciou a racionalidade dessa instituição

---

42   Alguns marcos históricos são geralmente mencionados. Um marco clássico é atribuído ao juiz Edward Coke que, antes da Revolução Gloriosa, em 1688, estabeleceu a doutrina da supremacia do *common law* sobre o direito legislativo (*statutory*). Essa doutrina reverberou nas colônias inglesas pré-independência na América do Norte, e também, após a independência, para atacar algumas assembleias legislativas ativistas em certos Estados, sob temor do despotismo majoritário. (cf. GARGARELLA, 1996, 17; THAYER, 1893, p. 139)

anos antes de ela ser implementada pela Suprema Corte estadounidense;[43] o juiz Marshall, que derivou aquele poder a partir do que ele entendeu ser a lógica implícita da supremacia constitucional (Cf. *Marbury v. Madison* , 5 U. S. 137, 1803); e Kelsen, que teorizou profundamente sobre seu papel e orientou a criação de um novo modelo de controle na Áustria (Cf. KELSEN, 1931; NINO. 1996, p. 187). Eles estavam preocupados com a institucionalização da supremacia constitucional, e sua recomendação era basicamente a mesma: a validade de uma lei depende de sua compatibilidade com a constituição; o judiciário é encarregado de aplicar o direito e, portanto, está autorizado a desconsiderar leis inconstitucionais. Sem uma agência extra-parlamentar, a supremacia constitucional não seria conquistada, e o parlamento permaneceria livre para emendar a constituição a pretexto de produzir legislação ordinária.

A falácia subjacente à suposta necessidade lógica do controle de constitucionalidade foi diagnosticada bastante tempo depois.[44] Para além de implicações lógicas, entretanto, outras razões podem ser invocadas para a existência de tal instituição. O controle de constitucionalidade consolidou-se historicamente, se não em virtude da qualidade das inferências lógicas por meio das quais foi apresentado, pelo menos como "edifício da prudência política liberal".[45] Nessa versão modesta, o controle de constitucionalidade é um mal necessário que se deve tolerar em nome da autoproteção da comunidade política em face de abusos de poder.

---

43 Como afirma Hamilton: "No legislative act therefore contrary to the constitution can be valid. To deny this would be to affirm that (…) the representatives of the people are superior to the people themselves (…) It is far more rational to suppose that the courts were designed to be an intermediate body between the people and the legislature (…)." (HAMILTON, MADISON, JAY, The Federalist 78, p. 379). Cf. também Brutus (Letter XII, p. 507).

44 Para uma análise detalhada da falácia por trás dos argumentos de Marshall e Kelsen, cf. Nino (1996, p. 193). Para um panorama histórico do legado de Marbury v. Madison, cf. Nelson (2000).

45 Essas são as palavras de Michelman (1999, p. 135). Grimm (2000, p. 105) compartilha de tal opinião. Para ele, o ponto da revisão judicial "is not one of principle, but one of pragmatics."

Esta justificativa prudencial, de todo modo, não encerrou a contenda. A disputa sobre a legitimidade democrática do controle de constitucionalidade esteve sempre presente no direito constitucional norte-americano desde então. Thayer e Bickel foram os que ventilaram essa preocupação de maneira mais notória. O temor da "debilitação democrática" (Cf. THAYER, 1893), para o primeiro, e o transtorno trazido pela "dificuldade contra-majoritária" (Cf. BICKEL, 1961, p. 16-8), para o segundo, forneceram os *slogans* mais evocativos de uma enraizada concepção *jacksoniana* de democracia que persevera na mente política estadounidense.

A perspectiva populista da democracia não foi inteiramente incorporada por ciclos posteriores de fertilidade constitucional das democracias ocidentais. Cortes constitucionais do pós-guerra, do pós-queda de regimes fascistas na década de 70 ou de regimes comunistas na década de 1980, não foram vistas como "instituições desviantes".[46] Tampouco o incômodo com a "dificuldade contra-majoritária" as acompanhou. Não se pode presumir, contudo, que a justificativa teórica para cortes constitucionais esteja inteiramente consolidada, ou que tais cortes não mais enfrentam desafios parecidos no seu trabalho cotidiano. O debate está longe de haver terminado.

Defensores do controle de constitucionalidade em geral o concebem como um dispositivo reconciliatório do constitucionalismo (liberal) com a democracia (representativa).[47] Seria uma harmonização institucional que afirma a "co-originalidade" entre direitos individuais e soberania popular (Cf. HABERMAS, 1996). Institucionalizaria a tensão irredutível entre procedimentos e resultados no conceito de legitimidade política, e reconheceria que o *pedigree* eleitoral não é razão suficiente, todo o tempo, para a supremacia decisória do parlamento numa democracia.

Variações dessa ideia se disseminaram. No entanto, até aqui, não há nada que conecte cortes constitucionais com o ideal e a prática da deliberação. A bem da verdade, autores deliberativistas permanecem desconfiados das supostas virtudes deliberativas de cortes, constitucionais ou não. Para Gutman e Thompson,

---

46 Outra expressão de Bickel (1961, p. 18). Sobre os ciclos do constitucionalismo, cf. Grimm (2000).
47 Ou, nas palavras de Grimm (2009, p. 23), como um "necessary completion of constitutionalism".

por exemplo, a dúvida entre atribuir a proteção de direitos a cortes é mais empírica que normativa, e escolha requereria maiores evidências concretas. Sua teoria da democracia deliberativa, de todo modo, não busca encontrar o "lugar primário da deliberação", mas espalhar tantos foros deliberativos quantos forem apropriados.[48] Cortes podem ser um deles, mas dificilmente o principal. Defensores da deliberação, indubitavelmente, deveriam olhar "para além dos tribunais" se pretendem aumentar a qualidade da democracia nesta direção (GUTMAN, THOMPSON, 1996, p. 47).

Democratas deliberativos resistem atribuir muito peso e expectativa sobre cortes não apenas em virtude do caráter intrinsicamente elitista que estas em regra teriam. Hesitam também em virtude do código supostamente restritivo que conforma as habilidades argumentativas desse foro. Cortes estariam presas aos vetores aparentemente severos da linguagem jurídica. Nada poderia estar mais distante do ideal deliberativo que isso. Waldron, Glendon, Zurn, entre outros, expressaram seus receios em relação à possibilidade de que a argumentação jurídica consiga ser permeável a considerações morais mais densas (Cf. WALDRON, 2006a; 2006b; 2009a; 2009b; GLENDON, 1993; ZURN, 2007). O discurso judicial seria legalista e míope, um desvio do coração do problema. Seus padrões de argumentação impediriam juízes de ver o que está genuinamente em questão. Seu dever profissional de levar em conta o conjunto de fontes do direito prejudicaria uma deliberação mais franca e direta. A operação do código jurídico não seria compatível com as demandas de transformação que deveriam permear a política deliberativa.

A preocupação por trás dessas objeções merece ser levada a sério. Não pode, entretanto, generalizar-se de maneira apressada, como se tal amarra linguística fosse característica inevitável e universal de cortes constitucionais.[49] Ademais, estas objeções têm sido pouco informadas em termos comparativos

---

48 Gutman e Thompson afirmam: "To relegate principled politics to the judiciary would be to leave most of politics unprincipled." (1996, p. 46)

49 Kumm, por exemplo, rejeita essa generalização ao mostrar como o "rational human rights paradigm", empregado por muitas cortes europeias, evita essa armadilha legalista. Cf. Kumm, 2007.

e baseadas típica e paroquialmente nos hábitos argumentativos da Suprema Cortes estadounidense.[50]

CORTES CONSTITUCIONAIS COMO 'GARANTIDORAS DA DELIBERAÇÃO PÚBLICA'

A ressalva acima não quer dizer que nenhum autor deliberativista está disposto a conciliar o controle de constitucionalidade com a democracia deliberativa. Muitos, de fato, o fazem. Ainda que hesitem em atribuir eminência deliberativa ao processo da revisão constitucional, admitem que esta pode ocupar um lugar institucional importante. Habermas, por exemplo, entende que cortes devam assegurar a "auto-determinação deliberativa" do processo de criação do direito e avaliar o quanto este processo se realizou dentro de circunstâncias deliberativas aceitáveis (Cf. HABERMAS, 1996, cap. 6). A corte, para Habermas, deve mediar entre o ideal republicano e as práticas degeneradas da política real. Seria uma tutora que garante os canais procedimentais adequados para a tomada de decisões coletivas racionais, não um ator paternalista que define o conteúdo de tais escolhas. Não substituiria, portanto, as escolhas morais feitas pelo legislador, mas conferiria as condições procedimentais sob as quais tais escolhas se formaram.[51]

Zurn, em larga medida, reproduz essa justificação. Ele reserva um espaço para a revisão constitucional dentro de sua "versão procedimentalista da democracia constitucionais deliberativa". Zurn aceita que uma agência externa monitore a validade dos procedimentos decisórios, mas, tal como Habermas, não admite atribuir a esta agência escolhas morais substantivas. A corte, portanto, não se sobrepõe a parlamentos no exercício do controle, mas apenas se certifica de que seu

---

50 Glendon reconhece explicitamente que a Suprema Corte estadounidense adota um "dialeto" peculiar da linguagem dos direitos, que não é necessariamente reproduzido alhures. As objeções de Waldron e Zurn, por sua vez, parecem ter um escopo mais geral, apesar de invocarem quase que tão somente exemplos extadounidenses.
51 Habermas suplementa, duas décadas mais tarde, o argumento clássico de Ely. Para Ely, a corte deveria restringir-se ao papel de reforço à representação. Ver Ely, 1977 e cf. também Silva e Mendes (2008).

funcionamento segue parâmetros procedimentais corretos. No entanto, a noção de procedimento adotada por Habermas e Zurn é bastante robusta, o que apenas dificulta a tarefa de distingui-lo da substância da qual eles querem afastar-se.[52]

Nino e Sunstein, a sua maneira, seguem abordagem similar. Nino não hesita em afirmar que uma corte constitucional é orgão aristocrático, e que a suposição de qualquer superioridade judicial para decidir sobre direitos fundamentais ecoa um reprovável "elitismo epistêmico" (NINO, 1996, p. 188). Contudo, reconhece que a crença no valor da democracia pressupõe certas condições. Cortes deveriam ocupar exatamente o espaço em que a confiança exacerbada nas instituições majoritárias seria arriscada. Nino prevê, nesse sentido, três funções para cortes: primeiro, cortes precisam traçar uma linha entre "direitos *a priori*" e "direitos *a posteriori*", de modo a proteger os primeiros e a facilitar a deliberação democrática que delimitem os segundos; cortes também devem invalidar, em nome da autonomia individual, todo tipo de legislação perfeccionista, aquela que extrapola o domínio da moralidade inter-subjetiva e estabelece um ideal de excelência humana; por fim, a corte deve preservar a constituição como prática social estabilizada e prevenir rupturas abruptas (*Ibidem*, p. 199-205).

Sunstein também propugna que a Suprema Corte tem um papel a desempenhar na manutenção de uma "república de razões" com a qual a Constituição estadounidense se comprometeu. Sua exortação à Suprema Corte, que deveria "deixar questões não decididas" (*leaving things undecided*), como forma de despertar deliberações mais amplas pela esfera pública, é parte já conhecido de sua teoria. Menos conhecido é o complemento desse argumento: quando as "pré-condições para o auto-governo democrático" estão em jogo, uma abordagem maximalista pode ser a mais pertinente.[53] Em circunstâncias específicas, em vez de buscar "acordos teóricos incompletos" (*incompletely theorized agreements*), a corte deveria almejar o contrário (SUNSTEIN, 1994). Sunstein supõe, porém, que o custo do maximalismo é o empobrecimento da deliberação na esfera pública com relação aos assuntos que a decisão judicial, supostamente, esgotou.

---

52 Para Dworkin, não é possível encontrar uma "route from substance", tal como tentado por Ely (1985, p. 58).

53 Esta não é a única hipótese em que o maximalismo pode suplantar o minimalismo. Cf. Sunstein, 2001, p. 57.

Apesar de defenderem o controle de constitucionalidade, a preocupação deliberativa de todos esses autores reside em outro lugar. A função judicial, para eles, é justificada na medida em que descongestiona, assegura e alimenta a deliberação em outras arenas. A corte seria apenas a guardião de processos deliberativos democráticos, não o fórum da deliberação em si.

CORTES CONSTITUCIONAIS COMO 'PRODUTORAS DE RAZÃO PÚBLICA' E 'INTERLOCUTORAS'

Há três maneiras mais robustas de associar o papel de cortes constitucionais com a deliberação. Mais do que garantidoras de processos democráticos deliberativos, cortes podem ser participantes mais intrusivos da deliberação pública, quer como 'produtoras de razão pública', quer como 'interlocutoras', quer como 'deliberadoras' em si mesmas. As duas primeiras funções, de modos distintos, consistem no oferecimento de razões públicas a uma audiência externa. Ambas, contudo, ignoram como juízes se comportam internamente e desconsideram se a tomada de decisão envolveu pura barganha ou agregação de posições individuais para alcançar o resultado final. A diferença é que a corte 'interlocutora', diferentemente da que se limita a produzir razões públicas, é atenta aos argumentos invocados pelos outros poderes e os responde dialogicamente. A corte constitucional 'deliberadora', por fim, mais do que simples interlocutora, caracteriza-se também pela deliberação interna entre juízes. Quando nos referimos a cortes como 'instituições deliberativas', nem sempre está claro qual desses três sentidos específicos está subentendido. Passo a esboçar essas três imagens para que suas ocasionais fraquezas ganhem maior clareza.

A ideia de uma corte 'produtora de razão pública' congrega uma série de imagens derivadas, as quais evocam uma percepção similar. Rawls e Dworkin são, provavelmente, os autores mais proeminentes nessa abordagem. Suas respectivas propostas, quais sejam, de uma corte como "exemplar da razão pública" ou como "fórum do princípio", não são apenas descrições da Suprema Corte estadounidense, mas também prescrições sobre de como essa função deve ser incorporada na democracia. Duas outras metáforas também se encaixam nessa categoria: Alexy imagina a corte constitucional como o "espaço da representação argumentativa", e Kumm, por seu turno, concebe-a como "arena da contestação socrática". Passo a resumir cada uma.

Rawls, pode-se dizer, é um entusiasta do controle de constitucionalidade. Argumenta que, "num regime constitucional, razão pública é a razão de sua suprema corte" (RAWLS, 1997a, p. 108). Supõe também que "numa sociedade bem ordenada, ambas mais ou menos se sobrepõem" (*Ibidem*, rodapé 10). Ou, ainda, numa passagem mais contundente, sugere um teste para saber se seguimos ou não uma razão pública: "de que maneira nosso argumento nos tocaria se fosse apresentado na forma de uma decisão da suprema corte?" (*Ibidem*, p. 124). Para ele, mesmo que o constrangimento da razão pública se aplique a todas as instituições, isso se dá de maneira ainda mais intensa no caso do controle de constitucionalidade: "o papel especial da corte a torna um exemplar da razão pública" (*Ibidem*, p. 95).[54] Em outros momentos, Rawls modera seus termos e diz que a corte "pode servir como seu exemplar", assim como os outros poderes (*Idem*, 1997a, p. 114). A vantagem comparativa de cortes, todavia, é usar a razão pública como seu único idioma. A corte seria "o único poder que é visivelmente criatura de tal razão, e dela tão somente" (*Ibidem*, p. 111).

Nessa abordagem, a corte seria um recurso crucial para que o regime consiga atender à demanda liberal de legitimidade: uma política da razoabilidade e da justificação, devida a todo cidadão enquanto membros livres e iguais de uma comunidade política. A coerção seria admissível somente se fundada em razões que, "espera-se, todos deveriam razoalvemente apoiar" (*Ibidem*, p. 95).

A razão pública é, portanto, a chave dessa engrenagem (*Idem*, 1997b, p. 765). A prontidão para ouvir e explicar as ações coletivas em termos que poderiam ser aceitos por outros seria uma virtude democrática central, ou, nas palavras de Rawls, um "dever de civilidade" (*duty of civility*) ou manifestação da "amizade cívica" (*civic friendship*). Nem todas as razões, portanto, são razões públicas, mas somente aquelas que evitam referir-se a uma doutrina abrangente do bem (*comprehensive doctrine of the good*) e permanecem dentro dos limites de uma concepção estritamente política de justiça (*Idem*, 1997a, p. 93). O papel da corte é conferir à razão pública "vivacidade e vitalidade no fórum público",

---

54 Cf. também Rawls (2005, 231; 1997b, p. 768).

é forçar o debate público a se imbuir por razões de princípio. Aí residiria, ademais, sua qualidade educativa (*Ibidem*, p. 112-114).

Dworkin adota posição similar. A distinção entre princípios e políticas públicas (*policies*) é a espinha dorsal de sua teoria constitucional. Enquanto princípios fundamentam decisões a partir dos direitos morais de cada indivíduo, políticas públicas informam decisões que dizem respeito ao bem-estar geral. Ambas as categorias coexistem numa democracia. Expressam dois tipos diferentes de legitimação, uma calcada em razões, outra baseada em números. Quando um tipo de fundamento conflita com o outro, princípios prevalecem. A democracia, portanto, não se esgota na sua faceta puramente quantitativa.

Para Dworkin, o controle de constitucionalidade constitui o "fórum do princípio" da democracia, sua reserva de discurso moral baseado em direitos. Apenas uma comunidade governada por princípios consegue promover a filiação moral de cada indivíduo. A autoridade política, sendo assim, torna-se digna de respeito graças a sua habilidade de veicular argumentos e manifestar "igual consideração e respeito", não a eventuais técnicas de contagem de votos. As instituições de tal regime devem, por isso, buscar uma forma de representação comunal, além da representação estatística. Juízes, nessa perspectiva, não representam cidadãos em particular, mas uma entidade supra-individual – a comunidade política como um todo. Um poder eleito não é suficientemente confiável como "fórum do princípio" em razão dos perigosos incentivos comportamentais que o moldam.

Remover questões de princípio da luta política ordinária é, portanto, a missão da revisão constitucional. Argumentos que não os baseados em direitos podem ofuscar a centralidade do princípio. Não haveria déficit de legitimidade num arranjo que adota a revisão judicial porque a democracia, corretamente entendida, seria uma forma de governo procedimentalmente incompleta, e não existiria um procedimento correto para atestar se suas pré-condições foram atendidas. A promoção de suas pré-condições pode, em tese, advir de qualquer instituição. No que diz respeito à dimensão de princípio, o teste de legitimidade deve ser, nesse sentido, consequencialista. Ou seja, avalia-se sua legitimidade retrospectivamente, pela verificação da qualidade substantiva do produto final. Os *inputs* procedimentais não importariam para tal tarefa. A corte, obviamente, não seria infalível, mas a tentativa de institucionalizar um espaço exclusivo para a promoção do princípio não poderia ser ilegítima em razão de sua inevitável falibilidade.[55] Menor falibilidade, se for uma aposta plausível, seria suficiente. Portanto, a legitimidade da corte depende de sua independência da política ordinária.

Alexy está em sintonia com este raciocínio. O controle de constitucionalidade, para ele, pode ser reconciliado com a democracia se for também entendido como mecanismo de representação do povo. Representação, contudo, de um tipo particular: em vez de votos e eleições, operaria por meio de argumentos (ALEXY, 2005, p. 578-9). Um regime que representa apenas e tão somente através de órgãos eleitorais adotaria um "modelo puramente decisionista de democracia." Alexy acredita que a democracia deva somar argumentos às decisões coletivas, o que a tornaria "deliberativa".

Parlamentos eleitos, na medida em que também argumentam, encarnariam os dois tipos de representação – "volitiva ou decisionista, assim como argumentativa ou discursiva" – enquanto que a representação expressa pela corte constitucional seria, para Alexy, exclusivamente argumentativa. Há duas condições para que a representação argumentativa se configure. Por um lado, "argumentos sólidos e corretos" (*sound and correct arguments*); por outro, pessoas racionais, "capazes e dispostas a aceitar argumentos sólidos e corretos pela simples razão de que são sólidos e corretos." O ideal de um constitucionalismo discursivo, na visão de Alexy, ambiciona institucionalizar a razão e o ideal de correção. O controle de constitucionalidade seria bem-vindo na tentativa de realizar essa aspiração (*Ibidem*, p. 581).

Por fim, Kumm entende que o controle de constitucionalidade é uma ferramenta valiosa para se institucionalizar a prática da contestação socrática. Tal prática permitiria testar se decisões públicas foram tomadas com base em boas razões (KUMM, 2007, p. 3). O constitucionalismo democrático liberal, alega Kumm, assume dois compromissos complementares: eleições, de modo a

---

55 Componentes desse argumento estão espalhados pelas publicações de Dworkin. Cf., principalmente, Dworkin (1985, p. 34; 1986, cap. 6; 1990; 1995; 1996, capítulo introdutório; 1998).

promover o igual direito ao voto; e a contestação socrática, que garante a cada indivíduo o direito de contestar decisões coletivas e exigir uma justificação razoável para elas. Parlamentos e cortes constitucionais são as "expressões arquetípicas" de ambos os compromissos. Se a legitimidade, nessa moldura liberal, depende da qualidade das razões que fundamentam decisões coletivas, a revisão judicial impede que essa demanda se esmoreça ao longo do tempo. O hábito socrático de sujeitar toda e qualquer proposição cognitiva à dúvida metódica ajuda a democracia a iluminar e testar a qualidade de suas decisões, em vez de confiar tal missão unicamente a critérios de justiça procedimental. Cortes constitucionais, por meio dessa "função editorial", sujeitam parlamentos a um controle das razões que fundamentam suas decisões. Conseguiriam, ao menos, afastar decisões legislativas irrazoáveis (*Ibidem*, p. 31).[56]

Esta breve descrição não faz justiça à complexidade de cada autor. Ela mostra, de todo modo, a lógica similar de seus argumentos. Todas atacam uma concepção monotônica de democracia que invariavelmente subjaz as objeções que se opõem a instituições contra-parlamentares como o controle de constitucionalidade. Cantam em coro: "a democracia não é somente isso". A democracia, ao contrário, seria constituída em torno de uma dualidade. Independentemente de como esse componente menos intuitivo é chamado (razão pública, princípios, argumentos racionais, contestação), não haveria democracia genuína sem ele. A corte constitucional, por certo, não tem o monopólio deste código, mas tem a virtude de operar exclusivamente com base nele. É monoglota. Previne-se contra o perigo do poliglotismo político, da cacofonia de razões que pode inspirar *trade-offs* perversos e erodir uma dimensão valiosa, mas permanentemente ameaçada, desse complexo ideal de autogoverno coletivo.

Não pretendo discutir, nesse espaço, o quanto seus respectivos argumentos pela legitimidade do controle de constitucionalidade são sustentáveis ou em que medida são vulneráveis (Cf. MENDES, 2008; 2009a). Tampouco me interessa cogitar o quanto os próprios parlamentos e instituições outras

---

56 Kumm articula de modo criativo o requisito liberal da razão pública, ventilado por Rawls, o discurso de direitos estruturado ao redor do teste de proporcionalidade, tal como sistematizado por Alexy e, finalmente, uma definição republicana da democracia como "contestação", como propugnada por Pettit. (cf. PETTIT, 1997).

poderiam desempenhar a mesma função que se atribui a cortes constitucionais. A descrição da expectativa depositada sobre as cortes, entretanto, nos habilita a perceber certas implicações.

A proposta de cortes como 'agências propagadoras de razão pública' significa muito mais do que aquilo que foi sugerido por Habermas e outros deliberativistas. Cortes como 'interlocutoras' também. Esta imagem é derivada das 'teorias do diálogo', que ecoam um uma antiga expressão de Bickel, para quem a corte deveria engajar-se num contínuo "colóquio socrático" com os outros poderes e a sociedade (Cf. BICKEL, 1962, p. 70-71). Essas teorias se desenvolveram por ramos bastante diversos desde os idos de 1980 (Cf. MENDES, 2009b). Com os autores acima citados, comungam da ideia de que a corte pode catalisar a deliberação na esfera pública. Contudo, algumas de suas vertentes vão além: a corte deve ser mais do que a mera ignição de deliberação externa, ou a fonte mais autorizada de respostas constitucionais corretas que devem ser obedecidas. Pelo contrário, a corte deve ser um participante argumentativo. Diferentemente de simples veiculadoras de razão pública, como a imagem anterior sugere, cortes 'interlocutoras' juntam-se à interação de uma forma mais modesta e horizontal. Nessa moldura, cortes não lutam por supremacia na definição do significado constitucional. Cortes dialógicas sabem que, no longo prazo, últimas palavras são provisórias.

CORTES CONSTITUCIONAIS COMO 'DELIBERADORAS'

Cortes constitucionais foram até aqui vistas como reforços à deliberação, mas não necessariamente como deliberativas em si mesmas. Essas abordagens, conforme defendo adiante, pemanecem insatisfatórias e incompletas. Elas pecam por não abrir a 'caixa-preta' de cortes colegiadas e assim avaliar se as expectativas deliberativas são plausíveis, ou sob quais condições seriam alcançáveis, e em que grau. Confiam numa presunção otimista: uma vez que juízes não são eleitos, teriam necessariamente maior aptidão para lidar com razões públicas de forma imparcial. Essa inferência esconde importantes passos intermediários. Há muito a ser dito e muito a ser feito entre aquela premissa e esse efeito esperado. É difícil entender como tal presunção pôde ignorar a dinâmica interna desse órgão colegiado.

Tal questão ainda não foi bem tematizada pela teoria constitucional. Para além de testemunhos biográficos de famosos juízes constitucionais,[57] o valor específico da deliberação colegiada em cortes constitucionais não foi ainda suficientemente explorado. Os papéis institucionais de 'produtores de razão pública', ou de 'interlocutores', requerem algum tipo de deliberação interna? Esses papéis seriam compatíveis com qualquer tipo de agregação de votos individuais? Se a prática de contestação socrática entre poderes tende, supostamente, a melhorar os resultados do processo político, não seria plausível argumentar que o engajamento deliberativo entre juízes tenderia a melhorar, por seu turno, a qualidade substantiva da contestação socrática? Seria aceitável substituir uma corte colegiada por um sábio juiz monocrático que produz decisões bem fundamentadas? Michelman indica por que, talvez, não seja este o caso:

> Hércules, o juiz mítico de Dworkin, é um solitário. Ele é heróico demais. Suas narrativas são monólogos. Ele não conversa com ninguém, exceto com livros. Ele não tem encontros. Ele não tem alteridade. Nada o balança. Nenhum interlocutor viola a inevitável insularidade de sua experiência e perspectiva. Dworkin construiu uma apoteose do julgamento colegiado sem atenção para o que parece ser a característica institucional mais universal e admirável desses órgãos: sua pluralidade. Devemos considerar para que esta pluralidade serve. Minha sugestão é que ela serve ao diálogo, à razão prática judicial, como um aspecto

---

57 Conforme alega Sachs: "We discover that a collegial court is more than the sum of its parts. It has its own vitality, its own dynamic, its own culture. We subsume ourselves into it." (2009, p. 270). Barak, por sua vez, entende: "When the judge sits on a panel of multiple judges, the judge must consult with his colleagues. The judge must convince them. A good court is a pluralistic court, containing different and diverse views. That is certainly the case in a multicultural society. There are always mutual persuasion and exchange of ideas." (2006, p. 209). Por fim, Grimm aponta: "Legal arguments mattered and it happened quite often that members of the court changed their minds because of the arguments exchanged in the deliberation." (2009, p. 31). Grimm, novamente: "the United State Supreme Court wastes this source of illumination by not deliberating enough." (2003).

do auto-governo judicial, no interesse de nossa liberdade (MICHELMAN, 1986, p. 76).[58]

"Pluralidade" e "diálogo", à luz da "razão prática judicial", e em função do "auto-governo judicial", ecoam virtudes deliberativas apontadas pela literatura a respeito. Ignoramos como cortes deliberam por nossa conta e risco. Talvez estejamos perdendo de vista algo potencialmente valioso e, assim, imunizando juízes de interpelação crítica quando estes decidem ser surdos aos argumentos de seus pares e optam pelo caminho solista. Continuamos privados de uma plataforma crítica que possa demandar de juízes mais do que vimos na teoria constitucional até aqui.

A suposição superficial mas amplamente aceita de que cortes seriam foros deliberativos pede maior refinamento. Não se pensou muito sobre o que significaria, em maiores detalhes, um fórum deliberativo. Tal expectativa deliberativa decorre do simples fato institucional de que cortes não estão presas à dinâmica eleitoral, daí sua imparcialidade, daía suas melhores condições para deliberar. Não deveríamos, certamente, subestimar a particular posição institucional que cortes ocupam como uma potencial vantagem para a prática deliberativa. Ainda não é claro, porém, se cortes em geral têm de fato sido deliberativas tal como aquela presunção acredita, ou, antes disso, por que deveriam estar motivadas a deliberar. Em regimes contemporâneos, encontramos toda sorte de corte constitucional, algumas melhores do que outras no exercício deliberativo, algumas absolutamente nulas nesse aspecto.

Rawls e Dworkin conceberam o aspecto deliberativo de cortes apenas do ponto de vista de sua capacidade de prover argumentos de princípio, ou razões públicas. Não observaram como cortes podem oscilar no desempenho de tal função nem elaboraram sobre como poderíamos discernir tal oscilação. Certamente concordariam que algumas cortes são melhores do que outras no exercício dessa habilidade, ou que uma mesma corte pode atender ou frustrar tais expectativas em diferentes casos. Para detectar essa volatilidade, não oferecem recursos analíticos ademais de sua teoria liberal da justiça. Para eles, não há outro caminho que não seja enfrentar a controvérsia substantiva em cada

---

58 Habermas (1996, p. 223) incorpora a crítica de Michelman a Hércules.

caso constitucional: se os resultados são certos ou errados, melhores ou piores, mais próximos ou mais distantes da concepção de justiça que defendem. Alexy e Kumm, por sua vez, oferecem a estrutura argumentativa da proporcionalidade. Apesar de menos substantiva, ela ainda não diz muito sobre o que mais circunda o processo de tomada de decisão.

Concebida como interlocutora, uma corte constitucional ganharia um qualificativo importante em relação à concepção anterior: tornar-se-ia mais cautelosa na modulação do seu tom decisório e na demonstração de que todos os argumentos em jogo recebem a devida consideração. Demonstra que, além da competência para argumentar, a corte também pode se dedicar a escutar e digerir as razões que lhe foram apresentadas pela esfera pública.

Ambas as imagens, de todo modo, ainda não captam o potencial deliberativo de uma corte constitucional. Cortes constitucionais podem ser instituições deliberativas num sentido mais fecundo. Seu contexto decisório e seu equipamento procedimental criam condições peculiares para tanto. Perceber apenas a faceta da produção de razões públicas é perder de vista um fenômeno mais abrangente. Constitucionalistas e observadores da justiça constitucional em geral devem mensurar essas variações para avaliar se produzem implicações para a legitimidade do controle de constitucionalidade.

CORTES CONSTITUCIONAIS ENTRE DELIBERAÇÃO EXTERNA E INTERNA

Ferejohn e Pasquino levaram o debate para o estágio mais avançado. Eles concordam que cortes se defrontam com demandas mais rigorosas no que diz respeito à produção de razões. A separação de poderes, conforme esses autores, compreende variados tipos de *accountability*, cada um ocupando espaço distinto na "cadeia de justificação". Quanto mais distante estiver a respectiva instituição do lastro legitimatório da eleição, ou seja, quanto mais longo for o "cordão de delegação", maior será o ônus de justificação de suas decisões. Num extremo (a corte), esse ônus argumentativo mais rigoroso compensa o déficit eleitoral. No outro (o parlamento), o déficit deliberativo é contrabalançado pela proximidade com o voto popular.[59]

Portanto, Ferejohn e Pasquino seguem Rawls ao afirmar que cortes são "instituições deliberativas exemplares".[60] Notam, entretanto, que há mais de uma maneira de ser deliberativo. A deliberação pode ser, para eles, tanto interna quanto externa, e tem um alvo distinto em cada caso: "levar o grupo a decidir por um curso de ação comum", no caso da interna, e "afetar ações praticadas fora desse grupo", no caso da externa. Uma "envolve ouvir e oferecer razões dos outros membros dentro do grupo", enquanto que a outra "envolve o grupo, ou seus respectivos membros, ouvindo e oferecendo razões que se originam fora do grupo" (FEREJOHN, PASQUINO, 2004, p. 1692).

Essa distinção é útil por lançar luzes em funções e ambientes diversos. O reconhecimento de uma corte como uma efetiva 'deliberadora' torna-se mais evidente. Juízes deliberam internamente ao buscar um curso de ação institucional, e externamente ao expor sua decisão à esfera pública. Ferejohn e Pasquino passam, então, a comparar as característica de um conjunto de cortes por essas lentes. Pelo que percebem, dois padrões emergem dessa comparação: a Suprema Corte estadounidense, que representa o modelo centrado em deliberação externa, com pouca interação face a face entre juízes, e com maior liberalidade

---

59 Essa concepção de *accountability* decorre do que Ferejohn chama de uma "folk theory of democracy", que demanda procedimentos schumpeterianos básicos: "A well functioning political/legal system can be expected to exhibit a range of accountability relations that runs roughly from the political to the legal or, if you prefer, from the arbitrary or wilful to the reasonable or deliberative." (FEREJOHN, 2007, p. 9-10) Há uma escala decrescente de demandas deliberativas de acordo com os quatro graus de distanciamento em relação ao povo: cortes, agências públicas, parlamentos, eleitores. A urna eleitoral é uma "reason free zone" – nesse estágio, somente números importam (FEREJOHN, PASQUINO, 2002, p. 26) Ferejohn também afirma: "Courts are expected to deliberate and are given elaborate deliberation-forcing procedures to ensure that they do. (...) Put another way, because courts have no direct access to political power, they are forced to rely on reasons." (FEREJOHN, 2008, p. 205).

60 Fundamentação por meio de argumentos é também uma necessidade pragmática que permite a cortes desempenharem seu papel de coordenação (FEREJOHN, PASQUINO, 2002, p. 24).

para que juízes se expressem por meio múltiplas opiniões individuais; e as cortes kelsenianas, que dão maior peso à clareza e tendem a se comunicar, depois da deliberação interna e fechada, por meio de uma única voz na maioria dos casos (*Idem*, 2002, p. 35). Enquanto o primeiro tem seus olhos voltados prioritariamente para fora, o outro faz o oposto. Apesar das disparidades entre as cortes observadas, os autores notam que todas, a sua própria maneira, "retêm o caráter deliberativo exemplar" proclamado por Rawls (*Ibidem*, p. 22).

Após essa descrição, os autores oferecem algumas hipóteses explicativas para as diferenças detectadas. O modelo kelseniano, no qual o papel controle é depositado exclusivamente na corte constitucional, exigiria maior unidade de modo que "cortes ordinárias sejam capazes" de aplicar as decisões da corte constitucional (*Ibidem*, p. 33). O modelo estadounidense, caracterizado pela difusão do poder de declarar a inconstitucionalidade de lei por todo o judiciário, exigiria maior coordenação entre a Suprema Corte e os juízes inferiores. Daí as múltiplas vozes individuais, que permitem a outros atores do sistema jurídico antecipar as decisões da corte e identificar quem é quem dentro da corte e como cada membro tende a decidir.[61]

Cada padrão deliberativo estaria correlacionado, portanto, com a configuração político-decisória que o sistema de controle de constitucionalidade atribui à corte. Essa variável independente determinaria o padrão da deliberação em cada contexto. Ambas as facetas, interna e externa, estariam sempre presentes, mas "parcialmente em conflito": "Se juízes se enxergam envolvidos numa discussão mais ampla com a esfera pública, podem estar menos inclinados a fazer concessões aos pontos de vista de seus colegas da corte" (FEREJOHN, PASQUINO, 2004, p. 1697-8). Por isso, a Suprema Corte estadounidense seria muito mais "externalista" do que suas correspondentes europeias.

Elucidados esses dois padrões, Ferejohn e Pasquino culminam numa avaliação crítica da Suprema Corte estadounidense e num apelo por uma

---

61 Ferejohn e Pasquino argumentam: "In part this is made necessary by the fact that the Court has no monopoly on constitutional interpretation and mostly acts to regulate the process by which the Constitution is applied by other courts. This coordinating or regulatory role forces the Court to do its work in a public and transparent manner". (FEREJOHN, PASQUINO, 2002, p. 35)

deliberação interna mais densa, ao modo das cortes europeias. Juízes americanos, para eles, "deveriam se comprometer a encontrar uma opinião que todos os membros da corte possam endossar" (*Ibidem*, p. 1673, rodapé 9). Reformas seriam necessárias para levar juízes a "despender menos tempo e esforço como indivíduos que tentam influenciar o público externo" e a focar na busca de uma base comum, tal como órgãos genuinamente deliberativos o fariam (*Ibidem*, p. 1700). A despeito dos aspectos positivos que múltiplas opiniões podem ter em certas circunstâncias, acreditam ter a Suprema Corte ido longe demais. Qualquer aperfeiçoamento deveria atacar, segundo os autores, duas frentes que influenciam o comportamento político em geral, e judicial em especial: primeiro, recomendam uma reforma institucional para tornar a corte menos partidária, isto é, um novo modo de nomeação e de concepção de mandato; segundo, convocam a comunidade jurídica a demandar de juízes a obediência a normas deliberativas que se pautam pela busca do consenso e por uma ética do compromisso e autocontenção no que diz respeito à exibição pública de suas idiossincrasias individuais.

A série de artigos de Ferejohn e Pasquino, sem dúvida, trouxe um progresso significativo nessa discussão. Ofereceram um entendimento mais amplo sobre os modos pelos quais cortes constitucionais poderiam ou deveriam ser deliberativas. A conceituação de dois tipos de deliberação e a cobrança por reformas que enfrentem tanto os aspectos de arquitetura institucional quanto os de cultura e ética decisórias são realizações dignas de nota. A preocupação dos autores é apropriada: a liberalidade por múltiplas vozes, e a falta de qualquer constrangimento ético contra tal prática, diminuem a capacidade de a Suprema Corte desempenhar papel deliberativo mais profundo na política estadounidense. Contudo, não foram tão longe a ponto de definirem qual seria esse papel. Ademais, a afirmação de que haveria parcial conflito entre deliberação interna e externa permanece ambígua e instável.

Pode-se intuir, nos seus escritos, ao menos três sentidos de deliberação externa: como argumentação pública *tout court*, característica elementar de qualquer corte; como argumentação pública por meio de múltiplas vozes individuais; ou como uma atitude individualista dos membros do colegiado por meio da tolerância a desacordos não deliberativos.[62] Às vezes, portanto, Ferejohn e Pasquino parecem supor que a deliberação externa corresponde ao estilo solista da Suprema Corte estadounidense, a qual permite que juízes publicizem suas opiniões individuais independentemente de diálogo interno. Em outras passagens, adotam uma noção mais flexível e aceitam que há diferentes maneiras de ser deliberativo do ponto de vista externo, mesmo com decisões que se expressam por uma única voz.[63]

A relação entre a deliberação externa e o estilo formal por meio da qual a decisão é escrita e publicada permanece, portanto, ambígua: se significa simplesmente o uso da razão com o objetivo de afetar o debate público, tanto vozes múltiplas quanto uníssonas poderiam, em tese, fazê-lo; se significa expor o desacordo interno da corte, então, de fato, múltiplas vozes seriam a única alternativa a seguir.

A conexão entre deliberação interna e externa é também problemática. Os autores sugerem duas causalidades pouco convincentes, ou, na melhor das hipóteses, sub-demonstradas. Primeiro, haveria um elo causal entre uma decisão *per curiam* (única voz) e a prevalência da deliberação interna sobre externa; segundo, o elo causal entre a decisão *seriatim* (múltiplas vozes) e a deliberação externa, que inibiria a interna (ou produto da simples ausência da interna).[64] Mesmo que o retrato descritivo desse pequeno conjunto de cortes por eles considerado

---

62 Algumas passagens dão uma ideia da variedade de definições de deliberação externa: "The Court rarely tries to speak with one voice, apparently preferring to let conflict and disagreement ferment." (FEREJOHN, PASQUINO, 2002, p. 36); "part of the wider public process of deciding what the Constitution requires of us as citizens and potential political actors." Ou mais adiante: "It may lead citizens and politicians to take or to refrain from actions of various sorts, or perhaps to respect the Court and its decisions. There is, however, no singular focus on a particular course of action that politicians or citizens must take." Por fim: "to engage in open external dialogue about constitutional norms with outside actors." (*Idem*, 2004, p. 1697-8). "Its aim is to convince those who are not in the room." (FEREJOHN, 2008, p. 209).

63 "There are various ways in which a court may play a role in external deliberation." (FEREJOHN, PASQUINO, 2004, p. 1698).

64 Contudo, eles aparentemente se contradizem aqui também: a deliberação interna "may or may not be regulated by a shared expectation that the court will publish

fosse preciso, a inferência de um liame causal inevitável entre o modo pelo qual juízes interagem entre si e o modo como a decisão é formalmente apresentada ao público continua implausível e pouco esclarecedor.

Tal critério formal não diz muito sobre a qualidade substantiva da decisão ou sobre seu poder de despertar e moldar a discussão na esfera pública. Raramente importa, para o fim de se verificar o caráter e a intensidade do debate público, se a decisão de uma corte constitucional foi *seriatim*, *per curiam*, ou se adotou algum formato intermediário. Desde que não seja oracular e hermética, qualquer decisão pode despertar, e efetivamente já despertou, a deliberação externa tal como Ferejohn e Pasquino a definem.[65] Os membros de uma corte poderiam deliberar internamente, mas ainda assim manifestar-se ao modo *seriatim*,[66] ou então abrir mão da deliberação, e ainda assim expressar-se ao modo *per curiam*. O grau de deliberação externa, portanto, não decorre exclusivamente da forma escrita pela qual se apresenta a decisão. É mais provável, nesse sentido, que a deliberação externa seja determinada pelas circunstâncias políticas do caso e pelo conteúdo da decisão. O constitucionalismo comparado tem exemplos de decisões *per curiam* que eletrizaram a fricção argumentativa na esfera pública, e, inversamente, de decisões *seriatim* que mal foi percebidas ou comentadas.

Da exatidão descritiva de ambos os padrões identificados por Ferejohn e Pasquino, portanto, não necessariamente decorre a conclusão de que haja *trade-offs* inevitáveis entre eles, ou de que a maximização de um padrão acarreta a minimização do outro. Se uma corte constitucional pode obter excelência nas duas frentes é uma questão ainda a ser verificada. Poder-se-ia dizer, certamente, que quanto mais uma corte delibera internamente, maiores as chances de atingir o consenso e manifestar-se através de uma decisão uníssona. Isso, porém, não desincentiva a deliberação externa. Não fosse assim, cortes constitucionais

---

a single opinion or that multiple opinions will be published as well." (FEREJOHN, PASQUINO, 2002, p. 23).

[65] Mesmo decisões mais fundamentadas podem provocar deliberação. Esta é, por exemplo, a defesa que Sunstein faz do minimalismo judicial (SUSTEIN, 1994, 1996, p. 2000).

[66] Um exemplo clássico é a Câmara dos Lordes (cf. PATERSON, 1982).

europeias, que em grande medida são cortes consensuais, seriam incapazes de incitar deliberação externa, o que está longe de ser o caso.

A menos que uma corte simplesmente se recuse a oferecer razões que fundamentem suas decisões, a possibilidade de despertar deliberação externa não é uma escolha. O público externo poderá interpelar argumentativamente a decisão independentemente da forma particular pela qual a decisão foi comunicada – *per curiam* or *seriatim*.

Contudo, dois férteis dilemas ainda restam. Primeiro, a corte precisa ponderar se quer ou não promover deliberação interna, a qual, diferentemente da externa, é de fato uma escolha institucional. Segundo, juízes precisam contemplar se, após a deliberação, à luz de muitas outras considerações, eles devem expressar-se individualmente ou coletivamente. Cortes europeias certamente divergem da estadounidense a esse respeito. Isso não se deve, entretanto, à falta de capacidade ou de disposição das cortes europeias para despertar deliberação externa, mas a um fator cultural: uma demanda mais rigorosa por unanimidade permeia seu ambiente decisório, e a expectativa geral é por uma decisão que minimize o desacordo (FEREJOHN, PASQUINO, 2004, p. 1692). A prática estadounidense, consolidada nas últimas décadas, afasta-se notoriamente da adesão europeia à decisão uníssona.

Em geral, Ferejohn e Pasquino levantaram importantes questões empíricas e normativas, mas não as responderam inteiramente. A ambição teórica e empírica de relacionar a revisão constitucional com a deliberação permanece longe de ter sido terminada. Pode-se encontrar ao menos seis elementos ainda mal tematizados nesse projeto.

Primeiro, a noção de deliberação externa, se excessivamente atrelada à forma escrita pela qual a decisão é publicada (a *seriatim*, no caso desses autores), ignoram como a subtância da decisão, seja ela *seriatim* ou *per curiam* do ponto de vista formal, pode ser uma variável crucial a ser avaliada sob os prismas normativo e empírico. Há formas de argumentação que, mesmo se comunicadas ao estilo *per curiam*, são sensíveis aos desacordos e podem contemplar os variados argumentos em jogo. Uma *seriatim* cifrada e obscura teria menor probabilidade de despertar qualquer discussão pública proveitosa. Em vez de se trabalhar com a hipótese de um *trade-off* causal entre a deliberação interna e externa, é necessário investigar também a hipótese inversa, ou seja, se elas podem reforçar-se mutuamente e retroalimentar-se.[67]

Segundo, a noção de deliberação interna e externa, tal como proposta por ambos os autores, faz vista grossa para dois diferentes estágios e práticas que existem no bojo desse ambiente decisório: a fase pré-decisória, na qual a corte pode provocar o debate público e receber contribuições argumentativas, e a pós-decisória, na qual a corte entrega ao público seu produto final, a decisão, até que uma nova rodada deliberativa sobre a mesma questão constitucional se inicie. A tarefa a ser cumprida em cada momento, seu respectivo valor e as virtudes necessárias para levar cada tarefa adiante não são exatamente os mesmos. A distinção entre os estágios pré-decisório e pós-decisório, assim, não é trivial. Equalizar ambos como facetas indistintas da "deliberação externa", ou simplesmente destacar o segundo e ignorar o primeiro implicaria perder aspectos deliberativos vitais do processo.

Terceiro, apesar de defender a deliberação interna das cortes, Ferejohn e Pasquino não oferecem fundamentos adicionais que justifiquem por que essa prática seria desejável, exceto pelos valores da uniformidade, previsibilidade e coordenação. Em outras palavras, a deliberação interna seria valiosa, nessa versão, apenas em função dos princípios formais convencionais do *rule of law*. Esta, no entanto, é uma perspectiva parcial, meramente instrumental. Há, potencialmente, mais benefícios e valores envolvidos na deliberação para além da mera fabricação de argumentos uniformes e inteligíveis.[68] Não se trata apenas de produzir certeza, ou de prestar um serviço aos compromissos formais do Estado de direito. A disposição de persuadir e de ser persuadido num ambiente

---

67 Elaboro a ideia em Mendes (2012).
68 Shapiro lança luzes sobre a distinção: "Some commentators try to capture this aspect of deliberation by reference to reason-giving, as when courts are said to be more deliberative institutions than legislatures on the grounds that they supply published reasons for their decisions. But significant though reason-giving is to legitimacy (particularly in the unelected institutions in a democracy), it does not capture the essence of deliberation." (2002, p. 197).

de reciprocidade, tal como em geral se define a deliberação, pode não conduzir ao consenso, mas não se torna menos importante quando o dissenso persiste.

Quarto, do ponto de vista do desenho institucional, ambos os autores defendem um quórum legislativo qualificado para os processos de nomeação, e um mandato fixo para os juízes. Para eles, tal reforma aproximaria a Suprema Corte estadounidense das cortes europeias, pois sua composição estaria menos sujeita ao enfrentamento partidário. Apesar de crucial, estas variáveis institucionais estão longe de esgotar o amplo espectro de incentivos que induzem a corte a deliberar ou não. Nessa perspectiva particular, portanto, a abordagem dos autores permanece reducionista.

Quinto, Ferejohn e Pasquino adicionam às suas sugestões de reforma institucional uma demanda por hábitos deliberativos, isto é, por uma ética que reconheça a importância da deliberação. Entretanto, não exploram os desdobramentos básicos dessa ideia. Por trás da exortação geral ao esforço da persuasão, há um conjunto de virtudes que podem tornar tal tarefa mais discernível e esclarecer quais demandas normativas se pode fazer sobre o comportamento judicial.

Finalmente, supondo que a legitimidade de cortes constitucionais possa de fato conectar-se à qualidade deliberativa de seu processo decisório, como muitos já apregoaram, e uma vez que a deliberação é um fenômeno flutuante e volátil, uma teoria que caminhe nessa direção precisa ser capaz de mensurar os diferentes graus de realização daquele ideal. Posto em outras palavras, tal teoria precisaria conceber medidas de desempenho deliberativo. Se uma corte constitucional pode ser concebida como um agente deliberativo, mais do que como uma simples produtora de razões públicas ou interlocutora dos outros poderes, essas questões adicionais precisam ser enfrentadas.

CONCLUSÃO

Numa democracia constitucional, há uma variedade de instituições mais ou menos deliberativas. Elas se localizam em algum ponto entre as atividades elementares de criação e aplicação do direito, entre compassos discricionários mais ou menos estreitos. Tribunais, por uma definição convencional, estão mais próximos do segundo polo que do primeiro. Mais próximos, pelo menos, do que parlamentos, a maior parte do tempo. Cortes constitucionais, entretanto, complicam essa convenção. A distinção entre legislação e adjudicação, por um lado, e entre política e direito, por outro, torna-se menos evidentes do que nas instâncias ordinárias. Dificilmente haverá um critério afiado para traçar tal linha. Isso não se deve, tal como se argumenta ocasionalmente, à fraseologia de textura aberta dos textos constitucionais, mas antes a uma qualidade subjacente ao controle de constitucionalidade: ele define, numa conflitiva parceria com o legislador, o domínio da política.

Os esforços para se encaixar o controle de constitucionalidade dentro da rígida dicotomia entre criação e aplicação do direito são, portanto, anacrônicos. A jurisprudência constitucional contemporânea torna esse anacronismo ainda mais visível. Essa incapacidade de descrever o que realmente se passa nessa instituição reflete o déficit, numa certa medida, do léxico moderno de conceitos políticos e evidencia a necessidade por maior elaboração sobre a função de cortes constitucionais.

Cortes constitucionais não detêm exclusividade sobre o escrutínio constitucional. É fato, porém, que participam ou mesmo protagonizam tal empreitada. Essa peculiaridade trouxe a essas cortes um pesado ônus de justificação. O estudo de cortes constitucionais pelas lentes de suas circunstâncias e capacidades deliberativas pode consistir num poderoso elemento dessa justificação. Esta via teórica, no entanto, permanece frágil até aqui. Se a deliberação de fato reforça a condição existencial de cortes constitucionais, tais cortes precisam ser mais do que "exemplares da razão pública" ou "fóruns de princípio", mais do que interlocutoras institucionais. Essas expressões, e as respectivas expectativas que produzem, ainda não atendem o potencial da deliberação.

REFERÊNCIAS BIBLIOGRÁFICAS

ALEXY, Robert. "Balancing, constitutional review, and representation". *International Journal of Constitutional Law*, nº 3, vol. 4, 2005.

BICKEL, Alexander. "Foreword: The Passive Virtues". *Harvard Law Review*, nº 75, 1961.

DWORKIN, Ronald. *A Matter of Principle*. Cambridge: Harvard University Press, 1985.

_____. *Law's Empire*. Cambridge: Harvard University Press, 1986.

_____. "Equality, democracy and Constitution: we the people in court". *Alberta Law Review*, nº 28, vol. 2, 1990.

_____. "Constitutionalism and Democracy". *European Journal of Philosophy*, nº 1, vol. 3, 1995.

_____. *Freedom's Law: a Moral Reading of the American Constitution*. Cambridge: Harvard University Press, 1996.

_____. "The Partnership Conception of Democracy". *California Law Review*, nº 3, vol. 86, 1998.

ELY, John Hart. "Toward a Representation-Reinforcing Mode of Judicial Review". *Maryland Law Review*, nº 3, vol. 37, 1977.

FEREJOHN, John; PASQUINO, Pasquale. "Constitutional Courts as Deliberative Institutions: Towards an Institutional Theory of Constitutional Justice". In: SADURSKI, Wojciech. (Org.). *Constitutional Justice, East and West: Democratic Legitimacy and Constitutional Courts in Post-Communist Europe in a Comparative Perspective*. The Hague: Springer, 2002, p. 21-36.

_____. "Rule of Democracy and Rule of Law". In: MARAVALL, José María; PRZEWORSKI, Adam (Orgs.). *Democracy and the Rule of Law*. Cambridge: Cambridge University Press, 2003, p. 242-260.

_____. "Constitutional Adjudication: Lessons From Europe". *Texas Law Review*, nº 7, vol. 82, 2004, p. 1671-1704.

_____ "Constitutional Adjudication: Italian Style". *Proceedings of a conference at University of Chicago*. Out. 2009, ed. Tom Ginsburg, 2010.

GARGARELLA, Roberto. *La Justicia Frente al Gobierno: Sobre el carácter contramayoritario del poder judicial*. Barcelona: Ariel, 1996.

GLENDON, Mary. *Rights Talk: The Impoverishment of Political Discourse*. New York: Free Press, 1993.

GOLDSWORTHY, Jeffrey. *Interpreting Constitutions*. Oxford: Oxford University Press, 2006.

GRIMM, Dieter. "Constitutional Adjudication and Democracy". In: ANDENÆS, Mads. T.; *et al*. (Orgs.). *Judicial review in international perspective*. Kluwer Law International, 2000.

_____. *To Be A Constitutional Court Judge. Distinguished Fellow Lecture Series: A Conversation with Professor Dieter Grimm*. NYU School of Law, Hauser Program, 3 mar. 2003. Transcrições disponíveis no site da NYU.

_____. "Constitutions, Constitutional Court and Constitutional Interpretation at the Interface of Law and Politics". In: IANCU, Bogdan. (Org.). *The Law/Politics Distinction in Contemporary Public Law Adjudication*. The Hague: Eleven Publishing, 2009.

GUTMAN, Amy; THOMPSON, Dennis. *Democracy and disagreement*. Cambridge: Harvard University Press, 1996.

HABERMAS, Jürgen. *Between Facts and Norms: Contributions to a Discourse Theory of Law and Democracy*. Trans. William Rehg. Cambridge: MIT Press, 1996.

HAMILTON, Alexander; MADISON, James; JAY, John. *The Federalist*. Ed. Terence Ball. Cambridge: Cambridge University Press, 2003.

KELSEN, Hans. "Wer sol der Hueter der Verfassung sein?". *Die Justiz*, nº 6, 1931, p. 576-628.

KUMM, Mattias. "Institutionalizing Socratic Contestation". *European Journal of Legal Studies*, nº 2, vol. 1, 2007, p. 2.

MENDES, Conrado Hübner. *Controle de Constitucionalidade e Democracia*. São Paulo: Elsevier, 2008.

_____. "Is it all about the last word?". *Legisprudence*, nº 1, vol. 3, 2009a, p. 69-110.

_____. "Not the last word, but dialogue". *Legisprudence*, nº 2, vol. 3, 2009b, p. 191-246.

_____ "O projeto de uma corte deliberativa". In: MOTTA PINTO, Henrique; et al. (Orgs.). *A Jurisdição Constitucional no Brasil*. São Paulo: Malheiros, 2012.

MICHELMAN, Frank. "Traces of Self-Government". *Harvard Law Review*, nº 4, vol. 100, 1986.

NELSON, William E. *Marbury v. Madison: The Origins and Legacy of Judicial Review*. Lawrence: University Press of Kansas, 2000.

NINO, Carlos. *The Constitution of Deliberative Democracy*. New Haven: Yale University Press, 1996.

PATERSON, Alan. *The Law Lords*. London: Macmillan Press, 1982.

RAWLS, John. "The Idea of Public Reason". In: BOHMAN, James; REHG, William (Orgs.). *Deliberative Democracy: Essays on Reason and Politics*. Cambridge: MIT Press, 1997a.

_____. "The Idea of Public Reason Revisited". *The University of Chicago Law Review*, nº 3, vol. 64, 1997b.

SACHS, Albie. *The Strange Alchemy of Life and Law*. Oxford: Oxford University Press, 2009.

SHAPIRO, Ian. "Optimal Deliberation?". *The Journal of Political Philosophy*, nº 2, vol. 10, 2002, p. 196-211.

SILVA, Virgílio Afonso da; MENDES, Conrado Hübner. "Habermas e a jurisdição constitucional". In: NOBRE, Marcos; TERRA, Ricardo (Orgs.). *Direito e democracia: um guia de leitura de Habermas*. São Paulo: Malheiros, 2008.

STONE-SWEET, Alec. "Constitutional Courts and Parliamentary Democracy". *West European Politics*, nº 1, vol. 25, 2002.

SUNSTEIN, Cass. "Incompletely Theorized Agreements". *Harvard Law Review*, nº 7, vol. 108, 1994.

_____. *One Case at a Time: Judicial Minimalism on the Supreme Court*. Cambridge: Harvard University Press, 2001.

THAYER, James Bradley. "The Origin and Scope of the American Doctrine of Constitutional Law". *Harvard Law Review*, VII, 3, 1893.

WALDRON, Jeremy. "The core of the case against judicial review". *Yale Law Journal*, vol. 115, 2006a.

_____. "How Judges Should Judge". *New York Review of Books*, nº 13, vol. 53, ago. 2006b.

_____ "Judges as moral reasoners". *International Journal of Constitutional Law*, nº 1, vol. 7, 2009a, p. 2-24.

_____. "Refining the question about judges' moral capacity". *International Journal of Constitutional Law*, nº 1, vol. 7, 2009b, p.69-82.

ZURN, Christopher. *Deliberative Democracy and the Institutions of Judicial Review*. Cambridge: Cambridge University Press, 2007.

O NOVO CONSTITUCIONALISMO E A TEORIA DO RECONHECIMENTO: APROXIMAÇÕES POSSÍVEIS[69]

Ricardo Fabrino Mendonça

Marjorie Corrêa Marona

INTRODUÇÃO

Este artigo pretende refletir sobre o chamado Novo Constitucionalismo Latino-Americano à luz das discussões recentes em torno da teoria do reconhecimento. A proposta de tal aproximação se justifica pela necessidade de uma teoria da justiça que embase o Novo Constitucionalismo, de maneira a oferecer-lhe a substância processual de que necessita. Uma conceituação precisa e coerente de justiça se faz necessária para que esta tentativa (prática e teórica) de reformulação de princípios clássicos do constitucionalismo não se veja em atrito com o próprio espírito das mudanças que advoga. Percebemos que os teóricos do reconhecimento têm fomentado debates interessantes, que coadunam com as propostas do Novo Constitucionalismo Latino-Americano. Elucidar esses pontos de convergência pode ajudar a desenvolver alicerces teóricos mais seguros

---

[69] Texto apresentado no II Colóquio Internacional de Teoria Política Contemporânea, realizado na FFLCH-USP, São Paulo, entre 6 e 7 de dezembro de 2012. Somos gratos a todos os participantes do evento que contribuíram com questões e sugestões. O artigo foi produzido no âmbito de um projeto de pesquisa intitulado "A apropriação do pragmatismo pela teoria crítica", o qual recebe apoio da PRPq (Universidade Federal de Minas Gerais) e do CNPq (Processo: 476130/2011-5), aos quais também manifestamos gratidão.

para a compreensão das experiências e reformas constitucionais recentes em diversos países latino-americanos.

Com essa proposta, não se defende que a teoria do reconhecimento seja o único caminho viável para pensar o Novo Constitucionalismo. Tampouco se deseja realizar, aqui, uma exaltação das constituições latino-americanas ou debater o que há de novo, de fato, nessas constituições. Nosso foco restringe-se a promover um diálogo que julgamos frutífero entre duas agendas de pesquisa que têm chamado a atenção dos estudiosos de teoria política.

O texto está estruturado em três partes. Na primeira delas, abordaremos, brevemente, algumas das questões contemporâneas a movimentar o debate da teoria constitucional, discutindo, especificamente, o delineamento daquilo que vem sendo chamado de Novo Constitucionalismo Latino-Americano. Na segunda parte, mapeamos os principais focos da discussão sobre reconhecimento, delineando as principais abordagens desta matriz conceitual. Finalmente, na terceira parte, buscamos cruzar as duas partes iniciais em subseções que procuram repensar conceitos-chave da teoria constitucional: (1) fundação e contrato; (2) povo e soberania; (3) cidadania e direitos; (4) instituições políticas e o controle dos poderes.

O NOVO CONSTITUCIONALISMO: O QUE ESTÁ EM DISPUTA?

De diferentes modos, questões caras à teoria constitucional têm ocupado um lugar de destaque na agenda contemporânea da teoria política (ACKERMAN, 2006; RAWLS, 2008; HABERMAS, 2002; 2004; GARAPON, 2001; ROSANVALLON, 2011; FRASER, 2008; YOUNG, 2000; SANTOS, 2003). Compreender o escopo e os princípios de legitimidade que alicerçam diferentes constituições, bem como os processos que configuram suas elaborações e reformulações, tornou-se fundamental para reflexões sobre a natureza da justiça e da democracia em sociedades contemporâneas.

Uma das agendas que ganhou projeção, nesta literatura, é aquela que trata do possível delineamento de um Novo Constitucionalismo Latino-Americano, a partir da recente reordenação político-legal promovida por vários países da região (VICIANO PASTOR, MARTÍNEZ DALMAU, 2001; GARGARELLA,

2006; 2009; YRIGOYEN FAJARDO, 2002; 2006; 2009; CARBONELL, 2007). A necessidade de reimaginar comunidades políticas e de fortalecer o vínculo entre vontade popular e Constituição fez-se urgente com o reconhecimento das especificidades históricas do continente e o declínio de regimes autoritários.

É preciso lembrar, aqui, que o processo de independência da grande maioria dos países latino-americanos, ao longo do século XIX, deu continuidade – ainda que amenizadamente – às tradições constitucionais clássicas, que remontam aos Estados Unidos e à França (AVRITZER, 2012). Os Estados nacionais latino-americanos se formaram a partir das lutas pela independência protagonizadas, na maioria das vezes, por elites locais descendentes de europeus, que, afirmando defender princípios universais, acabaram por relegar povos originários e os imigrantes forçados africanos à condição de subcidadania. Nas ex-colônias, altamente racializadas, a equalização jurídico-constitucional não garantiu, portanto, a igualdade efetiva, o que se tornou evidente na discrepância entre a nação (cívica) que emergiu das constituições e as nações (etnogeográficas) existentes no território das ex-colônias.

De acordo com Gargarella (2012), na segunda metade do século XIX desenhou-se um constitucionalismo de fusão na América Latina, a partir de um pacto liberal-conservador, que se estendeu tanto à área da organização do poder quanto a dos direitos.[70] No que diz respeito à organização do poder,

---

70 Para entender essa ideia de fusão, faz-se interessante mencionar os três grandes modelos constitucionais descritos por Gargarella (2012): o republicano, o liberal e o conservador. O modelo republicano salienta a questão do autogoverno. Envolta em uma linguagem e um ideário claramente rousseauneanos, a posição republicana cumpriu um importante papel na luta pela universalização do sufrágio, além de deixar sua marca no debate acerca dos direitos constitucionais, cujo conteúdo fixa a vontade geral. O modelo constitucional conservador, por sua vez, fundamenta-se na ideia de que a sociedade deve organizar-se em torno de um projeto moral compreensivo que articula a ordem social. Esse projeto moral promoveria uma particular concepção de bem (em geral referida à determinada religião) e defenderia a centralização presidencialista do poder político. Por fim, o modelo liberal, erigido sobre o valor nuclear da proteção da autonomia individual, tem um duplo objetivo: o de equilibrar o poder e o de assegurar a neutralidade moral do Estado. As manifestações institucionais mais importantes do duplo compromisso liberal conformaram-se: (1) na constituição de um rol de direitos

liberais e conservadores estiveram unidos, sobretudo, no comum rechaço à tradição política republicana (que havia sido decisiva nas lutas por independência). Na área dos direitos, compartilharam do olhar restritivo sobre os direitos políticos.

No entanto, as profundas transformações econômicas e políticas do início do século XX e as consequências das duas grandes guerras acabaram por minar a *ordem* neocolonial. Em meados daquele século, já era difícil sustentar um modelo constitucional fundamentalmente excludente, em face de uma sociedade transformada pela extensão do sufrágio às classes médias, pela ampliação da dimensão e da influência da classe trabalhadora e pela *desneutralização* do Estado, diante da falência do modelo de livre mercado.[71] A questão social assumiria centralidade na agenda política e acabaria por ser anexada à velha matriz liberal-conservadora, produzindo Constituições mais atentas aos direitos sociais, embora conservadoras e centralizadoras no que concerne à organização do poder (GARGARELLA, 2012).

O final do século XX é marcado por novas mudanças profundas na região. A generalizada crise política e de direitos humanos, derivada das ditaduras que assolaram a América Latina ao longo dos anos 1970, impulsionou a reflexão crítica acerca do sistema de autoridade concentrada na figura do Executivo. A crise neoliberal, por sua vez, demandou que se renovasse a reflexão acerca das implicações e responsabilidades econômicas do Estado. Por fim, a proliferação de lutas sociais complementa o cenário turbulento que viu nascer o chamado Novo Constitucionalismo Latino-Americano (VICIANO, MARTÍNEZ, 2005).

---

fundamentais, invioláveis e incondicionais; e (2) na conformação de um sistema de freios e contrapesos, como medida de contenção tanto da concentração conservadora da autoridade política, quanto da disposição republicana em converter a legislatura em órgão soberano.

71 Viciano e Martinez (2005) indicam a aparição de um modelo de constitucionalismo social na Europa pós-II Guerra Mundial fundado no consenso em torno da necessidade de um pacto de redistribuição da riqueza entre as classes para a consolidação de um modelo democrático de Estado.

Esse Novo Constitucionalismo – ilustrado pelas inovações das Constituições de Brasil (1988),[72] Colômbia (1991), Paraguai (1992), Peru (1993), Venezuela (1999), Equador (2008) e Bolívia (2009) – não se configura como uma teoria do direito, voltada à análise da dimensão positiva da Constituição, mas centra atenção na questão da legitimidade democrática e da transformação da vontade constituinte em vontade constituída. Essa corrente em configuração assume a centralidade da Constituição no ordenamento jurídico, mas não se reduz a isso. O Novo Constitucionalismo Latino-Americano afirma recuperar a origem radicalmente democrática do constitucionalismo jacobino para desenhar seu projeto de identificação entre vontade popular e Constituição (VICIANO e MARTÍNEZ, 2008, p. 18).

Por isso, o Novo Constitucionalismo Latino-Americano coloca em relevo a questão da fundamentação da Constituição, sua legitimidade e efetividade. Mais profundamente, ele altera o desenho das comunidades políticas, questionando os contornos herdados do constitucionalismo liberal hegemônico e repensando o modo e o escopo da soberania. Raquel Yrigoyen Fajardo (2006, p. 557) destaca algumas reformas constitucionais que estão na base do Novo Constitucionalismo Latino-Americano:

- o reconhecimento do caráter pluricultural do Estado/Nação/República, e o direito à identidade cultural, individual e coletiva, o que permite superar a ideia de Estado-nação monocultural e monolíngue;

- o reconhecimento da igual dignidade das culturas, que rompe com a supremacia institucional da cultura ocidental sobre as demais;

---

72 A Constituição brasileira de 1988 segue sendo por muitos mencionada como representativa não de um novo constitucionalismo mas de um neoconstitucionalismo que se não se limita a separar os poderes públicos - senão que contém altos níveis de normas materiais ou substantivas que condicionam a atuação do Estado por meio da ordenação de certos fins e objetivos (CARBONELL, 2007) - tampouco se ocupa de sua legitimidade democrática para além da verificação da regularidade do processo constituinte.

- o caráter do sujeito político dos povos e comunidades indígenas e campesinas, pela devolução aos povos indígenas do direito ao controle das suas instituições políticas, culturais e sociais e de seu desenvolvimento econômico, o que permite superar o tratamento tutelar desses povos, como objeto de políticas que ditam terceiros;

- o reconhecimento de diversas formas de participação, consulta e representação direta de povos indígenas, campesinos e afrodescendentes, o que supera a ideia de que apenas os funcionários públicos representam e podem formar a vontade popular;

- o reconhecimento do direito (consuetudinário) indígena e a jurisdição especial, que supõe uma forma de pluralismo jurídico interno, incorporado por todos os países andinos, seja pelo reconhecimento das autoridades indígenas ou campesinas, das funções de justiça ou jurisdicionais, e do direito indígena ou de suas próprias normas e procedimentos;

- o reconhecimento de um conjunto de direitos relativos à terra, as formas organizacionais coletivas, educação bilíngue intercultural, oficialização de idiomas indígenas etc.

Essas novas constituições propõem, portanto, o alargamento das formas de participação e o reconhecimento das comunidades tradicionais e povos originários, destacando-se, por exemplo, o reconhecimento colombiano da diversidade étnica e linguística da nação e a fundação de um Estado plurinacional na Bolívia. Tais iniciativas contestam a ideia de *povo como totalidade do corpo político*, a qual ocultaria seu avesso: o não povo excluído da comunidade política (AGAMBEN, 1998; SANIN RESTREPO, 2009).

Independentemente de aceitarmos a designação de *Novo Constitucionalismo*, e sem desejar entrar no debate sobre o que há de novo nessas constituições,[73] interessa-nos refletir sobre as questões que essa corrente coloca ao constitucionalismo. O Novo Constitucionalismo Latino-Americano – que remete a experiências bastante distintas entre si – aproxima alguns países em um esforço de redefinição crítica da teoria constitucional. É notável, por exemplo, o modo como ele desafia dois elementos importantes da descrição liberal sobre a formação dos Estados modernos, a saber: (a) o contrato social (a ideia de que a ordem constitucional é contratada entre cidadãos livres e iguais); (b) o poder constituinte originário localizado na fundação (e que impõe uma tensão entre constitucionalismo e democracia).

Em ambos os desafios, o que se percebe é uma contestação do mito fundador, que narra o estabelecimento de um pacto original calcado em uma comunidade política homogeneizada pelo estatuto da cidadania. Essa fundação

---

[73] Enquanto Viciano e Martinez (2005) defendem, na perspectiva de um constitucionalismo em evolução, a distinção de uma corrente doutrinária (em configuração), a que denominam novo constitucionalismo latino-americano, Gargarella (2012) tem dificuldades para visualizar os traços específicos das novas experiências constitucionais latinoamericanas, desenvolvendo o tema em termos de transplantes ou enxertos de constituições anteriores. Ainda Patiño e Cardona (2009), exemplarmente, denunciam o encobrimento de processos neopopulistas pelos processos sociais que originaram os postulados do novo constitucionalismo latino-americano. Por outro lado, dentro do horizonte do constitucionalismo pluralista, Raquel Yrigoyen (2009) distingue três etapas: um constitucionalismo multicultural (1982-1988), um constitucionalismo pluricultural (1989-2005) e um constitucionalismo plurinacional (2006-2009), definido pela aprovação dos textos constitucionais de Equador e Bolívia e pela Declaração das Nações Unidas sobre os direitos dos povos indígenas (2006-2007). Assim que se reconhece que os princípios pluralistas foram introduzidos ao longo de três ciclos de reformas constitucionais, um primeiro, caracterizado pela emergência dos princípios do multiculturalismo e do reconhecimento do direito à diferença das minorias sociais e que teve a Guatemala (1985), a Nicarágua (1987) e o Brasil (1988) como cenário regional. Um segundo, que estaria caracterizada pelo reconhecimento da identidade multicultural e do pluralismo social, político e jurídico dos Estados latino-americanos, culminando nas reformas das constituições na Colômbia (1991), no México (1992), no Peru (1993), na Bolívia (1994), na Argentina (1994), no Equador (1998) e na Venezuela (1999). E, finalmente, um último ciclo, em que se coloca em xeque o conceito unitário de nação com a formulação do conceito de Estados Plurinacionais, especificamente no Equador (2008) e na Bolívia (2009).

contratual moderna, que alicerça a racionalidade social e política ocidental (SANTOS, 2010), baseia-se em critérios de inclusão/exclusão, geralmente, estabelecidos territorialmente. O constitucionalismo moderno – que se afirmou progressivamente a partir da Revolução Gloriosa (1688), da guerra de independência nos Estados Unidos (1776) e da Revolução Francesa (1789) –, malgrado estabelecesse limites ao poder soberano, pela afirmação de normas para sua organização e garantia de direitos fundamentais, internalizou o dispositivo moderno de exclusão necessário para a conformação da identidade nacional, viabilizadora do exercício do poder soberano. Nesse sentido é que Marzal (1986, p. 43) refere-se às políticas indigenistas andinas que se sucederam desde a colonização espanhola como "projetos dos vencedores para integrar aos vencidos dentro da sociedade que nasce depois da conquista".

Aí reside o paradoxal caráter dos Estados modernos, instaurados em unificações por um lado libertárias e, por outro, excludentes (SANTOS, 2003). A exigência de unidades políticas sólidas e estáveis se deu pelo erigir de uma identidade única, em razão da qual todos tiveram de despir-se de outras identidades (*Ibidem*). Este processo narcisista de construção da nacionalidade universal é tomado pelos defensores do Novo Constitucionalismo como fonte de violências, visto negar as diferenças existentes.

Assim, as discussões em torno do Novo Constitucionalismo despontam como interessante oportunidade para repensar vários elementos do constitucionalismo, dentre os quais, destacam-se as definições de contrato, fundação, soberania, povo, cidadania e direitos. Ademais, o papel desempenhado por instituições políticas em seus cruzamentos múltiplos também merece atenção nesse novo quadro. Entendemos que essa é uma reflexão que deve ser pautada pelo ideal normativo da justiça, e é justamente com esse intuito que propomos pensar essas questões à luz de uma concepção de justiça que tem ganhado muita atenção no domínio da teoria crítica: a teoria do reconhecimento. Teoria esta que também possibilita pensar a coimplicação entre justiça e democracia. À discussão sobre reconhecimento, dedicamos a próxima seção.

RECONHECIMENTOS EM QUESTÃO: AGENDAS E DISCUSSÕES

As teorias da justiça assistiram, desde o final da década de 1980, a um vigoroso crescimento da literatura em torno do conceito de reconhecimento. Essa literatura, entretanto, é ainda pouco tratada no quadro dos debates contemporâneos sobre o constitucionalismo. Entendemos, contudo, que essa interface merece ser pensada porque a noção de reconhecimento parece oferecer perspectivas interessantes a algumas das questões colocadas pela agenda hodierna sobre o constitucionalismo, provendo-lhe uma teoria da justiça coerente e questionadora.

As riquezas e os dilemas do cruzamento entre reconhecimento e constitucionalismo são o mote do presente texto. Antes, contudo, é preciso delinear, muito brevemente, as agendas enfocadas ou abertas pela teoria do reconhecimento, ressaltando o fato de que não existe uma teoria única do reconhecimento. Há abordagens muito distintas orientadas pelo conceito em diversos ramos da filosofia e da ciência política. Como já explorado em outro texto (MENDONÇA, 2013a), a ideia de reconhecimento é tomada como (1) forma de autorrealização (TAYLOR, 1994; HONNETH, 2003a; 2003b); (2) como tolerância (GALEOTTI, 2002; JONES, 2006); (3) como base da paridade de participação (FRASER, 2003a; 2008; FELDMAN, 2002); (4) como luta afirmativa (GALEOTTI, 2002; MARKELL, 2003); e (5) como consideração do interlocutor (TULLY, 2000; 2004; FORST, 2007; MENDONÇA, 2013b). Essas definições promovem diagnósticos diferentes das injustiças existentes e sugerem soluções díspares para a superação da opressão.

Começando por Charles Taylor (1994), precursor do resgate dos *insights* hegelianos, observa-se uma tentativa de conciliar as demandas por igualdade e por diferença no cenário dos conflitos contemporâneos. Para Taylor (*Ibidem*), o fortalecimento das ideias de dignidade e de autenticidade na modernidade, aliado à percepção da inextrincabilidade entre moralidade e identidade, impulsiona lutas por reconhecimento. Os sujeitos lutariam, assim, pela possibilidade de serem verdadeiros consigo mesmos nos quadros de uma humanidade partilhada. Em sociedades complexas, isso depende, para Taylor, da *presunção* do valor de diferentes culturas, o que não implica a valorização apriorística delas, mas uma abertura ao outro por meio de fusões de horizontes. Fusões essas que deveriam assegurar aos sujeitos as condições de autorrealização.

Em Axel Honneth (2003a; 2003b; 2003c), o vínculo entre justiça e autorrealização ganha mais densidade. O autor traça um percurso histórico da modernidade para evidenciar como a autorrealização veio a se pautar pelos domínios do amor, dos direitos e da estima social, os quais impulsionam lutas sociais em que sociedades e *selves* se remodelam permanentemente. As lutas por reconhecimento seriam lutas pela transformação das gramáticas morais da sociedade, de maneira a assegurar que todo(a)s – e cada um(a) – possam vir a desenvolver as três formas de autorrelação consideradas essenciais contemporaneamente: autoconfiança, autorrespeito e autoestima. A justiça é, pois, uma construção contingente que emerge de lutas por reconhecimento, através das quais sujeitos definem, processualmente, os princípios e elementos importantes para que a autorrealização se faça possível. A justiça tem, pois, um fundamento democrático.

Nancy Fraser (2003a; 2008), por sua vez, parte de uma concepção mais restrita de reconhecimento, que é tomado como uma das condições para viabilizar a *paridade de participação* – critério colocado pela autora como o princípio universal definidor da justiça. Na visão de Fraser, a injustiça não deve ser pensada como um dano à autorrealização, devendo ser percebida pela existência de padrões institucionalizados de subordinação social. Tais padrões se manifestariam por meio de injustiças econômicas, culturais e políticas, que requerem políticas de redistribuição, reconhecimento e representação (*Idem*, 2008).

Para a construção de tais políticas, Fraser (2003a) aposta nas práticas deliberativas envolvendo cidadãos e especialistas. Essa centralidade da prática deliberativa leva Fraser (*Ibidem*, p. 82) a defender que se deve evitar constitucionalizar direitos coletivos ou diferenças de status entre indivíduos pela dificuldade de alteração que isso implicaria. Seu foco na coimplicação entre democracia e justiça também a levou, em seus trabalhos mais recentes, a salientar a centralidade da dimensão política na manutenção da injustiça.

Em *Scales of Justice*, Fraser (2008) propõe não apenas uma revisão da substância da justiça com a complexificação do "*quê*" é visto como essencial,[74] mas também destaca a necessidade de reconceituar o escopo da justiça, já que "*quem*" é alvo da mesma altera-se radicalmente com o declínio do mapa *westphaliano*. Essa dupla revisão, argumenta a autora, só pode se processar na medida em que o "*como*" da justiça também se alterar, de modo a abrir-se mais fundamentalmente aos anseios daqueles que são por ela afetados. Destacando a primazia do político, Fraser (2008) aponta que as injustiças calcadas nessa dimensão são de duas ordens. Elas incluem, primeiramente, a exclusão da participação como par em decisões que afetam a própria vida. Mais estruturalmente, contudo, elas envolvem uma injustiça de segundo nível, que se revela na perda do direito a ter direitos. Essa *metainjustiça* emerge da maneira como as fronteiras da comunidade política são desenhadas, de modo a excluir alguns indivíduos da possibilidade de contestar injustiças (*Ibidem*, p. 19). Assim, a justiça requereria uma democratização do processo de *estabelecimento dos quadros (frame-setting)*, submetendo a própria maneira de estabelecimento das fronteiras da comunidade ao debate.

A centralidade da dimensão política também foi ricamente discutida por Leonard Feldman (2002), para quem a natureza do Estado teria sido negligenciada nas discussões iniciais sobre reconhecimento. O Estado teria sido visto como uma instituição controlada por forças sociais, e não como uma esfera burocrática, que tem um poder próprio e atua na classificação e na produção de sujeitos por meio de suas políticas.

Na mesma linha, autores como Patchen Markell (2003) e Lois McNay (2008) apontam a ausência de problematização do Estado e das relações de poder implicadas por suas políticas. Argumentando que as lutas por reconhecimento são manifestações contemporâneas da ânsia humana por superar sua condição ontológica de vulnerabilidade, Markell (2003) problematiza a busca incessante (e vã) por soberania e autodeterminação. No esforço por verem suas identidades reconhecidas por

---

74 Tal complexificação fora o foco de Fraser (1997; 2000; 2001), em seus trabalhos iniciais sobre reconhecimento, nos quais ela buscara ressaltar a dimensão econômica e a cultural das injustiças.

meio de políticas públicas, os atores sociais corroborariam a soberania do Estado, adequando seus anseios aos termos e quadros por ele estabelecidos.

Nesse sentido, a linguagem dos direitos não seria sempre emancipatória, visto carregar novas formas de exclusão. Lois McNay (2008), em sua crítica à visão dominante do reconhecimento, advoga ponto semelhante ao de Markell. A autora argumenta que muitos teóricos do reconhecimento teriam negligenciado a dimensão constitutiva das relações de poder em suas discussões sobre identidade e linguagem. McNay (*Ibidem*) adverte que agência não implica necessariamente resistência emancipatória e questiona a visão ingênua das relações legais de reconhecimento, a qual "negligencia os modos como o Estado usa essa mesma ideia para barrar possibilidades de ação radical" (*Ibidem*, p. 136). Jonathan Seglow (2009) também questiona a ligação direta entre direitos e autorrespeito, defendendo que a relação entre eles é mais complexa.

Importante mencionar, por fim, alguns desdobramentos da agenda mais recente em torno da teoria do reconhecimento que a aproximam fortemente da literatura sobre democracia deliberativa. O autor mais importante nessa linha é, indubitavelmente, James Tully (2000; 2004), para quem a processualidade das lutas acerca do reconhecimento demanda a adoção de uma teoria democrática de teor discursivo. Isso porque as próprias reivindicações e identidades se alteram ao longo das lutas, fazendo-se necessário que se justifiquem publicamente de maneira a não se tornarem sectárias. A revisibilidade prescrita pelos deliberacionistas se torna, pois, um caminho fundamental para o desenvolvimento das lutas acerca das gramáticas intersubjetivas que balizam as interações sociais.

Entre os deliberacionistas, James Bohman (2007b) esposa visão muito similar, embora se classifique como um crítico do reconhecimento. Situando a noção de *liberdade* no cerne de sua teoria crítica, Bohman alega que justiça e democracia constituem-se mutuamente, porque dependem da liberdade dos indivíduos para revisarem o pacto social. A liberdade, em uma linha republicana, nasce do pertencimento à comunidade política na qualidade de membro integral, o que significa que o cidadão deve ter a habilidade de iniciar deliberações (*Ibidem*, p. 27). Cidadãos plenos não podem ser entendidos como livres se submetidos às consequências de decisões sobre as quais não têm nenhum controle e que percebem como resultado de imposições impessoais ou externalidades. Este ponto, como já vimos, também seria enfatizado por Fraser (2008).

Com essa visão panorâmica de algumas das discussões feitas no quadro da literatura sobre reconhecimento, podemos começar a refletir sobre certos conceitos centrais à teoria constitucional.

RECONHECIMENTO E CONSTITUCIONALISMO

Na primeira seção desse artigo, procuramos discutir o modo como a teoria constitucional clássica está assentada na narrativa moderna contratualista e fundacionalista. Também abordamos como o Novo Constitucionalismo Latino-Americano tem combatido a tendência à uniformização sociocultural presente na teoria constitucional moderna.[75] É justamente aqui que a interface com a teoria do reconhecimento se torna interessante: não porque esta advogue, indiscriminadamente, a afirmação de identidades construídas como invisíveis ou inferiores, mas porque complexifica as relações entre universal e particular em um processo agonístico de constituição de gramáticas morais emancipatórias, que permitam a justa convivência de diversidades.[76]

---

75 Raquel Yrigoyen Fajardo (2006, p. 543-4) sistematiza as políticas indigenistas desenvolvidas desde o século XV na região lançando luzes sobre esse processo. No primeiro século, de ocupação militar e política, as guerras de conquista contra os povos originários submeteram os povos que conformavam os Estados Inca, Azteca e Maya. Ao longo dos séculos XVI, XVII e XVIII a segregação, o governo indireto e o pluralismo subordinado foram a marca das políticas indigenistas, que assumem um caráter de assimilação, a partir do século XIX, forçada pelos movimentos de independência na região. Ao longo do século XX o integracionismo marcou as políticas indigenistas regionais, pela via do reconhecimento de sujeitos e direitos coletivos (como minorias), de certos direitos culturais e econômicos, mas apenas na medida da manutenção da unidade territorial.

76 Deve-se ter claro que a discussão sobre reconhecimento não importa, necessariamente, na defesa de direitos específicos para a valorização de grupos culturais (MENDONÇA, 2009a). Poucos teóricos do reconhecimento tratariam a questão nesses termos, embora este seja um argumento recorrente no dizer dos críticos.

Ademais, esse Novo Constitucionalismo reintroduz o elemento democrático, questionando a tradicional função limitadora da Constituição, reveladora da tensão entre direito e política, nos termos de um *jogo de soma zero*. A interface com a teoria do reconhecimento é útil também nesse ponto, pela possibilidade que oferece para que se pense a coimplicação entre justiça e democracia.

Para explorar a proficuidade da aproximação entre constitucionalismo e reconhecimento, bem como os limites colocados por tal aproximação, discutiremos alguns conceitos centrais do constitucionalismo à luz das teorias do reconhecimento. Neste artigo, não faremos a defesa de uma das matrizes do reconhecimento, como já realizamos em outros contextos (MENDONÇA, 2009a; 2013b). Para nossos propósitos, aqui, interessa mais o conjunto de questões que a literatura do reconhecimento põe em causa. Faremos, pois, uso de autores que se locomovem distintamente nos quadros do reconhecimento, de modo a promover um diálogo que pode advir da releitura de alguns conceitos fundamentais. Cada uma das próximas subseções enfocará um conjunto desses conceitos, sendo que a divisão entre eles é meramente didática e não visa a negligenciar as múltiplas sobreposições e articulações existentes.

Fundação, contrato e a dimensão discursiva da Constituição

Os primeiros conceitos a serem, aqui, discutidos são os de *fundação* e *contrato*. Se o constitucionalismo clássico remete à narrativa de um momento fundacional contratual, como alicerce de legitimidade da comunidade política (e do ordenamento jurídico), o novo constitucionalismo vem apontar a dimensão de dominação da fundação que estabelece hierarquias e impõe um contrato permeado por assimetrias. A teoria do reconhecimento contribui para a compreensão dessa revisão na medida em que parte da percepção de que a comunidade política (e, consequentemente, o direito) refaz-se continuamente por meio dos conflitos sociais em torno de gramáticas morais (HONNETH, 2003; TULLY, 2004).

A fundação passa a ser vista como passagem, sempre temporária, de um processo ininterrupto, em que se estabelecem as balizas das interações sociais. Tais balizas podem ser institucionalizadas legalmente ou assumir a forma de padrões interpretativos, normas intersubjetivas e valores éticos. O importante é perceber que os sujeitos se inserem em gramáticas morais compartilhadas que os situam diferenciadamente na comunidade política, abrindo-lhes possibilidades e oportunidades distintas (MCNAY, 2008). O contrato não é um pacto simétrico entre indivíduos que voluntariamente concordam sobre os princípios de justiça, mas um terreno movediço que assenta sujeitos em determinadas posições, e que pode ser permanentemente contestado e alterado por meio de conflitos sociais.

A teoria do reconhecimento joga luz sobre a natureza contingente da justiça. Se a fundação da comunidade política, via pacto, baseia-se no princípio da igualdade, os teóricos do reconhecimento indicam que essa comunidade deve se reinventar permanentemente por meio de lutas com consequências para a construção do sentido da igualdade (agora, agonística) e para o processo de produção (contínua) da legitimidade. Os critérios, padrões e balizas da justiça estão socialmente inscritos e se transformam historicamente (HONNETH, 2003b; MARKELL, 2003; TULLY, 2004; FORST, 2007). Eles só podem ser estabelecidos na ação social de sujeitos que questionam parâmetros intersubjetivos de reconhecimento e propõem alternativas a eles, permitindo vislumbrar novas injustiças e abrindo brechas para novas contestações (MCNAY, 2008). Mesmo porque as identidades dos sujeitos reivindicantes se transformam e se alteram ao longo de suas lutas por justiça (TULLY, 2000; MARKELL, 2003).

Estabelecer *a priori*, portanto, princípios últimos de justiça pode obnubilar a percepção de sua dinamicidade e a importância de que os próprios atores sociais participem da permanente construção de sua definição (FRASER, 2003; 2008; MCNAY, 2008). Justamente por isso, faz-se fundamental que demandas por justiça se justifiquem publicamente, o que requer o desenvolvimento de gramáticas morais capazes de considerar os outros (TULLY, 2004; FORST, 2007; MENDONÇA, 2013b). A dimensão discursiva do reconhecimento – e da justiça – faz-se necessária para que se possa pensar um processo que não caminha para um fim pré-definido, mas que se transforma desde seu interior.

Nessa perspectiva, a teoria constitucional também ganha contornos discursivos. A Constituição torna-se uma forma de atividade discursiva permanente, reconfigurando-se em um campo de lutas sociais, que buscam afirmar obrigações latentes da sociedade e as condições de aplicação de critérios de justiça aceitos como válidos (ALAXANDER, 1998) ou propor novas obrigações e renovados critérios. A justiça e, por consequência, a Constituição tornam-se necessariamente dependentes da democracia, ao mesmo tempo em que a alimentam (TULLY, 2004).

Essa é uma grande novidade para a teoria constitucional clássica, que construiu, desde a experiência norte-americana, uma espécie de tensão entre constitucionalismo e democracia. Não que as Constituições fossem avessas à democracia, mas muitas operavam com a pressuposição de que, para que esta exista, aquelas precisariam ser protegidas, justamente, desta. Nos termos propostos pelos teóricos do Novo Constitucionalismo Latino-Americano, o movimento constitucional soma-se à democracia, internaliza parte da sua instabilidade, do risco, mas também da sua capacidade criativa, emancipatória. A luta do Novo Constitucionalismo Latino-Americano é, portanto, uma luta pela democratização do constitucionalismo e pelo foco no poder constituinte, mais do que no poder constituído. Os processos constituintes no Equador e na Bolívia são exemplares nesse sentido.

No Equador, a participação popular no processo constituinte foi evidente. A Assembleia Constituinte possuía ampla pluralidade, pois contava, dentre os assembleístas eleitos, com dirigentes ou representantes de organizações camponesas, indígenas, sindicais, de mulheres, de jovens, de moradores urbanos, de migrantes. Ademais, estabeleceu-se um profícuo diálogo entre a Assembleia Constituinte e os movimentos sociais, que apresentaram várias propostas de textos constitucionais completos ou propostas temáticas e setoriais. Além disso, o texto constitucional foi submetido a um referendo, e os movimentos sociais, na fase pós-redação da Constituição, assumiram a tarefa de difusão e debate do texto proposto. Na Bolívia, de modo semelhante, uma Assembleia Constituinte, composta por 225 membros eleitos democraticamente foi o palco das discussões sobre as reformas governamentais que determinaram a redação da nova Constituição, submetida, posteriormente, a referendo popular.

O trabalho mais recente de Nancy Fraser (2008) oferece instigantes contribuições para pensar essas dinâmicas. Ao propor a centralidade da dimensão política da justiça a autora chama a atenção não apenas para o problema recorrente da exclusão política, mas também para a *metainjustiça*, expressa no modo como as fronteiras das comunidades políticas são desenhadas. Na medida em que muitos sujeitos não podem participar desse delineamento, não têm as condições para vir a questionar injustiças e estão submetidos a uma forma de silenciamento ainda mais estrutural. Haveria, nessas situações, um ciclo vicioso de injustiça, já que a possibilidade de contestação estaria minada de saída.

As constituições de Equador e Bolívia buscaram transformar padrões enraizados de definição da identidade nacional, criando novas bases para a contestação de *metainjustiças*. Nesse sentido, elas apontam para uma mudança radical na medida em que contestam a narrativa homogeneizante da nação, propondo novos contornos às comunidades políticas. Trata-se de um constitucionalismo que se constrói sobre a diversidade sociocultural, que é seu fundamento. Essa discussão nos leva à próxima subseção em que discutimos os conceitos de povo e de soberania.

Povo e Soberania:
a noção de demoi para a superação da metainjustiça

A discussão de Fraser (*Ibidem*) ajuda a repensar a ideia de *povo* tão cara ao constitucionalismo. A narrativa de um povo que se funda por meio de um contrato, pelo qual se estabelecem os padrões aceitáveis de interação social negligencia o fato de que o povo contém, na verdade, múltiplos povos. Como bem aponta James Bohman (2007a), é preciso abrir mão da noção de *demos*, no singular, e passar a operar com a noção de *demoi*, no plural. Isso não deve significar uma pulverização da comunidade política, mas apenas o reconhecimento de sua pluralidade constitutiva.

Para que a coimplicação entre justiça e democracia tenha sentido faz-se necessário prever, constitucionalmente, essa multiplicidade e dinamicidade da noção de povo. Exemplarmente, o processo histórico-social que culminou na nova Constituição boliviana (2009), inverteu a lógica de repressão e exclusão da diversidade étnica e sociocultural, reconhecendo, atualmente, a existência de 36 povos originários, antes tratados indistintamente como camponeses. A Constituição de um Estado plurinacional busca, assim, enfrentar a histórica "(...) crise de correspondência entre o Estado boliviano, a configuração de seus poderes, o conteúdo de suas políticas, por um lado, e, por outro, o tipo de diversidade cultural entendida de maneira autorganizada [...] dos povos indígenas" (TAPIA, 2007, p. 48). Tal crise surgiu do contraste entre as múltiplas matrizes culturais e a rigidez e uniformização das instituições públicas estatais.

As teorias do reconhecimento abrem caminho para a percepção da multiplicidade e da dinamicidade da noção de povo na medida em que não operam com a ideia de um coletivo estável, cuja vontade geral revelaria o bem comum. Fundamentalmente agonístico, o bem comum emerge do conflito em torno de gramáticas morais, o que possibilita a expansão e complexificação da ideia de justiça.

Ainda sobre a experiência boliviana, convém registrar que a Constituição de 2009 incorporou os povos originários à comunidade política, na medida em que o novo projeto constitucional equipara a justiça indígena à justiça estatal, garante representação dos povos originários no parlamento e reorganiza territorialmente o país. Essa reorganização assegura autonomia às frações territoriais (departamental, regional, municipal e indígena), que podem realizar suas eleições e administrar seus recursos econômicos. Ademais, a Constituição reconhece o direito de família e de propriedade de cada povo originário, entre outras inovações institucionais previstas nos 80 artigos destinados ao tratamento constitucional da questão indígena.

De modo equivalente, a nova Constituição equatoriana (2008) instituiu as bases para a consolidação de um Estado plurinacional e intercultural, especialmente pelo reconhecimento das expressões culturais dos povos indígenas, designadamente de seus idiomas, territórios e sistemas de autoridade e normativos. Ademais, a Constituição buscou reestruturar a institucionalidade herdada no Estado nacional, erguendo um sistema de foros de deliberação intercultural autenticamente democráticos (GRIJALVA, 2008).

Vê-se que a criação das condições políticas para que a própria noção de povo seja passível de contestação e de alteração é fundamental nos quadros do

Novo Constitucionalismo, pois a institucionalização de um constitucionalismo plurinacional demanda um engajamento profundamente intercultural. Na reflexão de Grijalva (*Ibidem*, p. 3), "o direito à identidade e diferença cultural deve inscrever-se em um marco de direitos humanos conforme vão sendo definidos pelo Estado plurinacional". Nesse contexto, a ideia de *metainjustiça* de Fraser (2008) ganha ainda mais relevância, visto que enfoca exatamente a dimensão política da construção do povo.

Na mesma trilha, as discussões de Markell (2003) e Tully (2004) permitem perceber que as identidades se conformam ao longo das lutas sociais. Assim, a identidade do *demos* (do mesmo modo que a de grupos e de indivíduos) altera-se no decorrer dos processos sociais em que diferentes concepções de *povo* se chocam. De fato, "para além do embate entre universalistas e relativistas, a plurinacionalidade é fundada na certeza da incompletude de cada cultura, iluminando um diálogo aberto e inclusivo, pautado pelo mútuo reconhecimento, em oposição ao encobrimento" (WEIL, MAGALHÃES, 2011, p. 273). Diálogo este que pode se ancorar na visão tayloriana da fusão de horizontes em contextos de pluralidade cultural e que aponta para o fato de que é necessário manter a unidade como garantia da diversidade.

O reconhecimento da ideia de que o povo é múltiplo e dinâmico liga-se fundamentalmente ao questionamento de uma concepção centralizadora, unificadora e territorialmente circunscrita de soberania. Com isso não se deseja descartar a função legitimadora do conceito de soberania, tão caro ao constitucionalismo. Tampouco se trata de repropor a ideia de divisão de poderes, já esposada pelo constitucionalismo clássico. A questão que se coloca é repensar a soberania por uma nova lógica, fluida, diferida no tempo e difusa no espaço. Reconhecendo as contradições internas daquilo que é geralmente chamado de *povo* e, mais do que isso, as imbricações e mútuas afetações entre os vários grupos que se percebem como povos, faz-se urgente descentralizar a soberania e relativizá-la.

Isso demanda admitir que a soberania não pode se balizar por constrangimentos territoriais, devendo articular agências em diversos níveis (FRASER, 2008). Nos termos de Bohman (2007a), ancorado no legado de Dewey, é preciso promover o atravessamento de múltiplos públicos para fomentar a transformação coletiva da sociedade. O essencial é perceber que a soberania não é um atributo possuído por um ator específico (incluindo *o povo*), mas um processo que depende da luta permanente entre vários atores em torno de concepções de justiça e com vistas à transformação moral da sociedade. Essas lutas buscam transformar não apenas as práticas sociais, mas também identidades em suas mais diversas acepções (MARKELL, 2003; GALEOTTI, 2002; HONNETH, 2003a; TAYLOR, 1994).

O Novo Constitucionalismo Latino-Americano desafia, nesse sentido, a formulação estatal moderna, calcada no conceito de soberania, desenvolvido a partir da ideia de *communitas orbis* (comunidade mundial), tal qual consolidado nas obras de Hugo Grotius, Jean Bodin, Thomas Hobbes e John Locke.[77] As pretensões constitucionais evidentes nos recentes projetos constitucionais de Equador (2008) e Bolívia (2009) mais do que denunciar a dimensão excludente contida no procedimento básico legitimador que conformou o *pacto social moderno*, residem na ressignificação das ideias de povo e soberania. Uma ressignificação que implica, por sua vez, a alteração da ideia de cidadania e o desenvolvimento de um conjunto de instituições que estejam sempre abertas para colocar em questão as sempre imperfeitas regras de reconhecimento (TULLY, 2004). É, pois, às noções de cidadania e a esses desenvolvimentos institucionais que nos voltamos nas próximas subseções.

Cidadania Complexa, Plurinacionalismo e Pluralismo Jurídico

O conceito de cidadania implica pertencimento à comunidade política, o que assegura certos direitos àquele(a)s que são considerado(a)s cidadã(o)s. Desde suas origens, o conceito carrega uma forte base igualitária: cidadãos têm igual valor moral no seio da comunidade política, merecendo tratamento compatível com esse *status*. O constitucionalismo clássico edificou-se sobre esse alicerce da cidadania igualitária e universalizante, prescrevendo a impessoalidade da lei como forma de garantir que o Estado fosse cego às diferenças e, portanto, justo. Já mencionamos, contudo, como essas premissas universalizantes contribuíram para favorecer certos grupos sociais. O *cidadão universal* foi o elemento necessário para a

---

77 A esse respeito, ver Ferrajoli (2007).

criação do *povo unificado*, em nome do qual diferenças e especificidades viram-se frequentemente suprimidas. Os direitos liberais foram, simultaneamente, instrumentos de promoção de um ideário igualitário e mecanismo de opressão das diferenças relegadas à esfera privada (GALEOTTI, 2002).

A teoria do reconhecimento traz interessantes insumos para repensar as noções de direitos e cidadania. Isso porque ela permite refletir sobre a questão da diferença, sem abrir mão das premissas igualitárias. Esse era justamente o cerne da proposta de Charles Taylor (1994), para quem os direitos, alimentados pelas lutas por reconhecimento, deveriam compatibilizar universalismo e particularismo. Honneth (2003a), por sua vez, explora a bifurcação moderna da ideia medieval de honra em dignidade universal e estima particular. Os direitos teriam se configurado como manifestações da dignidade universal, expressando-se em gramáticas igualitárias que deveriam balizar as interações sociais.

Importante perceber que, nessa visão, os direitos são construções contingentes que emergem do enraizamento do ideário igualitário. Ademais, para os teóricos do reconhecimento, o direito não se manifesta apenas por meio de leis impessoais formalmente instituídas. Institucionalizados ou não, direitos dizem respeito à viabilização da dignidade. Como bem lembra Tully (2004, p. 88), "normas podem ser impostas e asseguradas por uma ampla variedade de instituições formais e informais de uma igualmente ampla variedade de modos". Para além das leis, os direitos são edificados e transformados ao longo das interações sociais que permitem que a dignidade igualitária seja sustentada ou minada. Por isso mesmo, a própria ideia de direitos não está pronta e concluída, mas é moldada no bojo de lutas, por meio das quais sujeitos definem, processualmente, os princípios e elementos importantes para que a dignidade seja passível de universalização.

Galeotti (2002) é uma das autoras a enfatizar, de modo mais eloquente, como a cidadania formal do Estado liberal não é suficiente para assegurar a experiência de igualdade que tal Estado alega avançar. A pesquisadora afirma que a inclusão legal associada ao desdenho público falhou fragorosamente em assegurar respeito igualitário (*Ibidem*, p. 97). Na visão dela, a cidadania deve ter status mais substantivo, envolvendo não apenas a construção procedimental de leis, mas prevendo formas de questionamento de assimetrias profundamente enraizadas em padrões interpretativos que marcam as práticas sociais.

Fraser (2003a) tem uma concepção mais institucional de direitos do que Honneth e Galeotti. A discussão dos direitos perpassa todo o trabalho da autora, cujo foco na *paridade de participação* liga os direitos às dimensões da distribuição econômica, do reconhecimento cultural e da representação política. Direitos poderiam assumir vários formatos, dependendo da participação ativa daqueles que serão por eles afetados para que sejam delineados. Esse também é o veio seguido por Feldman, que defende a centralidade do *direito arendtiano a ter direitos* como modo de combater a exclusão política que, frequentemente, mina a possibilidade de questionamento de injustiças de outras naturezas.

Três pontos chamam a atenção nessas discussões sobre direitos no quadro das teorias do reconhecimento. Em primeiro lugar, a defesa de particularidades e o reconhecimento de especificidades não implica a supressão da igualdade e de toda pretensão universalizante. Em segundo lugar, nota-se que direitos podem assumir várias formas. Se há concepções mais institucionais e menos institucionais nos quadros do reconhecimento, nenhuma delas reduz a ideia dos direitos à letra da lei. Em terceiro lugar, salienta-se a contingência da ideia de direitos e da definição de cidadania. Seja no enfoque da autorrealização ou no da paridade da participação, os teóricos do reconhecimento advogam uma concepção processual dos direitos, os quais precisam ser, permanente, agonística e democraticamente revisados ao longo de conflitos sociais (TULLY, 2004).

A atenção a este terceiro ponto é fundamental já que, como apontam McNay (2008) e Markell (2003), os próprios direitos podem gerar injustiças e exclusões. A revisibilidade é essencial, porque os direitos são produtos históricos que podem ser instrumentalizados, questionados, reivindicados. Não se trata, pois, de uma visão já "pronta" dos direitos, mas de uma concepção de justiça que depende da processualidade dos conflitos sociais. É aqui que a ideia do combate à *metainjustiça* fraseriana se faz fundamental, enfrentado a questão da insuficiência da garantia da igualdade (jurídica), quando construída desde cima.

Se a cidadania se traduz no *direito a ter direitos*, a falta de reconhecimento ou efetivação desses direitos implica uma mutilação da cidadania, de modo que, a luta por reconhecimento envolve uma luta pela ampliação da cidadania. Luta esta que aponta a necessidade de que se concebam sujeitos de direito distintos dos indivíduos e direitos distintos dos individuais, captando a lógica multivariada dos direitos que supera a defesa acrítica de uma concepção unificada, genérica e impessoalizada. Direitos especiais podem mostrar-se essenciais para a própria implementação do ideário igualitário. Podem, também, ter consequências benéficas sobre outras dimensões da justiça, que, na visão do reconhecimento, não se reduz à promoção da dignidade igualitária via direito.

A referida ampliação da cidadania, com a garantia do *direito a ter direitos*, também passa pela efetiva distribuição econômica. Fraser (2003a; 2008) enfatiza a questão econômica como condição objetiva para a paridade de participação. E Honneth (2003a; 2001b) ressalta a dimensão moral da distribuição econômica, argumentando sua centralidade para a autorrealização (SMITH, 2009).[78] O pertencimento à comunidade política é extremamente excludente se não assegura as condições materiais essenciais para que o sujeito possa interagir com os demais na condição de "par", desenvolver suas capacidades e potencialidades e perceber-se como ser humano não apenas digno, mas também valorizável por suas contribuições à realização de objetivos sociais. Como também percebe Tully (2000), a distribuição econômica é um elemento importante da reconfiguração de padrões mais justos de interação social.

A partir destas questões podem-se pensar algumas das dimensões centrais do Novo Constitucionalismo Latino-Americano. A centralidade da igualdade, aliada à irrevogabilidade da diferença, ajuda a compreender a discussão sobre a pluranacionalidade, que expande a noção de cidadania e mostra o caráter histórico dos direitos. Movimentos indígenas na América Latina reivindicam a definição dos povos indígenas como nacionalidades há pelo menos duas décadas. Isso não implica a adoção de um discurso separatista; ao contrário, tem-se colocado a exigência de configurar Estados plurinacionais em seus respectivos países.

---

78 Apesar da insistência de Fraser em afirmar que Honneth e Taylor desconsideram a dimensão econômica da justiça, a análise dos trabalhos destes revela a inadequação da crítica. A este respeito, ver Mendonça (2009), Thompson (2006) e Matos (2006).

É verdade que a discussão sobre a plurinacionalidade não está restrita a esses movimentos. Ela está presente na Ásia e na África, bem como na Suíça, na Bélgica, na Espanha e no Canadá, que minimamente reconhecem a ideia de plurinacionalidade. Entretanto, para o Constitucionalismo Latino-Americano, a diversidade cultural implica um desafio de conotações próprias que impõe a redefinição e reinterpretação dos direitos constitucionais e a restruturação da institucionalidade legada do Estado nacional (GRIJALVA, 2008). Isso porque, conforme argumentam alguns movimentos indigenistas, os Estados nacionais se configuraram pela negação da existência dos povos indígenas e dos seus direitos, evidenciada pelas políticas que visavam a dissolver identidades e bens coletivos desses povos.

Desde a formação dos Estados modernos, as etnias são diferenciadas das nações (cívicas) pelo fato de não possuírem uma organização política autônoma (SCHNAPPER, 1998[1994], p. 16-7). Não é nem o tamanho nem outra característica objetiva que distinguiria uma etnia de uma nação, senão que a natureza dos laços que unem os indivíduos em uma ou outra forma. Na medida em que a ideia de nação (cívica) constituiu-se no princípio moderno de legitimidade política ganharam força mecanismos redutores das diferenças (etnicoculturais), sendo que a identidade cultural viu-se, progressivamente, reduzida à identidade cívica. O conceito de nação (cívica) permitiu que se promovesse, por meio de um processo de uniformização das diferenças, via direitos, a integração das populações, com vistas à constituição de uma base de legitimidade e fundação dos laços sociais na modernidade.

Em oposição a essa abordagem, o Novo Constitucionalismo Latino-Americano aponta para a necessidade de reintrodução da diferença (étnica) na conformação da comunidade política, não propriamente ampliando os termos da uniformização das diferenças, via direitos, mas buscando reformular as bases nas quais a própria comunidade política foi imaginada. Desafia, portanto, o ideal da cidadania universal, sem abrir mão do potencial universalizante vinculado a uma concepção de justiça essencialmente agonística.

A teoria do reconhecimento propõe uma ideia de universalização em que o status de cidadão não requer a transcendência das particularidades. É justamente o que Honneth discute ao endossar a ideia de uma *eticidade formal*, em que a universalidade da autorrealização desponta imbricada à contingência de sua definição. Tal visão também aparece na relação permanente entre reconhecimento da igualdade e da diferença que se liga aos direitos e à simetria da estima em Honneth, ou à dignidade e à autenticidade em Taylor.

Se muitos teóricos do reconhecimento não fazem uma discussão mais específica sobre a pluranacionalidade, esta emerge como um desdobramento lógico de suas teorias. Tanto que Taylor advoga a presunção do igual valor de culturas, que é uma das pedras angulares dos Estados plurinacionais. Ademais, nota-se como o reconhecimento de formas alternativas de direito permite a consideração do direito consuetudinário indígena e dos procedimentos e autoridades endossados por povos originários.

Entretanto, é preciso ter cuidado com o excessivo enfoque sobre os direitos diferenciais que cada grupo pode obter no âmbito do Estado, dedicando bastante atenção ao fato de que, daí, podem advir novas desigualdades entre grupos, dando lugar a uma integração difícil e injusta. Essas são questões que devem ser colocadas diante dos desafios de construção de uma cidadania complexa ou multicultural (KYMLICKA, 1996) ou desentranhada (DELGADO PARRA, 2012).

A cidadania democrática demanda, hoje, um novo tipo de articulação entre o universal e o particular. A cidadania não é, pois, um estatuto genérico e abstrato, mas uma condição vivenciada de maneiras diferenciadas e passível de transformação. A disposição cívica não depende, portanto, da perda da identidade específica de grupo, senão que é perpassada por ela. O Novo Constitucionalismo Latino-Americano revisa a identificação estrita entre cidadania e nacionalidade, impondo-lhes dialogicidade.

O debate em torno da cidadania é orientado, então, à "compreensão de uma formação sociopolítica que harmonize o pertencimento e o acesso à justiça, em um espaço de mobilidade, interação e hibridação cultural permanentes" (DELGADO PARRA, 2012, p. 137, tradução nossa). Tal cidadania pode ser alcançada a partir de uma luta por reconhecimento de segunda dimensão, nos termos de Fraser (2008) - uma luta pelo direito a ter direitos. Trata-se assim, de uma *cidadania humilde*, que não detém a última palavra sobre os princípios universais moralmente defensáveis, nem se arroga na prerrogativa de definição última da justiça.

Nos quadros do Novo Constitucionalismo, as questões redistributivas também ganham destaque para a ampliação da cidadania. A constituição boliviana de 2009 estabelece limites para propriedades rurais (5 mil hectares) e assegura a propriedade de recursos naturais (incluindo florestas e recursos hídricos) aos povos indígenas, criando novas modalidades coletivas de posse. Obriga, ainda, que empresas estrangeiras reinvistam seus lucros no país, de maneira a promover desenvolvimento sustentável.

A constituição equatoriana de 2008 dedica um capítulo específico (o quarto) ao que chama de soberania econômica, definindo as características gerais do sistema econômico a ser adotado pelo país. O artigo 283 explica que tal sistema deve ser solidário e reconhecer sujeito como um fim. O artigo 284 assegura "distribuição adequada da renda e da riqueza nacional", o "desenvolvimento equilibrado do território", o "fomento ao pleno emprego", o "intercâmbio justo de bens e serviços". Aos povos indígenas, o Artigo 57 da Carta Constitucional assegura a posse comunitária das terras, consideradas "inalienáveis, imprescritíveis e indivisíveis" e isentas de impostos e taxas.

Esses exemplos, mobilizados aqui a título de ilustração evidenciam que o Estado não se torna instância neutra a mediar poderes em competição, mas é pensado como essencial para assegurar uma justiça substantiva capaz de promover mais igualdade social (e simetria de estima, poderíamos acrescentar). O Novo Constitucionalismo Latino-Americano busca argumentar que a efetiva experiência de direitos civis e políticos está profundamente entrelaçada com a de direitos sociais e econômicos, os quais são essenciais para a promoção da dignidade genérica e do sentimento de valorização individual.

Instituições políticas, participação e representação

Na medida em que conceitos tão fundamentais como *povo, soberania, cidadania* e *direitos* são repensados, a forma de estruturação das instituições políticas também se vê alterada nos quadros do Novo Constitucionalismo

Latino-Americano. O fortalecimento da ideia de participação política torna-se inevitável, na medida em que o direito a ter direitos dos *demoi* depende da refundação permanente da comunidade política. Nota-se, assim, a criação de fóruns de partilha de poder em diferentes países.

A defesa da ampliação da participação política nessas novas constituições latino-americanas contesta a ficção de um poder constituinte originário e fundador, que se esgota no ato da constituição. A soberania torna-se fluida, dependendo da contínua circularidade entre instituições políticas e sociedade (URBINATI, 2005). O juízo e a opinião são sedes da soberania, tanto quanto a vontade, admitindo-se a soberania como uma "temporalidade ininterrupta" que transcende os atos de decisão e eleição (*Ibidem*, p. 194). Nota-se, pois, uma profunda alteração na noção de legitimidade democrática, expressa pela emergência de diferentes formas de encarar a realização da generalidade social (ROSANVALLON, 2011).

O Brasil é, sem dúvida, um caso que chama a atenção quando se enfoca a pluralização dos mecanismos de participação. A Constituição de 1988 estabeleceu a participação como política de Estado, alimentando a criação de vários canais de interlocução continuada entre Estado e sociedade. Os conselhos, as conferências e os orçamentos participativos tornaram-se os exemplos mais célebres da prática política brasileira (AVRITZER, 2002; 2009). No Peru, o processo de descentralização administrativa viu-se acompanhado pela criação de diversas instituições participativas, com destaque para formas de orçamento participativo e conselhos de coordenação regionais (MCNULTY, 2011). No Equador, o Artigo 95 da constituição prevê a participação dos cidadãos em assuntos de interesse público, por meio de "mecanismos de democracia representativa, direta e comunitária". O Artigo 104 assegura aos cidadãos o direito de convocar "consulta popular sobre qualquer assunto", estabelecendo as diretrizes para tanto.

Yrigoyen Fajardo (2009) aponta que esse fortalecimento da participação passa, em vários Estados latino-americanos, pela criação de instituições, que gerem políticas específicas em matéria indígena - desde institutos indígenas, até ministérios (como na Venezuela), ou órgãos dependentes dentro de ministérios.

Tais instituições têm graus diversos de autonomia e de incidência dentro do aparato público, e diferentes modalidades e graus de participação na gestão.

Se a participação política ultrapassa o voto e passa a incorporar mecanismos institucionalizados mais complexos, nota-se que também a ideia da representação política vê-se reconceituada. Essa reconceituação passa por, basicamente, duas questões. A primeira delas é a criação de mecanismos que permitem assegurar a pluralização de representantes políticos formais, contestando a subrrepresentação tradicional de grupos excluídos e/ou minoritários. Exemplarmente, foi criado na Colômbia, em 1991, o Ministério do Poder Popular dos Povos Indígenas. Na Venezuela, a Constituição de 1999 criou dispositivos que permitiram que, pela primeira vez, houvesse representantes indígenas tanto nos legislativos estaduais como na assembleia nacional. E a Constituição do Equador, em seu Artigo 65, prevê que o Estado promoverá a representação paritária de homens e mulheres também para cargos de nomeação, além de estabelecer listas alternadas para eleições plurinominais. A segunda questão envolve a ampliação da dimensão representativa que passa a ser exercida também por atores cuja legitimidade não reside na autorização eleitoral do conjunto de cidadãos. Tais representantes podem se destacar na advocacia pública de certas causas (URBINATI, 2000; MANSBRIDGE, 2003; MENDONÇA, 2009b) ou na atuação formal junto a instituições participativas (GURZA LAVALLE et al., 2006; AVRITZER, 2007). O importante é perceber que esses atores devem alimentar a circularidade permanente entre a sociedade e o Estado, promovendo a tradução constante entre universais e o particulares (URBINATI, 2006). No bojo dessas mudanças, vale lembrar que o Brasil tem, atualmente, mais conselheiros do que vereadores. Em países como a Venezuela, a Colômbia e o Peru, criaram-se instituições baseadas na atuação de delegados indígenas que são eleitos diretamente pelas organizações indígenas.

Por fim, cabe destacar algumas mudanças na percepção e na forma de atuação do poder judiciário, o que coloca a questão da democratização do acesso à justiça e da pluralização dos quadros da magistratura como desafios relevantes. Atualmente, e cada vez mais, os tribunais são espaços privilegiados de definição e aprofundamento dos direitos e das lutas de cidadania, o que lhes impõe um esforço sistemático de adaptação ao significado sociopolítico que vêm assumindo. No contexto em que o judiciário assume funções que são, também, políticas, sua legitimidade pode ser repensada na relação com o debate público. A autonomia funcional (do juiz) deve ser tida como decorrente da capacidade institucional (do judiciário) de ser uma arena de discussão pública, em uma democracia na qual questões controversas são debatidas, e decisões são publicamente justificadas.

Nesse sentido, o juiz, individualmente, e o judiciário, institucionalmente, exercem uma atividade importante de representação do interesse público, do que decorre a necessidade de transformações no sistema judiciário. Essas transformações objetivam ampliar sua eficiência e qualidade, contribuindo para sua renovação democrática, no sentido de melhor responder aos desafios da sociedade e às expectativas dos cidadãos (SANTOS et al., 1996; GARAPON, 1998).

Nessa perspectiva, a legitimidade do poder judiciário segue atrelada às garantias de independência e autonomia funcional das magistraturas, mas, considerando os novos desafios assumidos pela instituição no âmbito de sociedades complexas, relacionam-se, cada vez mais fortemente, com um processo de seleção e formação dos magistrados, que viabilize a constituição de uma instituição que espelhe a diversidade de conhecimento e a própria diversidade da sociedade (SANTOS, 2001; 2006).

A Constituição Política boliviana de 2009 prevê, em seu artigo 182 que os magistrados e magistradas do Tribunal Supremo de Justiça serão eleitos mediante sufrágio universal a partir de uma seleção prévia dos candidatos, realizada pela Assembleia Legislativa Plurinacional. Por ocasião das eleições judiciais de 2011, 35,6% dos candidatos a uma das posições no âmbito da administração estatal de justiça, da qual o Tribunal Supremo de Justiça é órgão supremo, representavam povos indígenas originários, campesinos, do país, dos quais 18,6% eram mulheres e 16,9% homens. Das mulheres que se candidataram, a maioria era de origem indígena. Especificamente para o Conselho da Magistratura, 57% das mulheres candidatas eram indígenas. Dentre os homens, 28,6% eram indígenas. Assim, 42,9% dos candidatos a conselheiro se autoidentificaram como indígena. Para o Tribunal Agroambiental, dentre as mulheres, 64% são indígenas, e dentre os homens a metade assim se autoidentifica. Em conjunto, 57% dos candidatos a magistratura agrária se declara, assim, indígena.[79]

Tendo em vista as supra-abordadas mudanças no ordenamento institucional do Estado promovidas pelo Novo Constitucionalismo Latino-Americano, faz-se preciso, agora, pensá-las à luz das teorias do reconhecimento. Nesse contexto, é importante salientar que uma crítica frequentemente dirigida aos teóricos do reconhecimento é a de que eles subestimam o papel do Estado e das instituições políticas (FELDMAN, 2002; MCNAY, 2008). Um olhar mais atento à agenda de discussões do reconhecimento mostra, contudo, que essa teoria, em sua diversidade de matrizes, é compatível com os desdobramentos mais contemporâneos de Estados guiados pelo chamado Novo Constitucionalismo Latino-Americano. Em que se pese o fato de a agenda do reconhecimento não trazer inovações muito significativas a este respeito, ela se insere no conjunto das teorias a advogar mudanças estruturais no ordenamento político clássico. Nesse sentido, voltemo-nos às três mudanças exploradas.

Em primeiro lugar, destacamos a centralidade da participação. Convém lembrar, aqui, a defesa vigorosa de Nancy Fraser (2003a; 2008) de uma política deliberativa em que os próprios afetados pelas decisões políticas devem participar de sua construção. Na mesma trilha, cabe salientar as propostas de Taylor (1994) e de Tully (2004) pela criação de políticas de reconhecimento baseadas no diálogo. Também é possível encontrar em Honneth uma aposta em uma sociedade que deve se refazer permanentemente na medida em que os sujeitos afetados pelas experiências de sofrimento e injustiça atuam para a alteração dos padrões normativos que guiam as interações sociais. A discussão de Feldman (2002) também deságua na defesa de uma democracia participativa em que o direito a ter direitos só se efetiva pela partilha do poder.

Curioso observar como a argumentação de Feldman (*Ibidem*) faz o mesmo caminho percorrido pela teoria democrática mais contemporânea. A defesa da ampliação da participação o conduz à discussão do conceito de representação segunda mudança mencionada. A representação política justa é essencial

---

[79] Dados informados em entrevista pela senadora Nélida Sifuentes Cueto, em julho de 2011. Disponível em: <http://www.elpotosi.net/2011/0731/14.php>.

para que se tenha uma democracia mais efetiva. Não por acaso, a própria Fraser (2008) também revisa sua teoria, chamando a atenção para a centralidade da ideia de representação política, inclusive para que se pense como a redistribuição e o reconhecimento devem ser concebidos. Quando a autora advoga certa precedência da representação sobre as outras duas dimensões que comporiam a *balança* da justiça, ela evidencia que a delimitação de quem pode falar nos espaços decisórios e de como essa delimitação é feita são fundamentais.

A preocupação dos teóricos do reconhecimento com a ideia de representação também pode ser desdobrada nas duas questões a atravessar tal discussão. Nota-se, por um lado, a centralidade da discussão de formas públicas de *advocacy*, manifestas na atuação de movimentos sociais de um modo geral (MENDONÇA, 2008; BRINTON, 2012; FRASER, 2003a; HOBSON, 2003). Ainda que Honneth (2003b) argumente que os movimentos sociais não configuram a totalidade das lutas por reconhecimento, é, na própria arquitetura teórica do autor, que eles constituem uma dimensão central das lutas sociais acerca de gramáticas morais (*Idem*, 2003a).

Por outro lado, podem-se pensar as interessantes aproximações entre a discussão das lutas em torno do reconhecimento e a questão da representação formal. Embora haja autores que trabalham nos quadros do reconhecimento que se contraponham, por exemplo, ao estabelecimento de cotas de representação, como Cillian McBride (2005), a maior parte dos pesquisadores dessa literatura é favorável a transformações estruturais na forma como a representação é concebida, advogando uma superação do modelo liberal clássico de organização das instituições políticas (GALEOTTI, 2002).

Por fim, no que concerne às redefinições institucionais do sistema de justiça, convém lembrar a defesa dos teóricos do reconhecimento por uma ampliação do sentido do direito, de modo a que este não se resuma à ordem legal formalmente instituída pelo Estado, mas abarque parâmetros mais amplos que governam as interações entre sujeitos moralmente iguais. Nesse sentido, o Novo Constitucionalismo Latino-Americano advoga a construção do pluralismo jurídico, conforme já observado. O Convênio 169 da OIT, de 1989, é um marco na superação do assimilamento e integracionismo ao propor que os povos indígenas controlem suas próprias instituições dentro dos Estados em que vivem. Várias reformas constitucionais que se seguiram (Colômbia, Peru Bolívia, Equador, Venezuela) reconheceram o pluralismo jurídico – o direito indígena e a jurisdição especial – com consequentes alterações institucionais no âmbito do sistema de justiça. Yrigoyen Fajardo (2006, p. 558) lembra que o pluralismo jurídico nos países andinos implica o reconhecimento da validade das decisões de jurisdições especiais de modo antônomo, bem como o poder de autogoverno com instituições próprias.

Ademais, advoga-se uma configuração mais plural e representativa da magistratura, em atenção ao poder político exercido pelo judiciário. Essa defesa faz eco à defesa dos teóricos do reconhecimento sobre a coimplicação entre justiça e democracia. Isso não significa, contudo, que os países latino-americanos tenham de fato conseguido promover uma justiça mais democrática e sem problemas. Convém lembrar, aqui, alguns dos retrocessos e dificuldades inscritos no texto constittucional boliviano de 2009, como o fim das instâncias mistas de controle constitucional e a indeterminação acerca do controle misto intercultural de conflitos de competência que reflitam o pluralismo jurídico igualitário (YRIGOYEN FAJARDO, 2011). Os desafios são muitos para a operacionalização da coimplicação entre justiça e democracia.

CONSIDERAÇÕES FINAIS

O presente artigo buscou realizar uma aproximação entre as discussões contemporâneas sobre Novo Constitucionalismo e a teoria do reconhecimento, no sentido de delinear uma concepção de justiça adequada ao primeiro. Para tanto, iniciamos com uma breve apresentação de algumas das questões colocadas à teoria constitucional por processos em curso, sobretudo, na América Latina. Na sequência, discorremos sumariamente sobre diferentes perspectivas inscritas nos quadros da teoria do reconhecimento. Com base nessas duas discussões, procuramos abordar algumas revisões de conceitos centrais à teoria constitucional: (1) fundação e contrato; (2) povo e soberania; (3) cidadania e direitos; (4) instituições políticas e o controle dos poderes.

A aproximação proposta revela a riqueza do viés do reconhecimento, que ressignifica o conceito de justiça e permite a edificação de uma concepção simultaneamente substantiva e processual, capaz de oferecer alicerces normativos profícuos ao Novo Constitucionalismo Latino-Americano. A dimensão processual do reconhecimento, a presunção do valor das culturas, a percepção de que os direitos são apenas uma das dimensões da justiça, a pluralização das identidades e da noção de povo e a centralidade da democracia ajudam a superar o universalismo engessado do constitucionalismo clássico e a pensar em formas plurais de universalismo, capazes de aprofundar a dimensão emancipatória de constituições.

Além disso, entendemos que uma conceituação precisa e consistente de justiça é necessária para que a tentativa de reformulação de princípios clássicos do constitucionalismo não se veja em atrito com o espírito das mudanças que advoga. Isso porque se podem destacar alguns riscos no bojo das transformações propostas pelo Novo Constitucionalismo Latino-Americano. O principal deles é o de que a fluidez da visão processual alimente não a democratização, mas seja instrumentalmente mobilizada para justificar modalidades centralizadoras e populistas de exercício do poder político. Afinal, abrir mão da sacralidade de princípios fundamentais implicaria abrir mão das proteções constitucionais ao exercício inadequado do poder político.

A teoria do reconhecimento oferece controles a esses riscos, na medida em que: (1) não define a democracia como mero governo de uma maioria; (2) defende a centralidade da reciprocidade na transformação das gramáticas morais; (3) busca edificar pontes entre particular e geral, bem como eticidade e moralidade. A coimplicação entre justiça e democracia permite que ambas se balizem, evitando a instrumentalização de Constituições mais fluidas. Assim, mais do que uma simples aproximação, entendemos que a teoria do reconhecimento pode ajudar a proteger o Novo Constitucionalismo de alguns de seus riscos.

Entretanto, é preciso ter cautela para que não se incorra no risco do precipitado diagnóstico da imprescindibilidade recíproca de ambas as teorias. Em primeiro lugar, porque o Novo Constitucionalismo Latino-Americano é uma corrente teórica em construção. As disputas internas revelam pontos de aproximação e divergência com a perspectiva esposada pelos teóricos do reconhecimento, em relação aos quais, ademais, não se pode deixar de apontar as tensões. O debate sobre a cidadania, exemplarmente, é um campo em disputa, que recolhe contribuições do multiculturalismo, do comunitarismo e do republicanismo para a superação da cidadania universalista liberal.

A correlata questão dos direitos também merece ponderação. Os direitos continuam ocupando um lugar central na teoria da justiça edificada, genericamente, pelos teóricos do reconhecimento, designadamente pela concretização do ideal igualitário moderno que proporcionam. Isso não significa, entretanto, nem a manutenção do monismo jurídico universal, por um lado, nem a adoção apaixonada de um pluralismo particularista. A possibilidade de delineamento contínuo de uma igualdade agonística, descortinada pelos teóricos do reconhecimento, viabiliza avanços no campo e impõe reflexões acerca de reformas institucionais possíveis.

Há, assim, um rico campo de investigações na interface entre Novo Constitucionalismo e reconhecimento. Campo este que esperamos ter mapeado, aqui, mas que merece desenvolvimento sistemático em pesquisas teóricas e empíricas. Tais pesquisas podem descortinar as riquezas e problemas da aproximação aqui iniciada.

REFERÊNCIAS BIBLIOGRÁFICAS

ACKERMAN, Bruce. *Nós, o povo soberano: fundamentos do direito constitucional*. Belo Horizonte: Del Rey, 2006.

AGAMBEN, Giorgio. *Homo Sacer: sovereign power and bare life*. Stanford: Stanford University Press, 1998.

ALEXANDER, Jeffrey. "Ação coletiva, cultura e sociedade civil: Secularização, atualização, inversão, revisão e deslocamento do modelo clássico dos movimentos sociais". *RBCS*, nº 37, vol. 13, jun. 1998, p. 05-31.

AVRITZER, Leonardo. *Democracy and the public space in Latin America*. Princeton: Princeton University Press, 2002.

_____. *Participatory Institutions in Democratic Brazil*. Baltimore: The Johns Hopkins University Press, 2009.

_____. "O novo constitucionalismo latinoamericano: uma abordagem política". Trabalho apresentado no II Seminário De Pesquisa: O Novo Constitucionalismo Democrático Latinoamericano. Santa Cruz de La Sierra, set. 2012.

BOHMAN, James. *Democracy across borders: from Dêmos to Dêmoi*. Cambridge: MIT, 2007a.

_____. "Beyond Distributive Justice and Struggles for Recognition: Freedom, Democracy, and Critical Theory". *European Journal of Political Theory*, n° 3, vol. 6, 2007b, p. 267-276.

CARBONELL, Miguel (Org.). *Teoria del neoconstitucionalismo: Ensaios Escogidos*. Madrid: Editorial Trotta, 2007.

DELGADO PARRA, Ma Concepción. *Emergencia de ciudadanías desentrañadas en un mundo global: Un ejercicio de iteraciones democráticas*. Editoral Académica Española, 2012.

FELDMAN, Leonard C. "Redistribution, recognition, and the state: the irreducibly political dimension of injustice". *Political Theory*, n° 3, vol. 30, 2002, p. 410-440.

FERRAJOLI, Luigi. *A soberania no mundo moderno: nascimento e crise do Estado nacional*. Tradução: Carlo Coccioli e Márcio Lauria. São Paulo: Martins Fontes, 2007.

FORST, Rainer. "First things first – Redistribution, recognition and justification". *European Journal of Political Theory*, n° 3, vol. 6, 2007, p. 291-304.

FRASER, Nancy. "From Distribution to Recognition? Dilemmas of Justice in a 'Postsocialist' Age". In: _____. *Justice Interruptus: critical reflections on the 'postsocialist' condition*. London: Routledge, 1997, p.11-39.

_____. "Rethinking recognition". *New Left Review* (II), vol. 3, 2000, p.107-120.

_____. "Recognition without ethics?". *Theory, Culture & Society*. Londres/Thousand Oaks/New Delhi, n° 2-3, vol. 18, 2001, p. 21-42.

_____. "Social Justice in the age of identity politics: Redistribution, Recognition, and Participation". In: FRASER, Nancy; HONNETH, Axel. *Redistribution or Recognition? A political-Philosophical exchange*. Londres/Nova York: Verso, 2003a, p. 07-109.

_____. *Scales of justice: reimagining political space in a globalizing world*. New York: Columbia University Press, 2008, p. 12-29 e 100-115.

GALEOTTI, Anna Elisabetta. *Toleration as Recognition*. New York: Cambridge University Press, 2002.

GARAPON, Antoine. *O Juiz e a democracia: o guardião das promessas*. Rio de Janeiro: Renavan, 2001.

GARGARELLA, Roberto; DOMINGO, Pilar; ROUX, Theunis. (Orgs.). *Courts and Social Transformation in New Democracies: An institutional voice for the poor?* Farham: Ashgate Publishing Limited, 2006.

GARGARELLA, Roberto; COURTIS, Christian. *El nuevo constitucionalismo latinoamericano: promesas y interogantes*. Santiago do Chile: CEPAL, 2009.

GARGARELLA, Roberto. "200 años de constitucionalismo en América Latina (1910-2010)". Trabalho apresentado no II Seminário De Pesquisa: O Novo Constitucionalismo Democrático Latino Americano. Santa Cruz de La Sierra, set. 2012.

GRIJALVA, Agustín. "El Estado Plurinacional e Intercultural en la Constitución Ecuatoriana del 2008". *Equador Debate*, Quito, n° 75, 2008, p. 49-62.

HABERMAS, Jürgen. *A inclusão do outro: estudos de teoria política*. São Paulo: Edições Loyola, 2002.

_____. *Direito e Democracia: Entre faticidade e validade*. Rio de Janeiro: Tempo Brasileiro, 2003.

HELD, David. *Modelos de democracia*. Belo Horizonte: Paidéia, 1987.

_____. "Democracia, Estado-Nação e o sistema global". *Lua Nova*, n°. 23, 1991.

HONNETH, Axel. *Luta por reconhecimento: a gramática moral dos conflitos sociais*. São Paulo: Ed. 34, 2003, 291p.

_____. "Redistribution as recognition: a response to Nancy Fraser". In: FRASER, Nancy; HONNETH, Axel. *Redistribution or Recognition? A political-Philosophical exchange*. Londres/Nova York: Verso, 2003a, p. 110-197.

KOMPRIDIS, Nikolas. "Struggling over the meaning of recognition: a matter of identity, justice or freedom?". *European Journal of Political Theory*, nº 3, vol. 6, 2007, p. 277-289.

MANSBRIDGE, Jane. "Everyday Talk in Deliberative System". In: MACEDO, Stephen (Org.). *Deliberative Politics: essays on democracy and disagreement*. New York: Oxford University Press, 1999. p. 211-239.

MARKELL, Patchen. *Bound by Recognition*. Princeton: Princeton University Press, 2003.

MCNAY, Lois. *Against Recognition*. Cambridge, UK/ Malden, MA: Polity Press, 2008.

MCNULTY, Stephanie. *Voice and vote: decentralization and participation in Post-Fujimori Peru*. Stanford: Stanford University Press, 2011.

MENDONÇA, Ricardo Fabrino. "Representation and Deliberation in Civil Society". *Brazilian political science review*, nº 2, vol. 2, 2008, p. 117-137.

_____. "A dimensão intersubjetiva da auto-realização: em defesa da teoria do reconhecimento". *RBCS*, nº 70, vol. 24, 2009a, p. 143-154.

_____. *Reconhecimento e Deliberação: as lutas das pessoas atingidas pela hanseníase em diferentes âmbitos interacionais*. Tese (Doutorado em Comunicação Social) — FAFICH, Universidade Federal de Minas Gerais, Belo Horizonte, 2009b.

_____. "Reconhecimento". In: FILGUEIRAS, Fernando; AVRITZER, Leonardo; BIGNOTTO, Newton; GUIMARÃES, Juarez. *Dimensões políticas da justiça*. Rio de Janeiro: Reccord, 2013a (no prelo).

_____. "Contradictions of recognition: the struggles of people affected by leprosy in Brazil". *Constellations*, vol. 19, 2013b. (no prelo).

RAWLS, John. *Uma teoria da justiça*. São Paulo: Martins Fontes, 2008.

ROSANVALLON, Pierre. *Democratic Legitimacy: impartiality, reflexivity, proximity*. Princeton: Princeton University Press, 2011.

SANIN RESTREPO, Ricardo. *Teoria Crítica Constitucional: Rescatando la Democracia del Liberalismo*. Bogotá: Grupo Editorial Ibañez, 2009.

SANTOS, Boaventura de Sousa. *Reconhecer para libertar: os caminhos do cosmopolitismo multicultural*. Rio de Janeiro: Civilização brasileira, 2003.

_____. *Refundacion del Estado en América Latina: Perspectivas desde una epistemologia del sur*. Lima: Instituto Internacional de Derecho y Sociedade, 2010.

SCHNAPPER, Dominique. *Community of Citizens: on the modern idea of nationality*. New Brunswick: Transaction Publishers, 1998.

SIEDER, Rachel. *Multiculturalism in Latin America: Indigenous Rights, Diversity and Democracy*. London: Palgrave/ILAS, 2002.

SEGLOW, Jonathan. "Rights, contribution, achievement and the world: some thoughts on Honneth's recognitive ideal". *European Journal of Political Theory*, nº 1, vol. 8, 2009, p. 61-75.

TAYLOR, Charles. "The politics of recognition". In: GUTMANN, Amy (Org.). *Multiculturalism: examining the politics of recognition*. Princeton: Princeton University Press, 1994. p. 25-73.

THOMPSON, Simon. *The Political Theory of Recognition: A Critical Introduction*. Cambridge, UK/Malden, MA: Polity, 2006, 211p.

TULLY, James. "Struggles over Recognition and Distribution". *Constellations*, nº 4, vol. 7, 2000, p. 469-482.

_____. "Recognition and Dialogue: the emergence of a new field". *Critical Review of International Social and Political Philosophy*, nº 3, vol. 7, outono 2004, p. 84-106.

TAPIA, Luis. "Una reflexión sobre la idea de Estado plurinacional". *OSAL*, Buenos Aires: CLACSO, ano VIII, nº 22, 2007, p. 47-63.

TATE, C. Neal; VALINDER, Torbjorn. *The Global Expansion of Judicial Power*. New York: New York University Press, 1995.

TAYLOR, Matthew M.; DA ROS, Luciano. "O Judiciário e as Políticas Públicas no Brasil". *DADOS – Revista de Ciências Sociais*, Rio de Janeiro, nº 2, vol. 50, 2007, p. 229-257.

URBINATI, Nadia. "Continuity and Rupture: The Power of Judgment in Democratic Representation". *Constellations*, nº 2, vol. 12, 2005, p. 194–222.

_____. *Representative Democracy: Principles and genealogy*. Chicago/Londres: The University of Chicago Press, 2006.

VICIANO PASTOR, Roberto, MARTINEZ DALMAU, Rubén. *Cambio político y proceso constituyente en Venezuela*. Caracas: Valencia, Vadell Hermanos Editores, 2001.

_____. "El proceso constituyente venezolano en el marco del nuevo constitucionalismo latinoamericano". *Agora - Revista de Ciências Sociales*, nº 13, 2005, p. 55-68.

_____. *Aspectos generales del nuevo constitucionalismo latinoamericano*. Quito: Corte Constitucional del Ecuador, 2010.

WEIL, Henrique; MAGALHÃES, José Luiz Quadros de. "O Estado plurinacional da Bolívia e do Equador: matrizes para uma releitura do direito internacional moderno". *Revista Brasileira de Direito Constitucional – RBDC*, nº 17, jan./jun. 2011, p. 263-276.

YOUNG, Iris Marion. *Inclusion and Democracy*. New York: Oxford University Press, 2000.

_____. *Justice and the Politics of Difference*. Princeton: Princeton University Press, 1990.

YRIGOYEN FAJARDO, Raquel. "Hitos del reconocimiento del pluralismo jurídico y el derecho indígena en las políticas indigenistas y el constitucionalismo andino". In: BERRAONDO, Mikel (Org.). *Pueblos indígenas y derechos humanos*. Bilbao: Universidad de Deusto, 2006.

_____. "Aos 20 anos do Convênio da OIT: Balanço e desafios da implementação dos direitos dos Povos Indígenas na América Latina". In: VERDUM, Ricardo. *Povos Indígenas: Constituições e Reformas Políticas na América Latina*. Brasília: Instituto de Estudos Socioeconômicos, 2009, p. 11-61.

_____. "Peru: pluralist constitution, monist judiciary: A post-reform assessment". In: SIEDER, Rachel (Org.). *Multiculturalism in Latin America, Indigenous Rights, diversity and democracy*. Institute of Latin American Studies, 2002, p. 157-183.

_____. "El reconocimiento constitucional del derecho indígena en los paises andinos". In: ASSIES, Willem; HAAR, Gemma van der; HOEKEMA, André. *El reto de la diversidad: Pueblos indígenas y reformas del Estado en América Latina*. Zamora, Mich: El Colégio de Michoacán, 1999, p. 343-379.

CAPÍTULO III
REPRESENTAÇÃO E CRÍTICA DEMOCRÁTICA

REPRESENTATIVIDADE E REPRESENTAÇÃO DEMOCRÁTICA – FALSO PROBLEMA OU DUALIDADE CONSTITUTIVA

Adrian Gurza Lavalle

> There is no need to make mysteries here...
>
> Hanna Fenichel Pitkin

INTRODUÇÃO

Afirmar o caráter relacional da representação tornou-se argumento recorrente das teorias da representação, pelo menos desde o trabalho seminal de Hanna Pitkin. Hoje, graças ao desenvolvimento de revisões críticas nesse campo teórico, essa afirmação não apenas tornou-se pacífica, mas beira o truísmo. Afinal, por definição, a representação põe em jogo a relação entre representante e representado. Porém, a compreensão e, sobretudo, o tratamento normativo da relação representante-representado na teoria política distam de ser consensuais. Assim, afirmar o caráter relacional da representação pode ser tanto teoricamente inócuo quanto imprimir efeitos formativos relevantes na construção de teoria. Argumenta-se neste capítulo que, para a teoria política, uma estratégia analítica correta para lidar com a relação representante-representado é concebê-la como dualidade constitutiva da representação democrática. Outras formas de representação, não-políticas ou não-democráticas, embora relacionais por definição, são alheias tanto à lógica intrinsecamente dual da representação democrática quanto às implicações normativas derivadas dessa lógica. Por economia de linguagem, essa estratégia será chamada de abordagem dual da representação.

Ao conceder à relação representante-representado o estatuto de uma dualidade constitutiva e reputar essa operação não apenas como uma estratégia analítica correta, mas como uma opção teórica sem tratamento satisfatório na literatura, assume-se implicitamente (1) a existência de posturas teóricas relevantes que admitem o caráter relacional da representação política, mas elaboram-no em registros analíticos outros que não o de dualidade constitutiva, bem como o fato de (2) esses registros trazerem consigo perdas passíveis de serem contornadas. As perdas que aqui interessam são de índole normativa em sentido duplo: déficits normativos compatíveis com teorias que, em perspectivas diferentes, permitem firmar o caráter relacional da representação; e problemas de inconsistência teórica para amparar proposições sobre a representatividade da representação. Enquanto no primeiro caso o déficit diz respeito à incapacidade de compreensões relacionais de julgar normativamente a relação entre representante e representado, no segundo remete para as inconsistências introduzidas na teoria quando tais julgamentos são realizados. Obviamente, assume-se também que (3) a abordagem dual da relação representante-representado abre perspectivas para o desenvolvimento de teorias capazes de evitar tais perdas.

Tornar explícito o conteúdo das três assunções — existência de teorias relacionais não-duais, dupla perda normativa, e vantagens da proposta aqui sugerida — e mostrar sua pertinência constitui propósito amplo que excede o escopo deste capítulo. Embora as vantagens de uma compreensão dual sejam abordadas nos comentários finais, a atenção será dirigida às duas primeiras assunções. Ainda assim, o cumprimento razoavelmente satisfatório desse objetivo exigiria mais espaço do que aquele disponível nestas páginas, ainda mais considerando a expansão do campo das teorias da representação ocorrido a partir dos anos 1990. Opta-se por mostrar a pertinência te tais assunções concentrando a atenção em um trabalho clássico, amiúde reputado como responsável por reconhecer e conceder status de definição ao caráter dual da representação. Com maior precisão, será reconstruído o caráter relacional da representação em um dos trabalhos mais influentes e teoricamente refinados da segunda metade do século XX, a saber, *O Conceito de representação*, de Hanna Pitkin (1967). Trata-se de trabalho seminal e referência obrigatória do debate crítico contemporâneo no campo das teorias da representação. Pelo fato de sua proposta ser identificada como uma compreensão da representação não apenas relacional, mas distintivamente dual (RUNCIMAN, 2007), o trabalho de Pitkin é particularmente eloquente quanto à dupla perda normativa. A evolução do pensamento da filosofa sobre a representação democrática, nas décadas que se seguiram à publicação do livro em questão, é igualmente eloquente, pois ela acaba progressivamente por diagnosticar a incompatibilidade entre ambos os termos — representação e democracia —, os tornando antônimos (PITKIN, 1989 [2006]; 2004).

Além da introdução, o argumento é desdobrado ao longo de mais quatro seções. Na segunda, abordam-se as premissas básicas que fundamentam o método analítico de Pitkin e cancelam, no nascedouro, a possibilidade de se entender a representação como centrada em uma dualidade constitutiva. A terceira seção examina como a dualidade, supostamente suprimida, reemerge mediante o uso da "má-representação" como parâmetro simultaneamente interno e externo para julgar os diferentes modelos de representação. Depois, examina-se o estatuto da dualidade na caracterização da representação política e a progressiva saliência que a autora concede ao "paradoxo inescapável" da representação. Por fim, e embora sob formulação ainda muito preliminar, exploram-se as implicações ou ganhos analíticos de uma concepção dual da representação.

AS PREMISSAS E OS NÃO-MISTÉRIOS DA REPRESENTAÇÃO

Um vasto campo de controvérsias persistentes e confusão teórica. Esse era, no diagnóstico de Pitkin (1967, p. 3-4), o estado da arte nas teorias da representação ao longo do século XX e até o momento em que ela enveredou na sua tese doutoral em esforço de clarificação conceitual que daria lugar ao seu livro, hoje clássico. A polissemia da palavra representação, todavia, não era necessariamente um empecilho para a teoria, antes, uma abordagem empenhada em desvendar o sentido da representação pela variação dos seus significados na linguagem ordinária podia se servir bem de tal polissemia. Assim, adepta aos preceitos da filosofia de Oxford, a autora tinha a sua frente objeto especialmente oportuno para ensejar uma análise linguística. Não se tratava, advertia Pitkin de modo cauteloso, de recomendar análise semelhante para todas as categorias centrais na tradição da filosofia política, apenas em certas circunstâncias a abordagem proposta era promissora. A categoria "representação" encontrava-se nessas circunstâncias.

Duas premissas básicas (*working assumptions*) alicerçam o trabalho em questão, e merecem atenção devido a suas consequências para a caracterização da relação representante-representado em Pitkin e para a delimitação do tipo de proposições normativas amparadas — e amparáveis — no exercício de clarificação conceitual por ela ensejado. Trata-se da viabilidade de uma definição geral e sintética da ideia de "representação" e da adoção de um procedimento analítico "perspectivista" (método linguístico) para julgar as bondades de diversas noções e concepções de representação. Primeiro, e a despeito da polissemia do termo "representação" e da confusão teórica imperante, a variação dos sentidos e das preocupações teóricas não equivalem a um uso vago ou indeterminado de "representação", mas remetem a distinções inerentes a uma variedade de usos adequados a diferentes contextos; variedade que preserva, no entanto, um mínimo denominador comum. Assim, não é de causar perplexidade que, a despeito das controversas renitentes e da confusão teórica, na compreensão da autora "Não há, de fato, grande dificuldade para a formulação de definição de uma só frase desse sentido (*meaning*) básico, ampla o suficiente para cobrir todas suas aplicações e diferentes contextos" (*Ibidem*, p. 8).

Trata-se da famosa definição inicial de representação da autora, sem dúvida a mais utilizada ainda hoje no campo da teoria política, embora, curiosamente, não seja uma definição propriamente política da representação. Conforme tal definição sintética, "representação, tomada em termos gerais, significa tornar presente em *algum sentido* (*sense*) algo que, todavia, não está literalmente ou de fato presente" (*Ibidem*, p. 8-9; grifo no original). Em tal acepção geral, presença e ausência alinham-se, respectivamente, do lado da representação e do representado, quer dizer, o segundo torna-se presente por intermediação da primeira. Definir algo que é tornado presente de novo como a presença de uma ausência encerraria certo paradoxo e, assim, nos termos da própria autora, "um dualismo fundamental é construído no sentido (*meaning*) da representação" (*Ibidem*, p. 9). É com base nessa formulação que à autora é reputada uma concepção dual da representação — a formulação da definição clássica de tal dualidade, até — ; no entanto, com toque arguto de ironia profissional, ela descarta de modo enfático essa interpretação. Cumpre citar na íntegra o contra-argumento.

> Isso [o paradoxo e o dualismo fundamental] tem levado alguns escritores — notadamente um grupo de teóricos alemães — a olhar o termo como coberto por mistério, um *complexio oppositorum*. Mas não há necessidade de fazer mistérios aqui; podemos simplesmente dizer que na representação algo presente de modo não literal é considerado presente em um sentido (*sense*) não literal. (*Ibidem*, 9).

Em princípio, o dualismo constitutivo da representação estaria definitivamente resolvido para a Pitkin: inexiste. O pendor germânico pela metafísica levaria a autores como Carl Schmitt, Glum e Leibholz — os teóricos alemães aludidos — a criar falsos problemas ou mistérios desnecessários. A representação não remete à consubstanciação de uma ausência, apenas opera em sentido figurado quando assim é considerado ou entendido, sem implicações mistificadoras.

Porém, parece obvio perguntar, como saber quando algo pode ser considerado representado e em que sentido ou por quem a figuração é considerada representativa? O livro da filósofa é, precisamente, a elaboração cuidadosa de uma resposta a essa pergunta mediante aquilo que aqui denomino — em terminologia alheia à autora — de caracterização dos regimes de correspondência entre representação e representado em diferentes universos prático-simbólicos que admitem síntese como modelos de representação. Contudo, conforme será visto, a reconstrução desses regimes implica, em Pitkin, não apenas a identificação dos critérios contextuais que regem a relação de correspondência entre a representação e aquilo ou aqueles que são representados, permitindo avaliar a representatividade da representação em cada caso, mas também a avaliação da capacidade de oferecer parâmetros para demarcar a má-representação (*misrepresentation*) no caso da representação política e, assim procedendo, a autora acaba por burlar suas premissas básicas.

A segunda premissa básica define o procedimento analítico que, estima Pitkin, permite dirimir muitos dos dissensos e controvérsias persistentes nas teorias da representação. Em plena harmonia com sua abordagem filosófica centrada na linguagem ordinária, a autora renuncia a oferecer mais uma definição da representação — mesmo se pretensamente mais acurada —, pois a diversidade de sentidos do vocábulo, aplicado em diferentes contextos, revela, pela adequação contextual, dimensões verdadeiras (*truth*) da representação. Fazer jus a todas as dimensões verdadeiras, de modo a conciliá-las, é o desafio, para ao qual o método proposto resulta particularmente oportuno. Dirimir as controvérsias teóricas não consiste, portanto, em arbitrar a disputa entre opções corretas e erradas. Afinal, as diferentes teorias, como as pérolas, lembra Pitkin ao leitor, "são construídas ao redor de um grão de verdade" (*Ibidem*, p. 10). Para dizê-lo em linguagem própria da sociologia do conhecimento, Pitkin procede com lógica perspectivista (MANNHEIM, 1993 [1936]) e assume a tarefa de produzir uma visão integrada capaz de compreender a complexidade do fenômeno. A metáfora por ela utilizada é evocativa de uma era pré-digital e, sobretudo, inequívoca: "os teóricos políticos nos oferecem fotografias da estrutura com flash de vela (*flash-bulb photographs*), tomadas de diferentes ângulos. Contudo cada um procede tratando sua visão parcial como se fosse a estrutura completa" (PITKIN, 1967, p. 10).

Diga-se de passagem, a análise linguística de Pitkin, de índole perspectivista, e felizmente expressa na metáfora fotográfica, não teria sido compatível com suas próprias posições em relação à linguagem alguns anos depois. A influência dos trabalhos de Austin sobre o pensamento da autora acabou por ceder passo às formulações de Wittgenstein sobre os jogos de linguagem, incompatíveis com o perspectivismo (*Idem*, 1972). Os jogos de linguagem sustentam-se graças à atualização prática de suas regras pelos participantes e como por definição não há jogos mais verdadeiros que outros, não apenas inexistem critérios para hierarquizá-los como quaisquer tentativas de integrá-los carecem de sentido. Seja como for, não se trata aqui de um esforço exegético da evolução do pensamento da autora, mas examinar uma obra canônica pelo seu caráter emblemático quanto às duas perdas normativas associadas a concepções não duais da representação.

Pela natureza das suas premissas acerca da definição e do método, a teoria em questão é uma empreitada de clarificação conceitual — por sinal, levada a cabo com primor —, cujo escopo crítico é bem delimitado e, inevitavelmente, restrito. O esforço de clarificação e integração das perspectivas não "condena" nem "salva" acepções ou teorias, apenas lhes desvenda o ângulo de visão e a adequação contextual dos usos. No plano teórico, uma crítica consequente apenas poderia, nesse sentido, denunciar ora a parcialidade de cada acepção e das suas sínteses e modelos, ora tentativas indevidas de generalização ou totalização da representação com base em noções parciais. No plano histórico, não há espaço para elaborar uma crítica das instituições e o leitor procurará em vão qualquer avaliação crítica do governo representativo. Bem é verdade que os argumentos do livro foram sedimentados nos final dos anos 1950, no período dourado do segundo pós-guerra, e que a crítica social dos convulsionados anos 1960 só seria acolhida nos escritos posteriores da filósofa (*Idem*, 1989 [2006]). De fato, em anos mais recentes a crítica da autora aos limites da representação extremou-se em denúncias de oligarquização do regime representativo e, pior, de usurpação e da democracia pelo primeiro no contexto dos processos grupados sob a etiqueta "globalização" (*Idem*, 2004). Aqui apenas atenta-se, todavia, para os efeitos das escolhas teóricas da autora sedimentadas no seu livro de 1967.

Como amparar, então, proposições normativas sobre os critérios que regem a relação representação-representado se atendo à lógica perspectivista, sem parâmetros de avaliação externos, e se atendo ao fato de não existir uma dualidade constitutiva no cerne da relação de representação, mas apenas critérios de correspondência contextuais? Por outras palavras, se o "dualismo fundamental" deve ser recusado e, em vez de "fazer mistérios", o *quid* é entender, pelos usos práticos contextualizados, quando algo é considerado representado — por quem ou que —, e se as formulações disponíveis para guiar esse entendimento são perspectivas parciais que obrigam a realizar um inventário de usos linguísticos com intuito de sistematizar os regimes de correspondência subjacentes, então, apenas certas proposições normativas parecem condizentes ou passíveis de harmonização com tais escolhas analíticas. A resposta parece óbvia: as proposições normativas para analisar as relações entre representação e representado só podem ser imanentes às perspectivas analisadas. Entretanto, Pitkin não apenas segue outro caminho e faz depender a avaliação dos regimes de correspondência de critérios externos, como se vê às voltas ao longo do livro e dos seus textos posteriores com o caráter dual da representação na forma de um paradoxo renitente inscrito no cerne do conceito.

A MÁ-REPRESENTAÇÃO SUBSTANTIVA COMO PARÂMETRO

Sabe-se de sobejo que Pitkin ordena as diferentes noções de representação em três grandes modelos — formal, *"standing for"* (pôr-se no lugar de) e *"acting for"* (atuar por ou no interesse de) —, cada um dois quais contém diversas visões e teorias da representação. Ao modelo formal correspondem, por exemplo, diversas teorias da autorização — absolutista, dos órgãos, democráticas, da nova ciência da política — e da *accountability*, algumas das quais coincidem integralmente com a obra de algum autor, como no caso de Thomas Hobbes e Eric Voegelin, enquanto outras contam com variadas formulações tributárias. As noções de representação do tipo *"standing for"* organizam-se em duas grandes famílias — representação descritiva e simbólica —, mas a maior diversidade de noções encontra-se presente no modelo *"acting for"* — o mais complexo dos três modelos —, ao ponto de a autora oferecer cinco famílias de metáforas, embora trabalhe sistematicamente apenas duas teorias da representação como atividade no interesse de alguém, ambas de índole antagônica, a saber, aquelas presentes na obra de Edmund Burke e dos Federalistas. Tudo isso é bem conhecido, e o conteúdo propedêutico ou informativo deste capítulo, na medida do possível, limitar-se-á a este parágrafo.

Repare-se que as aspas na enunciação dos modelos *"acting for"* e *"standing for"*, utilizadas por Pitkin, parecem destinadas a funcionar como uma lembrança permanente para o leitor de que "não há necessidade de fazer mistérios", visto que a representação nesses modelos opera como se algo ou alguém estivesse presente porque algo ou alguém está se pondo no lugar deles ou por eles agindo, e ao assim fazê-lo é considerado seu representante em sentido figurado — nunca literal. Contudo, e quiçá de modo sintomático, as aspas são esquecidas com alguma frequência pela autora. Doravante não mais serão empregadas nestas páginas, embora, é claro, o intuito que parece animar seu uso inconsistente no texto original seja consoante com o argumento aqui desenvolvido.

O exame das diversas noções de representação reunidas nos modelos ilumina afinidades internas e permite ganhos de compreensão graças à caracterização dos regimes de correspondência inerentes a cada modelo. Tais regimes são os critérios que regem a relação entre representação e representado em termos de uma modalidade de correspondência explicitamente esperada ou implicitamente suposta nas diferentes perspectivas da representação associadas a um modelo; critérios que, a rigor, guardam a concepção de representatividade imanente em tais perspectivas — ou que pode ou não ser considerado propriamente como representação. A rigor, o regime de correspondência é o saldo do trabalho de comparação — dos diferentes usos linguísticos da palavra representação e seus vocábulos derivados — à busca dos critérios que definem quando algo é considerado representado, por quem ou que, tornando adequado o uso do vocabulário da representação em determinados contextos. O diálogo entre modelos ocorre pela comparação de tais regimes. Com maior precisão, eles condensam as premissas básicas da autora, pelos menos em princípio, pois a cada modelo e ao universo de noções e concepções de representação que engloba são inerentes certos critérios internos que definem a adequação dos usos linguísticos do vocabulário da representação em cada caso.

O exame do modelo formal, quer nas suas versões centradas na autorização quer naquelas preocupadas com a *accountability*, é o passo inicial por motivo duplo: foi historicamente primeiro e, sobretudo, é considerado inferior do ponto de vista normativo. Como em todos os casos, o modelo é uma compreensão unilateral e, embora verdadeiro, é parcial. Essa crítica é passível de ser deduzida *a priori* das opções metodológicas da autora, e nada diz a respeito da especificidade das visões formalistas, nem pode evidenciar a superioridade de uma determinada perspectiva em relação a outras. A teoria prima da autorização, escrita por Hobbes no capítulo XVI do Leviathan, postula a representação total e cristaliza um desbalanço, nada palatável para nossa sensibilidade política moderna, em que o ator, representante (soberano), é livre e a ele são conferidos direitos, enquanto o autor, representado (súdito), é vinculado e a ele só cabem obrigações — inquestionáveis e ilimitadas (*Idem*, 1967, p. 30-1). Contudo, não é esse desbalanço que leva Pitkin a avaliar o modelo formalista como inferior, pois a autorização continuou como peça chave das teorias representação depois do século XVII, e foi aggiornada em diversas formulações ao longo do século XX.

As visões e teorias formalistas, inclusive as teorias da *accountability*, constituem um modelo inferior devido ao fato de não fornecerem pistas para elaborar a representação substantiva, nem definirem quaisquer critérios para demarcar a má-representação substantiva. De um lado, a representação é posta de modo puramente formal, como decisão, lei, instituição ou autorização pela norma, e nada pode informar a respeito da ação de representar ou das feições da representação. Mesmo no caso dos teóricos da *accountability*, suas críticas às teorias da autorização — por reduzir a representação a um único momento inicial e eximir de controle ao representante — são igualmente reputadas vazias de substância pela autora, pois delas "nada se deriva acerca de qualquer classe de dever, obrigação ou papel do representante" (*Ibidem*, p. 57). De fato, nem as propostas centradas na autorização nem aquelas antagônicas das primeiras e preocupadas com a prestação de contas seriam capazes de "nos dizer nada acerca do que ocorre durante a representação, como o representante deve atuar ou o que se espera que ele faça, como saber se ele tem representado bem ou mal" (*Ibidem*, p. 57). Se as teorias da autorização não podem nos informar aquilo que seria uma prática de representação insatisfatória (*misrepresenting*) ou aquilo que é a má-representação, as teorias da *accountability* tampouco ofereceriam nenhum avanço a esse respeito. Em suma, o regime de correspondência é deficiente.

Porém, se é plausível afirmar, de um ponto de vista externo, que o auxílio das teorias formalistas para esclarecer questões substantivas da representação é, por definição, mínimo — ou nulo se se quer —, acusar as deficiências internas dos critérios que regem a relação representação-representado, nessas teorias, apenas é possível se abandonada a segunda premissa básica e a lógica perspectivista a ela associada. A rigor, posturas formalistas conduzem a critérios formalistas ou procedimentais de correspondência — de consentimento ou controle —, e mediante eles demarcam aquilo que não é considerado representação, ou seja, representação falsa ou má-representação, mas Pitkin demanda delas critérios alheios. Sabidamente Hobbes (1980 [1651]) aborda a fraude dentro das modalidades de representação limitada, e a representação eximida de controle é claramente indesejável para as posturas centradas na *accountability*.

Os modelos de representação *standing for* — descritivo e simbólico — recebem atenção no segundo momento da análise de Pitkin e ocupam uma posição normativamente intermediária pois introduzem correções salutares às posturas formalistas, mas seu regime de correspondência é considerado ou fraco ou deficiente. No modelo descritivo, algo ou alguém se põe no lugar do representado e é considerado como sua representação. A nota distintiva do regime de correspondência deste modelo é a semelhança com o critério que rege a relação entre o representante e o representado. De modo mais preciso, a semelhança é estipulada conforme diferentes critérios. Alguns são exigentes e preocupados com a fidelidade, tal e como ocorre no caso da busca de representação sem distorções ou acurada, presente não apenas no classicismo pictórico, mas nos debates que acompanharam e disputaram a história do parlamento nos séculos XVIII e XIX, e especificamente naquelas posturas que concebiam o caráter representativo do parlamento em termos de composição sociodemográfica ou como uma "miniaturização" da sociedade — por sinal, posturas chamadas elucidativamente de representação proporcional realista, de espelho ou demográfica (SARTORI, 1962; GALVÃO, 1971). Outros critérios são notadamente flexíveis, como aqueles que ordenaram as transformações do campo das artes figurativas modernas e seu progressivo afastamento do realismo. Por definição, essas visões supõem alguma modalidade de correspondência por semelhança entre o original e sua representação estética ou política. O exame minucioso das metáforas e usos linguísticos estéticos, bem como o conhecimento da evolução das artes plásticas, levam Pitkin a concluir que o que define a representação no modelo descritivo é a intenção de representar — de exprimir uma relação figurativa com o mundo seguindo algum sistema notacional —, cuja efetividade última, para ser reconhecida como representação, depende de fornecer alguma informação pertinente sobre o representado.

Assim, e recorrendo à fórmula de Pitkin, o "grão de verdade" dos modelos descritivos enriquece nossa compreensão da representação em vertente dupla:

quanto à conexão entre representação e representado, e ao papel ativo da primeira, e quanto aos limites daquilo que pode ser aceito como representação (má-representação). Os critérios que regem a relação entre representação e representado tornam o original incindível da intenção de representar e postulam-no como referência integrante da adequação da representação animada por algum critério de semelhança. Existe, por tanto, uma demarcação da má-representação, aquela inapta para remeter ao original com base em alguma modalidade de semelhança, seja ela uma semelhança declarada, informada jurídica ou politicamente, ou figurada esteticamente (PITKIN, 1967, p. 69). Ademais, e malgrado a ênfase desse modelo nas feições da representação e não na ação do representante — 'como deve ser' em vez de 'o que deve fazer' —, ele traz consigo informações sobre o papel do representante. Uma vez suposta a intenção de representar, a representação é incumbida de fornecer alguma informação pertinente sobre o representado (*Ibidem*, p. 79 e 87). Dessa perspectiva, a composição do parlamento oferece informação passível de leitura em sentido descritivo — a começar pelo aspecto mais básico de sua composição —, os legisladores amiúde apresentam informação sobre suas bases eleitorais e os candidatos que aspiram à representação especializam-se em descobrir e transmitir os humores da opinião popular.

Como o modelo das visões descritivas possui um regime de correspondência completo, conforme os critérios de completude adotados por Pitkin, a avaliação da filósofa se atém parcialmente às premissas básicas. O modelo informa algo sobre a atividade de representação e seus limiteis — quando ela cessa de representar ou passa a ser má-representação —; entretanto, se trata de um regime de correspondência fraco se avaliado pelas suas implicações para a representação política de caráter substantivo. O regime de correspondência é fraco, além de parcial, porque é insuficiente para lidar com as práticas de representação política, as quais envolvem decisões e ação para além da produção de informação com base em algum critério de semelhança (*Ibidem*, p. 90). De fato, "as dificuldades reais começam se usamos a acuidade da correspondência não como uma fonte de informação, mas como uma justificativa para deixar os representantes atuar por nós" (*Ibidem*, p. 88). Assim, o modelo é considerado internamente completo, embora fraco por alusão a parâmetros externos que seriam satisfatórios para modalidades de representação substantiva, não necessariamente aludidas nos contextos de uso da linguagem associada ao modelo descritivo. Além disso, hoje tampouco é claro que semelhanças de trajetórias de vida, experiências traumáticas, ou de características não eletivas que adscrevem indivíduos a categorias sociais — raça, gênero, casta — sejam insustentáveis como critérios que permitem justificar a representação.

As teorias e visões da representação simbólica desafiam mais claramente as premissas básicas de Pitkin. Elas ainda exprimem um modelo *standing for*, mas a relação descritiva com o mundo perde qualquer papel e é substituída por uma relação não figurativa em que os símbolos desempenham o papel crucial. Símbolos exercem duas funções. Primeiro, simbolizam. A conexão entre os símbolos e o mundo não é arbitrária nem meramente convencional e, nesse sentido, não está sujeita a um sistema notacional passível de ser informado, nem seu significado poderia ser acordado mediante convenção, como se se tratasse meramente de um signo. A relação com o mundo é resultado de uma história ou, melhor, de um processo de construção social em que valores e crenças são condensados em símbolos. Logo, a lavor oculta dos símbolos, ou seja, o trabalho de simbolização, apenas é acessível àqueles socializados ou pelo menos familiarizados com sua história, com o processo que levou à consubstanciação dos valores por eles referidos. Por vezes, símbolos exercem uma segunda função: representam. Nesse caso, o símbolo se põe no lugar do original e, aos olhos de quem assume a identidade entre símbolo e valor, o que ocorre no símbolo é como se ocorresse no valor. Bandeiras e hinos representam nações; livros e relíquias, religiões — por citar apenas duas possibilidades de representação simbólica.

O regime de correspondência da representação simbólica é considerado como deficiente — perigoso, até — a despeito de ser mais completo que o da representação descritiva. Como seria de se esperar, o modelo é apenas uma perspectiva do significado da representação, necessariamente parcial, como em todos os casos. Possui, todavia, um regime mais completo que o da representação formal, pois informa em que consiste a atividade do representante. De modo semelhante à representação descritiva, a representação simbólica também descansa em uma atividade; entretanto, ela não é estribada em um trabalho sobre o símbolo em si, mas "parece envolver, em vez disso, um trabalho sobre as mentes daqueles que serão representados ou daqueles que serão a audiência aceitando a simbolização" (*Ibidem*, p. 11) Devido ao tipo de atividade distintiva do modelo — burilar as ideias ou percepções de modo a tornar possível o princípio de identidade entre símbolo e valor —, ressalvas externas acusando eventuais implicações políticas autoritárias são previsíveis. O totalitarismo deixou uma marca indelével na teoria política do século XX e não é fortuito que Pitkin aluda especificamente ao fascismo (*Ibidem*, p. 107-8). Afinal,

> (...) a aceitação de qualquer símbolo em particular não é algo que possa ser justificado, pois isso depende de quão acurada é a correspondência [entre símbolo e valor] ou dos serviços desempenhados [pelo símbolo]. Não faz sentido perguntar se um símbolo representa bem, visto que não existe qualquer coisa definível como *má-simbolização* (*Ibidem*, p. 110; grifo acrescido).

Novamente, advertências externas são compreensíveis, especialmente quando levado em consideração que o interesse de Pitkin é a representação especificamente política, mas acusar as deficiências ou incompletude do regime de correspondência da representação simbólica é uma operação possível apenas se abandonada a segunda premissa básica que fundamenta o esforço de esclarecimento conceitual da autora. Uma leitura imanente levaria a admitir que, embora não existam critérios explícitos para a demarcação da má-representação nos termos esperados por Pitkin, nem toda simbolização põe com igual intensidade a crença ou identificação da audiência com o símbolo ou, de modo mais abstrato, o referente não é necessariamente posto pelo símbolo e com ele guarda uma relação de representatividade em graus variados. Há simbolizações com função de representação de alcance limitado e isso impõe certos limites à atividade do representante, remitindo sua ação ao plano do mundo simbólico compartilhado pelos representados ou pela audiência. No entanto, nem toda tentativa de simbolização vinga — embora isso remeta ao complexo terreno dos contrafactuais —, e sequer toda simbolização bem sucedida assume funções de representação no sentido de se por "deveras" no lugar do original. Quando os símbolos efetivamente representam, fazem-no com diversa intensidade, abarcando igualmente representações que apresentam e não potenciais riscos autoritários — sejam elas o símbolo da paz ou de nações sob diferentes regimes políticos.

REPRESENTAÇÃO POLÍTICA: PARADOXO RENITENTE OU SINA INSTITUCIONAL

As metáforas e noções de representação que remetem à atuação de alguém em nome de um agente ou no cuidado de um paciente — independentemente de se o primeiro age obedecendo instruções, interpretando o melhor interesse dos segundos, munido de plena autonomia ao ponto de substituí-los, ou movido por conhecimento especializado a respeito das consequências dos cursos de ação possíveis — são caracterizadas por Pitkin como modalidades de representação ativa e substantiva. Sua especificidade consiste em atentar tanto para uma prática contínua, e as ações que dela se esperam, quanto para a substância ou conteúdo que devem ser realizados mediante a representação. Formas institucionais como a autorização e a *accountability*, bem como atividades que consistem em fornecer informação ou construir identificação – isto é, os modelos anteriores – são insuficientes e/ou deficientes. Espera-se que a representação, agora claramente executada graças à intermediação de um representante, contemple o bem-estar do representado e suas preferências. Essa é a família de noções e concepções de representação propriamente política, entendida como agir em nome ou no melhor interesse de outrem – *acting for*.

Esse modelo de representação é definido pela primeira vez após a revisão dos usos linguísticos próprios às diferentes metáforas noções e concepções nele englobadas, especificamente no capítulo dedicado à controvérsia mandato-independência. A definição é reiterada de modo sucinto e mais assertivo na introdução ao capítulo décimo, dedicado, precisamente, à "Representação Política". A "substância da atividade de representar", adverte Pitkin (1967, p. 155), parece supor a ação de um representante que age com independência, envolvendo discricionariedade e certamente ponderação, mas de maneira responsiva e fazendo coincidir tal ação com os desejos do representado, quem, por sua vez, também é considerado independente e com capacidade de julgar a ação do representante e, eventualmente, de discordar e se opor a ele (*Ibidem*, p. 155 e 209). A despeito de a dupla independência ser uma fonte potencial de conflito, ele não pode ser permanente ou, de modo mais enfático,

> (...) não deve normalmente ocorrer (...) ou, se acontecer, uma explicação se faz necessária. Ele [o representante] não deve encontrar-se persistentemente em desacordo com os desejos do representado sem uma boa razão em termos do interesse do representado (*Ibidem*, p. 209).

Assim definida, a representação política revela no seu cerne uma tensão, cujo tratamento teórico encontra expressão nítida na controvérsia mandato-independência. A persistência dessa controvérisia, debruçada sobre o devido papel do representante, ora como mandatário sujeito a instruções (mandato imperativo), ora como agente independente orientado por seu juízo autônomo, é que leva a filósofa a advertir a eventual existência um paradoxo filosófico na raiz dessa disputa (*Ibidem*, p. 149). O paradoxo não aceita resolução fácil, e evidências históricas mal podem ser invocadas para dirimir uma discrepância eminentemente conceitual, mesmo que a respeito de problemas políticos reais. De fato, nos termos das premissas básicas da análise de Pitkin, ensejar tal resolução é um esforço, se não ocioso, pelo menos, impotente. Afinal, um esforço de clarificação conceitual como aquele abraçado pela autora permite mostrar não as posições corretas, mas a parcialidade de ambos os extremos e, a um só tempo, desvendar-lhes o valor cognitivo – igualmente parcial, mas complementar.

Na sua reaparição o paradoxo parece ser, em um primeiro momento, apenas uma formulação infeliz. Ele força uma perspectiva dilemática e obriga a escolher entre posições polares como se fossem excludentes –independência ou mandato imperativo. Trata-se de dilema contornável mediante exame ponderado dos argumentos de ambas as partes, de modo a evidenciar o grão de verdade depositado no coração das mesmas. Assim, a formulação em registro dilemático é infeliz porque, nas palavras da filósofa, um assunto politicamente relevante "é tornado complicado e insolúvel mediante o paradoxo" (*Ibidem*, p. 150). Há evidente concordância entre essa caracterização e a primeira premissa básica da autora – a definição mínima de representação comum a todas suas manifestações linguísticas, e a inexistência de um dualismo fundamental.

Porém, mais adiante, ainda no mesmo capítulo, o paradoxo reemerge renitente como algo mais do que uma simples opção analítica desafortunada. A verdade contida nas visões e teorias favoráveis, quer ao mandato imperativo quer ao mandato delegatório, deriva do próprio conceito de representação, cujos termos distintivos – se tornado presente em sentido não literal ou factual – amparam posições conflitantes. Nas palavras da autora, "essa exigência paradoxal imposta pelo sentido (*meaning*) do conceito é exatamente o que é espelhado nos dois lados da controvérsia mandato-independência" (*Ibidem*, p. 153; ênfase acrescida). É difícil não perceber a distância entre uma opção de consequências analíticas infelizes, visto que incrementa artificialmente a complexidade de certos problemas reais – de *per se* complicados – ao ponto de torná-los irresolúveis, como sugerido acima, e um paradoxo imposto pelo conceito e com o qual, consequentemente, qualquer teoria da representação seria obrigada a lidar com maior ou menor perícia.

A definição de representação política fulcrada em uma fonte potencial de conflito – a dupla independência – traz consigo um regime de correspondência não apenas completo, mas também razoavelmente explícito e exigente. Afinal, busca-se conciliar os desejos do representado com a ação discricionária do representante em uma relação que concede autonomia a ambos, e na qual se espera que o segundo atue no melhor interesse do primeiro. Assim, o modelo define uma atividade e lhe demarca simultaneamente escopo de ação amplo e limites gerais quanto à subordinação aos interesses do representado. Curiosamente, e em que pese a completude do regime de correspondência, uma definição de representação concebida nesses termos apresenta duas deficiências sérias para Pitkin: os efeitos corrosivos do conflito e seu caráter demasiadamente permissivo quanto àquilo que conta como representação — o que implica simultaneamente uma capacidade de demarcação fraca quanto à má-representação. No primeiro caso, a definição torna a representação um fenômeno particularmente frágil e prestes a desmanchar o tempo todo diante do conflito, a não ser que se assuma alguma possível conciliação entre os desejos do representando, sempre voláteis, e alguma manifestação de bem-estar com maior fixidez — tipicamente, interesses — que possa balizar as ponderações do representante. Note-se, a conciliação ensejada por Pitkin conjura caracterizações da representação em termos agônicos ou centradas no conflito permanente e resguarda a decisão inicial de não enveredar pelo caminho da dualidade como cerne constitutivo da representação — em que pese a reemergência sub-reptícia do paradxo como uma feição inscrita no cerne do conceito.

Segundo, e quanto à permissividade, mesmo se a conciliação entre interesses do representado e ações do representante for assumida como plausível, a definição apenas estabelece fronteiras largas dentro das quais pode ocorrer a representação política, abraçando concepções muito variadas, inclusive antagônicas ou incompatíveis de um ponto de vista normativo. Modalidades paternalistas, passivas, substitutivas, plebiscitárias ou ativas são igualmente, nesse diapasão, expressões de representação política que, enquanto tais, admitem alguma modalidade de conciliação entre os interesses do representado e a ação do representante. Assim, o regime de correspondências inerente ao modelo da representação substantiva carece de distinções para crivar as formas indesejáveis das desejáveis.

A variação das formas da representação substantiva pode obedecer, conforme Pitkin (*Ibidem*, p. 210-5) aponta, ao entendimento abraçado por diferentes autores e implícito em diferentes noções quanto a três aspectos: o que é ou deve ser representado, as qualidades supostas no representante e no representado, bem como as características reputadas como próprias da classe de decisões tomadas pelos representantes. Assim, mesmo em se tratando de modalidades de reprepsentação política, certas compreensões que a) enfatizam interesses "objetivos" ou gerais — "a nação" por exemplo —, b) pressupõem a sabedoria ou alguma qualidade elevada como característica distintiva do representante e/ou serias limitações cognitivas como feição própria do representado, e c) entendem que a natureza das decisões a serem tomadas é essencialmente técnica ou científica, animarão modalidades de representação substitutivas ou paternalistas. O acréscimo analítico de Pitkin permite traçar um mapa das posições lógicas possíveis dentro do modelo da representação política, segundo o entendimento dos três aspectos, mas não demarcar o universo das práticas estimadas legítimas em face daquelas englobadas na má-representação — a não ser que um critério externo seja invocado.

Seria irônico que aquele destinado a ser o capítulo principal do livro encerrasse asseverando que o caminho percorrido não permite dirimir a má-representação no caso da representação política. Como avançar? A ambiguidade pode ser dissipada, sugere a filósofa, se se prestar atenção ao uso contextual das palavras para saber de que se está falando quando o vocabulário da representação política é mobilizado na linguagem. Assim, bem vistas as coisas, quando pronunciados no reino da política, os vocábulos e metáforas da representação normalmente fazem referência ao governo representativo.

Porém, se o vocabulário da representação remete ao governo representativo, é mister especificar nova definição da representação política, visto agora se tratar, eminentemente, de um arcabouço institucional. Com efeito, Pitkin elabora sua terceira e última definição de representação política para tratar de sua expressão por excelência no mundo moderno: o goveno representativo. Quando referida e ele,

> (…) representação política é, primeiramente, um arranjo público, institucionalizado, que envolve muitas pessoas e grupos na forma de arranjos sociais de larga escala. O que faz a representação não é nenhuma ação particular de qualquer participante sozinho, mas a estrutura e funcionamento em conjunto do sistema, os padrões que emergem das atividades múltiplas de muitas pessoas (*Ibidem*, p. 221-2).

Ao avançar essa definição, Pitkin realiza deslocamento analítico assaz interessante quanto a suas premissas básicas, às abordagens dominantes no campo das teorias da representação e ao paradoxo fundamental da representação. Em relação a suas premissas, o conceito de governo representativo oferecido parece estipulativo ou deduzido logicamente, em vez de desvendado nos usos da linguagem. Ao mesmo tempo, e no que diz respeito às teorias da representação, o deslocamento permite a Pitkin abandonar as analogias da relação original-representação e, especialmente relevante para a representação política, evidenciar a pertinência de se abrir mão da relação um-a-um suposta nessas analogias. Embora seja precisamente uma relação um-a-um ou pessoa-a-pessoa que subjaz ao modelo agente-principal, dominante no campo das teorias da representação. A relação representação-representado não manifesta apenas a eleição de um representante visando a promover os interesses e valores do eleitor que o elege, mas também o apoio ou adesão a um procedimento, ao funcionamento público procedimental de certas instituições e aos resultados coletivos que elas produzem.

No que tange ao paradoxo da reprepsentação, ao conferir centralidade ao funcionamento do sistema como arranjo social de larga escala, o conceito parece adquirir teor descritivo e perder conexão com o esforço de apurar regimes de correspondência e de identificar os critérios de demarcação da má-representação. Por outras palavras, se a definição de governo representativo remeter à atividade de um complexo sistema institucional e seus resultados, e se as atividades de representantes individuais apenas adquirirem sentido quando inseridas nesse arcabouço, o conceito assume, aparentemente, feições denotativas ou descritivas. Afinal, o que tornaria representação política a atividade do representante não seriam suas ações específicas, mas a inscrição das mesmas em uma estrutura institutional que opera em larga escala. Assim, o conceito enfraquece seu âmago conotativo ou normativo, quer dizer, aquele conteúdo que alude à atuação que se espera do representante no interesse do representado. Com isso, não apenas é esvaziada a busca pela especificação de um regime de correspondência satisfatório para expressão de representação política mais importante nas sociedades democráticas — a representação eleitoral —, mas são reintroduzidos elementos formais ou institucionais na definição, os quais tinham sido desprezados nos primeiros capítulos.

Em princípio, essa posição final pareceria paralisar normativamente a teoria, mas conforme mostrado reiteradas vezes ao longo deste capítulo — e em direção contrária àquela sugerida pelas suas duas premissas básicas —, Pitkin procura sedimentar os parâmetros do regime de correspondência da representação e da demarcação da má-representação em cada modelo, visando a examinar as possibilidades de um parâmetro normativo adequado para a representação política. A filósofa fará um último movimento analítico nessa direção, reintroduzindo, mais uma vez, agora via o exame do governo representativo, "a dualidade e tensão entre propósito e institucionalização" (*Ibidem*, 238).

Visto o governo representativo constituir uma institucionalização de propósitos originários de caráter normativo, suas instituições preservam esse elo normativo originário como diretriz geral, mas como arcabouço institucional apenas abre e mantém a possibilidade de sua realização, sem poder garanti-la. Além disso: o governo representativo responde em última instância a expectativas substantivas sobre sua função, mas apenas pode lhes dar um encaminhamento material tão limitado quanto a capacidade de valores serem cabalmente realizados por instituições, pois o "o conceito de representação, é, assim, uma contínua tensão entre ideal e realização" (*Ibidem*, p. 240).

Com esse último movimento analítico, Pitkin encerra sua análise primorosa sobre o conceito de representação. A filósofa simultaneamente firma o dualismo e o transfigura no binômio clássico: forma e substância. Descaracterizando, ironicamente, a especificidade da relação entre representação e representado na representação política. Se tal relação não faz senão seguir a incapacidade intrínseca às instituições de realizarem cabalmente ideais, há pouco na representação política que uma teoria possa tematizar com proveito, pois os dilemas da representação política coincidem com os dilemas de qualquer instituição: substância e forma, valor e regra, intenção e procedimento. Ao não assumir uma concepção dual da representação de partida, Pitkin se vê as voltas com um paradoxo renitente que ora é desqualificado como mistério desnecessário, ora reintroduzido sob novas roupagens como escolha analítica incorreta, como problema incontornável inscrito no cerne do conceito ou, inclusive, como propriedade comum ao trabalho de toda instituição. A autora acaba por fazer uso inconsistente do regime de correspondência ao longo da reconstrução dos diferentes modelos de representação, pois com o intuito de apurar um regime de correspondência adequado para a representação política, ela recua sobre a sua decisão inicial de se ater a uma avaliação estritamente contextual da adequação dos usos do vocabulário da representação. Tais inconsistências são, todavia, valiosas, pois traduzem o esfroço da filósofa de impedir que seu empenho de clarificação conceitual se torne normativamente inócuo.

O TRUNFO DO "PARADOXO INESCAPÁVEL"

Curiosamente, na abordagem da representação propriamente política, entendida como agir em nome de outrem, Pitkin não apenas aponta critérios defectíveis na demarcação da má-representação, mas acaba abandonando por completo o regime de correspondência como fonte de parâmetros normativos para a avaliação do governo representativo, introduzindo no seu lugar o paradoxo da representação, aquele ao qual os teóricos alemães guardavam certo apego, mas que podia ser dispensado desmanchando aparentes mistérios. O paradoxo, no último minuto, é descaracterizado mediante a sua transmutação no binômio ideal-instituição.

Embora a posição de Pitkin seja oscilante ao longo do livro, nos escritos posteriores a ambiguidade cedeu passo à reiteração da índole incontornável do paradoxo e de seus desdobramentos conflitantes. Em 1989 a autora republicou quase na íntegra o "Apêndice Etimológico" que encerrava sua obra seminal, em livro destinado a aventar a relação entre inovação política e a mudança conceitual (BALL, FARR, HANSON, 1989). Existem algumas diferenças entre os dois textos, separados por 22 anos. As minúcias da reconstrução histórica da evolução do termo representação foram reduzidas ou francamente eliminadas do segundo texto (ver, por exemplo, 1967, p. 343 e p. 247-9). Hobbes é colocado sob um halo de suspeição pela sua incapacidade de exprimir o conteúdo normativo implícito nas noções de representação de uso ordinário em meados do século XVII, em que pese proposição contrária explícita no prefácio de 1967 a respeito da impossibilidade de decidir se o pensamento do filósofo inglês beirava a genialidade, ao levar ao limite as ideias de representação disponíveis na sua época, ou era mera expressão das compreensões acessíveis e correntes (PITKIN, 1967, 250; 1989 [2006], p. 141). Assim, Hobbes foi exautorado, nem filósofo brilhante, nem expressão do homem médio do seu tempo, mas formulador de uma concepção aquém das possibilidades do momento. Sobretudo, em sequência de parágrafos — ausentes da reconstrução etimológica de 1967 — destinados a sintetizar o argumento do livro acerca do modelo de representação *standing for*, a autora localiza no paradoxo a origem das disputas a respeito da controvérsia mandato e independência: "a disputa cresce a partir do paradoxo inerente ao sentido (*meaning*) mesmo da representação". (1989 [2006], p. 142). Embora Pitkin esclareça logo a seguir que, na teoria política, ao paradoxo subjazem inúmeras preocupações substantivas, é óbvio que se o paradoxo é inerente ao conceito, constitui um problema que se impõe e exige tratamento, sejam quais forem as alternativas teóricas adotadas.

As duas últimas diferenças entre ambos os textos são consoantes com o desenvolvimento de um pensamento cada vez mais crítico em relação à representação política nas democracias, ao ponto de a autora concluir, no final dos anos 1980, que "apenas a participação direta democrática provê uma alternativa as pontas do dilema mandato e independência" (*Ibidem*, p. 150). Conforme apontado na primeira seção deste capítulo, a posição da autora tornou-se mais acre no contexto da chamada globalização. Em artigo sintomaticamente chamado "Democracia e representação: uma aliança difícil", Pitkin introduz o paradoxo nos primeiros parágrafos do texto, imediatamente depois do conceito de representação, semelhando a sequência do livro de 1967; entretanto, com intuito muito diferente. Nessa ocasião, "o núcleo do conceito em si contém um paradoxo inescapável: não estar presente e, todavia, de algum modo presente" (*Idem*, 2004, p. 336). Além disso, a autora fada a representação ao reino das práticas antidemocráticas e a democracia ao mundo da política direta ou não mediada, instalando definitivamente uma relação de divorcio e estranhamento entre ambas – representação e democracia.

Em diagnóstico lapidar, e assumindo que a história dos últimos séculos concedeu a razão a Rousseau, Pitkin encerra sua relação com a problemática da representação, quarenta anos após a publicação do seu livro seminal, nos seguintes termos: "a representação tem suplantado a democracia em vez de servi-la (…)" e "os arranjos que chamamos 'democracia representativa' tornaram-se um substituto do autogoverno popular, não sua realização. Chamá-los 'democracia' não faz se não acrescer o insulto à injúria" (*Ibidem*, p. 339 e 340).

Em realidade, não é preciso contar com os efeitos de erosão que a passagem do tempo trouxe sobre as premissas básicas de trabalho da autora em seu livro seminal. Haveria algo de anacronismo na contraposição de suas diferentes posições ao longo de sua trajetória se tal contraposição fosse utilizada para julgar os argumentos de 1967. Contudo, os limites de uma compreensão não dual da representação e de seus efeitos sobre a formulação de proposições normativas e sobre a consistência da teoria se encontram centralmente instalados nos argumentos originais.

À GUISA DE CONCLUSÃO

A análise desenvolvida neste capítulo optou por escolher um caso exigente para mostrar que compreensões relacionais da representação não são necessariamente duais e que a ausência de tratamento satisfatório ao caráter dual da representação implica em déficits normativos e/ou custos de consistência teórica quando avaliações sobre a boa e má-representação entram em jogo. O caso é "exigente" se considerados a importância de Pitkin no campo das teorias da representação, bem como o fato de ela ser amiúde reputada como responsável pela definição canônica da representação em termos duais. Em outras palavras, se o argumento aqui sustentado vale para *O Conceito de Representação*, adquire plausibilidade para outras propostas e autores que hoje disputam o campo das teorias da representação. Sem dúvida, seria desejável ir além da plausibilidade, mas a abordagem cuidadosa de outras propostas reclamaria um espaço consideravelmente maior. Aqui cabe apenas exemplificar tal plausibilidade de modo breve, antes de focar a atenção no caráter dual da representação.

Passaram-se aproximadamente 30 anos entre o livro de Pitkin e a publicação de outra obra com influência ampla no campo das teorias da representação, a saber, *Os princípios do governo representativo* de Manin (1997). Para o autor, princípios institucionais estáveis definem o governo representativo, e embora eles aceitem configurações históricas diferentes, sua estabilidade define a identidade, continuidade e centralidade dessa forma e governo. Como em Pitkin, sua concepção da representação é relacional, mas não dual, e não é de estranhar que não ofereça sequer uma proposição de avaliação sobre as bondades ou os aspectos deletérios da nova configuração da representação — a democracia de audiência. A tensão entre representação e representado seria, ela própria, uma cristalização institucional que simultaneamente concede autonomia plena aos parlamentares e direito de expressão e formação de opinião livre ao cidadão. Contudo, princípios institucionais e seus correspondentes arranjos apenas podem exprimir o caráter dual da representação, mas não resolvê-lo ou dissolvê-lo. E, por isso, a questão da representatividade da representação ou da boa e da má-representação não aceita respostas pacíficas nem pode ser satisfatoriamente absorvida apenas no plano institucional.

Uma compreensão dual da representação democrática implica assumir que a representação está constituída por uma tensão entre dois componentes ou polos irredutíveis e munidos de agência — representado/representante —, o que a torna constitutivamente ambivalente. A representação é relacional por definição, mas sua compreensão dual atenta para a relação não como uma característica lógica ou sociológica do conceito, mas com o aspecto crucial de sua índole política incontornavelmente agônica. Trata-se de uma relação de tensão-distensão em que a o grau desejável de controle (tensão) do representado/representável sobre o representante/representação — ou o grau de discricionariedade dos segundos (distensão) — é uma disputa permanente com soluções de compromisso em maior ou menor medida estáveis. Se dissolvida ou definida em favor de um de seus polos, a tensão se esvai junto com a própria representação. Assim, por exemplo, a controvérsia mandato-independência não é equacionável em favor de um dos seus polos, como se se tratasse de encontrar a resposta correta (autonomia do representante). Ela é um desdobramento do caráter dual da representação e encontrou diferentes soluções de compromisso que exprimem a dualidade, mas não resolvem.

O caráter dual da representação democrática torna a ambivalência um traço distintivo não apenas da controvérsia entre mandato e independência, mas de todos os debates fundamentais no campo das teorias da representação. Assim, o dualismo estrutura os polos do debate entre soberania popular ou soberania nacional, eleitor/base eleitoral ou interesse geral/bem comum; representação de preferências/desejos ou representação do verdadeiro interesse/melhor interesse; representação proporcional ou representação majoritária; representação como fonte de legitimidade/controle democrático do poder público ou representação como função de governo/exercício do poder.

Na medida em que a representação política democrática é constitutivamente dual, aquilo que está em jogo o tempo todo é a disputa pela definição da boa e da má-representação. Assim, a representação é agônica e tal disputa opera tanto entre os agentes que exercem a representação política, em busca de se posicionar como legítimos representantes da vontade de maiorias, quanto entre os agentes sociais engajados na definição dos interesses e opiniões passíveis de representação. A disputa ocorre também, e de modo central, entre agentes relevantes situados de ambos os lados: o mudo das instituições da representação — parlamentarias ou extra-parlamentarias — e o mundo social representável.

Porque a representação política moderna é constitutivamente dual, não é preciso abandonar o reino da política indireta para tensionar a distância inerente à representação com demandas de proximidade e controle, ou para questionar a representatividade dos representantes mediante reclamos de inclusão de outros interesses ou atores, ou para acusar a ilegitimidade de determinadas decisões exigindo a correção ou anulação das mesmas em nome de determinados grupos sociais — da sociedade até. Esse é, de fato, o dia a dia das instituições democráticas. É inerente à representação política acomodar as tensões-distensões decorrentes da sua índole dual; os resultados dessa acomodação, todavia, são políticos e, nesse sentido, contingentes para a teoria política. Porque as escolhas analíticas de Pitkin a levaram a expulsar o conflito da representação política, ela acabou por abandonar o reino da política indireta à procura de respostas no registro assaz utópico de uma política não mediada em que democracia é, se for digna desse nome, autodeterminação direta, realização da fusão entre ator e ação, corpo e voz.

REFERÊNCIAS BIBLIOGRÁFICAS

ANKERSMIT, Frank R. *Political representation*. Stanford: Stanford University Press, 2002.

ARAÚJO, Cícero. "República e democracia". *Lua Nova*, nº 51, 2006, p. 5-30.

BALL, Terence; FARR, James; HANSON, Russell (Orgs.). *Political innovation and conceptual change*. Cambridge: Cambridge University Press, 1989.

BURKE, Edmund. "Carta a los electores de Bristol". In: _____. *Textos políticos*. México: FCE, 1942 [1774].

CAMPILONGO, Fernandes Celso. *Representação política*. São Paulo: Ática, 1988.

CRICELLI, Francesca. *A representação política e as abordagens estéticas*. Dissertação (mestrado em Ciência Política) – FFCLH–USP, São Paulo, 2010.

GALVÃO, J. P. Sousa de. *Da representação política*. São Paulo: Saraiva, 1971.

GURZA LAVALLE, Adrian; ARAÚJO, Cícero. "O futuro da representação: nota introdutória". *Lua Nova*, nº 67, 2006, p. 9-14.

_____, Adrian; ARAÚJO, Cícero. "O debate sobre a representação política no Brasil: nota introdutória". *Caderno CRH*, vol. 21, 2008, p. 9-12.

_____, Adrian; ISUNZA, Ernesto. "A trama da crítica democrática: da participação à representação e à *accountability*". *Lua Nova*, nº 84, 2011, p. 95-140.

_____, Adrian; HOUTZAGER, Peter; CASTELLO, Graziela. "Democracia, pluralização da representação e sociedade civil". *Lua Nova*, nº 67, 2006a, p. 49-104.

_____, Adrian; HOUTZAGER, Peter; CASTELLO, Graziela. "Representação política e organizações civis. novas instâncias de mediação e os desafios da legitimidade". *Revista Brasileira de Ciências Sociais*, nº 60, vol. 21, 2006b, p. 43-66.

HOBBES, Thomas. *Leviatán a la materia, forma de poder de una república eclesiástica y civil*. México: F. C. E., 1980 [1651].

MANNHEIM, Karl. *Ideología y utopía: Introducción a la Sociología del conocimiento*. México: F. C. E., 1993 [1936].

MANIN, Bernard. *The principles of representative government*. Cambridge: Cambridge University Press, 1997.

_____; URBINATI, Nadia. *Is representative democracy really democratic? La vie des Idees*. Entrevista concedida a Hélène Landemora, 2007. Disponível em: <http://www.laviedesidees.fr/spip.php?page=print&id_article=273>.

_____; PRZEWORSKI, Adam; STOKES, Susan. "Eleições e representação". *Lua Nova*, n° 67, 2006 [1999], p. 105-138.

MIGUEL, Luis Felipe. *Democracia e representação: Territórios em disputa*. São Paulo: Unesp, 2013.

NOVARO, Marcos. *Representación y liderazgo en las democracias contemporáneas*. Rosario: Homo Sapiens, 2000.

PHILLIPS, Anne. "Mobilizing representation 40 years after Pitkin". Paper apresentado no American Political Science Association Annual Meeting. Washington: APSA, 2005.

PITKIN, Hanna Fenichel. *The concept of representation*. Berkeley: University of California Press, 1967.

_____. *The Significance of Ludwig Wittgenstein for Social and Political Thought*. Berkeley: University of California Press, 1972.

_____. "Representation and democracy: uneasy alliance". *Scandinavian Political Studies*, n° 3, vol. 27, 2004, p. 335-342.

_____. "Representação: palavras, instituições e ideias". *Lua Nova*, n° 67, 2006 [1989], p. 15-47.

REZENDE, Almeida Débora Cristina. *Repensando representação política e legitimidade democrática: entre a unidade e a pluralidade*. Tese (Doutorado em Ciência Política) – FAFICH–UFMG, Minas Gerais, 2011.

RUNCIMAN, David. "The Paradox of Political Representation". *The Journal of Political Philosophy*, n° 1, vol. 15, 2007, p. 93–114.

SARTORI, Giovanni. "A teoria da representação no Estado Representativo moderno". *Revista Brasileira de Estudos Políticos*, Minas Gerais, 1962.

SAWARD, Michael. "The Representative Claim". *Contemporary Political Theory*, nº 3, vol. 5, 2006, p. 297-318.

SEVERS, Eline. "Representation as Claims-Making. Quid Responsiveness?". *Representation*, nº 4, vol. 46, 2010, p. 411-423.

URBINATI, Nadia; WARREN, Mark E. "The concept of representation in contemporary democratic theory". *Annual Review of Political Science*, vol. 11, 2007, p. 387-412.

VIEIRA, Monica Brito; RUNCIMAN, David. *Representation*. Cambridge, MA: Polity Press, 2008.

YOUNG, Iris Marion. "Representação política, identidade e minorias". *Lua Nova*, nº 67, 2006 [2002], p. 139-190.

REPRESENTAÇÃO POLÍTICA REVISITADA: AUTORIDADE, LEGITIMIDADE E DEMOCRACIA

Debora Rezende de Almeida

INTRODUÇÃO

Nas últimas décadas, o retorno da representação política à centralidade do debate teórico e o reconhecimento de sua indispensabilidade para a constituição de práticas democráticas (PLOTKE, 1997) contrastam com a marginalidade do conceito ao longo do século XX (GURZA LAVALLE, ARAÚJO, 2008). Este deslocamento se deve, em certa medida, a uma importante dissociação conceitual entre representação e governo representativo e ao rompimento com as análises dualistas voltadas para a oposição entre representação e participação. A constatação empírica de um amplo e difuso conjunto de locais e práticas de representação, para além do terreno das instituições estatais, coloca para a teoria a tarefa de redefinir o conceito e as bases de sua legitimidade (GURZA LAVALLE, ISUNZA, 2011; ALMEIDA, 2011). Como observa Saward (2011, p. 74), os estudiosos precisam considerar que "o futuro da democracia vai depender, em parte, de que práticas consideramos representativas, e como elas podem ser, ou tornar-se democráticas".

O presente trabalho ocupar-se-á destes questionamentos, cujas respostas permanecem em aberto, não obstante o crescente desenvolvimento de teorizações sobre a "reconfiguração" da representação (VIEIRA, RUNCIMAN, 2008;

URBINATI, WARREN, 2008; AVRITZER, 2007; LÜCHMANN, 2008; GURZA LAVALLE, *et al*, 2006; SAWARD, 2011). Duas lacunas merecem maior atenção na caracterização dos atores e práticas como representativos e democráticos. Refiro-me à revisão das noções de autoridade, legitimidade e democracia, que acompanham o conceito de representação, e à consideração das diferenças entre os atores e os espaços de representação da sociedade civil.

Para percorrer este caminho, o artigo propõe, na primeira seção, discutir as noções de autoridade e legitimidade e sua vinculação com a representação. O objetivo é responder às questões: quando uma autoridade política é legítima; e, qual é uma concepção democrática de autoridade política legítima (CHRISTIANO, 2012). Como se verá ao longo do texto, o par autoridade e legitimidade operam como sinonímia na discussão da representação democrática. O escrutínio do conceito de autoridade legítima a partir de suas concepções instrumental, do consentimento e democrática revela a restrição do seu significado ao direito de governar e ao dever de obedecer. Não obstante as divergentes concepções sobre o que determina uma autoridade legítima, com foco seja no procedimento, seja nos resultados justos, ou em ambos, o debate centrado na obediência e na imposição de regras para uma coletividade ajuda a restringir o seu significado como uso do poder legítimo pelos atores estatais. Esta é uma postura equivocada não apenas para discussão da autoridade, como também da representação. Como postula Hanna Pitkin (1967), representar não é a arte de dar ordens.

Nessa direção, a segunda seção do texto investiga se é possível ampliar o significado da autoridade legítima, de maneira que a sociedade civil possa ser considerada agente de representação. A partir do conceito de autoridade prática de Abers e Keck (2012), argumenta que a autoridade *de jure* do Estado constitui apenas parte do processo de geração da autoridade. Apesar de seu status privilegiado de detentor do monopólio legítimo da coerção, a legitimidade estatal é dependente para sua efetivação do desenvolvimento de capacidades e do reconhecimento público. Assim como outras organizações, o Estado implementa projetos e políticas para os quais não é suficiente sua autoridade formal. Da mesma forma, organizações não estatais podem desenvolver autoridade prática ao mobilizar ideias, recursos e relacionamentos a fim de gerar capacidades e reconhecimento público, influenciando dessa maneira a política.

O trabalho propõe ainda, na terceira seção, diferenciar a autoridade estatal da autoridade da sociedade civil, a partir de revisão da tipologia apresentada por Saward (2011) entre *in authority* e *an authority*. A primeira refere-se à autoridade do Estado, onde o que conta para avaliar a legitimidade é a sua fonte, e a segunda, o autor direciona para a sociedade civil, na qual o conteúdo do julgamento político é central para a legitimidade. Não obstante o avanço no pensamento do autor para a análise da autoridade dos atores sociais, sugiro que duas mudanças são necessárias a fim de se adaptar aos diferentes contextos de representação na atualidade. A primeira diz respeito ao conteúdo mobilizado pelos atores como meio de legitimação de sua ação. A segunda mudança refere-se à compreensão das interações entre *in* e *an authority*. A institucionalização de atores coletivos no processo de formulação de políticas públicas no Brasil, por exemplo, supera a transição eventual e não formalizada de atores para a esfera estatal, salientada pelo autor. Quando investidos do poder legal de decisão e deliberação pelo Estado, os atores sociais ganham um grau de autoridade posicional (*in authority*). Por autoridade posicional dos atores da sociedade civil, refiro-me ao exercício de voz e voto dentro das instituições de cogestão (conforme termo de Lüchmann, neste livro), o qual é especificado nos normativos que regulam o seu funcionamento. Desse modo, há uma diferença em relação aos atores que representam perante o poder, de maneira indireta e informal, como é o caso das experiências analisadas pela literatura internacional.

Não obstante as distinções em relação ao exercício da autoridade, importa destacar o papel das interações entre os tipos de autoridade prevalecentes na esfera pública na geração da autoridade legítima. Este é um ponto central para discussão da qualificação destas experiências como democráticas, o qual será alvo da quarta seção. Baseada na leitura crítica de intérpretes recentes da teoria política, traz para o centro do debate duas características da representação que foram deixadas de lado na concepção autorizativa, a saber, a ideia de que a representação é um processo que se desloca continuamente no tempo e no espaço e também uma construção permanente. Tendo em vista a importância de se estabelecer padrões normativos de avaliação da representação, recupera o tratamento da representação democrática sugerido por Pitkin em seu clássico "*The concept of representation*". É possível perceber que sua advertência sobre a necessidade da relação entre representante e representado, a fim de que o primeiro aja de maneira responsiva ao interesse do outro continua como um ideal forte de democracia. Ao afirmar o caráter processual da representação e a interação entre as fontes de autoridade do Estado e aquela construída e mobilizada pela sociedade, a teoria política não pode evitar de discutir este relacionamento. Contudo, é preciso superar a visão de Pitkin propondo formas diferenciadas de exercer o controle e ganhar autorização dos representados. Neste sentido, o trabalho fará alguns apontamentos com base nas experiências de interação entre Estado e sociedade no Brasil.

AUTORIDADE POLÍTICA LEGÍTIMA – O FOCO NO ESTADO

O conceito de representação política como atividade estritamente relacionada com a autoridade e a esfera do Estado vem se mostrando infrutífero para dar conta da complexidade da política representativa. Como argumenta Saward (2011, p. 80), a política não se restringe às decisões impositivas (*authoritativeness*), também envolve uma dimensão contestatória dos lugares, estilos e bases da alocação de valores e da autoridade. Embora o Estado seja visto na teoria política como único local da legitimidade política e da autoridade, a política está presente tanto no Estado, quanto na sociedade, e ambos podem ser campos potenciais da representação democrática. Nesse sentido, é preciso se afastar de uma concepção da autoridade como posse e percebê-la como uma reivindicação, um projeto em aberto.

Hobbes é o primeiro autor moderno a pensar a representação como questão de autoridade. Em sua obra "*Leviathan*", ter autoridade é condição prévia para a representação. Lembrando que para além de atrelar autoridade à representação, o autor a relaciona às noções de propriedade e posse. No capítulo XVI do Leviatã, apresenta o ator (representante) como aquele que recebe a autoridade do autor (representado). Enquanto o primeiro tem a posse (*possession*) da ação e o direito de agir, o segundo tem a propriedade (*ownership*) e, portanto, não apenas o direito de agir – o qual ele delega ao representante – como também a responsabilidade por todos os atos.

> E tal como o direito de posse se chama domínio, assim também o direito de fazer qualquer ação se chama autoridade. De modo que por autoridade se entende sempre o direito de praticar qualquer ação, e feito por autoridade significa sempre feito por comissão ou licença daquele a quem pertence o direito (HOBBES, 1997, p. 135-6).

Esta visão foi seguida por muitos teóricos políticos modernos, entre os quais Max Weber. Uma diferença em relação à visão hobbesiana, é que para Weber o representante não é visto como um soberano absoluto, mas um grupo. Para o autor, representação é um estado de coisas, no qual "the actions of certain members of a group is ascribed to the rest; or that the rest are supposed to, and do in fact, regard the actions as 'legitimate' for themselves and binding on them" (WEBER, 1956 *apud* PITKIN, 1967, p. 39). A representação só existe quando membros selecionados têm autoridade para agir pelo grupo. Autoridade é definida como parte de um conjunto mais amplo de processos que explicam porque alguns atores têm poder. Sua diferença em relação aos demais tipos de poder – incluindo a simples coerção, a persuasão ou o uso de incentivos econômicos – está baseada na legitimidade (WEBER, 1994[1968]). O autor direciona o conceito de autoridade para a dominação legítima do soberano e suas instituições.

Apesar do domínio estatal da autoridade legítima ser lugar-comum na teoria política, importa destacar como algumas visões percebem a origem desta autoridade. A primeira observação a ser feita sobre o conceito weberiano, cujo sentido será acompanhado por vários autores, é que autoridade e legitimidade são conceitos correlatos. No nível mais abstrato, legitimidade é "a moralização da autoridade" (CROOK, 1987 *apud* PARKINSON, 2006, p. 21). Assim sendo, a autoridade está sempre relacionada com a legitimidade e se opõe ao simples exercício do poder político (RAZ, 1990; FRIEDMAN, 1990). O último remete à capacidade do Estado ou qualquer outro agente de agir de acordo com que o deseja, mesmo sem a aceitação expressa do outro. O poder político opera no campo das ameaças e ofertas, sem necessariamente implicar que o Estado é eficiente em garantir a ordem pública (CHRISTIANO, 2012).

A segunda observação relaciona-se com a característica dual da autoridade. A autoridade política envolve o direito de o Estado ser obedecido e o dever dos cidadãos obedecerem, e, implicitamente, o direito de coerção (WEBER, 1994; BUCHANAN, 2002; RAZ, 1990). De acordo com Bobbio, *et al* (2007), o direito de governar e o dever de obedecer é o que define o próprio conceito de legitimidade na teoria política. Por conseguinte, a presença da coerção só se justifica a partir de uma concepção moral de autoridade, e se opõe ao seu uso simples, na qual os indivíduos obedecem apenas para evitar a punição. Nos termos de Christiano (2012, s.i.), "the exercise of political power is founded in a moral relationship between moral persons that recognizes and affirms the moral personality of each citizen". Há um reconhecimento e afirmação mútua do status moral de cada pessoa.

A afirmação desta característica dual da autoridade política, que envolve direito e dever, deixa em aberto, porém, a questão: o que fundamenta este poder legítimo e o relacionamento moral entre os cidadãos como membros de uma comunidade política? Em suma, qual é a natureza deste dever[1] e do direito do Estado? Embora a visão mais conhecida seja a relação entre contrato e consentimento voluntário, é importante destacar outras propostas a fim de verificar formas distintas de compreender a autoridade política legítima e, quiçá, discutir a revisão do conceito. O mapeamento sobre o termo autoridade, realizado por Christiano (2012), na Enciclopédia Stanford de Filosofia, faz alusão a cinco correntes teóricas da autoridade política legítima, a saber, instrumentalista; do consentimento; do consenso razoável, cujo ponto de partida é John Rawls; das obrigações associativas,

---

1   Importante lembrar que nem toda relação de autoridade legítima envolve necessariamente a obrigação direta de agir. Christiano (2012) lembra que organismos internacionais, como a World Trade Organization, não impõem obrigação de agir sobre outros Estados, mas exercem um poder moral para alterar a situação moral de outros Estados. O limite desta autoridade está pautado na existência de um dever de não interferência da atividade autorizada.

de Dworkin, e democrática.² A título de ilustração, apresento um breve sumário das visões instrumentalista, do consentimento e democrática.³

Em primeiro lugar, destaco a concepção instrumentalista apresentada por Joseph Raz, o qual define a autoridade a partir da tese de justificação normal (CHRISTIANO, 2012).

> The normal and primary way to establish that a person should be acknowledged to have authority over another person involves showing that the alleged subject is likely better to comply with reasons which apply to him (other than the alleged authoritative directives) if he accepts the directives of the alleged authority as authoritatively binding and tries to follow them, rather than by trying to follow the reasons which apply to him directly (RAZ, 1990, p. 129).

De acordo com esta tese, as razões para a imposição e aceitação do poder são independentes das razões dos sujeitos. As decisões governamentais apenas repõem ordens a partir de razões que já são aplicáveis aos indivíduos. A obediência ao comando se dá pela natureza de imposição e reconhecimento de sua autoridade e não pelo seu conteúdo. Esta teorização vai ao encontro do que Richard Friedman (1990) postula como uma autoridade legítima definida a partir de uma propriedade, não contestada pelo conteúdo. Em suma, a visão instrumentalista rejeita a ideia de que o dever de autonomia é um dever fundamental. Todavia, a presença de autoridade e a consequente obediência não excluem um acordo e aceitação social. A diferença é que o acordo prévio entre os indivíduos se dá no reconhecimento do dissenso e da igualdade no nível substantivo. Diante da constatação de que todas as opiniões são igualmente privadas e que ninguém pode reivindicar por si organizar a sociedade, os homens entram em acordo no

---

2   Na concepção democrática será apresentada não apenas a tese de Christiano, mas também o trabalho de Allen Buchanan (2002), o qual apresenta uma visão distinta do que seria uma autoridade política legítima.

3   As concepções de John Rawls e Ronald Dworkin serão desconsideradas neste paper por motivos de espaço e limitações da autora. Estas linhas teóricas serão mais adequadamente tratadas neste livro a partir do debate sobre justiça, apesar de não diretamente preocupado com a questão da autoridade.

nível procedimental. A autoridade *de jure*, exercida pelos atores estatais expressa o acordo neste nível sobre quem deve ser obedecido e quais falas contam como impositivas, sem avaliação dos méritos dos comandos. Os julgamentos feitos fora deste acordo procedimental não contam como públicos, não no sentido de que não são políticos, mas que não implicam dever de obediência.

A segunda tentativa de explicação da relação entre autoridade e legitimidade, frequentemente utilizada para a definição da representação, é a teoria do consentimento. O surgimento da concepção contratualista que coloca, de um lado, o Estado como um artefato, uma criação, e, de outro lado, os indivíduos dotados de liberdade e igualdade no estado natural, encontra no consentimento dos indivíduos a resposta para a legitimidade do poder. Diante da igualdade e liberdade dos indivíduos, a justificativa do poder político e o senso de obrigação necessário para a autoridade derivam do consentimento. Na sua formulação hobbesiana, o contrato entre indivíduos também expulsa da definição de autoridade qualquer necessidade de concordância interna com os comandos daquele que possui a autoridade para agir. A renúncia do julgamento político, no entanto, não é consenso na teoria do consentimento.

Locke é um dos autores contratualistas que retoma este debate a partir da força dos direitos naturais. O Estado precisa ser minimante justo e atender aos direitos naturais a fim de ser legítimo. O principal objetivo da união dos homens em comunidade e da sua submissão ao governo é a preservação da propriedade, definida amplamente, incluindo não só bens materiais, mas também a vida, o corpo e a liberdade individual (SANTOS, 2002, p. 135). Diante do desacordo moral concernente a que direitos cada pessoa tem, é preciso estabelecer um juiz imparcial para determinar quando direitos são violados. Enquanto para os instrumentalistas a adesão aos comandos do Estado não é voluntária, pois o Estado não apenas promove justiça, ele a estabelece – determina o que é necessário na relação entre indivíduos – o contratualismo acentua o caráter voluntário da adesão. "The state, being a group of people, owes the subjects some kind of duty of respect for the judgments of those members. This duty of respect requires at least some degree of responsiveness on the part of the state in making decisions" (CHRISTIANO, 2012, s.i.).

Nestes termos, a teoria do consentimento responde a quatro questões centrais para a definição da autoridade: o consentimento justifica o exercício do poder político pelo governo; ao consentir nos obriga a obedecê-lo; concede o poder impositivo ao governo e sua capacidade de gerar regras, e determina que tipo de poder é legítimo e as condições para a concordância com os comandos impostos por este poder (BUCHANAN, 2002, p. 698-9). Diante do risco de que a demanda por consentimento possa gerar contestação contínua da autoridade do Estado, o contratualismo sustenta que não são as atividades individuais do Estado que estão sob avaliação, mas apenas a demanda de autoridade estatal. O que é importante notar em relação à ideia de consentimento é que esta remete a um ato original, onde sua função é apenas renovar uma autoridade já estabelecida. Alguém que já está estabelecido na autoridade não precisa de consentimento para cada ação.[4] Mas se uma autoridade devidamente constituída falha em oferecer aos cidadãos direito de saída poderá se tornar ilegítima ao longo do tempo.

A terceira concepção de autoridade legítima procura avançar em relação ao simples procedimento para definir alguns parâmetros de legitimidade do Estado. Para Buchanan (2002), o consentimento em si é uma demanda insuficiente. Se o consentimento é realmente necessário para a autoridade política nunca haverá outra entidade que possua tal autoridade. Lembrando que existem outros tipos de autoridade, administrativa, judicial e policial, as quais têm poderes morais para criar deveres, apesar destes deveres não serem devidos a eles e sim fundamentados instrumentalmente. O autor propõe dissociar o estudo da autoridade da legitimidade. É preciso uma teoria da legitimidade política – as razões pelas quais o indivíduo tem o dever de obedecer – sem necessariamente ser consequência da discussão de autoridade política – direito do governo de ser obedecido. O problema

---

4   Locke lida com a crítica sobre a ameaça da autoridade estatal e as dificuldades de operacionalização do consentimento a partir do conceito de consentimento tácito. Este não precisa ser sempre expresso, mas está presente quando não há objeção. Um dos limites deste conceito é sua interpretação, pois muitas vezes o custo para dissentir são muito altos ou nem sempre é uma opção disponível. Apesar de Locke pensar no consentimento tácito como condição fundadora da autoridade, Christiano (2012) mostra que outro limite desta visão é que requer que o consentimento original seja feito num estágio anterior à própria instituição da autoridade política.

das teorias instrumentalistas e do consentimento é que as duas coisas proveem do mesmo princípio. Buchanan defende que uma teoria da legitimidade política[5] é central para a discussão sobre a moralidade do poder político.

Um governo que tem poder político (monopólio de fazer, aplicar e obrigar a cumprir leis num território) é legítimo se e somente se: a) faz um trabalho credível de proteger pelo menos os direitos humanos básicos daqueles sujeitos ao poder, b) provê a proteção por meio de processos, políticas e ações que respeitem os direitos humanos básicos, e c) não é usurpador (não exerce o poder político por ter erroneamente deposto um poder político legítimo). Estes itens definem o que o autor chama de uma obrigação natural e robusta de justiça. De uma premissa factual: todas as pessoas devem ser tratadas como iguais e ter acesso a instituições justas, que protejam seus direitos humanos básicos, deriva a premissa moral: o igual respeito requer a garantia de que esses direitos serão respeitados. Ou seja, não basta não violar, é preciso garantir que os direitos não serão violados por outros (*Ibidem*, p. 703). Destas premissas também deriva a justificação moral para o uso da coerção e o dever de obediência. Apesar de sermos fundamentalmente iguais, aquele que exerce o poder político que satisfaz as condições a, b e c, é moralmente justificado a usar a coerção, quando esta for necessária para garantir tais princípios. Adicionado às três condições, aquele que detém o poder também não pode agir com injustiça, a fim de cumprir a obrigação natural e robusta de justiça.

Para qualificar o exercício do poder político legítimo como democrático, Buchanan defende que não é preciso cair na ficção do consentimento. A desigualdade no exercício do poder é justificável se cada cidadão tem um igual direito "*equal say*" de determinar quem vai exercer o poder e de definir quais são as leis fundamentais para garantir a igual consideração e respeito das pessoas (*Ibidem*, p. 710). Para o autor, a melhor forma de conciliar a igualdade com o exercício do poder político é garantir ao mesmo tempo o compromisso com os direitos humanos de todos os cidadãos e a presença de um processo político

---

5   O autor esclarece que está preocupado com o sentido normativo da legitimidade – quando o poder político é de fato legítimo – e não com o sentido descritivo – a crença de que uma entidade é legítima (BUCHANAN, 2002, p. 689).

democrático. Enquanto a teoria do consentimento provê uma resposta para a autoridade política (direito de ser obedecido), a teoria democrática provê uma resposta para o porquê cidadãos devem se obrigar uns aos outros e obedecer a lei seriamente – porque consideram que a lei é a melhor forma de garantir o igual direito das pessoas. Desse modo, a democracia provê também *authoritativeness*: razão para obedecer.

É mister destacar que diante da necessidade de justificar o poder de alguns atores, ou seja, da autoridade da esfera estatal, o autor precisa também do conceito de autorização. Contudo, Buchanan não está se referindo à visão restrita do consentimento, mas à ideia de um processo de autorização democrática, na medida em que inclui diferentes agentes e instituições do Estado, que não receberam necessariamente o consentimento direto dos indivíduos. A obediência às leis em relação a outros cidadãos está pautada no igual respeito, uma vez que as leis foram feitas a partir de um processo democrático – único capaz de prover o tratamento igualitário. Não fica claro, porém, do que consiste esta autorização democrática (*equal say*) e como os indivíduos poderiam participar da definição das leis fundamentais de uma sociedade. Este é um ponto central para discutir não apenas o fundamento da autoridade, mas o seu processo de construção, como se verá na próxima seção.

Christiano (2004; 2012) também propõe uma visão democrática da autoridade política legítima. Todavia, se diferencia de Buchanan (2002) na operacionalização da igualdade pública. Para o autor, um conceito básico de justiça envolve o tratamento igual dos interesses e não está diretamente relacionado com a defesa dos direitos humanos. Requer respeito pelo julgamento dos outros e publicidade. Christiano (2004) defende que em face da dificuldade de tratar todos como iguais na diversidade de interesses[6] e, consequentemente, da impossibilidade de equalizar o bem-estar de todos os indivíduos, a única forma de democratizar a autoridade é distribuindo igualmente recursos e oportunidades. O mundo social em si não é um bem que pode ser dividido, então devemos

---

6   Para o autor, a visão de cada pessoa sobre o que é melhor para si e para os outros varia muito. Indivíduos simplesmente têm um natural viés cognitivo em direção ao seu próprio interesse, o que gera discordância e falibilidade sobre o que é necessário para tomar decisões justas em uma sociedade (CHRISTIANO, 2004, p. 273).

dividir igualmente o recurso de participação no processo de decisão. "*Such as votes, resources for bargaining and coalition building, as well as deliberation in reasonably clearly equal ways. This would be a democratic way of resolving the problem*" (Ibidem, p. 275).

Para Christiano (2012), uma concepção democrática da autoridade política legítima é aquela em que o processo decisório é justo aos interesses e opiniões de cada um de seus membros. Mesmo que haja desacordo, em um processo em que todas as opiniões foram pesadas é necessário aceitar a decisão da maioria, para não ser injusto com outros. Apesar de sua concepção democrática tentar conciliar procedimento e substância, o conteúdo se subordina ao procedimento, pois o que importa é que a assembleia seja democraticamente escolhida como representante dos cidadãos. Em última instância, a democracia é sempre justa, mesmo quando os resultados são injustos. Eles são legítimos porque iniciaram em procedimentos justos. Para o autor, a democracia quando não viola igualdade pública, incorpora a igualdade pública. O princípio do igual respeito deve ter precedência sobre o princípio da justiça porque diante da discordância sobre os princípios fundamentais de justiça, uma sociedade justa requer alguma forma de incorporar o tratamento igual de todos os indivíduos.

Não se pretende com esta discussão de autoridade estatal esgotar os dilemas envolvidos na definição de autoridade legítima. Como se pode perceber, este não é um conceito pacífico na teoria política. A visão instrumentalista ao separar a justiça da autoridade de sua legitimidade desconsidera, por exemplo, o desacordo moral entre os indivíduos sobre como organizar a comunidade política. Já a relação entre consentimento e representação, como já apontava Pitkin (1967), limita o próprio significado da atividade representativa. A partir da crítica direta ao trabalho de Hobbes e sua influência nas visões autorizativas da representação, a autora afirma categoricamente que representar não é a arte de dar ordens. Nem toda autoridade é representativa, tampouco todo representante é uma autoridade sobre aquele para quem ele age (Ibidem, p. 53). Em relação ao último caso, mostra que existem diferentes razões e ocasiões para evocar a representação que não envolvem autorização. Uma delas, é quando alguém age em nome do outro promovendo seu interesse ou age para e antecipa algum princípio ou causa abstrata. A incompletude do conceito hobbesiano está pautada na necessidade de justificar a obrigação política e pensar o problema da soberania. Ao invés de perguntar se o representante tem autoridade, Pitkin propõe avaliar se ele age de tal maneira que mereça ser chamado de representante. Embora a própria autora não consiga se afastar de uma noção de responsividade como processo de construção fora de um contexto institucionalizado específico.

Mesmo os autores que propõem uma concepção democrática da autoridade, como Buchanan e Christiano, estão preocupados com esta característica dual da autoridade, em termos de direitos *vs.* obrigações políticas, pois o foco é a autoridade do Estado. A autoridade aparece como algo estático e não como uma construção. A interação do Estado com a sociedade é pouco tematizada em função do processo político democrático, definido de maneira distinta entre os autores. Com estas críticas em mente, antes de repensar o próprio conceito de representação democrática, é importante investigar em que medida a noção de autoridade e de representação estão associadas exclusivamente à capacidade de fazer leis, aplicá-las e obrigar ao seu cumprimento. Embora estas sejam funções centrais para pensar a autoridade estatal e constitutivas da representação, deve-se se perguntar se a autoridade legítima implica algo mais abrangente que estes termos e se poderia ser pensada fora da esfera do Estado.

AUTORIDADE POLÍTICA LEGÍTIMA – O FOCO NA SOCIEDADE

A desvinculação do conceito de autoridade como atividade exclusiva do Estado implica uma revisão da associação hobbesiana entre autoridade e posse. De acordo com Saward (2011), a ideia de que a autoridade não é posse, mas reivindicação, aparece na formulação weberiana do conceito em "*Politics as a vocation*". Weber postula que o Estado moderno é definido como "*a human community that (successfully) claims the monopoly of the legitimate use of physical force within a given territory*" (WEBER, 1991 apud SAWARD, 2011, p. 77). Fica claro nesta citação que o autor postula a autoridade legítima não como uma possessão do Estado, mas como uma prática de reivindicação. Outro indício da dinâmica da autoridade está na definição das três fontes de legitimidade weberianas

– tradição, carisma e racional-legal. As duas primeiras só podem ser percebidas como autoridade na medida em que contam com o reconhecimento da sociedade e são formadas dentro de um dado contexto. Ou seja, são performaticamente produzidas, um artefato culturalmente específico e um processo dinâmico de agir e reivindicar autoridade. Não obstante estas características, Weber define autoridade como parte exclusiva da política do Estado.

No que tange à definição da autoridade como atividade de obrigar ao cumprimento de leis e ao direito de criá-las e aplicá-las, é importante saber se exaure o seu significado. Enquanto agente que tem obrigações para com todos os cidadãos e para com a igualdade de direitos, a autoridade do Estado precisa estar fundamentada em termos de direito de governar e dever de obediência pelos cidadãos. Isto é possível porque a autorização permite a expressão da vontade de todos na fundamentação do poder. Mas estas funções delimitam tudo que se pode pensar sobre a autoridade do Estado? Para enfrentar esta questão, destaco o debate realizado por Abers e Keck (2013). Para elas, a autoridade formal do consentimento, mais o igual respeito e consideração pelas pessoas, são apenas parte do processo de construção da autoridade. É inegável que o Estado é uma organização diferente e, portanto, detém o monopólio legítimo do uso da violência e pode usar de coerção para forçar os indivíduos e organizações a agirem de acordo com a lei. Outras atividades monopolistas são as funções de taxação e decisão sobre gastos públicos. O problema é que a discussão sobre autoridade, restrita ao direito de mandar e dever de obedecer, esgota o mundo da política nestas dimensões. Para além do sentido normativo da autoridade, apontado por Buchanan, resta saber como a autoridade se efetiva e para isso é preciso olhar as condições empíricas do desenvolvimento das ações do Estado. As autoras enfatizam a autoridade prática do Estado, que complementa sua autoridade *de jure*, bem como é essencial para o desenvolvimento das políticas públicas. Não apenas a autoridade, mas a legitimidade política estatal, pensada de maneira substantiva concernente aos resultados justos, dependerá da maneira como coloca em prática seus projetos e ações.

Sendo assim, não basta ter autoridade para agir, deve-se fazer com que as coisas aconteçam e esta dimensão também envolve autoridade. Como outras organizações, o governo mobiliza capacidades organizacionais e implementa projetos, para os quais não é suficiente a autoridade formal. É preciso coordenar empregados, interagir em redes, realizar e participar de debates, elaborar planos, gerar e usar o conhecimento científico, ocupar cargos e construções, prover serviços, construir rodovias e hospitais, entre outras (*Ibidem*). Todas estas atividades dependem do desenvolvimento de capacidades que não são exclusivas do Estado. O que nos direciona para outro ponto que precisa ser revisto, a saber, a restrição da autoridade à esfera do Estado. As autoras mostram que as agências governamentais fazem outras coisas que não requerem apenas a ameaça à coerção/violência ou a legitimidade do Estado que monopoliza o uso legítimo desta ameaça. Para a maioria das ações estatais é necessário desenvolver uma autoridade prática.

> Practical authority is a provisional and particular attribution that can shift over time from organization to organization. It is not a direct reflection of the general authority relations between state and citizenry, nor does it necessarily affect this sovereign relation. Although organizations sometimes gain the capacity to influence behavior through formal dispensations emanating from state power, they also can, and often do, gain that capacity by other means, such as by garnering social respect, acquiring new technical skills, and taking advantage of private resources. Indeed, as we will suggest in this book, state institutions often develop authority less through their formal attributions and more through such relational mechanisms. Non-state organizations also do so (*Ibidem*, p. 6-7).

O conceito de autoridade prática é mobilizado para pensar não apenas a ação do Estado, bem como de organizações não-estatais, como se pode ver na citação acima. Envolve a mobilização e o desenvolvimento de capacidades e o reconhecimento público que permitem os atores tomar decisões e influenciar o comportamento de outras organizações e atores. A autoridade de atores não governamentais pode se desenvolver no processo de representação, de maneira relacional e experimental, em atividades que não são exclusivamente estatais e estão diretamente relacionadas com o desenvolvimento institucional e na formulação e implementação de políticas públicas. Neste processo, mobilizam ideias, recursos e relacionamentos[7] a fim de gerar capacidades e reconhecimento. As autoras defendem que estas duas dimensões são interdependentes. As organizações constroem sua reputação e ganham o reconhecimento público a partir de suas capacidades de resolver problemas e, inversamente, o reconhecimento também é necessário para desenvolver capacidades.

Na linha interpretativa de Abers e Keck (*Ibidem*), é importante perceber a autoridade também como um processo em construção, que envolve distintos atores, recursos e interações. O poder diferencial entre governo e sociedade não pode esconder o fato de que em alguns momentos estas linhas são fluidas e se interconectam. Pesquisas empíricas dos últimos anos vêm destacando o crescente papel de líderes comunitários, grupos de defesa, indivíduos ligados a organizações não governamentais e associações civis, dentro da estrutura do Estado. Estes atores exercem um importante papel na representação política, para além dos tradicionais grupos de interesses e partidos políticos. No Brasil, este trânsito não é apenas informal, mas foi institucionalizado na estrutura do Estado, levando a reavaliar o arcabouço teórico sobre a ação coletiva de movimentos e organizações sociais, tradicionalmente pensado a partir da ação conflitiva e fora da esfera estatal (ABERS, VON BÜLLOW, 2011). O fato de que organizações civis estão exercendo *de facto* representação, e, em alguns casos no Brasil, *de jure*,[8] convida a repensar a autoridade política, mesmo que esta autoridade não seja igualmente distribuída[9] (GURZA LAVALLE, 2011; WAMPLER, 2012).

---

7   Não basta ter boas ideias se elas não são traduzidas em recursos materiais e relacionamentos por meio dos quais os atores podem transformar ideias em organizações de trabalho, atividades concretas e decisões para serem executadas (ABERS, KECK, 2013, s.i).

8   No país, a representação da sociedade civil é reconhecida legalmente e institucionalizada dentro das arenas do Estado, principalmente do Poder Executivo.

9   O fato de os atores sociais deterem autoridade não os colocam no mesmo patamar de ação do Estado, apenas aponta que ambos exercem voz dentro da instituição. O

Considerando que a legitimidade e a autoridade não são alcançadas apenas com a determinação legal, e que normas e procedimentos só se tornam reais e dignos de confiança quando são colocados em prática, é preciso acrescentar a dimensão temporal e prática na construção da autoridade. Em trabalho anterior sobre a representação da sociedade civil, as autoras defendem que a reivindicação de legitimidade da autoridade destes representantes é construída na ação (ABERS, KECK, 2008). A inspiração é a interpretação da representação como fenômeno sociológico, apresentada por Saward (2006). A representação, desse modo, envolve não apenas a relação de autorização e *accountability* entre representantes e representados, mas também o processo de transformar as crenças de seus "constituintes", grupos ou temáticas que dizem representar. Ao olhar para a atuação da sociedade civil na política ambiental brasileira, especificamente nos Comitês de Bacia Hidrográfica (CBHs), Abers e Keck destacam a política representativa que precisa ultrapassar a construção das demandas, e muitas vezes criar a própria arena representativa e o representado, ou seja, ajudar na reforma institucional e na criação destas instituições. Nesse sentido, a atividade representativa destes atores, envolve também a construção institucional, demandando um ativismo político, para além de sua representação. Como as organizações ganham esta autoridade? Isto pode incluir a demonstração de competência técnica ou o conhecimento científico; ser capaz de ganhar dinheiro ou receber subvenções; ou simplesmente coordenar múltiplas organizações de uma maneira que resolva um problema. Mas também pode envolver capacidades menos materiais, tais como o poder de persuadir pessoas que representam interesses relevantes (ABERS, KECK, 2013).

Em que pese a clareza do conceito de autoridade prática, vale lembrar que a institucionalização dos mecanismos de representação da sociedade civil no Brasil é um processo contínuo e diferenciado. Embora exista um sistema de participação/representação em atividade, estes espaços obedecem a lógicas distintas de criação e funcionamento, bem como possuem variados graus de

---

"tamanho" ou alcance da autoridade exercida por cidadãos é especificado em cada tipo de instituição participativa (WAMPLER, 2012).

institucionalização. Sendo assim, enquanto os atores participantes dos CBHs têm que se engajar na luta para o reconhecimento da própria arena representativa, participantes de conselhos de políticas não lidam com este dilema – principalmente na área social onde estes mecanismos estão mais consolidados. O que não significa que não precisem desenvolver uma autoridade prática para *"to get things done"*, como destacam as autoras. A diferença é que nos conselhos, especialmente na área de saúde, existe maior clareza e definição das competências, garantias legais e condições políticas e financeiras para o processo deliberativo, quando comparado, por exemplo, com os CBHs (ALMEIDA, 2011). O problema que deve ser investigado empiricamente é que muitas vezes o reconhecimento público formal pode vir acompanhado, por exemplo, da acomodação dos atores e/ou do não reconhecimento político pelos atores estatais. Desse modo, a sociedade não desenvolveria nem as capacidades necessárias para influenciar na política, nem o reconhecimento público de outros agentes e organizações. Estes dados mostram que é preciso investigar os dilemas da institucionalização da representação e como ela interage com o processo de desenvolvimento da autoridade prática. Minha aposta é que a representação política legítima não se opõe ou se confunde com o ativismo político, mas é dependente dele para se efetivar. Ou seja, a representação de temas e demandas pela sociedade civil precisa se alimentar do dinamismo de outros atores que contestam as regras vigentes, a institucionalização da participação e o poder público. Ao mesmo tempo, os próprios atores representativos não podem se afastar do grupo ao qual dizem representar. A interação é constante. Este é um debate que será travado na última seção.

O conceito de autoridade prática oferece respostas para os três problemas destacados no texto. Ele mostra que não basta ter o direito de governar e os cidadãos serem obrigados a obedecer, sem a capacidade de gerar e implementar projetos e políticas. Igualmente, aponta que o Estado precisa interagir com outras fontes de autoridade, convidando a olhar para a autoridade extraeleitoral. Por fim, destaca a dimensão processual da autoridade, desvinculando-a de uma visão estática, de uma propriedade/posse.

AUTORIDADE ESTATAL VS. SOCIETAL

Antes de discutir a qualificação da representação como democrática, importa discutir o que coloca em movimento esta autoridade prática e a legítima. Para além da autoridade prática adquirida a partir do desenvolvimento de capacidades e reconhecimento público, qual é a diferença principal entre a autoridade estatal e societal? Ademais, é preciso distinguir entre as manifestações informais da sociedade, geralmente foco da literatura internacional, e as experiências que vinculam Estado e sociedade no processo de formulação de políticas públicas no Brasil.

O debate apresentado por Saward (2011) sobre a compreensão do processo de constituição da autoridade legítima ajuda a esclarecer estes dois pontos. O autor adota a leitura de Friedman (1990) e sua distinção entre dois tipos de autoridade: *"an authority"* e *"in authority"*. Pessoas e grupos representantes da sociedade civil possuem "uma autoridade" baseada no conhecimento especializado, experiência ou expertise. Nestes casos, é o conteúdo do julgamento político que conta para avaliar sua autoridade. Já a autoridade dos atores do Estado deriva da posição que ocupam *"in authority"*, sendo a fonte do julgamento que conta *primariamente*. Saward reconhece que as fronteiras entre a autoridade posicional e a da experiência e expertise são borradas e que esta superposição é importante para a análise da representação democrática (2011, p. 82). Por exemplo, ao ocupar uma posição central dentro de uma associação profissional ou ser chefe executivo de uma corporação ou de uma organização que formula políticas públicas, alguns indivíduos podem usufruir de graus de *in-ness*, à proporção que passam a ter acesso às estruturas de poder, responsáveis pela tomada de decisões.

Desse modo, é possível pensar as manifestações da sociedade civil em sua interação com o Estado, a partir da noção de *an authority* e do conhecimento que mobilizam para defesa de suas demandas. Esses atores representam perante o poder político, responsável e autorizado a tomar as decisões e a impor as regras aos seus constituintes. Portanto, existe uma diferença na atuação do representante estatal e societal. Enquanto os primeiros são representantes do poder, os segundos representam perante o poder. Esta distinção se assemelha ao modelo de representação presente na pré-modernidade, no qual os corpos intermediários e o Parlamento não falavam diretamente em nome da sociedade, mas a representavam diante do rei (VIEIRA, RUNCIMAN, 2008).

Embora a separação entre *in authority* e *an authority* seja interessante para pensar a representação e a autoridade da sociedade civil, considero que merece algumas adaptações. A referência à expertise ou especialização dos grupos e indivíduos representantes como fundamento ou elemento que mobiliza a autoridade precisa ser reinterpretada tanto para as experiências informais quanto formais de interação Estado/sociedade. Esta é uma conceituação que Saward retoma de Friedman. Para Friedman (1990), uma *an authority* é definida como uma autoridade *de facto*, no sentido que uma pessoa é capaz de obter obediência, fidelidade, influência ou crença de outros, devido ao reconhecimento de suas qualidades pessoais. É uma autoridade que tem como premissa a desigualdade de conhecimento, não disponível a todas as pessoas, e está baseada no saber epistemológico (*Ibidem*, p. 82-3). Esta relação se dá em um mundo de crenças compartilhadas e a partir do reconhecimento da desigualdade na capacidade dos homens entenderem estas crenças. Já a autoridade estatal está baseada no acordo procedimental, como destacado na primeira seção.

Embora a premissa da desigualdade seja incontestável na relação política entre indivíduos que detêm oportunidades e recursos diferenciados, difícil afirmar que a ação política se restringe ao tipo de qualidades pessoais evocadas por Friedman. No que se refere às instituições de cogestão brasileiras, apesar de incluírem especialistas na temática e na política pública, como é o caso dos conselhos de políticas compostos por trabalhadores da área e prestadores de serviços, os saberes envolvidos muitas vezes estão dissociados de um conhecimento técnico ou de um saber epistemológico. Organizações da sociedade civil e indivíduos representativos nestes espaços compartilham ou adquirem um saber prático ou relacionado à vivência com o problema que os aproximam mais de uma comunidade de praticantes, como parece defender Avritzer (2007) e sua noção de legitimidade por afinidade. Para o autor, a afinidade se legitima em uma identidade ou solidariedade parcial exercida anteriormente. Os indivíduos a desenvolvem ao longo do seu histórico de participação e envolvimento com a política. Desse modo, é preciso considerar estes elementos associados à trajetória política e participativa dos atores, que fogem de uma noção mais epistêmica da autoridade. Outrossim, a ação não é voltada para obter obediência, mas para a defesa de causas e temáticas, com os quais os atores se identificam.

Com relação à distinção entre as instituições de cogestão e os espaços informais, destaco que as oportunidades de se tornar uma *in authority* estão legalmente institucionalizadas. Elas ultrapassam a transição eventual e não formalizada de atores para a esfera estatal, percebida por Saward (2011), ao ganharem reconhecimento legal dos representantes diretamente autorizados pelo voto. Se como atores sociais eles têm o poder negativo de influenciar as decisões estatais, quando investidos do poder legal de decisão pelo Estado, ganham um grau de *in-ness*, de autoridade posicional. Por autoridade posicional dos atores da sociedade civil, refiro-me ao exercício de voz e voto dentro destas instituições, o qual é especificado nos normativos que regulam o seu funcionamento a partir do poder deliberativo destes espaços. Nestes casos, a participação faz parte de um processo mais amplo de institucionalização da democracia brasileira. Mais do que apresentar demandas representativas, como coloca Saward (2010), há uma representação do poder e perante o poder, pois esses atores recebem autorização para tomar decisões em nome das pessoas que serão afetadas pela política. Diferentemente dos espaços informais de influência, há um processo de escolha que tem origem entre os atores da sociedade civil e é decidida frequentemente no interior de associações civis (AVRITZER, 2007). As funções destas arenas no processo de formulação de políticas varia de um grau maior de decisão, como é o caso de conselhos de políticas em algumas áreas e comitês de bacia, a um poder consultivo e/ou fiscalizador, restringindo a influência decisória, por exemplo, audiências públicas.

Apesar destas diferenças, o ponto central que se quer enfatizar é a conclusão de Saward (2011) de que a análise da representação democrática requer o reconhecimento da interdependência entre autoridade estatal e da sociedade civil. Nesta formulação o autor avança em relação a Friedman (1990, p. 81), para o qual os dois tipos de autoridade são logicamente independentes. De acordo com Friedman, a autoridade legal e institucionalizada não é dependente da avaliação que se possa fazer sobre os méritos e deméritos das decisões. Já para Saward, a efetividade de uma *in authority* depende em parte do apoio e da relação que se estabelece com as demandas apresentadas na sociedade (*an authority*). Toda demanda democrática apresentada pelo Estado são em parte uma sedimentação de uma prévia e, em alguns casos, persistente demanda social. Neste modelo, as instituições de cogestão brasileiras podem ser interpretadas como parte do processo de sedimentação das demandas sociais, ao colocar em movimento a autoridade construída ao longo da experiência participativa e temática.

QUANDO A REPRESENTAÇÃO É DEMOCRÁTICA?

A qualificação de novas formas de representação não eleitoral como democráticas é um dos principais desafios colocados para os teóricos envolvidos com este fenômeno. O reconhecimento da autoridade de atores sociais, gerada seja pela expertise, seja pela afinidade, identificação e/ou experiência com o tema, não deve obscurecer o fato de que a representação é marcada por uma relação dual, que envolve aproximação, distanciamento e constante tensão entre as partes, como apresenta Lavalle (neste volume). Desse modo, longe de apostar numa saída elitista de superioridade de representantes discursivos em relação a seus representados, como crítica de Miguel (neste livro), é preciso teorizar sobre os mecanismos de controle e autorização não eleitorais. Conforme apresentado em outros trabalhos, a presença de afinidade, identificação ou experiência *ativa* põe em movimento a representação, mas não diz tudo sobre o processo de construção de demandas que sejam representativas (ALMEIDA, 2013).

A compreensão da representatividade dos atores da sociedade civil requer dois movimentos complementares. Primeiro, é preciso se desvincular de uma concepção autorizativa da representação, condensada no modelo do governo representativo, a qual implicou numa definição muito clara de quem é o representante – o eleito – quem ou o que é representado – os interesses e preferências expressas pelo eleitor – onde se dá a representação – nas arenas do Estado – e como se representa – de maneira independente, responsiva e *accountable*, sem contudo avançar em formas dialógicas e temporalmente estendidas de manter este relacionamento (*Idem*, 2011). Neste trabalho gostaria de focar menos no momento fundacional da representação e mais na sua dinâmica a fim de identificá-la como um fenômeno processual e criativo. Segundo, sem perder de vista os padrões normativos de avaliação da representação, é preciso discutir as diferentes formas de autorização e controle não eleitorais, condizentes com esta visão da representação.

Representação como processo político

No que se refere à visão processual da representação, esta é uma leitura já presente no livro clássico de Hanna Pitkin (1967), quando a mesma a define como uma atividade criativa, um "agir substantivo por outros". Como um agir, a representação envolve necessariamente a sobreposição de atividades, a pluralidade de arenas e de públicos.

> Political representation is primarily a public, institutionalized arrangement involving many people and groups, and operating in the complex ways of large-scale social arrangements. What makes it representation is not any single action by any one participant, *but the over-all structure and functioning of the system, the patterns emerging from the multiple activities of many people* (Ibidem, p. 221-2, grifos da autora).

Mais à frente a autora aponta outros modos de representação, descritiva e simbólica, e distintos agentes que exercem representação, como oficiais do Estado, grupos de interesses, lobistas, pessoas que agem perante agências governamentais. De acordo com Wampler (2012, p. 673), Pitkin nos apresenta um caminho para teorizar onde e quando os cidadãos podem agir como participantes, representantes e representados. Apesar deste avanço, o último capítulo do livro acaba por dar atenção a um tipo específico de ação – falar em nome de outros em um contexto institucional estabelecido. Desse modo, fica a questão se é possível pensar outros modos de ação em que o representante mereça ser chamado de representativo.

Atualmente, a ideia de que a representação é um processo político, que não se conforma a um simples modelo e momento, está presente em uma miríade de autores, com tradições normativas e propostas metodológicas bem distintas. Em alguns casos, esta visão implicou revisitar a relação entre soberania e representação, deixada de lado nas teorias do governo representativo. A principal contribuição nesta direção é de Nádia Urbinati (2006; 2011). Inspirada em Condorcet, teórico da Revolução Francesa, sugere a diversificação e a extensão das temporalidades e dos modos de expressão da vida política a fim de reconciliar o conceito de representação com a democracia. A "soberania complexa" é compreendida como um processo de interação contínua entre o povo e os representantes, expressa por meio do voto, mas também em diversas temporalidades, como referendo, censura e na formulação da Constituição. As eleições simultaneamente separam e ligam os cidadãos e o governo, ao permitirem a comunicação e até mesmo o conflito entre as duas partes, mas nunca a interrupção de tal relação (FARIA, 2010, p. 13).

A maneira como Urbinati sugere repensar o conceito de soberania popular, tal qual sugerido por Rousseau, já foi trabalhada em diferentes textos (AVRITZER, 2007; ARAUJO, 2009; FARIA, 2010; ALMEIDA, 2011). Neste trabalho importa destacar sua crítica à noção de soberania como alienação de direitos e ato único da vontade. Para Avritzer (2007, p. 452), a autora supera a visão rousseauniana de soberania como ato da vontade ao substituí-la pela noção de julgamento político. Neste artigo gostaria de defender que não se trata de uma mera substituição, mas de uma interpretação da soberania a partir de dois componentes, a vontade e o julgamento político.[10] A eleição, desse modo, não é um ato de transferência da soberania, mas uma vontade expressa em um determinado momento. A autorização não é uma substituição ou submissão da participação, na medida em que os indivíduos mantêm seu poder de formular

---

10 É certo que esta diarquia está mais clara no artigo de 2011, mas, já no livro de 2006, Urbinati enfatiza que é necessário trazer a ideia de soberania para dentro do domínio do julgamento e opinião, ou seja, estes são fatores da soberania, não seus substitutos (URBINATI, 2006, p. 106). No artigo de 2011, a autora indica que a vontade soberana se expressa em momentos eleitorais intermitentes (a vontade soberana está ligada ao ato de autorização e à presença direta e com autoridade para tomar decisões) e o julgamento político se expressa na contínua influência e poder dos cidadãos em relação às instituições representativas – sua presença indireta, informal e não *authoritative* (2011, p. 25-6).

julgamentos, ideias e opiniões (URBINATI, 2006, p. 104). A legitimidade da democracia representativa é dependente tanto da vontade expressa nas eleições regulares e livres, quanto da ativação de uma comunicatividade corrente entre a sociedade civil e política.

O dualismo entre Estado e sociedade é superado, conforme o primeiro precisa ser constantemente recriado e dinamicamente ligado à sociedade a fim de passar leis. Para a autora, as múltiplas fontes de informação, comunicação e influência que cidadãos ativam por meio da mídia, movimentos sociais e partidos políticos, não são acessórios, mas constitutivos da representação política. A soberania popular, nesta interpretação, é fonte de tensão endógena entre o poder institucionalizado do Estado e extrainstitucionalizado da sociedade. A diferença da representação não eleitoral da eleitoral é a ausência de um poder impositivo *"authoritative power"*, embora tenha o poder de influenciar a direção política de um país (*Idem*, 2011).

Urbinati contribui para apresentar uma teoria da representação democrática que não está confinada ao governo representativo ou suas instituições tradicionais, englobando a representação não eleitoral da sociedade civil, principalmente no artigo de 2011, como expressão do julgamento político. Ademais, mantém a diferença entre a autoridade como sinônimo de imposição de regras e aquela proveniente da dimensão comunicativa da sociedade civil. Porém, o julgamento político da sociedade é definido como um poder negativo. O poder é negativo por duas razões: tem a função de parar, controlar ou mudar um dado curso de ação dos representantes eleitos; e pode ser expresso por canais diretos de participação, como referendo e *recall*, e pela participação indireta e informal, por meio de fóruns sociais, movimentos, associações civis, mídia e demonstrações de rua. Embora a autora proponha uma circularidade entre julgamento público e representantes eleitos, a sociedade apenas responde às ações da representação institucionalizada e tem uma atitude receptiva e vigilante. Desse modo, não integra as novas formas de representação da sociedade civil que extrapolam a função de influenciar indiretamente o poder.

Apesar desses limites, é importante prestar atenção na sua contribuição para a discussão sobre soberania e representação. Urbinati sugere pensar a representação como um *processo político*, contrariamente ao modelo estático e privatista do contrato, que a confinou a um relacionamento entre representante eleito e representado (*Idem*, 2006, p. 29, grifos no original). O avanço necessário em relação a esta noção de representação como processo é libertá-la da seara eleitoral. Não no sentido de desvalorizar as instituições do governo representativo e o papel da vontade na geração de igualdade política e mesmo de obrigação política (MANIN, 1997).[11] Mas de ampliar o papel de outras manifestações no exercício da representação "ativa" e de pensar outros momentos de constituição da representação, não redutíveis à ideia de julgamento político.

Esta leitura ativa da representação está presente em distintos autores da contemporaneidade. Embora não seja possível discorrer sobre as várias propostas em ascensão, é possível afirmar que há em comum nestes projetos a tentativa de desvencilhar o conceito de representação de uma visão estática, na qual o mesmo é visto como um fato ou propriedade de um determinado corpo coletivo ou estrutura. A ideia de que representar é um processo político, um projeto aberto e infinito, é o que une diversos autores (URBINATI, 2006; ROSANVALLON, 2009; DRYZEK, 2000; SAWARD, 2010; BOHMAN, 2012).

A dimensão construtiva é parte complementar desta compreensão de processo. Ela implica fugir da análise unidirecional, com foco apenas no representante e sua capacidade de agir e ser responsivo. É preciso olhar para as diferentes partes e momentos do processo representativo, dando ênfase ao papel ativo do representado e às disputas em torno do que se representa. A dimensão construtiva da representação clama por uma visão do representado constituído ao longo do tempo, na qual o "constituinte" é fluido e dinâmico. Ankersmit (2002) e sua leitura estética do conceito defende a dimensão interpretativa da representação. Para o autor, não existe um interesse determinado do que representar ou uma visão unificada do representado, visto que esse também é criado pela representação. O autor critica a concepção restrita e ingênua do conceito em termos da relação *principal-agent*, tendo em vista que os interesses dos eleitores não são

---

11 De acordo com Manin (1997, p. 85), diferentemente de outros métodos de seleção, como o sorteio, quando as pessoas votam elas concordam não apenas com o método que selecionará o representante, mas também com cada resultado da política, gerando um senso de obrigação política.

coesos, tampouco são expressos ou dados no momento eleitoral. Ao emprestar do mundo da arte a ideia que qualquer forma de representação nunca é simplesmente uma cópia de uma realidade externa preexistente,[12] mas sempre uma criação de algo novo, Ankersmit[13] alerta para o permanente estado de tensão entre representantes e representados.

Partindo do pressuposto de que a literatura sobre representação concedeu pouco espaço para a discussão do representado, Saward (2010) defende que a representação deve ser pensada como uma atividade. Tendo em vista que é impossível romper com a distância entre esses dois polos – representante e representado, o conceito de representação deve se beneficiar de uma noção mais dinâmica e plural da política, na qual as questões "quem representa" e "o que está sendo representado" estão, frequentemente, em construção. Nesse sentido, não apenas a definição sobre o que é o "povo" está em disputa, mas também sobre quem é o agente da representação.

A partir destas referências, neste *paper* proponho acentuar o caráter processual e construtivo da representação a fim interpretar as potencialidades e limites da representação da sociedade civil. A representação pode ser definida como atividade de tornar presente o ausente, tal qual sugerido pelo clássico trabalho de Pitkin, sem reduzi-la a um tipo específico de ação. É uma atividade que se desloca continuamente no tempo; envolve distintos atores e arenas, do Estado e da sociedade; depende da interação contínua entre representante e representado e para a qual a definição *do que* é representado e *quem* representa está sempre em disputa e construção.

---

12 O exemplo dado pelo autor, geralmente, se refere à pintura de uma paisagem, a qual o pintor é incapaz de replicá-la, criando no quadro uma representação da mesma.

13 Porém, ao concluir que numa democracia representativa a origem do poder político legítimo deve estar situada entre o vazio ou espaço estético entre o eleitor e o representante (o Estado), não apresenta com clareza como se daria essa relação entre poder e legitimidade ou que tipo de relacionamento entre representante e representado poderia originar o poder legítimo. A conclusão do livro acaba por reforçar os argumentos a favor do governo representativo e dos partidos políticos, como mediadores entre cidadãos e Estado e como agentes capazes de criar a realidade política, de forma inovadora e original (ANKERSMIT, 2002, p. 116-8).

A fluidez do conceito, no entanto, traz consigo uma série de perguntas em relação a sua qualificação de democrático. Esta é uma preocupação presente nos autores contemporâneos, apesar das críticas da ausência de teorizações sobre o controle destes representantes. Mesmo em Saward (*Ibidem*), que se propõe a discutir mais a atividade representativa do que as formas de representação, a atenção ao modo como as demandas representativas são construídas é central. Para o autor, uma demanda representativa não tem sentido, se não for ouvida, vista ou decifrada por seu público-alvo, por aqueles a quem se destina a atrair e convencer. Não há como dispensar os representados numa relação que se pretende democrática.

E como ser democrático?

A afirmação do caráter processual e construtivo da representação clama pelo reconhecimento da contingência da representação democrática. Tendo em vista que a arte de representar envolve a solução de problemas políticos reais, é preciso conviver com a incerteza e com a falta de êxito de seus resultados. A representação não pode eliminar o conflito, mas pode prover a estrutura para resolvê-lo. Esta ideia de contingência dos resultados não é atribuída a nenhum teórico contemporâneo em uma tentativa desesperada de justificar a legitimidade da ação da sociedade civil. A ideia é de Hanna Pitkin e está condensada no final do capítulo 2 de sua obra (1967, p. 36).

É de Pitkin também que a teoria política extraiu nos últimos anos os principais padrões normativos para avaliar a representação, já que o seu livro não é apenas um tratado da representação, mas um tratado da representação democrática. Para a autora, dizer que um representante é autorizado ou *accountable* não serve como um guia ou padrão para suas ações. É preciso estabelecer que tipo de conexão ou relacionamento entre representante e representado contam como atividade substantiva de representar. Esta envolve falar por, agir por, cuidar dos interesses do representado (*Ibidem*, p. 116). A representação como um agir pelo outro envolve uma dualidade constitutiva: implica liberdade, ao mesmo tempo que dependência. É na interseção entre o representante livre e o mero agente que a autora aposta seu significado de agir substantivo.

É conhecida a formulação de Pitkin da representação como uma atividade substantiva. *"Representing here means acting in the interest of the represented, in a manner responsive to them"* (*Ibidem*, p. 209). Nessa perspectiva, a autora clama por uma visão da representação que não está baseada na autoridade política, entendida como imposição e obediência, mas na atividade do representante. Esta, porém, não é qualquer atividade. De acordo Pitkin (1967), as teorias "formalistas" de *accountability* que focam no mandato imperativo e delegado do representante privilegiam apenas um dos polos da atividade representativa: a atuação para o interesse ou benefício do representado. Não se pode esquecer a importância da autonomia do representante e sua função política de organizar a sociedade. Para a autora, a controvérsia mandato-independência ofusca o "verdadeiro" significado da atividade representativa que não se reduz a esse paradoxo. O representado deve ser ao mesmo tempo presente e não presente e, entre essas duas posições, existe uma ampla gama de alternativas. O padrão pelo qual alguém será julgado como representativo é se esse promoveu o interesse objetivo daqueles que representa (*Ibidem*, p. 166). Tal interesse, contudo, não pode ser incompatível com o interesse público. A conciliação entre interesses dos representados e interesses gerais só é possível se a representação for pensada para além de um relacionamento um a um. Conforme já citado na seção anterior, Pitkin mostra o caráter institucionalizado, complexo e sistêmico da representação. É preciso olhar para o sistema político como um todo e avaliar se as pessoas realmente estão presentes na ação dos representantes.

A riqueza deste conceito de representação democrática que envolve relacionamento complexo entre ambas as partes pode ajudar a avaliar a qualidade da representação da sociedade civil. É sabido que Pitkin defende diferentes modos de representar, os quais o investigador precisa diferenciar a fim de fazer derivar suas explicações (*Ibidem*, p. 228). O problema é que ao operacionalizar seu conceito de responsividade a partir de exemplo prático do governo representativo a autora aposta na institucionalização, tais como eleições regulares, genuínas e livres. Face ao julgamento independente do representante e à necessidade de agir de maneira a tornar presente o ausente, é preciso atrelar o ideal da representação às instituições do governo representativo. Sem institucionalização, o ideal da representação se tornaria um sonho vazio (*Ibidem*, p. 239). Desse modo, o modelo do governo representativo vai cedendo lugar de exemplo e ganha uma dimensão central na operacionalização da própria representação, como se fosse possível eliminar a tensão entre presença e ausência do representado.

Sabendo da contínua tensão entre o ideal e sua realização, seria possível utilizar as características da atividade substantiva e pensar as complexas formas e atores da representação de maneira democrática? A ausência de institucionalização dos mecanismos de autorização e *accountability* são um dos entraves para este processo. Alguns dos problemas da representação da sociedade civil referem-se às diferenças de quem participa e não participa – tendência de incluir aqueles indivíduos que já têm estrutura de preferências e atitudes políticas similar à do *homo politicus* –, à desigualdade no ativismo político e seus efeitos – cidadãos mais ativos são capazes de proteger seus interesses e de fazer com que as leis e políticas públicas correspondam às suas preferências – e ao risco de dominação ideológica devido à assimetria entre representantes e representados e à falta de controle (MIGUEL, 2011; VITA, 2004).

Indubitavelmente é urgente considerar seriamente estas críticas e o fato de que existem manifestações não democráticas da sociedade, no sentido de não agirem no interesse substantivo de quem dizem representar. Diante da distância do ideal de democracia e sua realização, Pitkin (1967, p. 240) alerta que é preciso aceitar o desafio de construir instituições e treinar os indivíduos de tal maneira que se engagem em possuir o interesse público e a genuína representação do público, e, ao mesmo tempo, se manter crítico e aberto à interpretação e à reforma.

No que concerne às manifestações informais da sociedade, a promoção da responsividade e da relação entre representante e representado parece mais difícil de ser operacionalizada, mas não impossível quando se considera formas não eleitorais. Nesta direção, alguns autores sugerem focar na dimensão dialógica que os atores estabelecem na esfera pública com os "afetados", ao apresentar razões e justificações públicas para suas ações (MAIA, 2012; MENDONÇA, 2008). Contudo, um problema fundamental para lidar com este critério de justificação pública é a sua fluidez e a falta de garantia de sua realização ao longo do tempo.

Desse modo, não há como pensar a democratização da representação sem propor reformas na direção de maior acesso dos cidadãos ao julgamento público e de independência e autonomia de ação (MIGUEL, 2011). Para isso deve-se, pelo menos, ampliar as fontes de informação e, consequentemente, dar maior publicidade das ações da sociedade civil. Não é preciso uma pesquisa muito extensa para perceber o quanto estes assuntos não ocupam espaço na mídia ou são politizados publicamente. É também importante investir nas condições materiais, sociais e políticas que influenciam a forma como a sociedade é capaz de avaliar criticamente a ação do representante e ao mesmo tempo diminuir os custos para a participação, em caso de interesse do indivíduo. Lembrando que a justificação pública é apenas um dos meios para a *accountability* não eleitoral, entre outros que vem sendo discutidos, tais como o relacionamento entre redes e o papel da mídia para publicização dos atos dos representantes da sociedade civil (ALMEIDA, 2013).

Do ponto de vista das instituições brasileiras de interação entre Estado e sociedade, gostaria de rebater, primeiramente, as críticas da falta de autorização e mecanismos de *accountability,* apesar de reconhecer o seu alcance limitado. Diferentemente dos espaços informais de influência, estas instituições adotam um processo de escolha. Alguns espaços, como conselhos de políticas, elegem seus representantes entre um público restrito, que possui vinculação com entidades e organizações civis, ou indicam seus membros. Em determinados momentos, tais organizações já estão delimitadas por lei ou regimento interno. Em outros, o processo é renovado a cada mandato. Nos Orçamentos Participativos, há eleição entre os participantes para os delegados, responsáveis pela fiscalização e acompanhamento das obras. Já comitês de bacia hidrográfica também adotam eleições de entidades, mas geralmente há requisitos legais e temáticos que precisam ser preenchidos para ter o direito de participar (*Idem*, 2011).

Considerando que a representação demanda algo mais amplo e contínuo do que a escolha/autorização dos representantes, outra questão que este artigo traz à baila é se existe uma distinção na forma em que as instituições de cogestão se relacionam com a pluralidade representada. Desse modo, parte do pressuposto que a existência de uma autoridade que se forma na prática deliberativa e participativa depende do reconhecimento do representado a fim de se efetivar democraticamente. Da mesma forma que a autoridade do Estado não é independente do conteúdo da representação, tampouco do reconhecimento de sua autoridade por parte da sociedade, a autoridade da sociedade precisa estar sujeita ao julgamento público sobre a pertinência de suas propostas. Além da prestação de contas discursiva e da publicidade (discutidas para as propostas informais), é possível vislumbrar um tipo de controle direto da sociedade, quando se demanda a um conselho de saúde, por exemplo, uma atuação em determinado problema nos serviços prestados no município. Ou seja, os representantes das instituições de cogestão podem se beneficiar de uma relativa proximidade com os "afetados" para construção do processo deliberativo.

A dificuldade parece residir na falta de inovação institucional em relação a estes espaços. Sua consolidação e/ou obrigatoriedade, nos casos em que são necessários para repasse de recursos, como conselhos, não tem sido acompanhada de uma preocupação pública e estatal de aperfeiçoamento dos mecanismos de acesso e controle. Em relação à autorização, é preciso reforma, pelo menos, em duas direções: a) democratizar o processo de "seleção", de modo a incluir a disputa aberta entre distintos interesses, opiniões e perspectivas; b) rediscutir as regras de composição, uma vez que muitas vezes limitam o tipo de público ou organização que pode ter acesso.

No que tange ao controle, importante destacar que a trajetória participativa e a experiência adquirida com a temática não podem substituir o relacionamento com o representado. Os problemas de uma visão elitista na aposta de *experts* são altos, como teorizou Pitkin. O que é possível perceber de pesquisas empíricas é que conselheiros, por exemplo, acabam interagindo muito mais com suas organizações do que com o público ao qual será beneficiário da política. Desse modo, para investir no controle público é necessário aperfeiçoar a interação dos representantes da sociedade civil com três arenas: a) a sociedade; b) o Estado, englobando os representantes eleitos e sua burocracia (pois a legitimidade de sua ação é construída na interação com esta fonte de autoridade), e c) outras organizações civis e instituições de interação com o Estado. Estas são dimensões essenciais, tendo em vista as características do processo de formulação e implementação de políticas públicas no Brasil. A interdependência e transversalidade das áreas é um dos fatores que torna a representação democrática ainda mais complexa. Sendo assim, implica um olhar mais amplo para a interação destes representantes com outras práticas e instituições formais e informais, como aponta o texto de Lüchmann (neste livro), e que tive oportunidade de trabalhar com mais detalhes em outros textos (ALMEIDA, CUNHA, 2012).

CONCLUSÃO

A compreensão da representação da sociedade civil na teoria política contemporânea ao mesmo tempo que amplia o escopo de análise do conceito, coloca uma série de desafios para justificação de sua representatividade. O primeiro deles está relacionado com a associação entre representação e autoridade legítima. Nesta relação ganha relevância a autorização dos representados como meio de alcançar a igualdade e a liberdade política dos indivíduos, bem como gerar senso de obrigação política. Embora constitutiva da representação, argumentei na primeira seção, com base na crítica de Pitkin, que o conceito de autoridade é parcial para a definição de sua legitimidade. Ademais, a noção de autoridade, restrita aos instrumentos formais, ao monopólio da violência e ao direito de comandar e dever de obedecer, contam apenas parte do processo de geração de autoridade.

Desse modo, a segunda seção mostrou que a representação implica não apenas a tomada de decisões vinculantes e o direito de governar, mas também a geração da própria autoridade. A partir do conceito de autoridade prática, de Abers e Keck, o artigo propôs desvincular o conceito de autoridade de sua herança hobbesiana que o atrela à condição de posse, à esfera do Estado e à dicotomia entre direitos *vs.* deveres. Existem outras tarefas que o Estado precisa realizar, as quais envolvem a mobilização e o desenvolvimento de capacidades e de reconhecimento público, sem necessariamente demandar o monopólio do uso da coerção. A ideia de autoridade prática também é util para discutir a ação dos atores da sociedade civil, cada vez mais conectados com a formulação e implementação de políticas públicas e com a criação de instituições. Propus também na terceira seção perceber a diferença entre os atores sociais que fazem parte das instituições de cogestão no Brasil, daqueles que exercem apenas pressão e se mobilizam informalmente. Sendo assim, deve-se olhar tanto para a autoridade que mobilizam pelo seu histórico e trajetória com o tema e com a política, quanto para o grau de autoridade posicional que ganham quando são investidos de poder decisório. Estes atores fazem parte da institucionalização da democracia brasileira e ocupam posições na estrutura do Estado, a partir do reconhecimento legal e político dos representantes diretamente autorizados pela população.

A explicitação de diferentes fontes de autoridade e da constante interação entre elas mobilizou a revisão do próprio conceito de representação democrática. Ao invés de redefinir o conceito e as partes que compõem a atividade representativa, sugeri perceber a dinâmica processual e criativa da representação, já presente no clássico de Hanna Pitkin. Após visitar os trabalhos atuais de Urbinati e de outros intérpretes, o artigo reforçou a tese de Pitkin de que a representação não é uma atividade de relação um a um, mas ocorre em arranjos de larga escala, envolvendo muitas pessoas e grupos e operando de distintas maneiras.

Uma última pergunta feita neste trabalho é como qualificar a representação de democrática. O aspecto processual da representação não pode se apartar da sua característica dual. Pitkin continua atual ao mostrar os riscos de se afastar de uma concepção democrática da representação, que abarca independência do representante e atenção aos interesses do representado. O grande desafio da pesquisa empírica é buscar alternativas para reformar as instituições políticas de maneira a se aproximarem deste ideal. A partir desta inspiração, o trabalho não pretende negar os imperativos da desigualdade no acesso ao poder e na relação entre representante e representado. Mas colocar em relevo que a contingência da representação democrática é inerente a sua natureza. Reconhecer esta imperfeição pode ajudar a construir estratégias para lidar com as perdas e ganhos dos diferentes modos de representação.

REFERÊNCIAS BIBLIOGRÁFICAS

ABERS, Rebecca; VON BÜLLOW, Marisa. "Movimentos sociais na teoria e na prática: como estudar o ativismo através da fronteira entre Estado e sociedade?". *Sociologias*, n° 28, vol. 13, 2011, p. 52-84.

ABERS, Rebecca; KECK, Margaret E. "The collective constitution of representative authority in Brazilian river basin Committees". Paper apresentado na Conference Rethinking Representation: A north south dialogue. 2008.

_____. *Practical authority: agency and institutional change in Brazilian water politics.* Oxford: Oxford University, 2013.

ALMEIDA, Debora Rezende de. *Repensando representação política e legitimidade democrática: entre a unidade e a pluralidade.* Tese (Doutorado em Ciência Política) – FAFICH–UFMG, Minas Gerais, 2011.

_____. "A relação entre representação e legitimidade democrática: sob a perspectiva da sociedade civil". *Revista Brasileira de Ciências Sociais*, vol. 28, n. 82, p. 45-66, jun. 2013.

ALMEIDA, Debora Rezende; CUNHA, Eleonora Schettini. "As dinâmicas da representação: a complexidade da interação institucional nas cidades brasileiras". In: Congress of the Latin American Studies Association. San Francisco, 2012 (Paper).

ANKERSMIT, Frank R. *Political representation.* Stanford: Stanford University, 2002.

ARAÚJO, Cícero. "Representação, soberania e a questão democrática". *Revista Brasileira de Ciência Política*, n° 1, jan./jun. 2009, p. 47-61.

AVRITZER, Leonardo. "Sociedade civil, instituições participativas e representação: da autorização à legitimidade da ação". *Dados – Revista de Ciências Sociais.* Rio de Janeiro, n° 3, vol. 50, 2007, p. 443-464.

BOBBIO, Norberto; *et al. Dicionário de política*, vol. 2, 13ª ed. Brasília: UnB, 2007.

BOHMAN, James. "Representation in the deliberative system". In: PARKINSON, John; MANSBRIDGE, Jane. *Deliberative systems: deliberative democracy at the large scale*. Cambridge: Cambridge University, 2012, p. 72-94.

BUCHANAN, Allen. "Political legitimacy and democracy". *Ethics*, nº 4, vol. 112, 2002, p. 689-719.

CHRISTIANO, Thomas. "The authority of democracy". *The Journal of Political Philosophy*, nº 3, vol. 12, 2004, p. 266-290.

_____. "Authority". *The Stanford Encyclopedia of Philosophy*. Spring, 2012 Edition. Disponível em: <http://plato.stanford.edu/archives/spr2012/entries/authority/>. Acesso em: 26 set. 2012.

DRYZEK. John S. *Deliberation Democracy and Beyond: Liberals, Critics, and Contestations*. Oxford: Oxford University, 2000.

FARIA, Alessandra Maia Terra de. "Do social e do político: teorias da representação política". In: 34º Encontro Anual da Anpocs, Caxambú, 2010. Anais... Caxambu, 2010. (Paper).

FRIEDMAN, R. B. "On the concept of authority in political philosophy". In: RAZ Joseph. (Org.). *Authority*. New York: New York University, 1990, p. 56-91.

HOBBES, Thomas. *Leviatã: ou matéria, forma e poder de um Estado eclesiástico e civil*. São Paulo: Nova Cultural, 1997. (Coleção *Os Pensadores*).

GURZA LAVALLE, Adrian. "Após a participação: nota introdutória". Lua Nova, São Paulo, nº 84, 2011, p. 13-23.

GURZA LAVALLE, Adrian; ARAÚJO, Cícero. "O debate sobre a representação política no Brasil: nota introdutória". *Caderno CRH*, nº 52, vol. 21, jan./abr. 2008, p. 9-12.

GURZA LAVALLE, Adrian; HOUTZAGER, Peter; CASTELLO, Graziela. "Democracia, pluralização da representação e sociedade civil". *Lua Nova*,

São Paulo, nº 67, 2006, p. 49-103. Disponível em: <http://www.scielo.br>. Acesso em: 15 mar. 2008.

GURZA LAVALLE, Adrian.; ISUNZA VERA, Ernesto. "A trama da crítica democrática: da participação à representação e à accountability". *Lua Nova*, São Paulo, nº 84, 2011, p. 95-139.

LÜCHMANN, Lígia Helena Hahn. "Participação e representação nos conselhos gestores e no orçamento participativo". *Caderno CRH*, nº 52, vol. 21, jan./abr. 2008, p. 87-97.

MAIA, Rousiley. "Representação política e atores cívicos: entre a imediaticidade da experiência e discursos de justificação". *Revista Brasileira de Ciências Sociais*, nº 78, vol. 27, 2012, p. 97-112.

MANIN, Bernard. *The principles of representative government*. Cambridge: Cambridge University, 1997.

MENDONÇA, Ricardo Fabrino. "Representation and Deliberation in Civil Society". *Brazilian Political Science Review*, nº 2, vol. 2, 2011, p. 117-137.

MIGUEL, Luis Felipe. "Representação democrática: autonomia e interesse ou identidade e advocacy". *Lua Nova*, São Paulo, nº 84, 2011, p. 353-364.

PARKINSON, John. *Deliberative in the real world: problems of legitimacy in deliberative democracy*. New York: Oxford University, 2006.

PITKIN, Hanna Fenichel. *The concept of representation*. Berkeley: University of California, 1967.

PLOTKE, David. "Representation is democracy". *Constellations*, nº 1, vol. 4, 1997, p. 19-34.

RAZ, Joseph. "Authority and justification". In: _____. (Org.). *Authority*. New York: New York University, 1990, p. 115-141.

ROSANVALLON, Pierre. *La legitimidad democrática: imparcialidad, reflexividad, proximidad*. Buenos Aires: Manantial, 2009.

SANTOS, Boaventura de Sousa. *A crítica da razão indolente contra o desperdício da experiência*. São Paulo: Cortez, 2002.

SAWARD, Michael. "The representative claim". *Contemporary Political Theory*, nº 5, 2006, p. 297-318.

_____. *The representative claim*. Kindle Edition. Oxford: Oxford University, 2010.

_____. "The wider canvas: representation and democracy in state and society". In: ALONSO, S. et al. (Orgs.). *The future of representative democracy*. Cambridge: Cambridge University, 2011, p. 74-95.

URBINATI, Nadia. *Representative democracy*. Chicago: University of Chicago, 2006.

_____. "Representative democracy and its critics". In: ALONSO, S. et al. (Org.). *The future of representative democracy*. Cambridge: Cambridge University, 2011, p. 23-49.

URBINATI, Nadia; WARREN, Mark E. "The concept of representation in contemporary democratic theory". *Annual Review of Political Science*, nº 11, 2008, p. 387-412.

VITA, Álvaro de. "Democracia deliberativa ou igualdade de oportunidades políticas?". In: COELHO, Vera Schattan P.; NOBRE, Marcos (Org.). *Participação e deliberação: teoria democrática e experiências institucionais no Brasil contemporâneo*. São Paulo: Editora 34, 2004, p. 107-130.

VIEIRA, Monica Brito; RUNCIMAN, David. *Representation*. Cambridge: Polity, 2008.

WAMPLER, Brian. "Participation, representation, and social justice: using participatory governance to transform representative democracy". *Polity*, nº 4, vol. 44, 2012, p. 666-682.

WEBER, Max. *Economia e sociedade*. Brasília: UnB, 1994[1968].

INCLUSÃO, *ACCOUNTABILITY* E REPRESENTAÇÃO NAS INSTITUIÇÕES DE CONTROLE SOCIAL: DIMENSÕES DA DELIBERAÇÃO DEMOCRÁTICA

Lígia Helena Hahn Lüchmann

INTRODUÇÃO

Decorrente de dinâmicas políticas e de processos de complexificação e de pluralização das sociedades contemporâneas, as estruturas tradicionais de *accountability* e de representação política que conformam o sistema político de base eleitoral vêm sofrendo mudanças com a criação de diversas instituições que incorporam cidadãos e organizações sociais em processos de fiscalização, discussão e de decisão de políticas. Entre um número bastante expressivo e variado de espaços que promovem interfaces entre Estado e sociedade (PIRES, VAZ, 2012; ISUNZA VERA, GURZA LAVALLE, 2010) destaco aqui aquelas instituições estatais (Conselhos Gestores) e/ou programas governamentais (Orçamentos Participativos)[14] caracterizados pela cogestão e/ou controle social,

---

14 Os Conselhos Gestores de Políticas Públicas são amparados por legislação nacional e apresentam um caráter de política pública mais estruturado e sistêmico, sendo previstos para atuarem nas três esferas governamentais (municipal, estatal e nacional). Apresentam atribuições legais de formulação, acompanhamento e fiscalização das políticas nas respectivas esferas governamentais, se constituindo como instituições públicas de referência para a captação e formulação de demandas dos diversos grupos sociais por meio da representação dos diferentes setores e segmentos. Duas

ou pelo compartilhamento do poder entre representantes governamentais e sociais. Por alçarem determinados atores sociais ao status de cidadãos políticos deliberativos, esses espaços ampliam e complexificam as modalidades de participação política[15] que exercem não apenas influência, como controle sobre as instâncias governamentais. Se pensados em um diálogo com a teoria deliberativa, esses espaços podem ser analisados como operadores do princípio da legitimidade pautado no ideal de que uma decisão política deve ser resultado de procedimentos nos quais aqueles que são afetados tenham o direito e as oportunidades de participar do processo de discussão e de decisão da política, adensando os mecanismos de inclusão política e de *accountability* junto a governos e parlamentos. (COHEN, 1999)

Esse enquadramento teórico é resgatado, aqui, para se pensar a problemática da representação nas instituições de controle social das políticas públicas a partir de duas importantes dimensões: I. A capacidade de *inclusão* da pluralidade dos atores sociais em processos ou instituições voltadas para o exercício do controle governamental. O elemento central desta dimensão diz respeito ao fenômeno da representação, na medida em que, como vários estudos vêm analisando (GURZA LAVALLE, HOUTZAGER, CASTELLO,

---

características centrais desses espaços são: a representação de entidades ou organizações da sociedade civil; e a paridade na representação entre sociedade civil e Estado. (Há diferentes composições de paridade. No caso da área da saúde, a paridade ocorre entre a representação dos usuários e os demais representantes ou setores: Estado, prestadores de serviço e trabalhadores da área). O Orçamento Participativo, de maneira geral, é um programa de governo que implica em incluir a população no processo de definição do uso de parte dos recursos públicos.

15 De maneira geral, a literatura na área de Ciência Política tem trabalhado com a distinção entre participação política convencional - voltada ao conjunto de atividades de base eleitoral; e participação política não convencional – as atividades que ocorrem por fora dos canais formais, como protestos e movimentos sociais. (BAQUERO, 1981; AVELAR, 2004). A introdução de instituições participativas não apenas complexifica essa classificação, como reforça a pertinência das teorias que apontam para a multidimensionalidade do fenômeno da participação, caracterizada pelo relacionamento entre as distintas modalidades (RIBEIRO, BORBA, 2011).

2006; 2008; LÜCHMANN, 2007; 2011; ISUNZA VERA, GURZA LAVALLE, 2010; ALMEIDA, 2010), essas instituições operacionalizam, em boa medida, o princípio democrático da inclusão através do estatuto da representação. Essa dimensão procura, não sem problemas, apontar a representação como saída ao dilema da impossibilidade da democracia direta, solucionando o problema da garantia, para o alcance da legitimidade democrática, da inclusão de demandas, atores, grupos e setores que são subrrepresentados no sistema de base eleitoral. Como assinala Dryzek (2010), a legitimidade democrática, para a teoria deliberativa, é dada pela participação – ou representação – daqueles que serão sujeitos às decisões tomadas nos processos deliberativos; II. O lugar que as instituições de controle social ocupam, enquanto espaços de formulação de demandas políticas e de *accountability* ou de controle governamental, no conjunto dos espaços e práticas de interlocução entre setores estatais e sociais e nas instituições do poder político (governos e parlamentos), denominada aqui de dimensão de *accountability institucional*. Esta dimensão diz respeito, portanto, à inserção desses espaços no sistema político mais amplo, contribuindo para tornar os governos mais receptivos e responsivos perante a sociedade. Diferente da dimensão da inclusão que requer um olhar *para dentro* das próprias instituições, a dimensão da *accountability* institucional requer um olhar *para fora*, como parte de um sistema mais amplo de práticas e instituições políticas formais (governos e parlamentos) e informais (fóruns, movimentos sociais) que combinam, de forma mais organizada ou mais desconexa, diferentes modalidades de participação, representação e deliberação.

No caso da realidade brasileira, diversos estudos estão avançando na avaliação dos processos e mecanismos de inclusão política por meio da representação, e adensando o campo do conhecimento sobre a pluralização da representação. Frente aos problemas e limites do modelo de representação política de base eleitoral, esses estudos buscam argumentos de sustentação de legitimidade a um conjunto muito mais amplo e plural de atores e espaços que estão a exercer representação por fora dos espaços consagrados pelo modelo do sufrágio universal. Além da atuação de diferentes atores individuais e coletivos (associações e movimentos sociais) nos espaços públicos, foco central do desenvolvimento teórico sobre a representação política informal na literatura internacional (DRYZEK, NIEMEYER, 2008; SAWARD, 2009; URBINATI, WARREN, 2008), ressalta-se, especialmente para o caso brasileiro, os avanços da literatura sobre os novos formatos de representação institucional, como são os casos dos Conselhos Gestores, Conferências e Orçamentos Participativos. Essa pluralização de atores e espaços vem demandando maiores cuidados para diferenciar as capacidades inclusivas e as exigências de critérios de representatividade perante os públicos mais amplos.

De outra forma, além dos avanços nas reflexões acerca da dimensão inclusiva e representativa desses espaços, cobrindo, portanto, um olhar interno, percebe-se também um movimento no sentido de analisar esses espaços enquanto inseridos em um contexto sociocultural e político mais amplo, especialmente no sentido de compreender, mobilizando diferentes frentes teóricas, essas práticas institucionais em uma perspectiva relacional (DAGNINO, OLVERA, PANFICHI, 2006; SILVA, 2007; TATAGIBA, BLIKSTAD, 2011; ROMÃO, 2010; ABERS, BÜLLOW, 2011). Além disso, e seguindo aqui esta orientação, alguns trabalhos vêm avançando tanto no sentido da construção de tipologias de controle social, com ênfase especial às diferentes modalidades de interfaces socioestatais (ISUNZA VERA, GURZA LAVALLE, 2010; PIRES, VAZ, 2012); quanto no redirecionamento dos olhares voltados à ancoragem dessas instituições nas estruturas de poder político e na esfera societal (ALMEIDA, TATAGIBA, 2012).[16] No entanto, há ainda muito o que se evoluir no desenvolvimento de um tratamento teórico voltado para essa dimensão tendo em conta a localização – e os impactos – do/no ambiente institucional e social que cerca essas práticas. Digno de nota têm sido as recentes publicações do IPEA (IPEA, 2010; PIRES, VAZ, 2012), chamando a atenção para a necessidade de se analisar a multidimensionalidade da experiência democrática brasileira,

---

16 As autoras analisam o fenômeno mais geral do baixo poder relativo dos conselhos – em um contexto de extrema vitalidade enquanto modelo de participação – a partir de sua (frágil) ancoragem institucional e social. (ALMEIDA, TATAGIBA, 2012).

> (...) a partir de um conjunto variado de processos, procedimentos e espaços institucionais reciprocamente constitutivos, que, por isso mesmo, não podem mais ser reduzidos a nenhuma das dimensões e terminologias específicas que comumente são mobilizadas para descrever sistemas democráticos (IPEA, 2010).

Os avanços no campo da democracia deliberativa parecem oferecer uma moldura interessante para se avaliar a inserção e o papel – por certo ambíguo – de instituições de controle social nessa multidimensionalidade, apontando suas relações e especificidades. De fato, estamos tratando de espaços que incorporam cidadãos e organizações sociais tendo em vista promover o controle sobre governos eleitos, o que sugere um novo enquadramento sobre as exigências de mecanismos tradicionais de autorização e *accountability*, flexibilizados perante às exigências democráticas que conformam as bases de modelos homogêneos e unidimensionais.

Tendo em vista enfrentar essas duas dimensões (e suas interpenetrações) com o foco na discussão sobre a representação, o trabalho está estruturado da seguinte maneira. Em primeiro lugar, apresenta as bases gerais do debate sobre a pluralização da representação, apontando os principais argumentos que visam dar sustentação à legitimidade de um fenômeno que se desdobra em múltiplas e diferenciadas arenas e atores sociais. À luz da realidade brasileira, localiza a representação exercida no interior das instituições de cogestão e/ou controle social como um subtipo do fenômeno da pluralização da representação, sistematizando, a partir de pesquisas empíricas, as características mais gerais desse tipo de representação e os padrões encontrados em sua capacidade de promover inclusão social. Por serem exercidas no interior de instituições que foram desenhadas para desempenhar (legal ou formalmente) o papel de *accountability* institucional, as práticas de representação ali exercidas têm sido alvo de questionamentos acerca de sua legitimidade e capacidade de promover inclusão, capacidade esta que já pode ser medida pelo resgate do acúmulo de estudos empíricos, e que possibilita o traçado dos padrões desse tipo de representação, especialmente os padrões dos processos de autorização, dos perfis dos atores envolvidos, e dos argumentos que dão sustentação à legitimidade dessa representação.

Em segundo lugar, e tendo em vista apresentar a necessidade de se avançar nos estudos sobre a dimensão da *accountability* institucional, o trabalho recupera as bases mais gerais da ideia de sistema deliberativo, em diálogo com as perspectivas que trazem contribuições teóricas acerca da *accountability* e/ou do controle social. Pensar o lugar que as instituições de cogestão ocupam na dinâmica mais ampla das instituições (governos e parlamentos) que conformam a estrutura política, permite se avançar no desenvolvimento de propostas analíticas voltadas não apenas para a inclusão, como também para as consequências políticas da constituição de instituições que, incorporando diferentes atores sociais, exercem o controle social sobre os governos eleitos. Em diálogo com a literatura, o trabalho sugere reacomodar, em função das especificidades dessas instituições de cogestão frente aos processos mais amplos de pluralização da representação política, exigências, mesmo que mais frouxas, de autorização e de *accountability*, pilares centrais das teorias sobre a representação.

INSTITUIÇÕES DE CONTROLE SOCIAL E PLURALIZAÇÃO DA REPRESENTAÇÃO: A DIMENSÃO DA INCLUSÃO

Novos argumentos vêm sendo construídos tendo em vista o reconhecimento da importância democrática dos diferentes formatos, atores e práticas de representação nas sociedades contemporâneas, com destaque àqueles que apontam déficits no modelo da representação política eleitoral em cumprir com o requisito democrático da inclusão política. Seja pelas denúncias acerca dos limites estruturais do modelo de representação eleitoral; seja pelo viés analítico pautado em um diagnóstico de crise do sistema representativo, medido pela conjunção de fatores como desconfiança político-institucional, apatia política e abstenção eleitoral; e ainda, pelo reconhecimento do aumento da complexidade e da pluralidade social, o fato é que o monopólio do modelo sufragista de representação política vem sendo desafiado, em diferentes vertentes analíticas, perante a pluralização de espaços e atores que reclamam (SAWARD, 2009) a sua legitimidade representativa diante da sociedade e das instituições políticas tradicionais (governos e parlamentos).

Os exemplos do fenômeno da pluralização da representação são inúmeros na literatura, conformando uma constelação de práticas representativas desencadeadas por indivíduos, grupos e instituições que visam falar ou atuar em nome de outros indivíduos, grupos, populações, animais e da natureza, na grande maioria dos casos independente de terem sido formalmente escolhidos ou autorizados pelos supostos representados.[17]

Essa multiplicidade de demandas e práticas representativas, as quais em muitos casos transcendem os limites territoriais dos Estados nacionais, passa a desafiar, no campo da teoria democrática, novos entendimentos acerca das suas possíveis contribuições à democracia (URBINATI, WARREN, 2008). Seguindo esta linha, é possível identificar, em um plano mais geral, dois conjuntos de argumentos que buscam o reconhecimento da legitimidade dessas práticas representativas. Um primeiro conjunto de argumentos pode ser encontrado na literatura internacional, estando mais direcionado para as práticas

---

17 Em outro trabalho (LÜCHMANN, 2011), ancorada nos exemplos identificados na literatura, sugeri uma tipologia dos novos formatos da representação baseada nos pares: formal/informal; individual/coletiva, o que permitiu identificar quatro tipos: 1. informal e individual; 2. informal e coletiva; 3. formal e individual e 4. formal e coletiva. A tipologia foi construída a partir dos seguintes exemplos: representação formal de base individual - Assembleia de Cidadãos da Colúmbia Britânica (WARREN, PEARSE, 2008), audiências públicas, conselhos consultivos, júris de cidadãos e as Pesquisas de Opinião Deliberativas. Representação coletiva e informal: atuação de ONGs e movimentos sociais em diferentes esferas públicas em níveis locais, nacionais e internacionais. Representação individual e informal, como o já conhecido caso do discurso de Bono, cantor do U2 (DRYZEK, NIEMEYER, 2008; SAWARD, 2009). A representação das associações junto aos Conselhos Gestores no Brasil figura como exemplo de representação coletiva e formal, preenchendo, portanto, um quadro formado por quatro modalidades de práticas alternativas de representação. A formalidade diz respeito à existência de regras institucionais, seja de caráter legal ou não, e geralmente conta com a participação governamental, como são os casos dos Conselhos no Brasil e da experiência da Colúmbia Britânica no Canadá. Há, evidentemente, casos de diferentes combinações entre os tipos, como nos Orçamentos Participativos.

de representação mais informais desencadeadas por diferentes atores sociais (SAWARD, 2009; DRYZEK, NIEMEYER, 2008; URBINATI, WARREN, 2008; GURZA LAVALLE, 2011). Há, aqui, um forte deslocamento com relação às exigências e critérios de representação que conformam o modelo eleitoral. Um segundo conjunto de argumentos está sustentado na extensão de diferentes instituições de cogestão de políticas públicas, especialmente no Brasil. Diferente dos tipos informais, nestas a representação está ancorada em aspectos institucionais e legais que normatizam e empoderam esses espaços no exercício do controle social sobre os governos eleitos. Nesta perspectiva, os argumentos procuram identificar, à luz do modelo eleitoral, mecanismos de autorização e/ou de *accountability* que sustentariam as bases democráticas da representação no interior desses espaços. Aqui, conforme salienta Gurza Lavalle (2011), a pergunta pelo fundamento da legitimidade dos atores que exercem funções de representação constitui-se como um debate de ponta acerca da dimensão da *accountability* dos atores sociais.

O primeiro conjunto de argumentos, ao mesmo tempo em que acusa os limites do modelo de representação eleitoral, aponta potência democrática nas práticas de representação alternativas, especialmente para os casos de ausência de processos ou mecanismos de autorização (*self-authorized representatives*). (URBINATI, WARREN, 2008). Como sabemos, o modelo da representação eleitoral é aquele no qual os representantes são autorizados, por meio de eleições, a representarem os cidadãos, agindo em nome de seus interesses e prestando contas nas eleições subsequentes. (URBINATI, WARREN, 2008). Em que pesem todos os avanços democráticos no sentido da universalidade e da igualdade política garantidas pelo sufrágio universal,[18] há um conjunto de limites deste modelo, e que são mais ou menos estruturais, como àqueles referentes às dificuldades na identificação dos interesses e demandas dos representados, e que conformam um campo caracterizado pela pluralidade de interesses, pela alteração de preferências, pelo desconhecimento ou limites no

---

18 "The equality ensured by universal suffrage within nations is, simply, equality with respect to one of the very many dimensions that constitute 'the people'. Thus, from a normative perspective, geography-based constituency definition introduces an arbitrary criterion of inclusion/exclusion right at the start". (URBINATI, WARREN, 2008, p. 397).

entendimento da complexidade dos fenômenos e questões públicas, e/ou ainda pelas desigualdades socioeconômicas (MANIN, PRZEWORSKI, STOKES, 1999). De acordo com Saward (2009, p. 3-4), "nenhum de nós é totalmente representado – a representação de nossos interesses ou identidades, na política, é sempre incompleta e parcial (...) a representação eletiva não esgota a representação democrática".

Esses problemas só tendem a se acentuar perante a crescente complexidade e pluralidade social, e que desenham um mundo marcado por subjetividades multifacetadas e formado por diferentes espaços e relações que atravessam fronteiras locais, nacionais e internacionais (DRYZEK, NIEMEYER, 2008), colocando a necessidade de uma revisão radical dos fundamentos liberais da constituição dos representados: não apenas indivíduos, mas grupos, populações extraterritoriais, animais, natureza (SAWARD, 2009). A proposta de *representação discursiva* (DRYZEK, NIEMEYER, 2008) procura enfrentar esses limites, especialmente em se considerando não apenas as distâncias entre os atores e as decisões políticas (como no caso das políticas internacionais e de problemas globais), como a incorporação das necessidades daqueles que não são capazes de defender seus direitos no processo político por serem agentes não humanos, a exemplo dos animais ou da natureza. No caso da impossibilidade de incorporação direta dos cidadãos em procedimentos deliberativos em função dos problemas de escala, a representação por meio de discursos[19] permitiria abarcar a diversidade de demandas, propostas e projetos, impedindo que os espaços de discussão e decisão política sejam dominados por um discurso e aceitos acriticamente pelos seus participantes. A inclusão de outros e contrapostos discursos garantiria, portanto, maior inclusão, tanto de humanos como de não humanos. Convém, portanto, ressaltar, e como os próprios autores assinalam, que esta proposta de representação discursiva é mais apropriada para as situações nas quais há dificuldades de se localizar ou precisar os representados, especialmente nos casos que envolvem contextos internacionais.

---

19 Discurso entendido como "um conjunto de categorias e conceitos que envolvem determinados pressupostos, julgamentos, disposições, disputas e capacidades". (DRYZEK, NIEMEYER, 2008, p. 481). Os discursos relevantes são aqueles que apresentam concepções mais amplas e que, portanto, podem ser identificados.

Assim, é possível apontar, nos espaços e atores que exercitam representação de base não eleitoral, potência democrática de inclusão e de qualificação do processo democrático. Além da ampliação e pluralização dos representados, ressalta-se um outro registro que aponta para a legitimidade das "reivindicações de representação" (*representative claims*) (SAWARD, 2009), ancorado seja na qualidade da promoção de processos contínuos de representação sem as tentações dadas pelos momentos eleitorais; seja nos processos temporários voltados à resolução de problemas específicos, ou ainda na criação de espaços e agendas que transcendem critérios territoriais. (*Ibidem*, p. 8-9). Baseadas em vínculos identitários, na tradição, na posse de conhecimento especializado, na vocalização de grupos e populações pauperizadas e discriminadas, nas demonstrações públicas e massivas de suporte popular, nos argumentos de similaridades (descritivos), as reivindicações de representação descansam em um conjunto de justificativas que apelam, diferente daquelas alicerçadas no processo de autorização eleitoral, para o reconhecimento da representação manifestado pelos públicos representados (*Idem*, 2006). Questão central nesta vertente analítica diz respeito ao reconhecimento de que o que é representado é uma construção, e não algo dado ou predefinido, o que aponta para o seu caráter dinâmico e criativo (ABERS, KECK, 2008) que, envolvido em disputas de significados, permite que uma audiência potencial tenha autoconsciência de si como uma audiência real podendo, portanto, contestar essa representação (SAWARD, 2006, p. 303). A essa dimensão estética, e, portanto, criativa, da representação, o autor adiciona a dimensão cultural, dada pelo contexto dos códigos compartilhados. Assim, longe de um processo criativo que opera no vazio, os significados atribuídos pelos reclamantes da representação precisam estar referidos aos respectivos contextos, sendo reconhecidos, interpretados, ou resignificados pelas suas audiências ou representados (*Ibidem*, p. 312).

Destaque, portanto, para a dimensão do reconhecimento enquanto sustentáculo da legitimidade da representação. De acordo com Rehfeld (2006), para superar os limites e os problemas decorrentes do modelo ancorado nas regras de autorização e de *accountability* que caracterizam o padrão eleitoral, e tendo em vista estender os critérios de legitimidade para outras práticas de representação não eleitoral, é necessário colocar o reconhecimento da audiência como fundamento central de legitimidade da representação. Aqui, as audiências são fluidas e plurais, e dependem dos temas e propostas que estão em jogo. Disso decorre que os critérios ou regras de reconhecimento - os motivos de justificação e os procedimentos de escolha - são múltiplos e contextuais.

Esse caráter fluido e contingente da representação, embora pertinente para se pensar um amplo conjunto de práticas e demandas de representação exercidas por indivíduos, grupos e movimentos sociais, parece não corresponder aos processos de representação ocorridos no interior das instituições de cogestão contruídas nas últimas décadas no Brasil. Para esses casos, um segundo conjunto de argumentos, embora incorpore as bases gerais da argumentação anterior, apresenta pelo menos duas importantes distinções mediante as especificidades do caso nacional. Em primeiro lugar, adensa, em função das especificidades dadas pelo contexto político institucional e cultural, a dimensão dos limites da representação eleitoral, adicionando outros ingredientes aos problemas intrínsecos à dimensão da representatividade política, entre eles, os alinhamentos partidários desprovidos de conteúdos programáticos; a baixa identificação partidária entre os eleitores (WAMPLER, 2011); e as debilidades do processo de universalização do sufrágio eleitoral que foi construído, no país, com sérias fragilidades na correspondência entre representantes eleitos e as identidades e modos de organização dos atores sociais.[20] Como resultante geral, o vínculo entre representantes e representados aparece, no país, "como remoto, litúrgico e restrito a temporadas regulares de captura de sufrágio". (LESSA, 2011, p. 82).[21]

---

20 De acordo com Lessa (2011), no processo histórico de ampliação do sufrágio eleitoral do Brasil, "a extensão de atributos políticos não apresentou correspondência com modos de organização dos atores sociais, enquanto tais", impedindo uma combinação entre representantes e representados definida por "um padrão de incorporação no qual segmentos sociais dotados de identidade própria demandam inclusão na comunidade política nacional". (LESSA, 2011, p. 78).

21 Digno de nota, aqui, é o fato de que essa demanda por forte conectividade entre representantes e bases sociais coletivas e identitárias é elemento central na justificação

Em segundo lugar, há que se resgatar uma outra especificidade frente à literatura internacional, e que diz respeito ao fato de que estamos lidando também com formatos de representação política que estão assentados em aspectos institucionais e legais que normatizam um tipo de representação voltado para a formulação e/ou o controle de políticas públicas que afetam setores sociais mais amplos. Assim, a fonte de legitimidade de uma ONG que defende causas de setores vulneráveis na esfera pública parece não ser capaz de sustentar as exigências de legitimidade decorrentes de instituições que são empoderadas para o exercício da deliberação de políticas públicas.[22]

Revelando, portanto, um horizonte mais rico no fenômeno da representação política, essas experiências e instituições vêm suscitando um debate que procura alargar a concepção de representação que está baseada nos requisitos da autorização e da *accountability* operacionalizados pelas instituições democráticas de base eleitoral. De acordo com Pitkin (1972), diferente de outras práticas ou atividades representativas, a representação política democrática implica em tornar de alguma forma presente os que estão ausentes, agindo no interesse (*Acting for*) dos representados de forma responsiva a eles, o que requer a adoção de mecanismos de autorização e de *accountability*. Tendo em vista a ausência, em muitos casos, ou a pluralidade, em vários outros, desses requisitos nas práticas alternativas, o desafio teórico passa a ser o de tentar encontrar outros equivalentes ou critérios que possam validar a dimensão democrática dessas experiências. (CASTIGLIONI, WARREN, 2006; REHFELD, 2006; ISUNZA VERA, GURZA LAVALLE, 2010).

No caso da literatura brasileira, e tendo em vista se pensar em um modelo teórico de acomodação democrática dessas práticas institucionais de representação, percebe-se um importante deslocamento do pressuposto da autorização em direção ao requisito da *accountability* da representação. Gurza Lavalle, Houtzager e Castello (2006a) denominam de "representação presuntiva"[23] ou

---

dos argumentos acerca da legitimidade da representação política das instituições desenhadas para incorporar a representação dos atores da sociedade civil.

22 Diante das diferenças, parece possível supor uma escala de graus de representatividade democrática. Montanaro (2011) faz um interessante estudo nesta direção.

23 "A presunção pública de representar alguém não equivale à sua efetiva representação, mesmo se amparada empiricamente pelo desempenho de atividades que, em

"virtual" às práticas de representação alternativas que não envolvem, necessariamente, mecanismos de autorização, com especial ênfase àquelas desempenhadas pelas organizações da sociedade civil. Resgatando a dimensão subjetiva da representação, os autores buscam inspiração nas ideias de Burke para pensar a representação como o "sentimento" ou o "compromisso" para com o representado. (*Ibidem*). Para os autores,

> O elo entre representação virtual e inclusão política resulta peculiarmente pertinente e atual, em especial, se levadas em consideração sua sintonia com os debates sobre minorias e aprofundamento da democracia, bem como sua semelhança com os usos contemporâneos da ideia mais ampla de *advocacy* – arguir em favor de algo ou alguém, defender mediante argumento, recomendar a adesão ativa de uma causa, justificar publicamente o valor de algo ou alguém (*Ibidem*, p. 91).

Partindo do pressuposto de que as práticas extraparlamentares de representação exercidas por setores da sociedade civil ocorrem, via de regra, de forma presuntiva e, portanto, por fora de modelos ancorados em definições mais precisas acerca do público representado – na medida em que atuam em nome de grupos e causas que em muitos casos transcendem aspectos de natureza territorial (base de delimitação do campo dos representados do modelo eleitoral) – o momento da autorização perde força enquanto critério de legitimidade, em favorecimento aos processos ou mecanismos de *accountability* - e que se desenvolvem no tempo e de forma retrospectiva. (ISUNZA VERA, GURZA LAVALLE, 2010). Desapegada de um ato de autorização inicial, a *accountability* passa a ser sustentada por meio de relações, ou conexões com os representados, abrindo passo para se pensar na legitimidade em função dos processos mediante os quais as organizações civis internalizam, definem e depuram as prioridades e propósitos da representação por elas exercida. A dissociação entre representação e autorização

---

princípio, pressuporiam o exercício de alguma modalidade de representação política. Contudo, o comprometimento com os interesses representados é um componente vital da representação, irredutível a dispositivos institucionais". (GURZA LAVALLE, HOUTZAGER, CASTELLO, 2006a, p. 89).

também é encontrada no trabalho de Avritzer (2007) ao ressaltar que, para esses casos de representação da sociedade civil em espaços institucionais, não é a autorização, e sim a afinidade ou a identificação de temas e situações de vida que dão legitimidade a esses atores para um desempenho representativo garantido pelo "vínculo simultâneo entre atores sociais, temas e fóruns capazes de agregá--los". (*Ibidem*, p. 445).

Dois elementos parecem pertinentes para se avançar nesse debate. Em primeiro lugar, a existência concreta de mecanismos (diversos) de autorização no interior das instituições de cogestão, fator central para se avaliar a sua capacidade de promover inclusão. Em segundo lugar, a necessidade de evoluir nas avaliações acerca das exigências de legitimidade democrática desse tipo de representação enquanto atividade de exercício de poder *com* e *sobre* as instâncias governamentais, o que implica em reconhecermos esses espaços nas suas funções de exercício do controle social, ou da *accountability* institucional.

Para o primeiro caso, embora a variedade de formatos ou regras de escolha dos representantes, e em que pesem os aspectos contingentes,[24] é pertinente ressaltar que Conselhos e Orçamentos Participativos são espaços regulamentados, ou seja, subordinados a regras de composição que determinam os formatos de seleção da representação. Nesta medida, e embora com variações, a representação ali exercida segue determinados padrões que são determinantes no sentido de gerar maior ou menor capacidade de inclusão. No quadro seguinte, apresento os padrões mais gerais dos processos de seleção da representação.

---

24 Frente a essa variedade de regras, Almeida (2010) aponta o caráter contingente desse tipo de representação, na medida em que a capacidade do exercício democrático da representação dos conselheiros é variável e dependente da constituição do poder político em sua disposição para a partilha do poder; dos aspectos do desenho institucional; e das características da política pública, entre outras.

PADRÕES DA REPRESENTAÇÃO EM INSTITUIÇÕES DE COGESTÃO[25]

Autorização	Atores	Espaços	Bases do reconhecimento da representação
Eleição em fóruns próprios	Associações	Territoriais	Eleição
	Cidadãos		Identidade/afinidade
Indicação	Representantes de Governos	Setoriais	Experiência/Conhecimento

Diferentes combinações nesses padrões geram diferentes quadros de inclusão. Assim, podemos dizer que, de maneira geral, e embora todas as especificidades (locais, regionais, setoriais etc.), os Conselhos têm logrado êxito na inclusão das mulheres,[26] por exemplo, e os Orçamentos Participativos na inclusão de setores de baixa escolaridade e renda, fruto não apenas do tipo de política (demandas urbanas), como da combinação entre a autorização via eleições rea-

---

25 Baseada em regimentos de diversos conselhos e Orçamentos Participativos e em dados de pesquisas: Lüchmann e Borba (2010); Almeida, (2010). O campo, certamente, é muito mais rico, comportando outras modalidades, a exemplo do Conselho Municipal da Habitação (SP) que conta com os mecanismos da indicação, eleições em fóruns próprios, e eleições gerais de base territorial, seguindo o modelo eleitoral tradicional. (TATAGIBA, BLIKSTAD, 2011).

26 Em análise sobre a presença de maior número de mulheres nos Conselhos das áreas sociais, sugerimos (LÜCHMANN, ALMEIDA, 2010) que além da relação entre gênero e tipo de política – "na medida em que determinadas áreas de políticas públicas, as de corte social, mobilizam as mulheres para o exercício da participação e da representação em detrimento de outras, que ainda parecem ser consideradas campo de domínio e de competência masculina", a significativa presença das mulheres nos Conselhos Gestores explica-se, também, "pelo procedimento de escolha de representantes típico destas instâncias, que ocorre fundamentalmente através da intermediação de organizações da sociedade civil. Esta intermediação funciona como um filtro que intercede sobre as discriminações de gênero, ainda que tal mediação não altere a elitização da participação quanto aos critérios baseados na escolaridade, na etnia e na renda". (*Ibidem*, p. 91).

lizadas em assembleias e fóruns regionais, a participação aberta aos cidadãos, a natureza territorial e a base de reconhecimento dada pelo mecanismo eleitoral. No caso dos Conselhos, que proporcionam a inclusão de setores com um perfil socioeconômico mais alto, as combinações entre indicação e eleições em fóruns, a participação de atores coletivos (associações), a natureza setorial da política, e a pluralização - para além, portanto, das eleições - das bases de reconhecimento da representação são elementos importantes na conformação deste perfil.

A identificação de diferentes argumentos de sustentação de legitimidade desses atores sugere se pensar a validade da tese de que, afinal, o fundamento central da legitimidade da representação nesses espaços é o reconhecimento das respectivas audiências (seja pelo critério da afinidade, da expertise etc.) quais sejam: moradores participantes de assembleias, no caso dos Orçamentos Participativos; e associações que atuam nas respectivas áreas de políticas públicas, no caso dos Conselhos.

A filtragem operada pelos distintos padrões de representação desenha um perfil do corpo de representantes que permite avaliar as capacidades de promover inclusão, fazendo diferença se os representantes foram eleitos (e como e por quem), indicados, ou se contam com garantias regulamentadas de representação.[27] Regras de autorização são responsáveis por inclusões e exclusões nos espaços de cogestão, ou seja, pela maior ou menor capacidade de alcançar a presença de setores mais vulneráveis da população (PHILLIPS, 2001; YOUNG, 2006). Assim, a substituição do pressuposto da autorização por argumentos baseados na experiência, conhecimento, compromisso, afinidade e/ou identidade não consegue responder adequadamente à dimensão da inclusão se pensada pela perspectiva da presença, e que parte do pressuposto de que opiniões, ideias, perspectivas ou interesses estão vinculados às diferentes posições, trajetórias, identidades dos grupos sociais, ou seja, de que a presença faz diferença na representação. Como assinala Miguel (2011, p. 32), "as perspectivas não podem ser representadas por outros, uma vez que sensibilidade e experiência não se transferem". Elas demandam a presença dos grupos que vivenciam a realidade que

---

[27] Para os casos de organizações ou associações que contam com a garantia de reserva de cadeiras nas instituições. (BORBA, LÜCHMANN, 2010; ALMEIDA, 2010).

será afetada por determinada política. Assim, tendo em vista que as diferenças e as desigualdades de recursos e de poder tendem a se reproduzir nos espaços institucionais de cogestão, torna-se relevante se pensar em mecanismos institucionais a fim de se alcançar "a presença das perspectivas" dos diferentes setores envolvidos.[28] Com efeito, processos de autorização são elementos importantes na avaliação da legitimidade da representação no interior desses espaços, se entendermos que a inclusão política é um dos seus pressupostos.

Para o segundo caso, qual seja, a dimensão da *accountability*, e que completa o par de exigências de representação democrática, o destaque aqui é para a dimensão da *accountability* institucional, para além dos processos de responsividade e/ou prestação de contas dos atores sociais perante os setores representados (*accountability* social), no registro de que a atuação e a autoridade institucional devem fazer valer, de fato, o controle social sobre os governos, o que implica no reconhecimento desses espaços em um ambiente político e institucional mais amplo e complexo, como veremos a seguir.

A DIMENSÃO DA *ACCOUNTABILITY* INSTITUCIONAL NAS INSTITUIÇÕES DE CONTROLE SOCIAL

No campo dos estudos que procuram ampliar as lentes sobre experiências e instituições participativas, duas referências são aqui resgatadas tendo em vista o propósito de se pensar a representação política desses espaços a partir do lugar que ocupam no sistema político e social em que estão inseridas. Por um lado, os estudos voltados para a identificação dos diferentes tipos de "interfaces socioestatais" (ISUNZA VERA, s/d; ISUNZA VERA, GURZA LAVALLE, 2010; PIRES, VAZ, 2012), ou de interações entre setores governamentais e sociais materializadas por uma variedade de práticas "que vão desde a participação social em fóruns coletivos e deliberativos, como os conselhos e conferências nacionais, às formas mais restritas e individualizadas de contato, como ouvidorias, serviços de atendimento ao cidadão, etc." (PIRES, VAZ, 2012). Por outro lado, a

---

28 Os Conselhos de saúde são os mais avançados neste sentido, especialmente por incorporarem, em grau de paridade com os outros segmentos, a representação dos usuários.

incorporação da ideia de sistemas deliberativos, o que vem permitindo analisar as instituições enquanto inseridas em um contexto formado por múltiplos centros e práticas de representação, participação e deliberação.

Diferentes tipos e mecanismos de interface entre cidadãos, organizações sociais e setores governamentais desenham, no país, um rico mosaico de práticas de controle social enquanto formas de atribuição de responsabilidades dos órgãos públicos perante a população. Enriquecendo os mecanismos de prestação de contas dos poderes executivos nos diferentes níveis, no Brasil, as instituições de controle social, especialmente os Conselhos Gestores, diferentes das instâncias de controle horizontal (internas e externas),[29] fazem parte de um conjunto diversificado de dispositivos (ISUNZA VERA, s/d) de controle que podem ser classificados pelo maior ou menor vínculo com o Estado, ou pela maior ou menor capacidade de influência e de poder sobre o mesmo, entre outras possibilidades. Pensando em uma tipologia de interfaces, teríamos, por exemplo, os dispositivos de *prestação de contas societais* ("donde actores societarios se movilizan para pedir la responsabilización de los actores estatales", p.15); os *societais pro horizontais* ("que se da cuando los ciudadanos activan mecanismos de control horizontal", p.15) e os *transversais,* como é o caso dos Conselhos Gestores, na medida em que, aqui, os cidadãos estão "integrados en instituciones que controlan las políticas públicas desde dentro del aparato estatal". (*Ibidem*, p. 14).[30]

---

29 Que são realizados por instituições do Estado. Analisando a arquitetura dos controles sobre os órgãos governamentais, Isunza Vera (s/d) assinala, na esfera municipal, as instâncias de controle interno, a exemplo da Procuradoria Geral do Município; e de controles externos, a exemplo da Câmara de Vereadores, que exerce "funciones legislativas, pero también aquellas que competen a la aprobación del presupuesto, la aprobación de cuentas (con base en el parecer técnico del Tribunal de Cuentas Municipal) y del plan de desarrollo de la ciudad. Así mismo, la Cámara cuenta con atribuciones expresas de fiscalización del poder ejecutivo (el Prefeito y las administraciones directa e indirecta) las cuales ejerce mediante las audiencias públicas, los pedidos de información y, como en los otros ámbitos de la Unión, con Comisiones Parlamentarias de Investigación (Comissões Parlamentares de Inquérito)". (ISUNZA VERA, s/d, p. 12).

30 Em Gurza Lavalle e Isunza Vera (2010), essa classificação é complexificada com a introdução da diferenciação dos sentidos (da sociedade para o Estado, do Estado para

No que diz respeito às funções, as interfaces podem assumir um caráter *informativo* (o Estado deve informar os cidadãos); *vinculante* (o Estado deve atuar de acordo com deliberações feitas com os cidadãos), ou *executivo* (quando cidadãos e Estado executam programas de políticas públicas) (GURZA LAVALLE, ISUNZA VERA, 2010). Assim, temos dispositivos mais e menos exigentes no que diz respeito ao controle social no sentido de prestação de contas (*accountability*), o que implica em algum tipo de mecanismo de responsabilização e sanção. Diferente da *accountability* eleitoral (vertical) e de outros tipos de controle social realizados por cidadãos ou organizações e movimentos sociais (denúncias, manifestações, consultas etc.), as interfaces que caracterizam essas instituições contam com a representação de associações civis, e desempenham funções de *accountability* de caráter institucional, na medida em que, compostas por setores do Estado e da sociedade, são previstas para o exercício do controle sobre os diferentes setores de políticas desempenhadas pela administração governamental.

Avaliando os tipos de interfaces entre sociedade e Estado na esfera federal, Pires e Vaz (2012, p. 51) apontam para a pertinência da ideia de ecologia, que

> (...) remete à percepção de um sistema complexo, composto por partes/unidades diferenciáveis (tipos) que tendem a desempenhar funções específicas (papéis) e naturalmente se associar às estruturas e ambientes (áreas temáticas) nas quais sua contribuição faça sentido e seja necessária.

Fazendo parte dessa ecologia, e diferente de outras modalidades de interfaces (ouvidorias, por exemplo), os Conselhos Gestores, de acordo com a avaliação dos gestores, estão voltados para o exercício do controle social sobre as instâncias governamentais,[31] multiplicando atores e processos cooperativos e/

---

a sociedade e interface de direção mútua) e da agência social (participação de agentes coletivos e/ou cidadãos individuais).

31 "Enquanto conselhos e conferências apresentavam-se associados ao aumento de legitimidade, transparência e controle, audiências e consultas públicas, assim como as reuniões com grupos de interesse, demonstraram maior aproximação com a função de correção de rumos e metodologias dos programas". (PIRES, VAZ, 2012, p. 51).

ou conflitivos na conformação de uma paisagem complexa de controles sociais sobre os aparatos governamentais.

Essa ideia de ecologia vem ao encontro dos debates mais recentes na teoria deliberativa a partir de novos giros (*turns*) (Dryzek, 2010),[32] entre eles, o giro sistêmico que procura analisar o sistema mais amplo no qual os fóruns deliberativos estão inseridos, ampliando as lentes para os diferentes espaços, processos e padrões de ação política, o que vem permitindo abrigar diferentes análises sobre as práticas e instituições políticas nas sociedades contemporâneas. Faria (2012), por exemplo, mobilizou a ideia de sistema deliberativo para pensar as dinâmicas de participação, representação e deliberação junto às conferências de políticas públicas no Brasil caracterizadas "por múltiplas esferas, com diferentes padrões de ação, mas cujo objetivo final é a produção de uma agenda pública que sensibilize o poder público acerca de suas necessidades reais e simbólicas".

Assim, pensar a articulação de diferentes níveis e mecanismos é um elemento central desse referencial que busca se aproximar cada vez mais do "mundo real", enfrentando mais diretamente as instituições políticas e a necessidade de se pensar, por exemplo, na integração dos níveis micro, quais sejam, aqueles focados em procedimentos deliberativos de pequena escala orientados para processos decisórios; com os níveis macro, referentes aos espaços e atores voltados para a formação da opinião em esferas públicas. Hendriks (2006) aponta os dois extremos interpretativos: enquanto os teóricos *micro* focalizam os espaços deliberativos (parlamentos, conselhos, câmaras e outros fóruns estruturados) formados por públicos qualificados e capazes de engajamento em uma deliberação racional, os teóricos *macro* advogam a importância da sociedade civil, especialmente dos movimentos sociais na formação e contestação pública, mobilizando discursos por fora do Estado e de maneira crítica ao mesmo. Dialogando com autores que propõem o reconhecimento de diferentes públicos e espaços de deliberação fazendo uso da ideia de *integrated deliberative system*, Hendriks (2006) sugere que um sistema misto de esferas discursivas deve incoporar os discursos e espaços micro e macro, formais e informais:

---

32 O autor aponta os giros a partir dos anos 2000: giro institucional; sistêmico; prático; empírico.

> Some spheres are far more structured than others, some more public and inclusive, some are initiated by the state and others emerge from civil society. Although most actors locate themselves in one primary discursive sphere, they are by no means mutually exclusive. Some actors prefer to work in several spheres in order to utilise different forms of communication and engage with different kinds of actors (*Ibidem*, p. 499).

Visando avaliar resultados democráticos como autenticidade, inclusão e consequências na vida concreta, como por exemplo, sugere Dryzek (2010), a ideia mais geral de sistemas deliberativos permite também identificar possibilidades e limites de práticas deliberativas dados pelo ambiente social e institucional em que estão inseridas. No caso das instituições de cogestão e/ou controle social, implica em analisar a sua inserção tanto nas estruturas governamentais, quanto nas práticas e articulações sociais. Assim, se seguirmos a orientação de Dryzek (*Ibidem*), por exemplo, podemos analisar instituições como Orçamentos Participativos e Conselhos Gestores tendo em vista avaliar, entre outros, suas relações com os espaços públicos mais livres e participativos (fóruns, movimentos sociais etc.); seu grau de empoderamento frente a outros atores e instituições políticas; as formas de transmissão das influências dos atores sociais que atuam nos espaços públicos; e os mecanismos de *accountability*, avaliando como essas instituições respondem aos públicos mais amplos.

Além da necessidade de ser sensível às características dos Estados e dos sistemas políticos em que as experiências deliberativas estão inseridas (*Ibidem*), há também um chamado para o reconhecimento de diferentes lógicas e padrões de ação política, incorporando-os na ideia de sistema deliberativo. De acordo com Warren (2012, p. 1),

> (...) deliberative democracy is placed against (e.g.) aggregative democracy, electoral democracy, advocacy democracy, agonistic democracy, pluralist democracy, republican democracy, and so on. The "models" approach, I shall argue, leads us into unnecessary theoretical dead-ends. We should, I argue, simply step away from "models" because

> they increasingly undermine our capacities to think about democratic systems.

Para o autor, cada modelo está assentado em características distintivas que impedem de se avançar em direção a uma perspectiva mais ampla de democracia. Assim, por exemplo, o modelo deliberacionista vem recebendo várias críticas, entre outras, por não dar conta das dimensões dos interesses, do poder e das desigualdades (*Ibidem*), críticas que também estão assentadas em modelos que, de outra forma, também apresentam limites (outros) para se pensar a complexidade democrática das dinâmicas políticas.

Pela lente dos modelos, a ideia de deliberação enquanto decisão coletiva baseada em razões veio se desenvolvendo no sentido de contraposição às outras práticas e mecanismos políticos, como o voto e a contestação, por exemplo, além de apresentar limites no que diz respeito à dimensão dos interesses, estratégias e influências dos diferentes atores políticos.[33] Reconhecendo esses limites, a ideia de sistema deliberativo pretende, a partir da incorporação da noção de sistema, pensar a democracia como uma ecologia social e institucional não apenas a partir da compreensão de que diferentes práticas ou instituições comportam diferentes feições e funções – sejam agregativas, competitivas, deliberativas etc. (*Ibidem*, p. 6), mas da necessidade de ampliar o foco para as características do ambiente político, avaliando o maior ou menor grau de abertura, inclusividade e postura (mais ativa ou passiva) das respectivas estruturas governamentais.[34] De maneira mais ge-

---

33 Souza (2012, p. 10) aponta, com propriedade, os limites dos estudos sobre o Orçamentos Participativos que "concederam pouca ou nenhuma atenção às instituições, aos atores e interesses políticos e às múltiplas arenas que permeiam tal reforma participativa" ignorando, na maioria dos casos, tanto o cenário institucional mais amplo que abriga essas experiências, quanto "as diferentes arenas de conflito e cooperação entre os diversos atores políticos locais envolvidos".

34 Dryzek apresenta uma tipologia neste sentido: Estados ativamente inclusivos estimulam canais participativos, ao passo que os Estados passivamente inclusivos suportam atividades de influência, como lobbies, ações legais, ativismo partidário, sem abrir canais participativos. Os Estados passivamente exclusivos suportam poucos canais de influência de interesses sociais, geralmente seguindo a lógica do favor, enquanto os Estados ativamente exclusivos intervêm nos interesses sociais de modo a minar as

ral, a ideia de sistema permitiria reconhecer: a) outros espaços, atores e lógicas de atuação política e seus impactos e relações com procedimentos deliberativos mais específicos. Aqui, entra em cena não apenas o reconhecimento de instituições agregativas, mas especialmente das ações de protesto e de contestação, por um lado, e dos diferentes tipos e espaços de exercício da representação, por outro; b) as configurações das estruturas de poder político governamental que acomodam e dão ancoragem às instituições e práticas deliberativas, a exemplo dos Conselhos Gestores no Brasil. Assim, para avaliar a força ou a fraqueza representativa desses espaços é necessário olhá-los por uma lente bem mais ampla e abrangente, seja focando para o campo político institucional;[35] seja direcionando para as esferas de organização e articulação sociais.

No caso da realidade brasileira, e fazendo parte das estruturas governamentais, essas instituições de cogestão de políticas públicas procuram materializar os princípios constitucionais que trazem à cena política o ideário da participação no interior da democracia representativa. (VITALE, s/d). Di Pietro apresenta a lista de instrumentos participativos citados na Constituição de 1988, ressaltando um quadro de "gradação, que vai desde o simples direito à informação, passando pelos instrumentos de controle, até a atuação direta do cidadão em órgãos integrantes da Administração Pública". (2000, p. 40). Como ressaltado por Lopes (2000), o "texto constitucional indica, no que diz respeito aos direitos sociais, que planejamento e execução de políticas públicas precisam de algo mais do que a representação universal do parlamento", deslocando para esses espaços, como já vimos, problemas relativos ao exercício da representação política.

---

suas bases organizativas. (2010, p. 171). Isso envolve, certamente, além de se considerar o perfil dos governos, se considerar os perfis dos respectivos parlamentos e as relações entre os poderes, especialmente os graus de maior ou menor autonomia entre eles.

35 O que requer uma revisão das perspectivas mais "voluntaristas" sustentadas na variável da "vontade política" em função não apenas da dimensão dos interesses e estratégias dos e entre os atores políticos (partidos, governantes, parlamentos) (SOUZA, 2012), mas de diferentes constrangimentos institucionais que interceptam e/ou alteram vontades e projetos governamentais.

Diferente dos Orçamentos Participativos que não contam, em geral, com uma legislação que o determine e o regulamente, ficando à mercê de projetos e programas dos governos (VITALE, s/d), os Conselhos são órgãos inseridos na estrutura do Estado, e apresentam uma natureza jurídica que impõe deveres e obrigações legais.

De acordo com Di Pietro, esses órgãos decisórios, como são os Conselhos Gestores responsáveis em fiscalizar e formular políticas públicas, constituem-se como colegiados que apresentam certas especificidades perante os outros órgãos governamentais, especialmente "no sentido de que são formados por cidadãos que, não sendo funcionários, desempenham um serviço público sem as interferências indevidas da Administração Pública". (2000, p. 44). No entanto, essa autonomia é relativa, na medida em que os Conselhos são órgãos colegiados integrantes da estrutura administrativa do Estado, sujeitando-se, portanto, "ao poder disciplinar da Administração Pública, que pode impor a eles determinadas sanções". No que diz respeito à sua competência decisória, os Conselhos, nos casos de serem previstos em lei, emitem deliberações que "têm a mesma força obrigatória de um órgão singular; a sua força decorre da lei e não diminui pelo fato de o órgão contar, entre seus membros, com representantes da sociedade", sendo que a sua autonomia

> (...) será tanto maior quanto melhor for assegurada a liberdade na escolha dos representantes pela própria comunidade representada e quanto mais o órgão estiver fora da hierarquia administrativa, recebendo um rol de competências exclusivas expressamente previstas no direito positivo (DI PIETRO, 2000, p. 45).

Assim, sob o ponto de vista legal, os Conselhos são abrigados juridicamente e são espaços empoderados. A deliberação dos Conselhos pode equivaler a uma proposta ou ser "vinculante para o chefe do poder legalmente constituído em cada esfera do governo" (LOPES, 2000), sendo objeto de problematização o sentido ou o escopo da vinculação. De acordo com Lopes, assim como no sistema tradicional de divisão de Poderes caracterizado pelos bloqueios recíprocos (freios e contrapesos) competiria, também para o caso dos Conselhos, o poder de veto pelo Executivo em função de sua legitimidade dada pelo sistema eleitoral, sendo "razoável supor que o Conselho pode ter uma decisão não homologada caso haja motivo fundado: irregularidade, ilegalidade, etc." (*Ibidem*, p. 30).

Essa inserção e vinculação com o aparato estatal traz consequências importantes para se pensar as suas funções e o caráter da representação ali exercida. Como analisam Almeida e Tatagiba,

> (...) os conselhos figuram como uma entre várias instâncias que têm, em alguma medida, a responsabilidade de exercer o controle interno do Estado sobre as políticas públicas, [sendo que] o fluxo das regulações e das deliberações do qual resultam as políticas públicas é constituído por dispositivos e modalidades que se superpõem e muitas vezes estão em conflito. Somando-se a isso, as posições hierárquicas que as instâncias ocupam no interior de um sistema não são fixas. Elas podem se mover mediante confrontos que tenham capacidades para produzir impactos institucionais e novos arranjos internos (2012, p. 81-2).

Superposições de funções e de poderes também são objeto de preocupação no trabalho de Gurza Lavalle; Houtzager; Castello ao apontarem os problemas decorrentes da inserção de instituições como Orçamentos Participativos e Conselhos em uma estrutura federativa assentada na competência dos executivos e legislativos em deliberar e sancionar as políticas e os recursos, o que tem levando essas inovações institucionais a seguirem "princípios e funções concorrentes de representação política, suscitando conflitos quando – como acontece com frequência e larguza – as propostas dos conselhos são modificadas pelos poderes executivo e legislativo" (2006, p. 82).

Assim, ao redirecionarmos o olhar para fora, ou seja, para o lugar mais amplo que essas instituições ocupam nas estruturas governamentais, podemos enxergar de forma mais nítida a sua condição ambígua de independência/subordinação aos poderes (executivos e legislativos) instituídos, o que tem significado, na prática, uma forte acomodação e subordinação a esses poderes. Diversos estudos já mostraram como esses órgãos colegiados encontram inúmeras dificuldades em exercitar o controle social, especialmente aquelas referentes à respeitabilidade de suas decisões.[36] De outra parte, ressalta-se também a natureza ambígua no que diz respeito às suas atribuições, na medida em que combinam funções de informação, fiscalização, formulação e execução de políticas governamentais,[37] constituindo-se como casos de difícil enquadramento na tipologia das interfaces apresentada anteriormente. Essa pulverização de atividades e funções gera tensões com importantes rebatimentos na dimensão da representação, cujas maiores ou menores exigências estão relacionadas com a natureza da autoridade ali exercida.

Se recuperarmos a ideia de sistema deliberativo em articulação com o debate sobre os espaços de interfaces tendo em vista o exercício do controle social, podemos afirmar que Conselhos Gestores, entre outras instituições de cogestão de políticas públicas, são instituições voltadas ao exercício do controle social sobre as instâncias governamentais. Sua vocação no interior do conjunto mais amplo de aparatos e instituições políticas é, portanto, a de acompanhamento das ações, dos gastos e dos programas governamentais, ou seja, o desempenho da *accountability* institucional, o que implica em atuar no sentido de avaliar e acompanhar o atendimento às diferentes – e especialmente as mais urgentes – demandas sociais. Neste sentido, para receber "o selo" democrático, essas instituições devem ser capazes de promover a inclusão de todos os setores afetados pela respectiva política pública, inclusão que, como vimos, é viabilizada pelo mecanismo da representação.

Essa via de atribuição de autoridade permite se reacomodar as exigências dadas pelos pressupostos (da autorização e da *accountability*) da representação democrática: o foco na função da *accountability* institucional

---

36 O fato de suas decisões não serem respeitadas diz respeito, em boa medida, ao não reconhecimento de sua legitimidade por parte dos governos eleitos, pois tal reconhecimento implicaria em abrir mão de fatia considerável de poder. Além disso, o emaranhado de instituições, níveis e regulamentações que compõe os diferentes setores de políticas inviabiliza dinâmicas que garantam sequência reta entre decisão e implementação de políticas e programas.

37 Algumas contradições e ambiguidades dadas pelos diferentes tipos de autoridades nesses espaços são objeto de análise de Wampler (2011) e Almeida e Tatagiba (2012).

democrática é mais exigente quanto à necessidade de se avaliar mecanismos e processos de autorização tendo em vista garantir a inclusão de demandas, interesses e vozes de diferentes grupos e setores sociais. Além disso, e partindo do empoderamento institucional no exercício do controle social, o foco na dimensão da *accountability* se desloca para o plano sistêmico, olhando para os impactos sobre as estruturas governamentais, por um lado, e para as relações (institucionais) com o ambiente social. Assim, mantém-se de pé a dimensão da dupla face da *accountability* (GURZA LAVALLE, ISUNZA VERA, 2011), porém de forma menos personalizada (*accountability* dos atores sociais) e mais institucionalizada, ou seja, focada no controle institucional sobre os governos e nas relações com a sociedade, especialmente os setores mais diretamente afetados. Avaliar, portanto, a dimensão da *accountability* implica em, como proposto por Dryzek (2010), verificar qual o grau de empoderamento no interior do sistema político-governamental; como se dão as articulações com as esferas públicas no sentido do diálogo e abertura às influências e demandas sociais; e como as instituições de cogestão respondem aos públicos mais amplos.

É nesta perspectiva que a abordagem sistêmica da teoria democrática ajuda a se pensar esses espaços enquanto inseridos em uma ecologia social e institucional, redimensionando funções e exigências frente ao reconhecimento de diferentes instituições, procedimentos e atribuições de autoridade política. Delimitar funções de exercício (duplo) de *accountability* institucional implica em se resgatar, embora de forma mais criativa e pluralizada, exigências e critérios de autorização que são responsáveis pela composição, e mecanismos de responsabilização desses espaços perante a sociedade, especialmente mediante a publicização: não apenas a transparência e a divulgação de informações; mas as articulações com espaços públicos de debates, críticas, avaliações e proposições. Assim, processos de seleção e de responsividade são elementos centrais para o alcance de maior empoderamento e legitimidade democrática perante os atores e instituições que conformam o sistema político mais amplo, que é formado por múltiplos centros e práticas de representação, participação e deliberação.

CONSIDERAÇÕES FINAIS

Como vimos, uma dimensão central para o reconhecimento da importância e da legitimidade do alargamento e da pluralização de atores e espaços de representação política é a dimensão da inclusão política nas sociedades contemporâneas, na medida em que a complexidade e a diversidade de temas, demandas, interesses e perspectivas colocam em xeque o monopólio dos partidos e do procedimento eleitoral como geradores únicos e legítimos da representação política democrática.

Esse monopólio é acusado de reproduzir um processo de elitização da representação que há muito vem sendo criticado pelos teóricos participativos e deliberativos, entre outros motivos, pela sua incapacidade de incluir determinados grupos e demandas nos processos de decisão e de poder político, debilitando, portanto, o caráter democrático da representação. Como corolário, outras formas de representação política vêm sendo validadas, como são os casos da atuação de movimentos sociais e ONGs na defesa de interesses e causas sociais e das instituições de cogestão de políticas públicas, com destaque, aqui, para àquelas que povoam o cenário político institucional da sociedade brasileira. Para este último caso, nem o modelo padrão eleitoral e nem as formulações direcionadas para outras práticas e contextos sociais parecem adequados para se pensar a legitimidade democrática da representação ali exercida, na medida em que essas formas de representação política estão ancoradas em regras institucionais que autorizam o exercício do controle social sobre os governos, ao mesmo tempo que estão subordinadas aos poderes políticos legitimados pelo modelo padrão de base eleitoral.

Tendo em vista analisar potenciais democráticos dessas práticas institucionais de representação, o trabalho lançou mão de uma abordagem orientada pelo reconhecimento da importância analítica do fenômeno da representação a partir de dupla dimensão: a dimensão da *inclusão política*; e a dimensão da *accountability institucional*, mobilizando o referencial mais geral da teoria deliberativa, especialmente no que diz respeito ao novo giro (sistêmico) orientado para se pensar as articulações e os enquadramentos políticos e sociais mais gerais. De forma resumida, o trabalho buscou traçar um raciocínio seguindo as seguintes considerações:

- Diferente dos tipos mais informais de representação política, a representação exercida nas instituições de controle social está ancorada em aspectos institucionais e legais que normatizam e empoderam esses espaços no exercício do controle social sobre os governos eleitos. Revelando, portanto, um horizonte mais rico no fenômeno da representação política, essas experiências e instituições vêm suscitando um debate no sentido de enfrentar o desafio de encontrar legitimidade através de possíveis equivalentes ou alternativas de critérios de representatividade do modelo padrão (baseado na autorização e na *accountability*) de representação eleitoral;

- Assim, no caso da literatura brasileira, e tendo em vista se pensar em modelos teóricos de acomodação democrática dessas práticas institucionais de representação, percebe-se um importante deslocamento do pressuposto da autorização em direção ao requisito da *accountability* da representação exercida por setores da sociedade civil, representação esta que é vista como ocorrendo, via de regra, por fora de modelos ancorados em definições mais precisas acerca do público representado. Diferente de procedimentos formais de autorização e *accountability*, as bases de legitimidades são buscadas, entre outras, na afinidade ou no compromisso dos representantes com os supostos representados;

- Em se tratando de instituições de controle social, a exemplo de Conselhos Gestores e Orçamentos Participativos, o trabalho aponta, em diálogo com essas abordagens, dois elementos que parecem pertinentes para se avançar neste debate. Em primeiro lugar, diferente de ausência, é possível identificar a existência concreta de mecanismos de autorização no interior dessas experiências e instituições, mecanismos estes que permitem elucidar o perfil dos representantes e as definições acerca dos públicos representados. Nesta perspectiva, o trabalho sugere que regras de autorização são responsáveis por inclusões e exclusões nos espaços de cogestão, ou seja, pela maior ou menor capacidade de alcançar a presença dos setores mais vulneráveis da população – um dos pilares de sua legitimação;

- Em segundo lugar, e mediante a recuperação das bases mais gerais da ideia de sistema deliberativo, e em diálogo com as perspectivas que trazem contribuições teóricas acerca da *accountability* e/ou do controle social, o trabalho pretendeu resgatar, por meio de um olhar atento ao contexto mais amplo das instituições políticas (governos e parlamentos) e relações sociais, a importância da dimensão da *accountability* institucional, reclamando maior exigência de critérios de avaliação desta dimensão, especialmente pelos rebatimentos diretos na sua capacidade de alçar maior legitimidade social e institucional, e, portanto, maior capacidade de representação perante a sociedade. Mediante o resgate dessas duas dimensões, o trabalho sugere reacomodar, em função das especificidades dessas instituições frente aos processos mais amplos de pluralização da representação política, exigências, mesmo que alternativas, e não necessariamente menos qualificadas, de autorização e de *accountability*, pilares centrais das teorias sobre a representação.

REFERÊNCIAS BIBLIOGRÁFICAS

ABERS, Rebecca Neaera; KECK, Margaret E. "Representando a diversidade: Estado, sociedade e 'relações fecundas' nos conselhos gestores". *Caderno CRH*, Salvador, nº 52, vol. 21, 2008, p. 99-112.

ABERS, Rebecca; BULOW, Marisa. "Movimentos sociais na teoria e na prática: como estudar o ativismo através da fronteira entre Estado e sociedade?". *Sociologias*, Porto Alegre, nº 28, vol. 13, 2011, p. 52-84.

ALMEIDA, Carla; TATAGIBA, Luciana. "Os conselhos gestores sob o crivo da política: balanços e perspectivas". *Serv. Soc. Soc.*, São Paulo, nº 109, 2012, p. 68-92.

ALMEIDA, Debora Rezende de. "Metamorfose da representação política: lições práticas dos conselhos municipais de saúde no Brasil". In: AVRITZER, L. (Org.). *A dinâmica da participação local no Brasil*. 1ª ed. São Paulo: Cortez Editora, vol. 3, 2010, p. 129-174.

AVELAR, Lúcia. "Participação política". In: AVELAR, Lúcia; CINTRA, Antônio Octávio (Orgs.). *Sistema Político Brasileiro: uma introdução*. São Paulo: Konrad Adenauer Stiftung/Unesp, 2004, p. 223-235.

AVRITZER, Leonardo. "Sociedade civil, instituições participativas e representação: da autorização à legitimidade da ação". *Dados*, nº 3, vol. 50, 2007, p. 443-464.

BAQUERO, Marcello. "Participação política na América Latina: problemas de conceituação". *Revista Brasileira de Estudos Políticos*, nº 53, vol. 2, 1981.

CASTIGLIONE, Dario; WARREN, Mark E. "Rethinking democratic representation: eight theoretical issues". *Trabalho apresentado no Centre for the Study of Democratic Institutions*. University of British Columbia, 2006. Disponível em: <http://www.politics.ubc.ca/fileadmin/user_upload/poli_sci/Faculty/warren/Rethinking_Democratic_Representation_May_2006.pdf>.

COHEN, Joshua. "Deliberation and democratic legitimacy". In: BOHMAN, James; REGH, William. *Deliberative democracy: essays on reason and politics*. Massachusetts: Institute of Tecnology, 1999.

DI PIETRO, Maria Sylvia Zanella. "Participação da comunidade em órgãos da administração pública". *Rev. Direito Sanit*, São Paulo, nº 1, vol.1, nov. 2000.

DRYZEK, John. *Foundations and frontiers of deliberative governance*. Nova York: Oxford University Press, 2010.

DRYZEK, John; NIEMEYER, Simon. "Discursive representation". *American Political Science Review*, nº 4, vol. 102, 2008, p. 481-493.

FARIA, Claudia Feres. "Participação e deliberação nas Conferências de Políticas Públicas no Brasil: uma análise comparada". Trabalho apresentado no 8º.

Encontro da Associação Brasileira de Ciência Política (ABCP). Gramado – RS, 1-4 ago. 2012.

GURZA LAVALLE, Adrian. "Após a participação: nota introdutória". *Lua Nova*, São Paulo, nº 84, 2011, p. 13-23.

GURZA LAVALLE, Adrian; CASTELLO, Graziela. "Sociedade civil, representação e a dupla face da accountability: cidade do México e São Paulo". *Caderno CRH*, Salvador, nº 52, vol. 21, 2008, p. 67-86.

GURZA LAVALLE, Adrian; HOUTZAGER, Peter; CASTELLO, Graziela. "Democracia, pluralização da representação política e sociedade civil". *Lua Nova*, São Paulo, nº 67, 2006, p. 49-113.

GURZA LAVALLE, Adrian; ISUNZA VERA, Ernesto. "A trama da crítica democrática: da participação à representação e à accountability". *Lua Nova*, São Paulo, nº 84, 2011, p. 95-139.

GURZA LAVALLE, Adrian; ISUNZA VERA, Ernesto. "Precisiones conceptuales para el debate contemporáneo sobre la innovación democrática: participación, controles sociales y representación". In: _____. (Orgs). *La innovación democrática en América Latina: tramas y nudos de la representación, la participación y el control social*. México: Centro de Investigaciones y Estudios Superiores en Antropología Social – Universidad Veracruzana, 2010.

HENDRIKS, Carolyn. "Integrated deliberation: reconciling civil society's dual role in deliberative democracy". *Political Studies*, nº 3, vol. 54, 2006, p. 486-508.

CARDOSO JÚNIOR, José Celso; PINTO, Eduardo Costa; LINHARES, Paulo de Tarso. *Estado, instituições e democracia: desenvolvimento*. vol. 3. Brasília: Ipea, 2010.

ISUNZA VERA, Ernesto. *Rendición de cuentas desde una perspectiva comparada en América Latina. El caso de la ciudad de São Paulo*. Paper, s/d .

ISUNZA VERA Ernesto; GURZA LAVALLE, Adrian (Orgs.). *La innovación democrática en América Latina: tramas y nudos de la representación, la participación y el control social.* México: Centro de Investigaciones y Estudios Superiores en Antropología Social – Universidad Veracruzana, 2010.

LESSA, Renato. "Democracia, representação e desenvolvimento". In: *Estado*, Instituições e Democracia. Livro 9, vol. 2. Brasília: IPEA, 2010.

LOPES, José Reinaldo de Lima. "Os conselhos de participação popular. Validade jurídica de suas decisões". *Rev. Direito Sanit*, São Paulo, nº 1, vol. 1, nov. 2000.

LÜCHMANN, Lígia Helena Hahn. "Associações, participação e representação: combinações e tensões". *Lua Nova*, São Paulo, nº 84, 2011, p. 141-174.

_____. "A representação no interior das experiências de participação". *Lua Nova*, São Paulo, nº 70, 2007.

LÜCHMANN, Lígia Helena Hahn; ALMEIDA, Carla Cecília Rodrigues. "A representação política das mulheres nos Conselhos Gestores de Políticas Públicas". *Revista Katálysis*, Florianópolis, vol. 13, 2010, p. 86-94.

LÜCHMANN, Lígia Helena Hahn; BORBA, Julian. "A Representação política nos Conselhos Gestores de Políticas Públicas". *Revista URBE*, Curitiba, nº 2, vol. 2, 2010, p.229-246.

MANIN, Bernard; PRZEWORSKI, Adam; STOKES, Susan. "Elections and representation". In: _____. (Orgs.). *Democracy, accountability, and representation*. UK: Cambridge University Press, 1999.

MIGUEL, Luis Felipe. "Representação democrática: autonomia e interesse ou identidade e advocacy". *Lua Nova*, São Paulo, nº 84, 2011, p. 25-63.

MONTANARO, Laura. "The democratic legitimacy of self-appointed representatives". *The Journal of Politics*, vol. 74, out. 2012, p. 1094-1107.

PIRES, Roberto; VAZ, Alexandre. *Participação social como método de governo? Um mapeamento das "interfaces socioestatais" nos programas federais.*

Texto para discussão. Brasília: Instituto de Pesquisa Econômica Aplicada (IPEA), 2012.

PHILLIPS, Anne. "De uma política de idéias a uma política de presença?". *Rev. Estud. Fem.*, Florianópolis, nº 1, vol. 9, 2011, p. 268-290.

PITKIN, Hanna Fenichel. *The concept of representation*. Berkeley: University of California Press, 1972.

REHFELD, Andrew. "Towards a general theory of political representation". *The Journal of Politics*, nº 1, vol. 68, fev. 2006, p. 1-21.

RIBEIRO, Ednaldo Aparecido; BORBA, Julian. "As dimensões da participação política no Brasil". *Teoria & Pesquisa*, vol. 20, 2011, p. 11-36.

ROMÃO, Wagner de Melo. *Nas franjas da sociedade política: estudo sobre o orçamento participativo*. Tese (Doutorado em Sociologia) – FFLCH–USP, São Paulo, 2010. Disponível em: <http://www.teses.usp.br/teses/disponiveis/8/8132/tde-28092010-092315/>.

SILVA, Marcelo Kunrath. "Dos objetos às relações: esboço de uma proposta teórico-metodológica para a análise dos processos de participação social no Brasil". In: DAGNINO, Evelina; TATAGIBA, Luciana (Orgs.). *Democracia, sociedade civil e participação*. Chapecó: Universitária, 2007.

SAWARD, Michael. "The representative claim". *Contemporary Political Theory*, nº 3, vol. 5, 2006, p. 297-318.

_____. "Authorisation and authenticity: representation and the unelected". *The Journal of Political Philosophy*, nº 1, vol. 17, 2009, p. 1 – 22.

SOUZA, Luciana Andressa Martins de. "O Orçamento Participativo e as relações entre os atores políticos locais nas arenas eleitoral, governamental e legislativa". Trabalho apresentado no 36º Encontro da ANPOCS, Águas de Lindóia, 2012.

TATAGIBA, Luciana; BLIKSTAD, Karin. "Como se fosse uma eleição para vereador: dinâmicas participativas e disputas partidárias na cidade de São Paulo". *Lua Nova*, São Paulo, n° 84, 2011, p. 175-217.

URBINATI, Nadia; WARREN, Mark E. "The concept of representation in contemporary democratic theory". *Annu. Rev. Polit. Sci.*, vol. 11, 2008, p. 387-412.

VITALE, Denise. "A institucionalização jurídica do orçamento participativo". In: _____. *Democracia Semidireta no Brasil Pós-1988: a experiência do Orçamento Participativo*, 2004. Disponível em: <http://www.democraciaparticipativa.org/>.

WAMPLER, Brian. "Instituições participativas como 'enxertos' na estrutura do Estado: a importância de contextos, atores e suas estratégias". In: PIRES, R. R. (Org.). *Efetividade das instituições participativas no Brasil: estratégias de avaliação*. Brasília: Instituto de Pesquisa Econômica Aplicada (IPEA), 2011.

WARREN, Mark. "When, where and why do we need deliberation, voting, and other means of organizing democracy? A problem-based approach to democratic systems". Annual Meeting of the American Political Science Association, 30 ago./02 set. 2012.

WARREN, M. E; PEARSE, H (Eds). *Designing Deliberative Democracy. The British Columbia Citizen's Assembly*. Cambridge University Press, 2008.

YOUNG, Iris Marion. "Representação política, identidade e minorias". *Lua Nova*, São Paulo, n° 67, 2006, p. 139-190.

AUTORIZAÇÃO E ACCOUNTABILITY NA REPRESENTAÇÃO DEMOCRÁTICA: EXERCÍCIOS DE DISSOCIAÇÃO

Luis Felipe Miguel

A familiaridade com que aceitamos a expressão "democracia representativa", que se tornou parte do vocabulário corrente, faz com que esqueçamos o que ela possui de paradoxal.[38] A democracia representativa estabelece um governo no qual o povo é evocado como titular nominal da soberania, mas está ausente dos espaços de efetivo exercício do poder. A representação política formal impôs-se como uma necessidade incontornável, uma vez que o tamanho dos territórios e das populações dos Estados nacionais modernos tornava inviável a democracia direta. Ainda mais importante, é um efeito da extensão dos direitos políticos a uma maior quantidade de grupos sociais, o que ampliou o conflito potencial no interior do *demos* e exigiu mecanismos de mediação para acomodar interesses divergentes e reduzir uma tensão que se poderia revelar

---

38 As reflexões apresentadas neste capítulo são parte da pesquisa "Representação política, perspectivas sociais e representação simbólica"/"Desafios da teoria democrática numa ordem desigual", apoiada pelo CNPq com recursos do Edital nº 20/2010 e com uma bolsa de PQ. Uma versão inicial foi apresentada no II Colóquio Internacional de Teoria Política, ocorrido em São Paulo, em dezembro de 2012. Agradeço os comentários dos participantes do Colóquio, bem como de Flávia Biroli e de Regina Dalcastagnè, que leram versões prévias do texto. Seus equívocos e lacunas, no entanto, permanecem sendo de minha inteira responsabilidade.

disruptiva. Mas é inegável que a exigência de representação amplia as dificuldades para a efetivação de um regime democrático.

É possível, como fizeram tantos, de Edmund Burke (1942 [1774]), Benjamin Constant (1997 [1819]) e John Stuart Mill (1995 [1861]) a Giovanni Sartori (1994 [1987]) e Nadia Urbinati (2006), afirmar a superioridade do governo representativo sobre a democracia popular direta, com base seja na maior competência dos governantes, seja na liberação de energia social para outras atividades além da gestão das questões públicas. Com frequência, estas posições se mostram sensíveis às críticas de teor aristocrático, feitas à democracia desde a Grécia antiga, e buscam matizar os possíveis efeitos deletérios do governo do povo. Nesse sentido, elas têm, ao menos, o mérito de admitir claramente o hiato entre a ideia de democracia e a exigência de representação.

Para aqueles que se mantêm vinculados ao sentido normativo da democracia, torna-se necessário buscar instrumentos que garantam que a vigência da representação não signifique um completo distanciamento entre o governo e a vontade popular. A autorização expressa dos representados e a presença de mecanismos de *accountability* foram em geral considerados requisitos necessários (e, por vezes, também suficientes) para conferir caráter democrático a uma relação de representação. As insuficiências desta visão – "formalista", para seguir a terminologia de Hanna Pitkin (1967) – têm sido apontadas pela literatura, o que levou à exploração de novos entendimentos da representação, a começar pela revalorização daquilo que foi chamado, a partir de Anne Phillips (1995), de "política da presença". Constata-se que, ainda que os mecanismos formais de autorização e *accountability*, em particular a eleição popular para o preenchimento dos cargos públicos, estejam em pleno funcionamento, é possível detectar déficits de representatividade. Governantes autorizados pelo povo e submetidos a processos compulsórios de prestação de contas (nas próprias eleições) podem se revelar, e muitas vezes se revelam, pouco responsivos aos cidadãos comuns, vinculados a interesses de grupos minoritários ou mesmo corruptos (MIGUEL, 2005). A "crise da representação política" nos países democráticos detectada a partir do final do século XX, isto é, a percepção de um sentimento generalizado de não estar representado nas esferas de tomada de decisão, serve de indício de que a autorização e a *accountability* não bastam.

Desdobramentos recentes na discussão têm não apenas criticado, mas descartado autorização e *accountability*, vistas então como condições desnecessárias ou mesmo entraves para uma relação efetiva de representação. O caráter formalista desse tipo de representação deixa de significar que ele passa centralmente por procedimentos que estabelecem como princípio a igualdade entre todos, como para Pitkin, adquirindo o sentido de "formal" como oposto a "real", tal como na crítica marxista aos "direitos formais burgueses". Penso em visões de representação virtual ou por afinidade, na valorização do papel representativo autoinstituído das organizações da sociedade civil ou na teorização sobre as "reivindicações representativas", feita por Michael Saward (2010). Mas, no afã de chegar a soluções completas para problemas difíceis, tais visões desconsideram elementos centrais do fenômeno de que tratam.

Meu esforço, neste capítulo, é promover alguns "exercícios de dissociação", desvinculando conceitos que muitas vezes são sobrepostos sem maior reflexão e que, assim, obscurecem o entendimento sobre os problemas da representação democrática. A discussão se desenrola em três partes. Na primeira delas, tento demonstrar que autorização e *accountability* eleitorais não estabelecem, por si sós, uma relação de representação. A obra de Anthony Downs (1957) é usada como caso paradigmático de uma teoria da democracia que prevê um governo nascido de eleições competitivas, autorizado e *accountable*, mas que não é representativo. Na segunda seção, volto-me para a ideia de que autorização e *accountability* não se resumem às eleições para os cargos do Estado. Elas estão presentes, de diferentes formas e com diferentes graus de formalização, em diferentes esferas. Entendidas desta forma, autorização e *accountability* não podem ser reduzidas à manifestação de preferências prévias a serem agregadas. São mecanismos que preveem exatamente um processo em potencial e sempre em aberto de troca de razões entre representantes e representados; isto é, autorização e *accountability* são dialógicas. Esta formulação me permite fazer a crítica às *démarches* teóricas recentes, que buscam identificar padrões de representação política democrática legítima à margem da interlocução entre representantes e representados. A seção conclusiva, enfim, discute a relação entre representação, democracia e legitimidade, como três conceitos diferentes. Segundo busco demonstrar, muitos dos problemas das teorias recentes da representação nascem da sobreposição apressada feita entre estes três conceitos.

DEMOCRACIA ELEITORAL NÃO-REPRESENTATIVA

Para avançar no entendimento da relação entre a representação política e os mecanismos formais de autorização e controle, debruço-me agora sobre uma contribuição crucial à teoria democrática liberal, o tratado sobre *Uma teoria econômica da democracia*, de Anthony Downs. Trata-se de um livro que obteve enorme influência como uma das aplicações pioneiras da teoria da escolha racional aos problemas centrais da ciência política e como uma surpreendente compatibilização entre os pressupostos de Joseph Schumpeter sobre a incompetência do eleitorado e a ideia de um regime democrático em que o governo efetivamente serviria às preferência do povo.

Os ideais democráticos básicos envolvem, como afirmou Thomas Christiano, a soberania popular, a igualdade política entre os cidadãos e oportunidades iguais de participação nas discussões públicas (CHRISTIANO, 1996, p. 3). Já a pesquisa empírica sobre a democracia muitas vezes se contenta em aceitar que "a eleição popular dos principais tomadores de decisão é a essência da democracia" (HUNTINGTON, 1994 [1991], p. 18). É evidente que há um fosso entre os dois polos. A revolução que Schumpeter promoveu na teoria democrática, que abriu caminho para apreciações como a de Huntington, consistiu em negar que os ideais democráticos pudessem ser implementados de forma minimamente substantiva. Portanto, eles podem e devem ser desconsiderados em nossa análise das formas de governo existentes. Por trás de uma fachada de respeito à soberania popular e de igualdade política, importante sobretudo para garantir a legitimidade do sistema, na democracia imperaria um governo de minorias (cf. MIGUEL, 2002a).

Para tanto, Schumpeter se apoia numa compreensão da natureza humana, que nos levaria a ser cognitivamente incompetentes e desinteressados em relação a tudo o que ultrapassa os limites da nossa atividade cotidiana – o que inclui, para quase todas as pessoas, o conjunto das questões públicas. O povo não governa porque não sabe, nem quer governar. A democracia torna-se, assim, de acordo com a fórmula célebre, "o arranjo institucional para chegar a decisões políticas no qual os indivíduos adquirem poder para decidir por meio da luta competitiva pelos votos do povo" (SCHUMPETER, 1976 [1942], p. 269). Votos, convém lembrar, concedidos por motivos irracionais, por eleitores incapazes de discernir as opções em jogo, e que portanto não vinculam os eleitos a nenhum tipo de preferência popular.

Partindo do modelo schumpeteriano, Downs o subverte. Ele busca mostrar como, mesmo sem postular uma racionalidade mais elevada do eleitorado, tampouco exigindo uma fórmula institucional mais inclusiva ou favorável à participação, é possível ver o mecanismo eleitoral como um instrumento de efetivação da vontade do povo. De alguma maneira, o método concorrencial realizaria a essência da democracia, ainda que desprezando os ideais democráticos.

Mesmo sem entender as questões públicas, o cidadão de Downs sabe que as decisões de governo têm impacto em sua vida – e deseja ter uma vida cada vez melhor. Sendo racional, vai manter aqueles governos que melhoram suas condições de existência e substituir os que não conseguem fazê-lo. É uma racionalidade que exige um grau mínimo de informação e se apoia por inteiro na apreciação impressionista da evolução do próprio bem-estar. Como este bem-estar é, por definição, um fenômeno subjetivo, o fato de que a apreciação seja impressionista não a desqualifica: meu bem-estar é indistinguível da *impressão* de bem-estar que experimento.

Eleitores que operam com racionalidade, ainda que ela seja pouco exigente, se defrontam, no modelo, com candidatos aos cargos políticos que se pautam por critérios igualmente racionais. Uma premissa fundamental de *Uma teoria econômica da democracia*, que passou a integrar o senso comum da ciência política posterior, é que o objetivo dos líderes políticos e dos partidos é unicamente a obtenção e a manutenção do poder. Por consequência, o objetivo dos governos é a maximização de sua base de apoio político. Assim, "os partidos formulam políticas para vencer eleições, em vez de vencerem eleições para formular políticas" (DOWNS, 1957, p. 28). O modelo todo estabelece um silogismo, cuja conclusão é óbvia. Os políticos lutam para se manter no poder, mas para isso precisam obter o voto popular. Os eleitores comuns votam de acordo com a melhoria de suas próprias condições de vida. Logo, políticos racionais, em busca da satisfação de seu interesse egoísta de permanecer no poder, agirão para atender ao máximo e da melhor forma possível os interesses do povo.

A democracia concorrencial, descrita desta forma, seria superior à própria democracia direta. A vontade popular guiaria as ações do governo, sem que a massa dos cidadãos tivesse que abandonar suas atividades cotidianas, por pouco tempo que fosse, para tomar parte no processo decisório. E ainda mais: os políticos concorrendo pelo poder procurariam satisfazer até demandas não formuladas, difusas ou latentes, uma vez que só conta o resultado em termos do bem-estar subjetivo. A vontade popular seria obedecida antes mesmo de se manifestar, antes mesmo de se estabelecer como vontade. Em suma, o sistema democrático concorrencial desenhado por Downs é *perfeito*, no sentido que Kant atribuía a uma constituição perfeita: aquela na qual mesmo uma "raça de demônios", desde que fosse inteligente, agindo em busca do interesse próprio, teria que beneficiar o interesse coletivo (*apud* ARENDT, 1993 [1982], p. 25).

Não cabe aqui discutir as muitas fragilidades do modelo de Downs, que está fundado numa série de simplificações insustentáveis relativas ao comportamento dos cidadãos comuns, aos incentivos dos políticos e ao próprio processo eleitoral, restrito a dois polos, que são candidatos e eleitores, sem espaço para agentes intermediários como grupos de pressão, financiadores de campanha, interesses corporativos ou a mídia (cf. PRZEWORSKI, 1995 [1990], p. 37-9; PIZZORNO, 1993; MIGUEL, 2002b). O autor afirma que seu modelo não seria normativo, porque "não contem postulados éticos e não pode ser usado para determinar como os homens devem se comportar", nem descritivo, pois "ignora todas as considerações não-racionais tão vitais para a política no mundo real" (DOWNS, 1957, p. 31). Seria um modelo "positivo", capaz de funcionar de acordo com seus próprios postulados. Mas a distinção é frágil e o uso do modelo tanto como balizamento normativo quanto como diretriz para estudos empíricos começa, na verdade, no próprio livro de Downs.

Quanto ao ponto que nos interessa aqui, Downs introduz um importante acréscimo à percepção de Schumpeter. Enquanto a descrição da democracia concorrencial feita pelo escritor austríaco prevê apenas um instrumento de autorização popular, por meio das eleições, Downs põe em operação também um mecanismo grosseiro, mas segundo sua narrativa eficiente, de *accountability*. É na competição pelos votos populares que o governante recebe autorização para exercer o poder. É a eleição também que estabelece o veredito popular sobre o seu mandato anterior. Os dois elementos são necessários para o funcionamento do modelo de Downs.

No entanto, o governante downsiano não representa as preferências dos eleitores, porque essas preferências não estão estabelecidas por eles; nem representa a vontade do povo, porque essa vontade também não existiria. Talvez se pudesse dizer que ele representa a preferência ou vontade difusa do eleitorado pela melhoria geral de suas condições de vida, mas tal afirmação está muito distante do uso corrente de "representação", mesmo na literatura especializada.[39] Neste caso, seria mais razoável dizer que eles são um *instrumento* desta aspiração, em vez de representantes.

A situação fica mais clara se pensarmos num paralelo entre as relações do médico com seu paciente e do advogado com seu cliente. Dizemos que o advogado representa o cliente e, de fato, essa é uma das inspirações principais para se refletir sobre a representação política. Ainda que o cliente ignore os melhores caminhos legais e possa, muitas vezes, ser aconselhado pelo advogado a adaptar suas ambições às possibilidades existentes, tipicamente ele possui demandas claras e específicas que o profissional deve atender. Já o médico deve alcançar um objetivo genérico, que via de regra está vinculado à sobrevivência, saúde ou bem estar do paciente.[40] Sob certo ponto de vista, ele é um instrumento da busca do

---

39 E, afinal, "o sentido de uma palavra é seu uso na linguagem" (WITTGENSTEIN apud MOI, 1999, p. 7).

40 Intervenções médicas com finalidade estética fogem do modelo; essa é exatamente uma das razões pelas quais elas impõem uma nova ordem de questões éticas para o exercício da medicina.

doente por sua cura; mas, a não ser de maneira muito simbólica, não diremos que é seu representante. Se a relação entre médico e paciente pode ser enquadrada no molde geral das relações entre um agente e um mandante ("principal", de acordo com a bizarra tradução do inglês que se firmou na ciência política brasileira), é como demonstração de que esse tipo de relação *não* implica obrigatoriamente em representação.

As diferenças entre as relações advogado-cliente e médico-paciente se ligam à existência de objetivos mais bem definidos e definidos mais livremente, à capacidade de interlocução entre as partes e ao grau de autonomia do agente. O governante de Downs situa-se, com clareza, do lado do médico. Em seu modelo, o processo eleitoral gera um governante que serve à população sem, no entanto, representá-la. A democracia concorrencial de Schumpeter e de Downs não é, evidentemente, uma democracia direta. Mas, exceto formalmente, tampouco é uma democracia representativa.

AUTORIZAÇÃO E *ACCOUNTABILITY* NÃO-ELEITORAIS

Estabelecido que é possível que o processo eleitoral promova uma forma de democracia que não é representativa, passo agora ao segundo "paradoxo" que organiza este capítulo. Uso aspas porque julgo que é, tanto quanto o primeiro, um paradoxo apenas aparente, efeito da associação automática entre conceitos diversos. Quero apontar que os mecanismos de autorização e *accountability* não se resumem aos procedimentos eleitorais. De fato, meu alvo é o negativo desta posição: quero argumentar que a defesa de formas de representação não-eleitoral, presente em parte da literatura contemporânea sobre representação política, não justifica o abandono de instrumentos de autorização e *accountability* que, afinal, permanecem sendo vetores incontornáveis da esperança de que os representados possam exercer algum tipo de controle sobre seus representantes.

Estou me referindo ao entusiasmo com que parte da ciência política brasileira recente acolheu e teorizou novas formas de representação, à margem das eleições, em espaços paralelos ao parlamento, como os conselhos e as conferências de políticas públicas. Meu objetivo, aqui, não é analisar a dinâmica decisória ou a composição social de conselhos ou conferências, tarefa de que outros certamente poderiam se incumbir com mais competência, mas investigar como se estabelecem discursos que constroem os agentes que participam destes espaços como representantes democráticos e legítimos de interesses diversos.

No início, estes espaços foram lidos sob a chave da participação política. Junto com os orçamentos participativos que eclodiram por todo o Brasil a partir do final do século XX, seguindo o exemplo de Porto Alegre, formavam as "novas arenas" de participação. No entanto, logo ficou claro que, uma vez que as organizações da sociedade civil que ganhavam assento nestes espaços falavam em nome de interesses ou de públicos que permaneciam ausentes, era preciso estudá-los sob a ótica da representação. A rigor, mesmo o estudo dos orçamentos participativos ganha ao entendê-los como estruturas alternativas de representação política, dada a sua estrutura tipicamente piramidal e a taxa de participação relativamente baixa (MIGUEL, 2003a), mas esta é uma discussão que não cabe aqui.

Boa parte daqueles que ocupam assentos nestes espaços são, em maior ou menor medida, representantes autoinstituídos dos setores ou grupos pelos quais falam. Em texto anterior, apontei alguns dos problemas que advêm desta situação (*Idem*, 2011). Aqui, concentro-me em um deles, a falta de instrumentos que permitam o controle dos representantes por seus pretensos representados – isto é, a falta de mecanismos de autorização e *accountability*.

Se parte da literatura prega a "redução da preocupação com a legitimidade dessas novas formas de representação" (AVRITZER, 2007, p. 459), outros afirmam que são formas legítimas, ainda que a interlocução entre representantes e representados esteja ausente ou seja pífia. Um texto exemplar, neste sentido, indica a necessidade de "superar a concepção monista de legitimidade, apontando a pluralidade das formas de representar e ser representado" (ALMEIDA, 2012, p. 11). A legitimação seria

> (...) derivada, na medida em que tanto o Estado quanto a sociedade reconhecem estes atores como interlocutores válidos. Em relação à sociedade, há um grupo no qual está a origem da representação exercida por estes representantes, mas este grupo pode incluir ou não todas as associações

ligadas ao tema ou mesmo não estar organizado em associações (*Ibidem*, p. 15).

A legitimação derivada se metamorfoseia numa "autorização derivada", que "não está baseada no pressuposto da igualdade matemática, mas em uma igualdade que se volta para a consideração das diversas manifestações da sociedade, discursos, preferências e interesses não expressos pela via eleitoral" (*Ibidem*, p. 41).

No entanto, a igualdade "matemática", descartada tão facilmente como algo intranscendente, é um dos fundamentos normativos da própria democracia. Ela indica o respeito igual que deve ser concedido aos interesses e às vontades expressas de cada um dos cidadãos, algo que é insuficiente, sem dúvida, mas que também é indispensável. O autor que é evocado para sustentar a crítica à igualdade matemática, Pierre Rosanvallon, na verdade a condena como parte de uma utopia democrática que convém descartar. Se não concordamos com esse veredito – se, ao contrário, julgamos que é necessário manter essa utopia democrática como nosso horizonte normativo –, então cabe perguntar em que consiste a nova igualdade sugerida por Almeida. Afinal, na vida política de sociedades desiguais, são sempre os grupos poderosos que possuem maior capacidade de expressar seus "discursos, preferências e interesses" por via não-eleitoral.

Julgo que, no lugar da igualdade matemática, não surge uma forma de igualdade nova, aprimorada. Entra, isso sim, uma preocupação com a qualidade da discussão, isto é, com a capacidade de intervenção esclarecida no debate, cujos laivos elitistas são evidentes. Os representantes autoinstituídos não precisam obter a autorização ou prestar contas a seus pretensos representados porque se julga que eles estão melhor aparelhados para contribuir positivamente para a formulação de políticas públicas. Os cidadãos comuns ganhariam quando representados por indivíduos e associações que conhecem suas necessidades e seus interesses melhor do que eles mesmos. A legitimação derivada, que faz com que o Estado e os outros agentes já reconhecidos da sociedade civil escolham quais serão seus interlocutores, é a contraface da despossessão do público em geral, visto como insuficientemente apto para participar. Nas palavras de estudiosos da experiência brasileira,

> (...) a força de autorização para a representação nos espaços participativos nacionais estudados não emana dos representados e sim do órgão que institui o espaço ou do reconhecimento por organizações que já estão legitimadas para atuação naquela instância. Em certo sentido há uma tendência ao hermetismo, pois poucas são as oportunidades de inclusão de novas perspectivas sociais nesses espaços, seja pela impossibilidade já instituída nos atos normativos que exigem requisitos para a participação em nível nacional, seja pela dificuldade de novas organizações adentrarem nos círculos de poder já delimitados (TEIXEIRA, SOUZA, LIMA, 2012, p. 41).

No final das contas, o que se busca com a exaltação dos representantes autoinstituídos é um atalho para a resolução dos problemas relativos à participação e representação políticas – problemas que passam, sim, pela baixa qualificação média dos cidadãos. Mas em vez de enfrentá-los, promovendo a ampliação da capacidade de interlocução política das pessoas comuns, isto é, buscando a redistribuição do capital político, opta-se por sua substituição por agentes bem intencionados, que se colocam numa posição paternalista em relação a estas pessoas. Mas o problema do paternalismo, como tive ocasião de apontar em outro texto (MIGUEL, 2012), é que, via de regra, ele mascara uma relação de dominação.

Indicar que a carência de formas de autorização e *accountability* são problemas para estas novas instâncias de representação não significa, porém, que se julgue que elas devam necessariamente incorporar procedimentos de tipo eleitoral. Embora muitas vezes autorização e *accountability* sejam interpretadas como facetas do processo eleitoral, elas não se resumem a ele. As eleições são um meio para a obtenção da autorização e para a efetivação da *accountability*, que, por uma série de razões, se firmaram como o meio por excelência de transferência formal de poder decisório, da representação política. Mas outros meios estão em funcionamento de maneira mais informal e permanente na esfera pública discursiva, que permitem que grupos e indivíduos reconheçam seus porta-vozes, ao mesmo tempo em que esperam que eles se justifiquem diante de si. A tarefa de quem busca aprofundar o caráter democrático dessa representação é preservar e aprimorar estes mecanismos, não descartá-los em nome da expertise superior dos pretensos representantes.

Retomo aqui a ideia de que a representação política pode ser analisada a partir de três dimensões (*Idem*, 2003b). A primeira delas se refere à transferência formal de poder decisório. É aquela que passa pelas eleições, tanto para os poderes de Estado quanto para sindicatos ou associações. Na medida em que conselhos e conferências têm capacidade de decisão, a ausência de um mecanismo formal de transferência de poder gera problemas de legitimidade. Entende-se que a adoção de procedimento eleitoral é contraindicada, já que replicaria a dinâmica e os vícios da esfera política tradicional. Mas, nesse caso, os vínculos informais com os representados, próprios das outras duas dimensões da representação, precisariam ser reforçados, não desprezados.

A segunda dimensão da representação política está relacionada à participação no debate público e na formação da agenda – não no sentido do direito formal, garantido a todos pela regra da liberdade de expressão, e sim da capacidade de gerar efeitos no debate. Os representantes eleitos exercem esta capacidade, mas ao lado deles estão muitos outros agentes, porta-vozes de diferentes demandas, interesses e valores. Eles se esforçam por chamar a atenção para questões, modificar a hierarquia dos temas que já estão na agenda ou reforçar determinados enquadramentos relativos aos problemas em pauta. Seus alvos são a chamada "opinião pública", os meios de comunicação e também os próprios espaços formais de decisão.

É evidente que não se pode esperar que esta segunda dimensão da representação repita os procedimentos eleitorais de autorização e *accountability* que são próprios da primeira. Ela ocorre em uma multiplicidade de espaços, de uma forma fluida que indica uma possibilidade permanente de intervenção de novos agentes, de deslocamento dos arranjos já estabelecidos, de reapropriação por parte dos representados. Mas isso não significa que os representantes possam se independentizar. Não se trata de uma forma de representação virtual ou putativa, em que aqueles que têm acesso à esfera pública agem como julgam que os pretensos representados gostariam. É necessária a interlocução e a busca de responsividade às preferências dos representados: formas de autorização e *accountability* que ficam à margem dos procedimentos eleitorais, mas que estão presentes nas relações cotidianas de lideranças com suas bases.

Da forma como indico aqui, a representação política democrática não se resume a uma relação vertical entre representante e representados, mas inclui, como uma dimensão igualmente importante, a relação horizontal entre os representados. Se as suas preferências não são dados prévios, mas construções vinculadas às próprias disputas políticas, o diálogo interno é um momento crucial do processo representativo – eis a terceira dimensão da representação. Organizações da sociedade civil só se credenciam como representantes democraticamente legítimos dos grupos em nome dos quais falam caso fomentem este diálogo.

Em boa parte das teorias recentes da representação pela sociedade civil, o diálogo entre e com os integrantes do grupo, por meio do qual as preferências coletivas podem ser produzidas de maneira mais autônoma, é preterido por uma espécie de "atalho" que permitiria que essas preferências, presumidas a partir de um ponto de vista externo, se fizessem ouvir em espaços decisórios vedados às pessoas comuns. Sem a interlocução interna ao grupo, que também permitiria aos representados uma maior capacidade de supervisão e controle sobre os representantes, e sem interlocução entre os porta-vozes e seus pretensos constituintes, há uma forma de autoautorização e também de autoavaliação, por critérios que, uma vez mais, são estranhos à base. Há aqui um grave menosprezo pelo ideal de igualdade que é próprio da democracia. A ausência do reconhecimento da necessidade de promover, ativa e permanentemente, a ampliação da capacidade de interlocução entre representantes e representados, bem como da produção autônoma das preferências pelos últimos, é um retrocesso importante em relação às correntes da democracia participativa. O paternalismo subjacente implica a percepção de que a incapacidade política dessas pessoas é um dado de uma realidade que não vale a pena combater ou questionar.[41]

---

41 A literatura observa também que, nos conselhos, há pouca interlocução entre os representantes e as próprias entidades que os indicaram; "os conselheiros acabam emitindo sua própria opinião sobre determinando tema, resultadodo seu acúmulo pessoal ou da sua adesão às propostas defendidas no calor do debate" (TATAGIBA, 2002, p. 66).

Ou seja: autorização e *accountability* não podem ser reduzidas à manifestação de preferências prévias a serem agregadas – uma observação que é válida mesmo para analisar a qualidade democrática da primeira dimensão da representação política. Autorização e *accountability* devem ser entendidas como processos dialógicos e as eleições são um instrumento, entre outros, para a realização do diálogo. Os argumentos de eficiência e expertise ignoram a exigência da troca de razões entre representantes e representados, colocando em seu lugar a sensibilidade e a boa vontade, o que representa a abdicação do ideal democrático de ampliação da igualdade.

Ao mesmo tempo, a literatura sobre a emergência de "novas arenas participativas", na forma de conselhos e conferências de políticas públicas ou mesmo de orçamentos participativos, tende a ignorar os "velhos espaços representativos". A relação com as instâncias representativas tradicionais, porém, não pode ser ignorada, porque coloca em questão a eficácia destas arenas. Os poderes legislativo e executivo determinam a amplitude das questões submetidas à deliberação nos conselhos e conferências, bem como a efetividade de suas decisões. Há uma espécie de esquizofrenia analítica quando as injunções de eficácia são mobilizadas como justificativa para descartar a questão da representatividade dos porta-vozes, mas estão ausentes da discussão sobre a relação com os poderes do Estado.

É possível fazer um paralelo com a estratégia leninista de duplo poder, tal como formulada nas "Teses de abril" e em outros textos escritos no calor da Revolução Russa (cf. LÊNIN, 1978 [1917]; 1985 [1917]). Mas Lênin buscava estabelecer uma estratégia revolucionária, em que a relação entre o poder dos sovietes e o poder do parlamento burguês era um problema central. A dualidade de poderes indicava um impasse, que precisaria ser resolvido em favor de um ou outro dos interesses em choque. É próprio do pensamento de Lênin o entendimento de que as instituições da democracia representativa são impermeáveis aos interesses das classes dominadas, podendo talvez manipulá-los, mas nunca atendê-los. A tarefa que então ele se propunha era o esvaziamento do parlamento e a concessão de "todo o poder aos sovietes", segundo a célebre palavra de ordem.

Embora não haja, nem de longe, uma teorização similar, as análises focadas nas novas arenas representativas também partem de uma desesperança com os mecanismos de representação tradicionais, fundados em eleições, em parlamentos e na competição partidária. A primeira virtude desses novos espaços seria o fato de não estarem contaminados pelas dinâmicas políticas antigas. Mas não há o enfrentamento do que significa essa convivência entre duas lógicas diferentes de legitimação política. Pelo contrário, ocorre uma acomodação tácita entre o poder político convencional, com suas práticas viciadas, e os espaços participativos, que incidem sobre uma fatia secundária dos recursos simbólicos e materiais do Estado e não têm condições de promover um reordenamento abrangente da ordem social, mas influenciam em agendas específicas e propiciam medidas compensatórias localizadas para grupos em desvantagem. Uma acomodação que abre mão do horizonte da igualdade política e do aprofundamento da democracia.

CONCLUSÃO: REPRESENTAÇÃO, DEMOCRACIA E LEGITIMIDADE

Os problemas com a compreensão do papel representativo de organizações da sociedade civil se ligam a duas questões de conceito mal resolvidas. Uma delas é a tendência a assumir qualquer forma de expressão na esfera pública como uma manifestação de representação política. A outra é a sobreposição entre representação, democracia e legitimidade – ou, melhor ainda, entre os adjetivos derivados, "representativo", "democrático" e "legítimo", que são usados como se pudessem ser livremente substituíveis entre si.

O principal efeito colateral da expansão do sentido da representação política para além da delegação formal de poder é que suas fronteiras se tornam bem menos definidas. Penso em quatro situações diversas:

(1) Alguém apresenta o testemunho de uma situação particular ou a demanda por uma reparação individual – uma vítima da violência policial ou da criminalidade, um usuário de um serviço público, um investidor em busca de incentivo estatal etc. – e seu discurso é apropriado como sendo um *caso típico* de um universo mais amplo de condições similares. O próprio falante, aliás, possui estímulos fortes para enquadrar seu caso como típico de outros, pois

com isso cresce a atenção que é dada a ele e há possibilidade de mobilizar uma solidariedade estendida. Mas o fato de que esse discurso se apresenta e/ou é visto como representativo faz do seu emissor um representante (e, em particular, um representante político) de outros?

(2) Uma pessoa com notoriedade decide utilizá-la para abraçar uma "causa". Para citar o exemplo preferido da literatura, o cantor Bono Vox, do grupo de rock irlandês U2, se coloca como porta-voz das necessidades prementes dos pobres da África. O acesso privilegiado à mídia, proporcionado por sua posição na indústria do entretenimento, garante atenção às suas declarações e também promove o reconhecimento por outros agentes (líderes políticos, organizações não-governamentais, governos, as Nações Unidas), que sabem que ganharão visibilidade por associação ao escolhê-lo como intelocutor. Mas esta forma de *voluntarismo altruísta* o torna um real representante destas populações?

(3) Uma organização voluntária se estabelece com o objetivo de contribuir para a superação de carências de uma determinada população.[42] Como costuma ocorrer, há um duplo movimento de profissionalização, com a transferência de recursos do Estado ou a captação de fundos junto a entidades privadas, e de reconhecimento, pelos agentes governamentais e pelos meios de comunicação. A organização passa a verbalizar as (pretensas) demandas daquela população, em diferentes fóruns e na esfera pública midiática. Mas até que ponto a expertise *engajada* a credencia como representante das pessoas em cujo nome está falando?

(4) Um movimento social reivindica o direito de falar não apenas por aqueles que dele participam, mas por todo um grupo maior, que não está necessariamente disposto a integrar suas ações ou tão envolvido com as bandeiras que ele empunha. A *mobilização militante* constrói a si mesma como a ponta (menor ou maior) de um iceberg de reivindicações sufocadas. Mas a vanguarda está realmente sintonizada com os interesses das "pessoas comuns" ou, ao contrário, tende a se afastar deles?

---

42 Não gostaria que o "carências" desta frase fosse entendido em sentido muito restritivo. Uma organização de lobby feminista como o CFEMEA, por exemplo, busca suprir o que ela percebe como uma carência de sua população-alvo, a articulação política em favor dos direitos das mulheres.

Existe uma zona de sombra entre as duas últimas categorias. A "onguização" de movimento sociais, com a profissionalização de seus integrantes, é um fenômeno bem conhecido. E a presença ou não de vinculação primária dos *experts* engajados com seu grupo de referência pode ter consequências para a análise da legitimidade de suas pretensões de representatividade. Em favor da economia da exposição, deixarei esta questão de lado.

Todas as quatro situações apresentam formas legítimas de intervenção no debate público. Cabe discutir em que grau são formas de representação política e, sendo, o quanto se qualificam para receber o adjetivo "democrática". Parte da literatura recente da ciência política ignora tais questões, vendo reivindicações de representação latentes em qualquer discurso no espaço público.[43] A construção teórica mais evocada (e também a mais elaborada), a esse respeito, é a de Michael Saward.

Ele observa, com razão, que a representação política é algo que está permanentemente sujeito à contestação. No entanto, ao defini-la como um processo ininterrupto de produção, recepção, aceitação e rejeição de reivindicações representativas (SAWARD, 2010, p. 36), ele desloca o foco da relação entre os representantes (ou "representantes *wannabes*", por assim dizer) e sua base para a relação interna às redes discursivas que admitem alguém como representante de um grupo ou de um interesse. Mas estas redes são formadas pelas instituições do Estado, pelos veículos de comunicação, pelos interesses já estabelecidos. O deslocamento implica em relegar à irrelevância política as pessoas comuns.

Essa *démarche* é coerente com a percepção de que a questão não é "há representação aqui", mas "qual o impacto de evocar representação aqui" (*Ibidem*, p. 26). No entanto, as duas questões possuem importância, caso a democracia permaneça no horizonte como valor que permite aferir a qualidade da relação de representação. O fato de que determinados grupos e indivíduos sejam capazes de evocar com sucesso a posição de representantes sem manter qualquer troca

---

43 Com o complicador de que as novas tecnologias geraram um espaço público ampliado, tratado por muitos usuários como quase privado. A literatura sobre discussões nas redes sociais da internet é particularmente vulnerável a uma equivalência ingênua entre verbalização e representação (*e.g.*, MENDONÇA, CAL, 2012).

substantiva com as populações que dizem representar indica não a irrelevância do problema da vinculação com a base, mas os vieses das redes de atribuição de legitimidade. O fato de que Bono Vox passe por representante de africanos famintos não significa que ele os represente em qualquer sentido normativamente íntegro da representação política. E tampouco significa que sua atuação não possa, eventualmente, ser considerada meritória e digna de respeito.[44]

Numa manifestação típica do polianismo desta vertente da teoria política, Saward observa que os representantes não-eleitos (que são também os que não estão submetidos a processos de autorização e *accountability*) permitem escolha permanente e mais matizada, abrem espaço para a identificação não-partidária, dão voz para os afetados e mesmo maior controle, por meio das redes de governança (SAWARD, 2010, p. 93). Em suma, nós somos condenados a ser representados por representantes eleitos; com os não-eleitos, há uma escolha mais efetiva: "Nós normalmente não temos a oportunidade de escolher representantes não-eleitos de uma maneira tão clara, mas também não estamos *fadados* a tê-los ou a segui-los" (*Ibidem*, p. 94).

Não estamos "fadados" porque, neste modelo, somos dispensáveis – a rigor, o "representante" não precisa de seus representados. Porém, permanece o fato de que, nas circunstâncias das sociedades contemporâneas, a presença política direta não é uma possibilidade. A escolha é entre porta-vozes que mantêm ou que não mantêm interlocução com sua base. Dito de outra forma, as características de informalidade, ausência de regulação e mesmo competição selvagem da representação não-eleitoral permitem tanto

---

[44] Em diálogo crítico com essa literatura, Laura Montanaro estabelece que representantes autoinstuídos, como Bono, podem se relacionar com uma "*constituency* substituta" (no caso, pessoas do "Primeiro Mundo" preocupadas com a fome na África). Ainda assim, a legitimidade democrática da representação dependeria da relação com os afetados, não com os substitutos (MONTANARO, 2010). De fato, a preocupação genuína com questões que não nos afetam diretamente pode ter efeitos políticos concretos – além de ser reveladora, como dizia Kant, do "caráter moral" da humanidade. Mas Bono Vox não diz falar em nome de europeus e norte-americanos solidários e sim dos próprios africanos. Por outro lado, se esse público é considerado uma *constituency* substituta, o problema apenas se desloca: com que direito eles podem exercer essa função, que tipo de relação estabelecem com a *constituency* real?

a reapropriação permanente pelo público quanto a independentização dos representantes. O foco exclusivo na efetividade e a despreocupação com os mecanismos de vinculação representante-representado fazem com que a teoria de Saward, apesar dos reclamos em contrário, aponte decididamente na direção da segunda opção.

Para superar estes problemas, é necessário diferenciar os conceitos de representação, democracia e legitimidade. Na clássica formulação weberiana, a *legitimidade* se liga às condições de estabilidade de uma determinada forma de dominação; de forma mais ampla, a ciência política a associa a um consenso socialmente difuso sobre a justeza ou, ao menos, a aceitabilidade de uma instituição ou de uma prática. Governos legítimos não são necessariamente democráticos ou representativos, como fica claro já a partir de Weber e de suas categorias da dominação tradicional e da dominação carismática. Mesmo na democracia, formas legítimas de ação não são necessariamente representativas, como é o caso da busca por reparações individuais.

Ao mesmo tempo, nem toda representação é democrática, conforme já indicava Hanna Pitkin. Uma monarca representa seu país, na medida em que é capaz de falar por ele, sem ter se submetido a procedimentos democráticos. E, por fim, a democracia não se esgota nos procedimentos representativos, não apenas porque seu modelo inicial prevê a participação direta de todos, nem mesmo porque uma parcela do que há de mais valioso nos regimes democráticos contemporâneos se liga aos direitos e garantias individuais. Um dos elementos centrais da nossa compreensão de democracia é a ideia de igualdade, que, na verdade, está em tensão permanente com a representação, que introduz necessariamente a desigualdade entre representantes e representados.

Voltando às quatro situações apontadas acima, é difícil sustentar que o discurso em que o emissor se descreve como *caso típico* apresente, por si só, uma reivindicação de representação política. Ele pode compor um discurso mais amplo, em que a similaridade da própria condição com a de outros sustente essa reivindicação. Mas a reivindicação *precisa ser feita*. Um representante político necessariamente busca falar em nome de outros. Se os outros reconhecem a semelhança das circunstâncias ou terceiros identificam aquele discurso como traduzindo a realidade de toda uma categoria de situações, mas não há um movimento na direção da transcendência do caso particular, podemos falar talvez em representatividade, mas não em representação política.

Também é pouco complexa a situação do *voluntarismo altruísta*, em que alguém fala em nome de outros, mas de uma maneira em que eles estão impedidos de constituir um autodiscurso. A declaração de Bono é exemplar: "Eles [os africanos famintos] não me pediram para representá-los. É atrevido, mas espero que eles estejam contentes com o que eu faço" (*apud* SAWARD, 2010, p. 82). As populações em nome de cujas necessidades ele fala não possuem um estatuto diferente de outras "causas", como a preservação das baleias ou da floresta tropical, que no entanto remetem a objetos incapazes de expressão própria. Contudo, um grupo ambientalista não é "representante" da fauna ou da flora que deseja proteger, exceto, uma vez mais, em sentido figurado. E quando estão em jogo seres humanos, não é possível falar em representação democrática sem um processo de interlocução.

A terceira situação, que denominei expertise *engajada*, é bastante semelhante à segunda, com a diferença de que associações da sociedade civil por vezes são mais conscientes dos limites de sua atuação do que cantores de rock. Por isso, podem fazer movimentos na direção de uma interlocução com sua base pretendida. Na ausência de tais movimentos, essas associações podem ser definidas como representativas e como democráticas, mas não ao mesmo tempo. Se nós as vemos como representativas (na medida em que esses discursos incorporam as demandas potenciais de setores que não estão diretamente presentes), isso nos leva a apreciar seus déficits democráticos (a falta de interlocução entre representantes e representados). Mas se as vemos como democráticas (na medida em que a democracia exige o livre acesso ao debate público), não é por sua representatividade (pois esses discursos não se credenciam por uma troca efetiva com uma base).

A última situação é a *mobilização militante*. Nela, a representação é uma possibilidade sempre em aberto, cuja qualidade depende das trocas entre lideranças, militantes e a população representada. Essas trocas podem se esgarçar, seja por uma opção vanguardista da militância, seja por sua cooptação por esferas de poder. A exigência de autorização e *accountability*, ainda que informais, busca impedir esse esgarçamento.

Trata-se de uma relação que inclui a "terceira dimensão" da representação política, a produção dos interesses coletivos. Fazendo uma leitura arendtiana de Sheldon Wolin, Clarissa Rile Hayward argumenta que, numa sociedade marcada por desigualdades, a representação democrática nunca pode se limitar à agregação e verbalização dos interesses dados, pois eles refletem as assimetrias existentes. É necessário que se produzam novos interesses (HAYWARD, 2009). Mas esses novos interesses devem ser produzidos com os afetados; caso contrário, caímos num paternalismo que é incompatível com qualquer projeto emancipatório.

É nociva a indiferenciação entre democracia, representação e legitimidade, que faz com que, identificada uma característica, as outras sejam assumidas sem discussão. Em particular, a ideia de que todo falante representa, por definição, um discurso "possível" acaba por esvaziar de sentido a noção de representação política. A presença dos diferentes discursos no debate público é legítima, mas a questão do quanto esses discursos são representativos e quem eles representam não se esgota nessa constatação. Ela também impede tematizar de que de maneira os diferentes discursos lutam para obter representatividade, mobilizando recursos diferenciados de acordo com a posição de seus emissores, o que é um dos momentos cruciais da luta política.

É a exigência democrática de igualdade que faz com que as visões de uma representação autoinstituída, que se estabelece como a simples substituição dos representados nas esferas de tomada de decisão, devam ser vistas com cautela. A redução das desigualdades, que é necessária para o florescimento da democracia, inclui a redução da própria desigualdade política. Indispensável como é nas sociedades complexas, a representação é um dos principais vetores desta desigualdade. O aperfeiçoamento – e não o esquecimento – dos mecanismos de controle dos representados sobre os representantes permanece como passo indispensável para o aperfeiçoamento da democracia.

REFERÊNCIAS BIBLIOGRÁFICAS

ALMEIDA, Debora Rezende de. "Representação política e conferências: os desafios da inclusão da pluralidade". Texto para Discussão. Brasília: Instituto de Pesquisa Econômica Aplicada (IPEA), 2012.

ARENDT, Hannah. *Lições sobre a filosofia política de Kant*. Trad. André Duarte de Macedo. Rio de Janeiro: Relume Dumará, 1993.

AVRITZER, Leonardo. "Sociedade civil, instituições participativas e representação: da autorização à legitimidade da ação". *Dados*, nº 3, vol. 50, 2007, p. 443-464.

BURKE, Edmund. "Carta a los electores de Bristol". In: _____. *Textos políticos*. México: FCE, 1942.

CHRISTIANO, Thomas. *The rule of the many: Fundamental issues in democratic theory*. Boulder, CO: Westview Press, 1996.

CONSTANT, Benjamin. "De la liberté des anciens comparées à celle des modernes". In: _____. *Écrits politiques*. Paris: Gallimard, 1997.

DOWNS, Anthony. *An economic theory of democracy*. New York: Harper & Brothers, 1957.

HAYWARD, Clarissa Rile. "Making interest: On representation and democratic legitimacy". In: SHAPIRO, Ian; *et al.* (Org.). *Political Representation*. Cambridge: Cambridge University Press, 2009, p. 111-35.

HUNTINGTON, Samuel P. *A terceira onda: a democratização no final do século XX*. São Paulo: Ática, 1994.

LÊNIN, Vladimir Ilitch. "Sobre as tarefas do proletariado na presente revolução". In: _____. *Teses de abril*. Lisboa: Avante, 1978.

_____. "Sobre a dualidade de poderes". In: _____. *Obras escolhidas em seis tomos*, vol. 3. Moscou: Progresso; Lisboa: Avante, 1985.

MENDONÇA, Ricardo; CAL, Danila. "A quem concerne o plebiscito sobre a divisão do estado do Pará? Legitimação e contestação do direito à fala em uma comunidade do Facebook". Paper apresentado no XXI Encontro Anual da Compós. Juiz de Fora, 12-15 jun. 2012.

MIGUEL, Luis Felipe. "A democracia domesticada: bases antidemocráticas do pensamento democrático contemporâneo". *Dados*, Rio de Janeiro: Editora Universidade Federal do Rio de Janeiro, nº 3, vol. 45, 2002, p. 483-511.

_____. "Uma democracia esquálida: a teoria de Anthony Downs". *Política & Trabalho*. João Pessoa: Editora Universitária da UFPB, nº 18, 2002, p. 125-134.

_____. "Democracia Na Periferia: receitas de revitalização democrática à luz da realidade brasileira". *Mediações-Revista de Ciências Sociais*, Londrina, Universidade Estadual de Londrina, nº 1, vol. 8, 2003, p. 9-23.

_____. "Representação política em 3-D: elementos para uma teoria ampliada da representação política". *Revista Brasileira de Ciências Sociais*, São Paulo, ANPOCS, nº 51, vol. 18, fev. 2003, p. 123-40.

_____. "Impasses da accountability: dilemas e alternativas da representação política". *Revista de Sociologia e Política*, Curitiba, Universidade Federal do Paraná, nº 25, nov. 2005, p. 165-78.

_____. "Representação democrática: autonomia e interesse ou identidade e advocacy". *Lua Nova*, São Paulo: CEBRAP, nº 84, 2011, p. 25-63.

_____. "Paternalismo e antipaternalismo na produção das preferências". Paper apresentado no II Colóquio Internacional "Discurso, Teoria e Ação Política". Rio de Janeiro, 12-13 set. 2012.

STUART MILL, John. *Governo representativo*. São Paulo: IBRASA, 1964.

MOI, Toril. *What is a woman? And other essays*. Oxford: Oxford University Press, 1999.

MONTANARO, Laura. *The democratic legitimacy of "self-appointed" representatives*. Tese (Doutorado em Ciência Política) - The University of British Columbia, Vancouver, 2010, 209f.

PHILLIPS, Anne. *The politics of presence*. Oxford: Oxford University Press, 1995.

PITKIN, Hanna Fenichel. *The concept of representation*. Berkeley: University of California Press, 1967.

PIZZORNO, Alessandro. "Limiti alla razionalità della scelta democratica". In: _____. *Le radici della politica assoluta e altri saggi*. Milão: Feltrinelli Editore, 1993.

PRZEWORSKI, Adam. *Estado e economia no capitalismo*. Rio de Janeiro: Relume-Dumará, 1995.

SARTORI, Giovanni. *A teoria da democracia revisitada*. 2 vols. São Paulo: Ática, 1994.

SAWARD, Michael. *The representative claim*. Oxford: Oxford University Press, 2010.

SCHUMPETER, Joseph. A. *Capitalism, socialism and democracy*. New York: Harper Perennial, 1976.

TATAGIBA, Luciana. "Os conselhos gestores e a democratização das políticas públicas no Brasil". In: DAGNINO, Evelina (Org.). *Sociedade civil e espaços públicos no Brasil*. São Paulo: Paz e Terra, 2002.

TEIXEIRA, Ana Claudia Chaves; SOUZA, Clóvis Henrique Leite de; LIMA, Paula Pompeu Fiuza. "Arquitetura da participação no Brasil: uma leitura das representações políticas em espaços participativos nacionais". Texto para discussão. nº 1735. Brasília: Instituto de Pesquisa Econômica Aplicada (IPEA), 2012.

URBINATI, Nadia. *Representative democracy: principles & genealogy*. Chicago: The University of Chicago Press, 2006.

REPRESENTAÇÃO E ORDEM PÚBLICA
NAS CRISES PRESIDENCIAIS LATINO-AMERICANAS

Marcos Novaro

INTRODUÇÃO

Quem garante a ordem e quem defende a constituição quando enfrentamos situações de crise? Como eles conseguem? Nos sistemas políticos latino-americanos, os atores representativos que exercem poderes de emergência e podem responder a estes desafios costumam ser diversos, variam segundo as circunstâncias e, ocasionalmente, contrapõem-se uns aos outros. Sua intervenção costuma se tornar problemática quando lidam com crises políticas extremas, como as enfrentadas por várias democracias da região nas últimas décadas e que desembocaram na queda dos presidentes.

Presidentes fortes continuam sendo um traço característico desses sistemas, embora estudos recentes destaquem a recorrência de um fenômeno divergente e bastante novo: a destituição ou a renúncia dos presidentes nas previsíveis crises dos regimes (PÉREZ LIÑÁN, 2007). Do final dos anos 1980 até princípios da segunda década do século XXI, cerca de vinte presidentes latino-americanos renunciaram a seus cargos devido à pressão exercida pelos legisladores, pela Justiça ou pela mobilização social, ou foram destituídos pelos parlamentos após julgamentos mais ou menos sumários, motivados por problemas políticos, econômicos ou uma combinação de ambos.

Algumas vezes, essas crises deram lugar a um certo fortalecimento do papel dos parlamentos, destacando sua função de poder moderador e guardião da constituição em tempos de crise. Isso motivou a reedição do clássico debate teórico sobre a dupla legitimidade nos regimes presidenciais: se a legitimidade exercida pelo legislativo lhe confere um papel preponderante em situações de emergência, a legitimidade do executivo deveria ser considerada secundária e, em última análise, condicionada por seus resultados? Isso permitiria fazer uma leitura "parlamentarista" dos presidencialismos latino-americanos? E abre a porta para equilíbrios institucionais mais sólidos ou, pelo contrário, indica novas formas de precarização?

A tese da precarização encontra fundamento no fato de que numerosas crises presidenciais deram lugar, depois de um efêmero ativismo parlamentar e cidadão, à entronização de presidentes ainda mais arbitrários e caudilhistas do que os que caíram em desgraça. Por isso convém prevenir-se contra um determinado enfoque excessivamente otimista que celebra integralmente a renúncia ou a destituição de presidentes e as consideram como recursos que superam os vícios tradicionalmente associados ao presidencialismo, à rigidez dos mandatos e ao risco de bloqueio entre os dois poderes eletivos, considerando-as, também, como um indício da "parlamentarização" dos regimes latino-americanos. Assim como também convém prevenir-se contra aqueles que consideram essas crises um efeito direto da maior influência dos meios de comunicação e da opinião pública sobre a vida institucional: em muitos casos, pode-se observar que tanto a mídia quanto a opinião, depois de dar um circunstancial passo à frente, somam-se à lista de vítimas das crises, mais do que à de seus beneficiários.

O que todas essas crises presidenciais parecem ter em comum e acaba sendo mais sugestivo é que elas põem à prova a articulação entre representação democrática e ordem pública. A sobrevivência desses regimes ou sua mutação em uma direção ou outra dependem de como se resolve a tensão entre essas duas questões. A esse respeito, sustentaremos que depende, em essência, da preservação ou não de uma importante quota de pluralismo institucional e de compromisso ético dos representantes com o espírito liberal-democrático das constituições vigentes no momento em que explodam as crises.

A partir disso, nos perguntaremos: estamos assistindo a meras variantes da clássica instabilidade política regional ou a novas formas de hibridização da democracia latino-americana e à consequente reconfiguração desses regimes? E, no segundo caso, como isso afeta às formas da representação política e o jogo institucional?

Neste trabalho, submeteremos à crítica os enfoques sobre as crises presidenciais latino-americanas que partem das teses da "parlamentarização" e da "democracia do que é público" para propor um resgate da discussão clássica sobre os poderes de emergência e de defesa da constituição que convivem nesses sistemas democráticos. Além disso, destacaremos os problemas gerados pelos processos de mutação constitucional que vieram após boa parte dessas crises presidenciais, em particular os que tenderam a hibridizar os regimes presidenciais preexistentes, seja através da reforma das constituições, seja por meio de mudanças mais sutis no modo de funcionamento dos sistemas políticos. Em ambos os casos, eles fizeram com que a legitimidade e a representação ficassem submetidas à capacidade de assegurar a ordem pública. Acompanharemos a análise com exemplos que ilustram a grande diversidade dos processos de crise presidencial, bem como das saídas institucionais que as democracias latino-americanas deram a eles nas últimas décadas.

HIPÓTESE

Duas conclusões foram extraídas das crises presidenciais que estamos examinando. Em primeiro lugar, conflitos políticos sérios nesses presidencialismos dos nossos dias não levam, como antigamente, ao rompimento democrático; a renúncia ou a destituição dos presidentes podem oferecer uma saída menos destrutiva do que a que se esperaria do passado em situações semelhantes e garantir a continuidade dos sistemas institucionais. Em segundo lugar, a extensão e a radicalidade que adquiriram as mobilizações de massas durante essas crises costumam ser o fator desencadeante da queda dos presidentes, donde se pode concluir que, para o bem ou para o mal, o curso dos acontecimentos políticos se define agora "nas ruas".

Aníbal Pérez Liñán (2007) descreveu corretamente o surgimento de uma "nova forma de instabilidade" na política latino-americana a partir desses dois fenômenos – uma forma cujas novidades consistem em que as crises, por mais agudas que sejam, não provocam o rompimento dos regimes constitucionais e em que as sociedades ocasionalmente exercem poder de veto sobre o sistema institucional, derrubando governos que não atendem suas demandas.

Mesmo assim, com os anos, é possível agregar outra conclusão: a de que as crises desse tipo, às vezes, desembocam em formas complexas de hibridização do presidencialismo nas quais se altera, de forma mais ou menos durável e acentuada, segundo os casos, a relação entre representação e governabilidade. A evolução última das democracias da região que atravessaram crises presidenciais agudas parece depender, por um lado, da recorrência dessas crises, e, por outro, do grau de sobreposição que alcancem depois das duas funções representativas: a de prover governabilidade e a de proteger a constituição.

A esse respeito, sustentaremos que essa sobreposição responde, por sua vez, a duas variáveis fundamentais: o grau de pluralismo institucional e a colaboração entre poderes que se preservem nas crises, e o compromisso liberal-democrático dos representantes, ou, em outras palavras, sua disposição para preservar o espírito liberal-democrático das constituições.

Da combinação de ambos os fatores dependem que as crises presidenciais resultem em processos ou de recomposição, que reafirmem a ordem pluralista, ou então em reformas ou mutações constitucionais consagrando uma concepção ao mesmo tempo autoritária e populista de democracia.

Neste capítulo analisaremos diferentes formas de articulação entre essas duas funções, para depois extrair algumas consequências gerais úteis à análise teórica das mesmas. Concretamente, sustentaremos duas afirmações:

1. De que as crises presidenciais colocam em debate a complexa distinção estabelecida nos presidencialismos entre a legitimidade do presidente e as dos outros atores políticos e institucionais, em particular, a do parlamento; que toma forma, a partir de tais crises, um modo especial de entender essa distinção, o qual atribui ao presidente uma "legitimidade de resultados", condicionada acima de tudo por sua capacidade de garantir a ordem e atender às demandas dos cidadãos, e a "legitimidade de origem" dos parlamentos, a qual lhes permitiria, se for o caso, impugnar e tirar os cargos dos governantes; e que a chave para a saída das crises reside no grau de cooperação que consiga se estabelecer sobre essas bases.

2. De que a experiência de uma desordem aguda e recorrente, e de tensões subsequentes nas relações entre poderes, pode derivar eventualmente na fusão de ambas legitimidades em sistemas híbridos, dos quais as democracias populistas radicais seriam o exemplo mais consumado e propagado hoje em dia.

OTIMISTAS *VERSUS* PESSIMISTAS

Em termos gerais, na literatura sobre as crises presidenciais – um gênero em plena expansão – podem se distinguir duas perspectivas: de um lado, a daqueles que encontram nelas indícios de uma maior solidez institucional e destacam o fato de que esses regimes sobrevivem a problemas sérios de governabilidade e produzem, de forma mais ou menos rápida e pacífica, as substituições necessárias para manter em pé o essencial de suas constituições; de outro, a dos que veem nessas crises evidências da persistente debilidade das democracias latino-americanas, por sua incapacidade para fazer cumprir as regras do jogo, em particular as que estabelecem a duração dos mandatos dos presidentes, seu mecanismo de substituição através do voto popular e a cooperação necessária entre os dois poderes representativos que dividem entre si a legitimidade eleitoral.

Os trabalhos de Kathryn Hochstetler (2008) estão entre os mais típicos expoentes da primeira perspectiva: neles, argumenta-se que as crises presidenciais revelam uma vida política vibrante e uma cidadania atenta e ativa, as quais, combinadas, conseguem excluir governos impopulares e ineficazes antes que eles ponham em risco a própria democracia. Seu argumento é não apenas otimista, mas também francamente celebratório das quedas presidenciais, pois afirma que elas arejam sistemas que, de outro modo, tenderiam a se fechar em si mesmos e correriam o risco de desabar. Leiv Marsteintredet (2008) segue a mesma linha, assinalando que, quando um presidente perde seu cargo, duas coisas ficam visíveis: que, nos presidencialismos, há mecanismos flexíveis parecidos às moções de censura e aos mandatos sem tempo fixo dos parlamentarismos e que a sociedade está impondo novas formas e vínculos de *accountability* (prestação de contas). Assim, a experiência prática que os presidencialismos latino-americanos foram acumulando estaria refutando, no primeiro caso, os argumentos de Juan Linz (1994) contra a rigidez dos mandatos e a legitimidade eleitoral desdobrada entre executivos e legislativos, e, no segundo, os de Guillermo O'Donnell (1994; 2010) sobre sua tendência à alienação dos governantes com relação aos governados.

Às vezes, os que defendem essa tese se manifestam de forma mais ou menos aberta contra a continuidade de "governos impopulares" de direita, e não ocultam sua complacência com relação ao fato de que as crises aceleram a substituição de presidentes dessa orientação por outros de esquerda, e de políticas neoliberais por outras de caráter progressista ou populista. Apesar disso, não ficam claros os argumentos que eles apresentariam nos casos em que as crises derrubam governos identificados como progressistas ou de esquerda, como aconteceu com o julgamento sumário que o parlamento paraguaio usou para expulsar do cargo o presidente Fernando Lugo, em junho de 2012.

Ana María Mustapic (2005), embora também se alinhe com a perspectiva otimista, defende uma versão um pouco mais moderada desses argumentos: ela também não acredita que a saída antecipada dos presidentes seja, em princípio, um indício da baixa qualidade dos regimes, podendo até indicar seu fortalecimento, em função dos novos papéis adotados pelos parlamentos. Duas afirmações se combinam em sua visão: esses parlamentos se fortalecem em relação aos executivos, revertendo tendências observadas em outros períodos, mas, além disso, as crises trazem à tona traços parlamentaristas dos presidencialismos da região que estão presentes desde sempre e até então não tinham sido suficientemente reconhecidos. Daremos mais atenção a esses argumentos sugestivos nas próximas partes deste trabalho.

Arturo Valenzuela (2008), por sua vez, é um claro expoente da segunda posição, à qual chamaremos de pessimista. Para ele, o fato de que as crises presidenciais geralmente se produzam em governos de minoria indica duas coisas: em primeiro lugar, que as regras do jogo vigentes na América Latina continuam produzindo governos precários; em segundo, que, ao enfrentar sérios problemas políticos, econômicos e sociais, os presidentes fracos não contam com mecanismos que os fortaleçam ou os ajudem a sobreviver, e acabam sendo impostas saídas *ad hoc* que os liquidam e substituem, às vezes de forma bastante pouco elegante e com duvidosa legalidade. Para Valenzuela, além disso, a "flexibilização" das regras do jogo da qual falam os otimistas é parecida demais com a violação delas. Este é um argumento forte e aponta para a relativização da suposição segundo a qual, como regra geral, os presidentes que caem constituem, eles próprios, as piores ameaças à qualidade ou à sobrevida dos regimes e aos interesses e às liberdades de seus cidadãos: trata-se, como dissemos, dos mais fracos e, por isso, costumam estar longe de ser os mais perigosos, independentemente dos problemas de ingovernabilidade que possam afetá-los.

Com isso, coloca-se em evidência uma questão fundamental. O estouro das crises indica antes de mais nada a incapacidade dos presidentes, em certas circunstâncias, de preservar a ordem. É devido a isso que os demais atores buscam, e eventualmente conseguem, tirá-los do cargo, responsabilizando-os pelos problemas e favorecendo a outros aspirantes à posição. Mas a queda de um presidente, conclui Valenzuela, por si só não resolve nenhum dos problemas que originaram a situação de crise e pressupõe, sobretudo, uma decisão contrária a colaborar com o governo em exercício e a colocar acima de toda consideração e vantagem política o respeito aos mandatos constitucionais. Isso cria um precedente que pode incentivar outros a fazer o mesmo quando houver uma nova crise e não for conveniente negociar ou cooperar com os presidentes, e sim convertê-los em bodes expiatórios da crise.

Em princípio, segundo os casos que levamos em conta, poder-se-ia validar uma ou outra dessas perspectivas: nas crises em que as regras de jogo são violadas de forma mais ou menos aberta e inescrupulosamente, estaria justificado privilegiar a segunda perspectiva, ao passo que naquelas que minimizam a ruptura de regras, seria mais razoável adotar a primeira.

Pode-se dizer, também, que quando se produzem fortes choques entre a legitimidade do presidente e a do parlamento, estaria se confirmando a clássica advertência de Linz sobre os regimes presidenciais, pois a dupla legitimidade que os caracteriza se revela problemática, o que confirmaria a tese dos pessimistas. Por outro lado, quando os parlamentos, invocando sua legitimidade autônoma em relação aos executivos, conseguem intervir diante de uma crise de autoridade e legitimidade presidencial, e de algum modo a resolvem, por exemplo, através de uma saída acordada dos presidentes que evite o prolongamento e o agravamento da situação de ingovernabilidade, essa tese poderia ser invalidada. Ou seja, o que antes era um problema agora surge como um recurso útil na emergência e como via para sair dela.

Em qualquer caso, o que se constata é que as crises presidenciais que se produziram nos últimos anos na América Latina são tão diversas como provaram ser os próprios sistemas políticos e partidários da região. Daí se conclui que apresentar argumentos gerais sobre os problemas, as oportunidades e as soluções que elas trazem à tona acaba sendo uma tarefa muito complexa e que, ao encará-la, devemos nos precaver contra os julgamentos apressados e a atenção a fatores ou dados isolados. Assim como também devemos nos precaver contra recortes temporais demasiado restritos, que dificultam avaliar as consequências de médio e longo prazos que se desprendem dessas crises.

UM BREVE PERCURSO PELAS CRISES PRESIDENCIAIS

Para além da variabilidade inerente aos fenômenos que estamos examinando, é possível identificar algumas causas comuns a todos eles: em particular, a perda de capacidade de governo dos presidentes –, em geral originada em maus resultados econômicos e/ou seu desprestígio devido ao estouro de casos de corrupção que os envolvam mais ou menos diretamente – seguida ou acompanhada da perda de apoio legislativo e partidário, e de uma forte deterioração de sua popularidade. Frequentemente se observa também uma retroalimentação entre esses diferentes problemas: acusações de corrupção que em outro contexto teriam passado bastante despercebidas, em meio a uma recessão econômica se convertem em escândalos insuperáveis e incentivam os legisladores, sejam de situação ou de oposição, a tomar distância dos executivos, o que os debilita ainda mais e os converte em objeto de escárnio público.

Como dissemos, no início das crises, um fator decisivo costuma ser o surgimento de uma forte mobilização de massas. Diversos autores assinalam que o protesto social cumpre um papel se não suficiente, ao menos necessário para que as crises ganhem força e desemboquem em quedas presidenciais. Às vezes, isso é apontado como indício do surgimento de uma nova "democracia do que é público" ou política das ruas, condicionando o jogo das instituições – de outro modo autônomo e fechado. Sem chegar a esses extremos, pode-se reconhecer nessa intervenção direta e ativa da cidadania um fator desequilibrante: sua voz pode fazer a diferença e, assim, permitir a revalidação dos títulos de um presidente que se esforça para manter o rumo em meio à tormenta da crise ou legitimar seus adversários mais duros, estimulando-os a não negociar com ele e a buscar sua saída do cargo.

Agora vejamos: as mobilizações de protesto não acabam por atuar, então, como equivalentes funcionais do velho poder militar, como um poder fático que arrasa os procedimentos e as regras do jogo? A comparação é, sem dúvida, exagerada, mas não menos do que a visão celebratória do ativismo cidadão. Há quem, como Pérez Liñán, encontre nele um "novo poder moderador", mas é difícil escapar à imagem de uma multidão indignada sendo manipulada por atores políticos que conseguem, assim, promover seus planos facciosos com as roupagens justificatórias da "voz do povo".

Em que condições se pode falar realmente de poder moderador, se não for a cidadania a que pode exercê-lo? A esse respeito, acaba sendo bastante mais convincente o argumento apresentado por Llanos (2010), segundo o qual os protestos costumam cumprir um papel desequilibrante e deslegitimador, mas nem por isso deveriam ser considerados o fator decisivo na queda dos presidentes nem aquilo que orienta o processo de saída das crises. A queda ou não é algo que se determina, como regra geral, no próprio sistema institucional: na disponibilidade ou na carência de apoios aos presidentes, o que por sua vez depende da capacidade dos últimos de construir e manter tais apoios, bem como no comportamento adotado frente aos presidentes por parlamentos e partidos, tanto aqueles que integram a base parlamentar de apoio do governo quanto aqueles que lhe fazem oposição.

Frequentemente se faz alusão aos meios de comunicação como outro fator necessário para promover as mobilizações de protesto e desencadear crises agudas o suficiente para fazer cair um presidente. Isso remete, sobretudo, à difusão que a mídia venha a dar a escândalos de corrupção e aos maus resultados de uma gestão econômica, assim como à vinculação entre ambos e o desempenho presidencial, sendo essas duas questões – corrupção e déficits econômicos – destacadas entre as motivações dos protestos destituintes em praticamente todos os casos registrados. Mas o papel da mídia tampouco parece ser suficiente para garantir que a intervenção da cidadania produza, por sua vez, a condição fundamental necessária para que a crise desemboque em queda: o isolamento do presidente.

A intervenção da mídia também não determina, por si só, o rumo mais ou menos destrutivo que a crise adotará em relação ao funcionamento da ordem institucional ou com relação às regras do jogo e à divisão de poderes em particular. A mídia costuma ajudar a propagar as crises políticas, mas dificilmente consegue orientá-las e muito menos encontrar uma saída para elas e costuma virar vítima delas quando quem consegue efetivamente conduzi-las a partir do poder institucional adota objetivos de corte autoritário ou populista. É o que acontece no caso de presidentes *outsiders* e midiáticos, nascidos de crises fomentadas em alguma medida pelo espírito antipolítico e hipercrítico da imprensa, que, uma vez afirmados no poder, passam a limitar o máximo que podem a autonomia e a capacidade de fiscalização dos meios de comunicação para garantir que, no futuro, ninguém possa usar contra eles os mecanismos que eles souberam aproveitar para tomar o controle do Estado. Correa, no Equador, Chávez, na Venezuela, e os Kirchner, na Argentina, correspondem bastante bem a essa descrição.

Quando passamos das causas e fatores facilitadores das crises presidenciais, mais ou menos compartilhados como vimos, ao desenrolar e às sequelas das mesmas, as diferenças voltam a predominar. Há algumas dessas crises que são contidas sem maiores consequências, graças à cooperação e à habilidade dos protagonistas; outras, mais sérias, desembocam em uma retirada mais ou menos rápida e pacífica dos presidentes, às vezes pactuada entre eles e os parlamentos e partidos; e há as que produzem conflitos institucionais fortes e prolongados, em geral, com sequelas mais graves. Tal como observaram Álvarez e Marsteintredet (2010), isso parece depender principalmente da força dos partidos mais gravitantes e da sua disposição a colaborar entre si, da solidez relativa das economias frente aos embates da crise e da capacidade dos próprios governantes para negociar uma saída – fatores que definem, em conjunto, uma enorme variedade de alternativas.

Quando esses fatores se combinam positivamente, os parlamentos e os presidentes podem obter soluções mais ou menos rápidas e consensuais, e evitar que as crises se aprofundem ou se prolonguem. Quando, por outro lado, generalizam-se comportamentos não colaborativos ou se fortalecem partidos ou lideranças antissistema que conseguem canalizar e potencializar a indisposição social, os acordos tendem a fracassar e as crises a se prolongar em períodos de instabilidade e de uma perda de legitimidade mais ampla por parte das instituições. Entre os casos em que se observa esta última situação, cabe destacar os da Bolívia e do Equador em meados dos anos 2000, muito diferentes dos do Brasil de princípios dos 1990 e do Peru do início dos 2000, em que a evolução das crises foi muito menos conflituosa e bastante mais breve.

Uma primeira conclusão que caberia extrair do que foi dito é que, embora a mobilização social tenha um papel fundamental no estouro das crises, como argumenta Pérez Liñán, a evolução das mesmas depende principalmente de um fator institucional: o comportamento adotado pelo parlamento em relação ao presidente (MUSTAPIC, 2010). Assim, retomando o que se disse um pouco antes, não caberia considerar nem a cidadania nem a mídia como protagonistas determinantes das crises presidenciais, e tampouco são elas que definem se o pluralismo institucional e a ordem constitucional preexistentes sobreviverão ou serão alterados em maior ou menor medida, e em qual direção. Os parlamentos, sim, costumam fazê-lo, e o fazem, como regra geral, mesmo em contextos de crises em que seu poder e sua legitimidade também acabam sendo questionados pelos cidadãos e pela imprensa.

O papel que adquirem os parlamentos depende, em essência, deles conseguirem coordenar iniciativas isolacionistas ou diretamente destituintes contra presidentes que estejam passando por problemas. Desde a renúncia de Carlos Andrés Pérez à presidência da Venezuela no final dos anos 1980 até o julgamento sumário contra Lugo em meados de 2012, passando pelo *impeachment* de Fernando Collor ou pela renúncia de De la Rúa, esse parece ter sido sempre o fator decisivo para converter as crises em quedas.

Dois casos opostos, de tentativas de fechamento dos parlamentos pelos presidentes, ilustram o alcance desigual da legitimidade de ambos os poderes em situações de emergência como as descritas: o fechamento do parlamento por Fujimori, em 1992, geralmente considerado como um golpe de Estado, e a tentativa de autogolpe do presidente Serrano, da Guatemala, em 1993, à qual os legisladores resistiram com eficácia. Poder-se-ia somar, no sentido oposto, o papel dos legisladores de República Dominicana no encerramento do regime híbrido de Balaguer, embora, neste último caso, fosse mais adequado falar de transição democrática. Os casos mais típicos de crises presidenciais, por sua vez, têm uma característica bem diferente: eles se produzem em democracias pluralistas que já alcançaram certa estabilidade, no contexto de sérios problemas de governabilidade e déficits de rendimento das instituições democráticas, mas não de legitimidade das regras vigentes até então.

Nesse mesmo sentido, a capacidade dos parlamentos de intervir nas crises e lhes oferecer uma saída também influirá nas possibilidades de que o protagonismo que a imprensa e o ativismo cidadão puderam adquirir efemeramente no momento do estouro dê lugar a processos de maior fôlego em direção ao fortalecimento da sociedade civil, da esfera pública e da participação da cidadania. Estes estão ausentes quando, passada a emergência, volta a imperar a passividade dos cidadãos, e a concentração das decisões e da informação pública em poucas mãos volta a ser a norma ou mesmo se aprofunda.

Como vemos, também a consideração do papel dos parlamentos é essencial para explicar as consequências das crises ao longo do tempo e nos permite examinar tanto as diferenças como a inter-relação entre efeitos de curto, médio e longo prazos: os regimes em que se tensionam ou se violam circunstancialmente, de forma direta, algumas regras institucionais básicas, podem fortalecer seu compromisso com elas se os partidos e os líderes políticos que acabam sendo favorecidos depois das crises se protegem e se consolidam sendo leais a essas regras. Ou pode acontecer o contrário: embora se preservem no momento, as regras ficam enfraquecidas em função da orientação adotada em relação a elas por governos que sucedem aos que caíram em desgraça. Neste último caso, novos governos podem inclusive tender a alterar as condições da competição política e de representação com o argumento de evitar a repetição de crises como as que levaram à derrubada de seus predecessores. O primeiro caso é o que se pode observar na evolução da democracia peruana após a queda de Fujimori, em 2000; o segundo, o da Venezuela de Chávez desde finais dos anos 1990 ou o da Argentina dos Kirchner ao longo da década de 2000.

Não obstante, em praticamente todos os casos, as crises presidenciais transferem o foco de atenção ao papel dos parlamentos, e isso pressupõe, por si só, uma mudança de perspectiva muito importante e sugestiva com relação às que foram as visões tradicionais sobre os regimes presidencialistas, em particular na América Latina. Enquanto, nos anos 1990, falava-se com preocupação de hiperpresidencialismo e democracias delegativas, hoje se estaria reconhecendo novos papéis parlamentares e atributos desatendidos relacionados à legitimidade e aos poderes de emergência dos parlamentos.

Será que isso significa que eles podem ser considerados, nessas democracias, guardiões da constituição, pois sua legitimidade lhes permitiria, em última instância, impor-se aos presidentes, tal como revela o fato de que, diferentemente destes, não possam ser substituídos dentro da ordem democrática nem ter seus mandatos interrompidos? Caso se adote essa visão: os presidencialismos na América Latina deveriam ser considerados regimes com legitimidade dupla, mas não equilibrada, pois a presidencial estaria condicionada pelos resultados, pelas disposições sociais e, em última análise, pela sanção legislativa, enquanto a parlamentar não estaria submetida a nada parecido?

Em suma, os parlamentos seriam os que exercem um poder neutro moderador e protegem, em última instância, a constituição? O reconhecimento deste papel aos parlamentos não pressuporia lhes impor uma exigência maior em termos de popularidade ou de capacidades técnicas para intervir de forma direta nos assuntos cotidianos, mas derivaria do simples cumprimento de funções que ninguém mais pode cumprir – nem os partidos, nem os meios de comunicação, nem a sociedade civil, nem os juízes. Essas funções seriam para deter cursos de ação de governos que possam acabar sendo ameaçadores para a sobrevivência do sistema político, para intervir em momentos de crises que os presidentes não conseguem conter – cujos efeitos poderiam ser semelhantes –, e garantir, nessas circunstâncias, o essencial da vigência da constituição, embora sacrificando algumas de suas regras – por exemplo, o mandato fixo do presidente, sua legitimidade autônoma e sua capacidade para tomar decisões de governo.

Esta perspectiva permite formular novas interpretações sobre as democracias da região, tanto em termos teóricos quanto empíricos, que nos obrigam, por sua vez, a fazer uma série de perguntas sobre as implicações e as consequências que isso acarreta. Primeiro, se os parlamentos devem ser capazes não apenas de tirar os presidentes de seus cargos, mas também de substituí-los em certas ocasiões, no cumprimento de alguns de seus papéis habituais, por exemplo, através da formação de governos de emergência; segundo, se, ao suspender a vigência de algumas das regras tidas até recentemente mais básicas dos presidencialismos, não contribui para debilitá-los.

Porque o certo é que a diferença entre crises presidenciais e crise democrática não é tão clara quanto os otimistas parecem acreditar, nem é clara a diferença entre motivações políticas e razões constitucionalmente fundamentadas com as quais se justificam pedidos de renúncia ou processos de destituição contra presidentes que estejam enfrentando problemas.

Já dissemos que, às vezes, a queda de um presidente ajuda a fortalecer o sistema, mas, em outras, acontece o contrário. E, como também já dissemos, às vezes, as consequências imediatas podem ser a recuperação da capacidade de governo, mas as não imediatas podem incluir uma maior precariedade institucional e mais desequilíbrio de poderes. Os mesmos atores que apelam à salvação da democracia para tirar do cargo um governante impopular podem, depois, justificar abusos de poder por parte de outros mais exitosos. Afinal, a queda de presidentes fracassados não nos colocaria frente à recorrente pressão do caudilhismo latino-americano a favor de governos personalistas e fortes, e sua indiferença com relação à "formalidade das regras"? A flexibilização das normas que regem a eleição, a duração e os papéis dos presidentes não tenderia, por si só, a gerar condições em que o único antídoto para a instabilidade institucional seria a onipotência do líder? Em suma, em que condições e dentro de quais limites se deveria enquadrar a saída antecipada dos presidentes de seu cargos?

ALCANCES E LIMITES DOS PODERES DE EMERGÊNCIA DOS PARLAMENTOS

Todas as constituições latino-americanas têm mecanismos parlamentares para interromper o mandato presidencial através de julgamentos políticos de alguma natureza. Eles também existem para formar governos em casos excepcionais, como são os que resultam da destituição ou da renúncia antecipada dos presidentes e, onde houver, dos vice-presidentes. As câmaras legislativas costumam estar habilitadas para designar um presidente provisório até que termine o mandato dos renunciantes ou se realizem novas eleições, ou se prevê que as autoridades legislativas assumam esses cargos diretamente.

É claro que antes de chegar a esses casos extremos, os parlamentos cumprem funções que podem condicionar fortemente e até bloquear os executivos – funções estas muito mais amplas, por exemplo, que as dos tribunais constitucionais e supremos. Sua atuação, igual à dos presidentes, está legitimada pelo voto, e sua integração e suas atribuições legislativas lhes permitem formar coalizões de partidos e maiorias, e aprovar leis que podem entorpecer a atuação presidencial até impossibilitá-la completamente, em praticamente todos os assuntos relevantes da gestão de governo. Enquanto isso, os juízes, com seu poder contramajoritário e sua capacidade de interpretação em última instância da constitucionalidade das leis e dos atos de governo, só estão em condições – em ocasiões específicas e geralmente a partir da iniciativa de outros atores institucionais – de frear certas iniciativas governamentais, questionando sua legalidade e/ou constitucionalidade, mas não de propor outras para substituí-las, e muito menos de impô-las.

Por tanto, embora os presidentes possam escapar a objeções apresentadas pelos juízes supremos – modificando o tom e a modalidade das iniciativas que estes questionam ou simplesmente as suspendendo e dedicando-se a outras, ao enfrentar um bloqueio sistemático de uma forte maioria parlamentar – eles têm poucas opções e são obrigados a ceder, negociar ou renunciar. Isso se deve, basicamente, ao fato de que, em nenhum caso, poderiam recorrer à dissolução das câmaras legislativas, por mais obstáculos que elas lhes imponham ao cumprimento de suas funções.

Por sua vez, essa impossibilidade do presidente o limita como poder neutro e moderador nos sistemas presidencialistas, diferentemente do que acontece nos regimes semipresidenciais. Como mostrou oportunamente Carl Schmitt (1931): embora os presidentes sejam, nesses casos, obviamente mais fracos ou até irrelevantes como chefes da administração e do governo, podem exercer mais amplamente o papel de guardiões da constituição e os poderes de emergência associados a isso, em casos excepcionais. Em certas ocasiões, eles podem dissolver as câmaras e, até que se realizem novas eleições e surja delas um novo governo, formar governos provisórios.

Nas crises de que tratamos, e como explica Mustapic (2005), são os parlamentos que cumprem essas funções: em situações de emergência, eles deixam de ser só um poder legislativo e passam a ser também um poder governativo. Se os presidentes não podem fechar os parlamentos, mas estes podem tirar o chefe do executivo de seu cargo e formar governos de crise, poder-se-ia dizer que é a eles que cabe o papel de protetores da constituição, e por tanto, o exercício de uma proeminência de última instância sobre as demais instituições?

A afirmação de Mustapic (2010), de que as quedas presidenciais não indicam crises de regime, como seria o caso de um fechamento do parlamento – e, por tanto, que o único mandato realmente fixo nos presidencialismos é o dos parlamentares – é de grande interesse para o que estamos discutindo. De acordo com sua interpretação, esta "parlamentarização" dos presidencialismos latino-americanos seria a via adequada para se obter neles um equilíbrio de poderes mais firme.

A conclusão que extrai esta autora e outros estudiosos (como PÉREZ LIÑÁN, 2005) é de que a experiência acumulada a partir das quedas presidenciais e do papel que cumprem nelas os parlamentos, embora consagre a importância de última instância que estes exercem, não alimenta a conflituosidade com os executivos; pelo contrário, fortalece a cooperação com estes. Na mesma linha, Hochstetler e Samuels (2009) sustentam que as aprendizagens deixadas pelas crises presidenciais supõem melhorias nos equilíbrios de poder, que se expressam no funcionamento posterior das presidências, na qualidade das políticas públicas e da *accountability*.

É assim, realmente? Não aumentam as chances de jogos de extorsão, mais do que de cooperação, entre legislativos e executivos? Existem ao menos duas razões para duvidar de balanços tão positivos e desconfiar em particular dos argumentos que destacam o fortalecimento dos jogos de cooperação entre poderes. Em primeiro lugar, se aplicarmos a distinção de Philippe Schmitter (2004) entre "*accountability* exitosa", definida como aquela que consegue influir na tomada de decisões, e "*accountability* fracassada" como a que não consegue isso e conduz a conflitos entre poderes e problemas de governabilidade, as crises presidenciais estarão claramente dentro da segunda categoria. Em segundo lugar, se ampliarmos o arco temporal usado para avaliar as consequências das crises presidenciais, a divergência entre caminhos de reequilíbrio e de desequilíbrio nos países que as sofrem é muito clara e se pode estabelecer uma relação estreita entre casos em que as crises são mais agudas e recorrentes e as tendências ao desequilíbrio. Na próxima parte, trataremos especificamente desses casos.

A INSTABILIDADE RECORRENTE, PORTA PARA A HIBRIDIZAÇÃO DAS DEMOCRACIAS

Quanto mais agudas e recorrentes tiverem sido as crises presidenciais em um país, mais probabilidades haverá de que prosperem soluções institucionais híbridas e propostas populistas radicais, nas quais o poder presidencial se fortalece pela fusão de capacidades e funções representativas, e se reduz a capacidade dos parlamentos e dos cidadãos de controlá-lo.

Os autoritarismos eletivos estão na ordem do dia na América Latina, e a relação entre seu surgimento e a ocorrência de crises e quedas presidenciais não deve passar despercebida. Os autores que adotam um enfoque otimista sobre essas crises não parecem registrar a conexão, atentos, talvez em maior medida, a casos exitosos em que as crises não desembocam em quedas ou as quedas são seguidas de aprendizagens e reequilíbrios democráticos. Mas esses últimos casos estão entre os que experimentaram só uma queda presidencial (seis dos sete países em que houve uma só queda têm essa condição exitosa, a exceção é Venezuela) e, além disso, uma queda de características moderadas devido a acordos entre os presidentes e os parlamentos; acordos que permitiram uma transição mais ou menos harmônica e minimizaram a violação de regras (embora também nos países com quedas recorrentes se possam diferenciar saídas pactuadas, como a de Alfonsín em 1989, de outras mais conflituosas e destrutivas, como a de De la Rúa, em 2001, ver MUSTAPIC, 2005). Por essa razão, essas quedas presidenciais não chegam a reverter processos de maior fôlego orientados à consolidação das instituições democráticas, os quais não diferem muito dos que ocorrem nos países da região onde não houve crises agudas ou onde estas não levaram a quedas.

Embora pareça paradoxal, quando as crises são mais agudas e, acima de tudo, recorrentes, seu efeito tende a ser favorável à concentração de poder nos presidentes. Os países que experimentaram mais de uma queda presidencial, como Argentina (três), Equador (três), Bolívia (três) e Paraguai (duas), não se caracterizam por ter melhorado seu funcionamento institucional nos períodos posteriores, nem por ter alcançado um maior equilíbrio ou laços mais fluidos de cooperação entre parlamentos e executivos.

Em todos eles, para além do efêmero protagonismo que tanto os legisladores como a cidadania mobilizada e os meios de comunicação possam ter assumido durante os processos de crise, no desenrolar dessas conjunturas críticas, o presidencialismo seguiu funcionando, ou melhor, voltou a funcionar, com seus vícios tradicionais, ou inclusive tendeu a agravá-los. Isso pode ser atribuído em alguma medida ao fato de que o efêmero predomínio de parlamentos e cidadania não gerou novas fórmulas de governo e cooperação entre poderes. O que se gerou foi uma intensificação e uma exacerbação da competição política e interinstitucional e o surgimento de movimentos de protesto social capazes de gerar caos por sua virulência e sua recusa a negociar suas demandas, mas não de fundar maiorias estáveis. Assim, as crises presidenciais se tornam recorrentes e cada vez mais agudas.

Como dissemos antes, a dificuldade para estabelecer vínculos de cooperação entre parlamentos e presidentes e a ascensão de líderes e partidos não leais ao jogo institucional e ao espírito da constituição cumpriram, em todos esses casos, um papel decisivo para que os respectivos sistemas políticos se fragilizassem e a demanda de governabilidade se voltasse a fórmulas fortemente presidencialistas. Em particular, isso ocorreu em países que há muito se caracterizavam por problemas desse tipo e haviam passado por prolongadas crises da autoridade presidencial no passado, não encontrando mecanismos de contenção nos sistemas institucionais (os casos da Bolívia e do Equador são os mais extremos, mas a Argentina não fica muito longe disso).

Interessa-nos, agora, prestar atenção especial a esses processos de mudança que, em uma espécie de transição invertida, são observados depois de crises presidenciais recorrentes e conduzem à formação de regimes híbridos, de orientação populista radical na maioria das vezes. Isso porque é preciso considerar as implicações teóricas que daí derivam: as mutações institucionais levadas adiante nesses casos por presidentes fortes, contra a autonomia de seus parlamentos, a imparcialidade das regras de competição eleitoral e seus meios de comunicação e tribunais independentes, frequentemente se justificam nos ciclos de instabilidade e ingovernabilidade que esses sistemas políticos atravessaram anteriormente, e apontam para o estabelecimento de um vínculo estreito, inclusive para a fusão das distintas funções de representação e de governo em um poder unificado.

Nesses processos de mudança, os presidentes costumam contar com um elevadíssimo respaldo de massas, que avaliza a colocação mais ou menos definitiva de outros atores em segundo plano na competição política e no exercício e no controle do poder político sob o pressuposto de que a divisão e o equilíbrio de poderes são obstáculos à estabilidade e à governabilidade. Às vezes, essas fórmulas concentradas de governo se justificam em termos populistas e, sobre essa base, são constitucionalizadas através de revoluções legais que se apresentam como solução adequada para evitar novas crises presidenciais. Dessa forma, garantindo que, no futuro, os presidentes sejam sempre capazes de relegar ao segundo plano seus competidores partidários e institucionais, acredita-se ser possível dissipar de forma duradoura o fantasma da ingovernabilidade.

REVOLUÇÕES LEGAIS DO NOSSO TEMPO: SEQUELAS DA INSTABILIDADE PRESIDENCIAL

Para começar, convém prestarmos atenção às características da representação populista e da solução que ela oferece às crises presidenciais. Ao longo da história, os fenômenos populistas surgiram com frequência em resposta à incerteza e aos problemas de governabilidade que costumam ser gerados em democracias pluralistas, que estas não conseguiram resolver. Não é casualidade, portanto, que isso volte a acontecer em nosso tempo. O ideal de um poder unificado que se exerce em representação de um povo também unido está na raiz desses movimentos e lideranças.

A multiplicação dos populismos radicais que governam na região e sua duração no tempo pareceriam indicar, neste sentido, que as tendências à parlamentarização haviam sido bastante efêmeras e que quando uma "solução" deste tipo se impõe tende a fortalecer suas condições de possibilidade. Ou seja, as lideranças e os movimentos populistas limitam o poder tanto dos parlamentos quanto dos movimentos sociais e dos meios de comunicação independentes. São esses líderes e fórmulas de governo que acabam por cumprir o papel que no passado coube às intervenções militares: prover ordem onde e quando as democracias pluralistas se tornarem incapazes de garanti-la.

A profundidade alcançada pelos atuais populismos nesta tarefa, ao mesmo tempo "constituinte" e "excludente" (tanto em termos políticos quanto institucionais), parece ser diretamente proporcional à intensidade adquirida por seu componente mais básico: a promessa de unificação política. Esta opera, nos termos utilizados por Laclau (2005; ver também ABOY CARLÉS, 2009), como fator desencadeante de uma "cadeia de equivalências" entre os atores do "campo do povo", frente aos quais se agrupa o campo inimigo, ou do "antipovo". O povo é exaltado, assim, como potência política transformadora e fornece uma fonte de legitimidade suprainstitucional aos que falam e atuam em seu nome, permitindo-lhes burlar direitos adquiridos, freios institucionais e limites de todo tipo.

A eficácia desta potência populista será coroada quando conseguir "se constitucionalizar". A potência populista e a consequente contraposição entre povo e antipovo e entre princípios de legitimidade contrapostos, os da "ordem antiga" e os da nova, chegaram a ser muito mais intensas na Bolívia e na Venezuela do que no Equador, e são mais fracas na Argentina do que neste último caso. Contudo, em todos eles, elas cumprem uma função decisiva para a reconstrução da confiança do eleitorado na gestão dos presidentes e na redefinição do regime político a partir da fusão de papéis e atribuições até então diferenciadas.

Assim sendo, à medida que o regeneracionismo político e a promessa de unidade se combinam e se potencializam, os populismos radicais vão ampliando seus alvos. As mudanças que introduzem vão além da orientação das políticas públicas, de estilos ou formas de governar, e alcançam o desenho e o próprio fundamento do regime político. Surge daí a interrogação que antecipamos na introdução deste trabalho: já não nos perguntamos se, nesses países, os presidentes em exercício conseguirão se sustentar no poder, e sim se estarão dispostos alguma vez a deixá-lo.

É de se temer, então, que a constitucionalização dos populismos radicais se desvie da democracia para regimes híbridos ou diretamente autoritários? E, em caso de uma resposta afirmativa: seria o caso de atribuir responsabilidade aos componentes mobilizadores e transformadores desses populismos ou a outros fatores? Casos como os de Venezuela, Bolívia, Equador e Nicarágua nos indicam que os equilíbrios institucionais próprios das democracias pluralistas podem se ver ameaçados ao mesmo tempo "de cima" e "de baixo" sob o império dos populismos radicais: de um lado, a mobilização de massas questiona os poderes institucionais que podem frear a vontade das novas maiorias e tornar efetiva a prestação de contas dos governantes (tribunais, organismos eleitorais, burocracias técnicas, câmaras legislativas); de outro, o poder presidencial se fortalece através da reeleição reiterada ou indefinida, da obtenção de poderes de emergência e da partidarização do aparato burocrático do Estado todo.

Dois elementos passam a ser decisivos para tornar extremo esse duplo assédio ao pluralismo político: que a competição eleitoral fique efetivamente bloqueada pelo debilitamento geral das forças de oposição e pela impossibilidade prática da alternância, e que o controle partidário do Estado se amplie, alcançando a justiça, os meios de comunicação e a administração de recursos de poder particularmente sensíveis, como forças armadas, órgãos de segurança e organismos de inteligência. Nesse caso, o pluralismo político se vê estruturalmente afetado e a democracia se debilita até sua extinção prática.

Contar com uma fundamentação doutrinária formulada parece ser imprescindível para justificar essas "revoluções legais". Essas doutrinas fornecem perspectivas muito mais amplas a esses processos do que as que chegaram a abordar fenômenos semelhantes, mas que não foram além de instaurar governos que a literatura caracterizou, em seu momento, como hiperpresidencialistas ou delegativos. É que os populismos radicais não se conformam simplesmente com estabelecer um certo desequilíbrio na relação entre poderes ou permitir que os executivos exacerbem suas atribuições. Mais do que "déficits na qualidade democrática", que podem ser explicados e até justificados com o apelo habitual à crise reinante e à precariedade dos recursos institucionais disponíveis, os populismos radicais propõem uma noção completamente heterogênea de democracia. Apelam aos argumentos da "democracia autêntica" contra a "democracia formal" para desconsiderar qualquer objeção fundada em critérios pluralistas e liberais, apontando, assim, à substituição da ordem herdada por outra, "nacional e popular".

As mudanças nas regras e condições da competição eleitoral dizem muito a esse respeito. Embora se aceite, em toda a região, que a única via legítima para chegar ao poder é a eleitoral, o certo é que as eleições não têm o mesmo significado quando há competição e pluralismo efetivos e quando eles não existem. Quando os processos eleitorais adquirem um papel de aclamação plebiscitária, confirmando no poder um partido amplamente hegemônico, seja porque já não existem forças de oposição com mínimas condições de competir pela preferência do eleitorado ou porque os recursos públicos, os meios de comunicação e a própria justiça são manipulados de tal modo, a partir do poder, que essas forças opositoras se veem condenadas às margens do sistema, esses processos tenderão a se enquadrar em um sistema de legitimação de poder populista e não pluralista.

Não é casualidade que, diferentemente do que apontamos no caso das políticas econômicas, no terreno institucional houve, ao longo da última década, uma inclinação a operar profundas reformas em muitos países da região, sobretudo nos que passaram por etapas de forte instabilidade, e que muito poucas dessas reformas tenham apontado para a melhoria da qualidade das políticas públicas, dos poderes regulatórios e da capacidade de produzir bens públicos por parte do Estado. As reformas institucionais se concentram, por sua vez, no regime político, e as outras se caracterizam por concentrar o poder e melhorar as chances de continuidade das forças e dos líderes em exercício. E, o que é ainda mais importante, esse reformismo constitucional em curso, ao contrário daquele dos anos 1980 e 1990, não se dá no marco de acordos entre partidos, e sim de intensas disputas entre maiorias e minorias, que desembocam na exclusão ou na irrelevância da participação destas. Por isso, as novas cartas constitucionais se caracterizam tanto por seu caráter refundacional (não alteram aspectos parciais do sistema institucional, e sim suas próprias bases normativas, inclusive a própria identidade do Estado) quanto por ser partidárias e, por consequência, excludentes em relação às preferências das minorias.

A partir disso, cabe perguntar se essa exclusão normativa das minorias resulta em sua efetiva desaparição da cena pública ou se a persistência das mesmas, agora como oposições externas e em tensão com os novos regimes, cria condições para novos ciclos de instabilidade institucional. Isso nos coloca diante da necessidade de examinar, em termos mais amplos, a questão da durabilidade dos populismos radicais: eles são capazes de criar ordens estáveis, sejam elas mais ou menos democráticas, ou estão condenados a desaparecer uma vez que se reduza a popularidade ou simplesmente a saúde física de seus líderes?

PERSISTÊNCIA DA INSTABILIDADE SOB OS POPULISMOS RADICAIS

Antes de mais nada, recordemos que existe, na origem destes fenômenos, uma demanda de estabilidade e governo: os populismos surgem como resposta a crises políticas agudas e devem, acima de tudo, provar a seus seguidores que são capazes de criar autoridade e sustentá-la no tempo. Consideremos, também, que os populismos sempre buscaram criar novos regimes políticos, mas muito poucos conseguiram. Sua irrupção na cena política e a eventual tomada do poder foram obtidas graças à mobilização das massas e à conversão dessa potência, instável por natureza, em um poder institucional durável, sujeito a regras fixas e efetivas, desvinculadas da confiança em determinado líder. Ou seja, a criação de um novo conjunto de instituições, em certa medida plural, que elimine a capacidade das oposições excluídas de retomar o poder e, ao mesmo tempo, resolva o problema da sucessão da liderança, em geral não foi inalcançável para esses populismos. Uma comparação com os populismos clássicos poderia ajudar a esclarecer as dificuldades que as experiências populistas em curso têm de durar, seja através de partidos, movimentos, regimes políticos ou das próprias instituições do Estado?

Para desenvolver essa comparação, propomos uma tipologia de populismos clássicos baseada em três casos paradigmáticos. O primeiro deles, o México do PRI, que formou simultaneamente um aparato estatal, um regime institucional e um partido hegemônico, foi o mais autenticamente legitimado por uma revolução, o mais diretamente inspirado em uma experiência totalitária, a soviética, e o de maior êxito em garantir por muito tempo o controle do poder político. Dele se pode dizer que contribuiu à modernização econômica do país, mas bem menos à igualização de condições e menos ainda à democratização. O segundo "tipo" é o Brasil de Vargas: foi capaz de fundar um novo Estado, mas não uma força política durável, razão pela qual acabou absorvido em outras correntes políticas (essencial, embora não unicamente, pelo desenvolvimentismo civil e militar), e apesar disso e de sua inicial afinidade com o fascismo, foi o que mais contribuiu ao desenvolvimento e à democracia pluralista em seu país, embora tenha feito menos do que o mexicano pela igualização de condições e pela estabilidade da ordem. Por último, a Argentina de Perón criou um movimento de massas hegemônico e durável, contribuiu mais para a igualização de condições, mas, embora tenha ampliado enormemente suas funções, não conseguiu formar e fazer durar um novo Estado, muito menos um regime político, razão pela qual seu legado foi o mais instável e, portanto, o mais problemático em termos de democratização e desenvolvimento econômico.

Como vemos, dos três populismos clássicos, só o PRI mexicano pode ser considerado um caso de êxito no terreno da criação de um regime político estável (poderia se dizer que o castrismo também o foi, mas este é, em muitos outros aspectos, incomparável com os populismos). Os outros dois "modelos" foram particularmente ineficazes na criação de instituições políticas duráveis, inclusive o peronismo, que conseguiu perdurar como movimento político e processar a sucessão interna de sua liderança.

Existem boas razões para se duvidar de que os populismos radicais de nosso tempo possam emular o PRI (Partido Revolucionário Institucional), em parte, pelo que têm em excesso e, em parte, por seus defeitos com relação àquela experiência. Quanto ao defeito, se algo os caracteriza é a falta de coesão de suas elites e a debilidade de sua vocação estatal, em grande medida por estarem demasiado afastados da tradição liberal de seus países, muito mais frágil que a mexicana, bem como sua ainda mais potente propensão ao movimentismo e sua desconfiança diante de mediações institucionais. Quanto ao excesso, o compromisso com a igualação de condições, muito pouco relevante no México (e no Brasil) é muito mais relevante nestes casos e comparável, por sua vez, ao caso do primeiro peronismo; também o personalismo é muito mais marcado do que no caso mexicano, o que significa um obstáculo a mais para o estabelecimento de regras de jogo que durem e, mais dificilmente ainda, que processem a sucessão da liderança.

Observemos que este personalismo não reflete tanto, ou não apenas, uma exacerbada ambição pessoal de poder, quanto uma dificuldade para impor limites à mobilização de massas e à politização generalizada das instituições, e a consequente debilidade da organização partidária e de mediação de interesses. Isso se reflete nas dificuldades que enfrentam as próprias tentativas de refundação institucional, as quais abrem caminho a uma sucessão de momentos constituintes em que se debilita a ordem herdada sem conseguir instaurar outra em seu lugar. As mudanças reiteradas das regras do jogo e a prolongação no tempo dos "processos constituintes", objeto de críticas não apenas das minorias excluídas, mas também de setores internos das forças de situação, derivam assim em regimes que giram em torno da capacidade mobilizadora e mediadora dos líderes e seus apelos recorrentes à mobilização da vontade popular.

Esses líderes costumam buscar, através das reformas constitucionais que promovem, por um lado, excluir do marco de legitimidade a seus opositores, e por outro, amarrar a distribuição de bens e serviços públicos, e o reconhecimento de novos direitos, à prolongação no tempo de seu próprio poder, ou seja, dar consistência a suas bases de apoio e dispersar as de seus opositores. A prioridade que adquirem estes objetivos, como é de se esperar, favorece a realização de assembleias constituintes hiperpolitizadas e polarizadas. Sendo assim, este reformismo institucional tem o efeito concreto de prolongar uma situação de polarização e concentração de poder nos executivos, que pode ter tido justificação inicial pela necessidade de gestionar a saída das crises herdadas, mas que, à medida que se transforma na fonte e no motor únicos da capacidade de governo de uma liderança com frágeis bases institucionais e partidárias, dá lugar a verdadeiros governos de exceção.

A partir disso, cabe distinguir, por um lado, entre momentos populistas, que cumprem uma função de rearticulação do sistema político com os movimentos de opinião emergentes da sociedade em situações de crise política aguda, e regimes populistas, que tendem a se perpetuar como tais no tempo; e, por outro lado, entre institucionalização populista, na forma de um novo sistema de regras que se estabiliza e se autonomiza em relação às lideranças, e prolongação da crise, em que o momento instituinte se mantém aberto, politizam-se mais e mais as instituições do Estado e sua precariedade se reproduz no tempo. Quando acontece, isso se deve ao fracasso em despersonalizar essas regras dentro do novo regime e em excluir de modo irreversível às forças opositoras que o questionam – duas características que têm paralelos evidentes na experiência do primeiro peronismo e se afastam da do PRI mexicano.

Por consequência lógica, os populismos radicais não podem prescindir finalmente de uma competição minimamente pluralista e aberta, em que demonstrem poder oferecer à opinião pública a oportunidade de os rejeitar. Isso parece também corresponder ao fato de que, mais uma vez de forma similar ao primeiro peronismo e diferentemente do PRI (e também, é claro, do modelo cubano), a legitimidade revolucionária é efetiva apenas em parte, encontra-se limitada pela mesma origem eleitoral destes fenômenos e convive com uma censura ao autoritarismo que é tão útil para deslegitimar eventuais ameaças golpistas das elites e minorias excluídas do poder quanto para fazer o mesmo com as tentativas de liquidar completamente a competição eleitoral a partir dos governos. É interessante notar que populismos radicais que corroeram desde o seu interior as condições para a democracia pluralista encontram assim, nessas mesmas regras, um limite à revolução legal que empreendem com vistas a criar novas ordens políticas.

REFERÊNCIAS BIBLIOGRÁFICAS

ABOY CARLÉS, Gerardo. "La democratización beligerante del populismo". Ponencia presentada en el VII Congreso Nacional de Ciencia Política, SAAP. Córdoba, 2005, p. 15-18.

BONIFACE, Dexter S. *Latin America's New Crisis of Democracy*. México, DF: Center for Interamerican Studies and Programs of Instituto Tecnológico Autónomo de México (ITAM). Research Paper, 2010.

HOCHSTETLER, Kathryn. "Rethinking presidentialism: Challenges and presidential falls in South America". *Comparative Politics*, nº 4, vol. 38, jul. 2006, p. 401-418.

HOCHSTETLER, Kathryn; EDWARDS, Margaret E. "Failed presidencies: Identifying and explaining a South American anomaly". *Journal of Politics in Latin America*, nº 2, vol. 1, 2009, p. 31-57.

SAMUELS, David J.; HOCHSTETLER, Kathryn. "Crisis and Rapid Re-Equilibration: The Consequences of Presidential Challenge and Failure in Latin America". APSA 2009 Toronto Meeting, 2009 (Paper).

KIM, Young Hun; BAHRY, Donna. "Interrupted presidencies in third wave democracies". *The Journal of Politics*, nº 3, vol. 70, 2008, p. 807-822.

LACLAU, Ernesto. *La razón populista*. Fondo de cultura Económica, 2006.

LINZ, Juan. "Presidential or Parliamentary Democracy: Does It Make a Difference?". In: LINZ, Juan ; VALENZUELA, Arturo (Orgs.). *The Failure of Presidential Democracy*. Baltimore, MD: Johns Hopkins University Press, 1994.

LLANOS, Mariana; MARSTEINTREDET, Leiv (Orgs.). *Presidential breakdowns in Latin America: Causes and outcomes of executive instability in developing democracies*. New York: Palgrave Macmillan, 2010.

MAINWARING, Scott; SHUGART, Matthew Soberg (Orgs.). *Presidentialism and democracy in Latin America*. Cambridge: Cambridge University Press, 1997.

MARSTEINTREDET, Leiv. "Las consecuencias sobre el régimen de las interrupciones presidenciales en América Latina". *América Latina Hoy*, vol. 49, 2008.

MARSTEINTREDET, Leiv; BERNTZEN, Einar. "Reducing the perils of presidentialism in Latin America through presidential interruptions". *Comparative Politics*, nº 1, vol. 41, 2008, p. 83-101.

MUSTAPIC, Ana Maria. "Inestabilidad sin colapso. La renuncia de los presidentes: Argentina en el año 2001". *Desarrollo Económico*, nº 178, vol. 45, jul./set. 2005, p. 263-280.

O'DONELL, Guillermo A. "Delegative democracy". *Journal of democracy*, nº 1, vol. 5, 1994, p. 55-69.

_____. *Repensando las democracias delegativas*. Buenos Aires: 2010 (mimeo).

PÉREZ-LIÑÁN, Aníbal. "Democratization and Constitutional Crises in Presidential Regimes Toward Congressional Supremacy?". *Comparative Political Studies*, nº 1, vol. 38, 2005, p. 51-74.

_____. *Presidential impeachment and the new political instability in Latin America*. Cambridge: Cambridge University Press, 2007.

ROBERTS, Kenneth M. "Latin America's populist revival". *Sais Review*, nº 1, vol. 27, 2007, p. 3-15.

_____. "The Mobilization of Opposition to Economic Liberalization". *Annual Review of Political Science*, vol. 11, 2008.

SCHAMIS, Hector E. "Populism, socialism, and democratic institutions". *Journal of Democracy*, nº 4, vol. 17, 2006, p. 20-34, 2006.

SCHMITT, Carl. *La defensa de la Constitución*. Madrid: Tecnos, 1998.

SCHMITTER, Philippe C. "The ambiguous virtues of *accountability*". *Journal of Democracy*, nº 4, vol. 15, 2004, p. 47-60, 2004.

VALENZUELA, A. "Presidencias latinoamericanas interrumpidas (Latin American presidencies interrupted)". *América Latina Hoy*, vol. 49, 2008, p. 15-30.

ZANATTA, L. "El populismo en América Latina". *Paper* apresentado no Colóquio Internacional sobre Populismo e Estado na América Latina. Tel Aviv, 2007.

AGRADECIMENTOS

Gostaríamos de agradecer a adesão entusiasta dos colaboradores do livro à proposta de refletir acerca do papel da filosofia política contemporânea a partir de exercícios cuidadosos de desenvolvimento de teoria em áreas relevantes para a ordenação política das nossa sociedades. Este livro não teria sido possível sem sua disposição e conhecimento acumulado ao longo de suas trajetórias intelectuais. Também agradecemos a eles a paciência no acompanhamento do processo editorial. Outros apoios também foram fundamentais, embora menos visíveis. A organização do II Colóquio Internacional de Teoria Política da USP teve a fortuna de contar com a colaboração valiosa de Lucas Petroni, Renato Francisquini e San Romanelli Assumpção. Especialmente San continuou o apoio, sempre arguto, ao longo da preparação da proposta editorial do livro. Agradecemos também o trabalho competente de Jessica Voigt e Bruno Vello na formatação dos originais. Por fim, a realização do Colóquio contou com o auxílio financeiro da Coordenação de Aperfeiçoamento de Pessoal de Nível Superior – Capes mediante o Programa de Excelência Acadêmica - PROEX, que concede recursos ao Programa de Pós-graduação em Ciência Política da USP como reconhecimento da qualidade do trabalho nele realizado no cenário do sistema nacional de pós-graduação.

Esta obra foi impressa em São Paulo pela Graphium no outono de 2016. No texto foi utilizada a fonte Minion Pro em corpo 11 e entrelinha de 16,5 pontos.